Rolf Kieser
Benjamin Franklin Wedekind

Rolf Kieser

Benjamin Franklin
Wedekind

Biographie
einer Jugend

Arche

Meinen Eltern gewidmet

Lektorat: Katharina Raabe
© 1990 by Arche Verlag AG, Raabe + Vitali, Zürich
Alle Rechte vorbehalten
Umschlag: Max Bartholl, Frankfurt a. M.
(unter Verwendung eines Fotos von Franklin Wedekind, 1883)
Satz: Uhl + Massopust, Aalen
Druck, Bindung: Clausen & Bosse, Leck
Printed in Germany
ISBN 3-7160-2113-X

Inhalt

Die neue Richtung

Voraussetzungen

Ich habe nie um meine Existenz gebeten
und entnehme daraus die Berechtigung,
sie auf meinen Kopf zu stellen.

Wedekind

Wir kennen ihn nicht. Wir kennen seine Legende. Seine Ursprünge, seine Voraussetzungen sind dahinter verschwunden. Seit zwei Generationen gilt er als Klassiker der Moderne, in der Münchener Bohème angesiedelt, als wäre er dort geboren und aufgewachsen.[1] Getauft wurde er, als Sohn von zwei Freidenkern, nie. Seine Familie, seine Freunde nannten ihn Franklin. Erst als er sich, um sein dreißigstes Lebensjahr, immer häufiger in den Schwabinger Künstlerkreisen aufhielt, begann er sich modisch »Frank« zu nennen.

Es gibt nur noch einige wenige Zeitgenossen, die sich an Wedekind erinnern können, darunter seine jüngere Tochter, Kadidja Wedekind Biel, die indessen beim Tod ihres Vaters ein Kind war und die meisten Einzelheiten aus seinem Leben aus zweiter Hand erfuhr. Die Zeugen, die Franklin Wedekind in seiner Jugend erlebt haben, sind alle tot. Was bleibt, sind Wedekinds unveröffentlichte Schriften aus der Jugendzeit und die wenigen schriftlichen Zeugnisse von Freundinnen und Freunden wie Sophie Haemmerli-Marti, Oskar Schibler, Minna von Greyerz und den Familienmitgliedern. Vor dem Hintergrund dieser Dokumente zeichnen sich, schattenhaft und doch deutlich erkennbar, die Jugendjahre dieses berühmten Unbekannten ab.

Es geht darum, eine Welt zu rekonstruieren und zu schildern, von der die bisherige Wedekind-Forschung wenig wußte und vielfach auch nichts wissen wollte, weil die Einblicke in die Jugendjahre dieses Dichters nicht mit den gängigen Klischees übereinstimmen, die sich seit Beginn dieser Forschung, seit rund siebzig Jahren also, eingebürgert haben.

7

Eine Biographie über Franklin Wedekinds Jugend ist seit langem fällig: zum einen, weil wir von ihm nur ein Bild seiner späteren Zeit besitzen; zum andern, weil seine frühen Jahre, die fast ausschließlich in Anekdoten überliefert sind, einen sehr viel bedeutenderen Einfluß auf sein Werk gehabt haben, als bisher angenommen wurde. Der zeitliche Rahmen erstreckt sich von der amerikanischen Vorgeschichte der Eltern bis zum Beginn der selbständigen künstlerischen Existenz. Die Umstände der elterlichen Eheschließung mit einzubeziehen ist wichtig, weil wesentliche Elemente von Wedekinds Werk auf die unmittelbare Erfahrung einer mißlungenen Ehe, des Geschlechterkampfes zweier frustrierter Partner und auf die Leiden und Reaktionen einer unter diesen Umständen entstandenen und heranwachsenden Familie zurückgehen und durch diese erst verständlich werden. Den Abschluß dieser Biographie bildet nicht ein bestimmtes Stichjahr, sondern die Zeit der Übergänge um 1890, die Wedekinds Loslösung vom Elternhaus kennzeichnen und die ihn schließlich auf verschiedenen Umwegen über Berlin, Paris und London nach München führten, ohne daß auf dieser Lebensreise die gefühlsmäßige Bindung an die Welt seiner Jugendjahre, in die er immer wieder zurückkehrte, verlorengegangen wäre.

Die überragende psychologische Bedeutung der Wedekind-Familie für Leben und Werk des Sohnes ist evident. Kadidja Wedekind Biel berichtet, daß Franklin Wedekind »kein Bild seines Vaters in seinem Arbeitszimmer« hatte, »aber das große Bild seiner Mutter und ein ebenso großes von Donald«, dem jüngsten Bruder, der 1906 aus dem Leben geschieden war.[2] Das Fehlen des väterlichen Bildes hat keineswegs nur anekdotische Bedeutung. Wedekinds Erfahrungswelt, aus der er seine Stoffe schöpft, ist die einer zerrütteten Familie, durch die Patriarchenpersönlichkeit eines strengen und tyrannischen Vaters in den Mauern eines Schlosses eingepfercht, eine explosive Ansammlung unbefriedigter Gefühlsrebellen, die nach dem Tod des *pater familias* explosionsartig in alle Winde zerstoben. *Die Gärungen auf Schloß Lenzburg* (so heißt ein früher Prosaentwurf Franklin Wedekinds) führten folgerichtig zur völligen Bankrotterklärung *dieser* Familie als Symbol und Vorbild einer großbürgerlichen Existenz. Fortan finden sich in Wedekinds Dramen und in seinen Erzählungen die erbarmungslosen Geschlechterkämpfe aller gegen alle.

Die soziale Brisanz von Wedekinds Werk in seiner Zeit läßt sich weitgehend daraus erklären, daß der Dichter mit der Familie die eigentliche ideologische Urzelle der bürgerlichen Gesellschaft sowohl in psychologischer als auch in soziologischer Hinsicht konsequent und erbarmungslos demontiert hat: *L'enfer, c'est les autres.* In dieser Familienhölle, die er selbst zu inszenieren half, spielte er die Hauptrolle: den Mephisto.

Über den wichtigsten Abschnitt ihres Lebens, die Ehe- und Familienjahre, die mit den Jahren von Franklin Wedekinds Jugend in Lenzburg fast vollständig identisch sind, schweigen sich beide Eltern Wedekind in ihren Tagebüchern und Erinnerungen aus.[3] Die Lücken, die hier klaffen, wurden von dem Wedekind-Biographen Artur Kutscher wie auch von späteren Forschern, die sich mit den Lenzburger Jahren befaßten, mit Anekdoten überspielt. Dabei ist das Schweigen der Eltern über ihre katastrophalen Ehejahre so beredt, daß es eine Erläuterung im Hinblick auf das Werk des Sohnes förmlich provoziert.

Frank Wedekind ist nicht einfach, wie Jost Hermand ihn sieht, eines der »verzogenen Kinder der Gründerzeit« mit »Parvenu-Mentalität«, ein »Darüber-Hinweg-Flieger« über die »machtgeschützte Innerlichkeit«.[4] Er ist vor allem, wie seine Zeitgenossen Freud und Nietzsche, die er kritisch-spöttisch zur Kenntnis genommen und kommentiert hat, ein Katalysator von Bewegungen, ein Erdbebenzentrum, dessen Schockwellen weit über seine privaten Ursachen hinausreichen. Wedekind ist Anarchist, ein Bombenleger in der Maske lächelnder Bonhomie, ein »vermummter Herr«, dessen Vermummung sowohl Mimikry als auch Selbstschutz und Theatralik bedeutet, ein trauriger Spötter aus verlorenem Glauben, ein bürgerlicher Amoralist, der seine Attacken auf die bürgerliche Moral mit derselben Inbrunst betreibt wie ein Pietist seine Gebetsübungen. Die Modelle für Wedekinds religiösen Amoralismus sind in Lenzburg entstanden und dieser schweizerischen Kleinstadt ent-

9

wachsen. Die Münchener Bohème viele Jahre später, in der Wedekind die Rolle des führenden dämonischen Bürgerschrecks spielte, ist schon beinahe das Satyrspiel seiner früheren dichterischen Anstrengungen. Auf der Suche nach den verschollenen Voraussetzungen für das dichterische Werk ist die kühle Lebenssphäre des Lenzburger Bürgertums für einen Außenstehenden besonders schwer zu durchschauen. Franklin Wedekind bewegte sich in einem eng verwandten, verschwägerten und nach außen abgeschirmten Kreis von alteingesessenen Bürgerfamilien, deren Geheimnisse er rücksichts- und bedenkenlos in seine Dichtung einbrachte. Die Verschlüsselungen, die das Verständnis gerade früher Wedekind-Texte so schwierig machen, sind zu einem wesentlichen Teil als Anspielungen zu begreifen, deren private Anlässe zusammen mit den Betroffenen allmählich in Vergessenheit geraten sind. Doch sind viele Zusammenhänge anhand der zugänglichen Quellen durchaus rekonstruierbar.

Bei der Betrachtung von Wedekinds Jugend muß man sich auch vergegenwärtigen, welche Rolle die Schweiz in den achtziger und neunziger Jahren des 19. Jahrhunderts für die deutsche intellektuelle und künstlerische Avantgarde spielte. Was im Bismarck-Reich durch den Kulturkampf und die Sozialistengesetze nicht möglich war, erlaubte oder vielmehr ignorierte in der Schweiz eine Behörde, die zwischen politischer und kultureller Agitation zu unterscheiden wußte, die erstere genau überwachte, letzterer aber Gedankenfreiheit oder richtiger Narrenfreiheit einräumte. In einem Land wie der Schweiz mit einer politischen, nicht einer ästhetischen Kulturtradition konnte entstehen, was zur gleichen Zeit im Deutschland Bismarcks und Richard Wagners unmöglich war: eine Opposition zur herrschenden kulturellen Richtung. Für wenige Jahre – die entscheidenden Jahre von Wedekinds Begegnung mit den Vertretern der literarischen Avantgarde – war Zürich einer der wichtigsten europäischen Umschlagplätze für neue Gedanken. Die Geburt der künstlerischen Moderne fand weder in den Berliner Salons noch in Schwabing statt. Dort wurde sie erst zelebriert und ausgestaltet, als die unerbittliche kaiserliche Zensur mit dem Niedergang des Reiches ihren Griff lockerte und die Erneuerer ihre Stimme erheben konnten. Die frühe moderne deutsche Literatur – aber auch, wie wir sehen werden, die spätere Reaktion auf die Moderne – fand viele ihrer ersten Impulse in den Emigrantenkreisen der deutschen Kolonie in Zürich, wo sich Gottfried Keller, Conrad Ferdinand Meyer und Arnold Böcklin mit den »Kommenden«, mit Gerhart und Carl Hauptmann, Karl Henckell, John Henry Mackay, den Brüdern Hart, Ricarda Huch, Wilhelm Bölsche, Maurice Reinhold von Stern, Peter Hille, Auguste Forel, August Bebel, Michael Georg Conrad, Hermann Conradi, Franz Blei und vielen anderen trafen. Franklin Wedekind war dabei, und seine in Zürich geschlossenen Bekanntschaften unter den deutschen Emigranten führten ihn folgerichtig nach Berlin, nach Paris und schließlich nach München.

Die Mutmaßungen über die Person Franklin Wedekind sind heute, mehr als siebzig Jahre nach seinem Tod, immer noch keiner gesicherten Anschauung gewichen. Verschiedene seiner Werke sind einem weiten Theater- und Leserpublikum bekannt und haben die Bühnenliteratur des 20. Jahrhunderts entscheidend mitgeprägt. Zwar herrschen bestimmte, scheinbar fundierte Vorstellungen über den Autor Wedekind und seine besondere Rolle in der Theaterwelt der Jahrhundertwende; sie bedürfen jedoch dringend der Überprüfung, schon wegen der zahlreichen Vor-Urteile, die inzwischen zu gängigen Allgemeinplätzen geworden sind. In der historischen Epoche, die uns von Wedekind trennt, hat sich die Weltgeschichte von Grund auf verändert, und gerade *diesem* Klassiker ist die Aufhebung in die Zeitlosigkeit nicht gut bekommen. »Zeitlosigkeit« bedeutet in seinem Fall, daß sein Bild in der Literaturgeschichte grundsätzlich noch das gleiche ist wie bei seinem Tode im Jahre 1918.

In den Jahren der Weimarer Republik erlebte Wedekinds Werk durch die erste von Artur Kutscher besorgte Gesamtausgabe und durch dessen dreibändige Wedekind-Biographie[5] seinen Durchbruch. Doch mit dem Beginn des Dritten Reiches hörte der Siegeszug der Wedekindschen Dramen auf deutschen Bühnen schlagartig auf. 1934 hatte der nationalsozialistische Literaturhistoriker Adolf Bartels in seiner *Geschichte der deutschen Literatur* folgendes über unseren Protagonisten zu sagen:

».. . und endlich der Hannoveraner Frank Wedekind (1864 – 1918, Halbjude), dessen Dramen *Frühlings Erwachen* und *Der Erdgeist* in gewisser Beziehung die Höhe der deutschen Dekadenz bezeichnen, eine Art stilisierten Zynismus ausbilden. *Frühlings Erwachen* (1894), das das Erwachen der Sinnlichkeit in jungen Menschen beider Geschlechter darstellt, erinnert an Lenz' *Hofmeister,* ist aber womöglich noch untheatralischer als dieses Werk und zeigt auch bereits das Weben all der bösen Geister, die dann das Schaffen Wedekinds trotz eines bestimmten ehrlichen Bestrebens, die Tragikomik des modernen Lebens aufzuzeigen, zu Frechheitsbacchanalien hinabbringen. Der *Erdgeist* ist noch weit wüster als *Frühlings Erwachen,* verrät aber in seinem grotesken Stil eine gewisse Größe. Alles spätere von Wedekind, *Der Kammersänger, Der Liebestrank, Marquis von Keith, Die Büchse der Pandora, Hidalla, So ist das Leben, Musik, Oaha, Franziska, Simson,* ist nur noch Groteskkomik, die an den Tingeltangel erinnert, ohne eigentliche Gestaltung. Daß Wedekind geistig von Heine abzuleiten ist, zeigt sehr deutlich die Sammlung seiner Novellen und Gedichte *Die Fürstin Russalka.* Er hat leidenschaftliche Verehrer gehabt, selbst leidlich vernünftige Leute haben in seinen ersten Dramen die Neugeburt eines starken, entschieden dramatischen Stils zu entdecken geglaubt. Aber starker neuer Stil wird nur von bedeutenden Persönlichkeiten geboren. Wedekind ist ›papieren‹ und zuletzt weiter nichts als ein Kuriosum, das, wenn man will, eine gewisse zeitpsychologische Bedeutung hat.«[6]

Dieses Urteil faßt in erschreckendem Maße die allgemein verbreiteten Spekulationen und Teilinformationen über den Dichter Wedekind zusammen. Bemerkenswert an dieser Einschätzung ist weniger ihre gesinnungsbedingte Voreingenommenheit als vielmehr die Erfahrung, daß die Wedekind-Kritiker der letzten 45 Jahre, von wenigen Ausnahmen abgesehen, Teile dieses mehrheitlich ablehnenden, ideologisch gefärbten und in den Ansatzpunkten falschen und verzerrten Bildes des Dichters und seines Werks weitgehend übernommen und in vielen Fällen bis heute beibehalten haben.[7] Auch die durchaus ernstzunehmende, von Bartels natürlich despektierlich gemeinte dichterische Verwandtschaft mit Heine gehört zum abwertenden Wedekind-Klischee.

Wer war Franklin Wedekind? Eine Antwort läßt sich aus den verstreuten und bisher unveröffentlichten Nachlaß-Fragmenten gewinnen, deren Geschichte einige bemerkenswerte Pointen aufweist.

Bekannt ist, daß dem Münchener Professor für Theaterwissenschaft Artur Kutscher als ehemaligem Freund und Förderer Wedekinds, als Vertrautem der Familie von der Witwe Tilly Wedekind-Newes unbeschränkter Zugang zu den Manuskripten, Briefen und Papieren gewährt wurde, die sich 1918, zum Zeitpunkt von Wedekinds Tod, im Münchener Familienbesitz befanden.[8] Die Witwe und ihre beiden Töchter Pamela Regnier-Wedekind und Kadidja Wedekind Biel bestanden aus Pietätsgründen auf der Sperrung von Teilen der noch unveröffentlichten Tagebücher, Briefe und Manuskripte, die ihrer Meinung nach das Bild des Dichters verdunkelten, indem sie Fragwürdiges über seine charakterliche und moralische Persönlichkeit preisgaben. Aus diesen Gründen und wegen der Ausschaltung der Quellenforschung zu Wedekind während des Dritten Reiches, aber auch durch Artur Kutschers Vorrechte in diesem Bereich, entstand nachträglich der falsche Eindruck, Kutschers Wedekind-Biographie sei nichts mehr hinzuzufügen. Kutscher hatte, von den erwähnten Einschränkungen abgesehen, ein Nachlaß-Monopol inne, ohne es indessen für eine tendenzfreie kritische Werkausgabe zu nutzen. Seither ist in rund siebzig Jahren viel zusätzliches Material aufgetaucht, vieles aber wohl auch für immer verschwunden. Alle Bemühungen, die Kutschers eingeschlossen, das Werk Wedekinds grundsätzlich zu deuten, kommen ohne die gründliche kritische Erfassung aller vorhandenen Quellen bis heute über rudimentäre Ansätze nicht hinaus. Das gilt auch für den vorliegenden Versuch, die Jugendjahre des Dichters darzustellen, bei dem ich mich von Anfang an nur auf das gesichtete Quellenmaterial, nicht aber auf dessen noch ausstehende kritische Auswertung stützen konnte.[9] Artur Kutscher verfügte bei seiner Arbeit über eine Vielzahl von Informationen, die heute nicht mehr oder noch nicht wieder zugänglich sind, wie beispielsweise die vollständigen Tagebücher von Franklin Wedekinds Vater, Friedrich Wilhelm Wedekind, oder Franklin Wedekinds Tagebücher und Notizbücher sowie Entwürfe und Manuskripte, die heute als verschollen gelten müssen.[10]

Die Gleichschaltung der offiziellen Kulturpolitik durch Goebbels und die Repressionen gegen unerwünschte Autoren gaben dem Schicksal des Wedekind-Nachlasses eine neue Wendung. 1943 gelang es Pamela Regnier-Wedekind, der älteren Tochter Frank Wedekinds, den literarischen Nachlaß ihres Vaters in einem zerschlissenen Koffer in die Schweiz zu schmuggeln. Als Versteck für die kostbaren Papiere wählte sie die Kleinstadt Lenzburg, wo Wedekind seine Jugend verbracht hatte. Die Behörden stellten das seltsame Depositum bereitwillig, aber auch ratlos in das winzige Stadtarchiv im Keller des Rathauses, wo der Koffer zwischen Zivilstandsakten und Ratsprotokollen den Krieg unversehrt überdauerte, bis sich in den fünfziger Jahren das Interesse am verfemten und fast vergessenen Dichter Wedekind wieder zu regen begann und die Familie, auf den Druck der Stadt München reagierend, sich entschloß, den bis dahin geschlossen vorliegenden Nachlaß zwischen der Stadtbibliothek München und dem Staatsarchiv Aarau aufzuteilen und in zwei neugeschaffenen, aber gesonderten Wedekind-Archiven aufzubewahren.[11]

Für die Wedekind-Forschung war diese Entscheidung fatal. Nicht nur, daß der Nachlaß willkürlich und nach lokalpolitischen Gesichtspunkten aufgeteilt, die beiden Teile an zwei verschiedenen Orten gelagert und verschieden katalogisiert wurden, was die systematische Erschließung dramatisch erschwerte. Das Fehlen von Fachleuten – sieht man vom deutschen Doktoranden ab, der den aargauischen Kantonsbibliothekaren beim Ordnen der Papiere half – brachte es außerdem mit sich, daß die gewaltsame Teilung oder vielmehr Amputation des Wedekind-Nachlasses nach Kriterien geschah, die mit literaturwissenschaftlichen Gesichtspunkten nichts zu tun haben. Nach der Teilung scheint jede Kommunikation zwischen den beiden Archiven zum Erliegen gekommen zu sein. Der Wedekind-Nachlaß in Aarau befindet sich in den Panzerschränken im Keller des Aargauischen Staatsarchivs, das – hauptsächlich für historische und politologische Forschung eingerichtet – für den unerwartet angefallenen literarischen Nachlaß keine entsprechenden Fachkräfte besitzt.[12]

Eine Bestandsaufnahme der Münchener Sammlung läßt erkennen, daß die dortige Stadtbibliothek bei der Teilung des Nachlasses erhebliche Vorteile aus dem Umstand gezogen hat, daß der aargauische Staatsarchivar Nold Halder als Nicht-Literaturwissenschaftler aus lokalhistorischen Erwägungen heraus München den Löwenanteil der dichterischen Manuskripte überließ. Überdies hielt es die Stadtbibliothek München ihrerseits mit dem Stichjahr 1888 (Todesjahr des Vaters) nicht so genau, so daß wesentliche Dokumente aus der Frühzeit, unter anderem Korrespondenzen der Eltern, deren Tagebücher und Erinnerungen und ein Teil des Briefwechsels zwischen Franklin Wedekind und seinen Geschwistern in München und nicht in Aarau liegen.

Vermutlich hat Artur Kutschers biographischer Ansatz bei der Teilung eine entscheidende Rolle gespielt. Kurz nachdem er promoviert und sich verheiratet hatte, lernte Kutscher Frank Wedekind in München kennen, wahrscheinlich um 1900.[13] Nach einiger Zeit kam es zu einer Duzfreundschaft, die Kutschers Karriere als Münchener »Theaterprofessor« wesentlich förderte und die bis zu Wedekinds Tod andauerte. Kutscher erlebte, parallel zu seiner eigenen Laufbahn, Wedekinds Aufstieg vom verfemten, von der Zensur verfolgten *Überbrettl*-Artisten, Liedermacher und *Simplicissimus*-Mitarbeiter zum berühmten Theaterdichter seiner Epoche, dessen Erfolg im deutschen Sprachbereich sich nur noch mit dem von Gerhart Hauptmann messen ließ. Berlin »gehörte« Gerhart Hauptmann, München dagegen Wedekind. Kein Wunder also, daß es der »Münchener« Kutscher naheliegend fand, Wedekind ganz und gar als Münchener Phänomen zu deuten, ohne dessen Herkunft und

Prägung durch die Eltern und die Jugend in der Schweiz mehr als beiläufig zu erwähnen. Dadurch entstand die verzerrte Perspektive, in der Wedekinds Leben von der Empore seines späten Ruhms aus gleichsam nach hinten verfolgt wird, ohne der Kindheit, der Rolle der Eltern und der Familie, den Jahren der frühen dichterischen Versuche, der Entbehrung und der Obskurität die Bedeutung einzuräumen, die ihnen zukommt. Es liegt mir fern, die großen Verdienste Artur Kutschers für die Wedekind-Forschung zu desavouieren. Er ist und bleibt ihr Pionier. Durch ihn ist sie erst möglich geworden. Er hat Wedekinds Gesamtwerk erstmals beschrieben, es weitgehend, wenn auch keineswegs vollständig, veröffentlicht und damit die Grundlagen für einen Zugang geschaffen. Auch dieses Buch bleibt seinem ersten Versuch verpflichtet, wie denn kein Wedekind-Forscher ohne Kutschers Faktenkatalog auskommen kann. Doch ist es an der Zeit, das Leben des Dichters, anders als Kutscher, von den Anfängen und Voraussetzungen her im Hinblick auf sein entstehendes Werk darzustellen.

Beide Partner der fragwürdigen Nachlaßteilung trifft der Vorwurf, daß sie der Wedekind-Forschung mit dürftigen Argumenten den Weg verstellt haben. Ob er nun als »Sohn« der Stadt München oder der Kleinstadt Lenzburg gelten darf, ist für die Eigenart von Wedekinds Dichtung sekundär. Daß er von den kurzen 54 Jahren seines Lebens 17 zumeist in Lenzburg verbrachte (in München war er nur während der letzten zehn Jahre fest wohnhaft), hatte nachweisbare Konsequenzen für sein Gesamtwerk und darf nicht, wie Kutscher möchte, lediglich als Prolog zur Münchener Zeit verstanden werden. Der Verdacht, Kutscher habe seine Wedekind-Biographie, aber auch — was viel schwerer wiegt — die Herausgabe der *Gesammelten Werke*[14] in diesem Sinne manipuliert, läßt sich nicht von der Hand weisen. Auffällig ist auch, wie Kutschers Biographie jedem psychologischen Deutungsversuch, der in der Kindheit ansetzen und die Jugendjahre einschließen müßte, mit spürbarer Beflissenheit aus dem Weg geht und damit auf entscheidende Erkenntnismöglichkeiten verzichtet.

1924 gab Fritz Strich Wedekinds »gesammelte« Briefe heraus, eine Ausgabe, die vom Standpunkt der heutigen Forschung keinen Anspruch auf wissenschaftliche Gründlichkeit erheben kann, da sie, nur dürftig kommentiert, Wedekinds nachgelassene Korrespondenz auch nicht annähernd vollständig erfaßt hat und sich zudem viele der abgedruckten Briefe gegenüber den Originalen als stark gekürzt erweisen.[15] Auch fehlen die Antworten der Briefempfänger vollständig. Die in Aarau, Lenzburg, Marburg, München und in verschiedenen Privatarchiven aufgefundenen Briefschaften von und an Wedekind haben es mir ermöglicht, verschiedene Lücken im bisher bekannten Wedekind-Bild zu schließen.

Die Publikation von Kutschers monumentaler Wedekind-Biographie war als Verlagsereignis geplant und schon vier Jahre nach dem Tod des Dichters überstürzt eingeleitet worden, zu einem Zeitpunkt, da ein Überblick über den Nachlaß noch gar nicht möglich war. Inzwischen hatten wilde Gerüchte über Herkunft und Lebensstil des Dichters die Runde gemacht. Wedekind selber hatte es geliebt, den wilden Mann zu spielen und seine Biographie mit allerlei teilweise frei erfundenen Vignetten zu verzieren, die zu seinem marktförderlichen Image paßten und von einem sensationslüsternen Publikum begierig aufgegriffen und herumgereicht wurden. Kutscher, dem die publikumswirksame Münchener Legende wichtiger war als die historischen Gegebenheiten, tat wenig, um die falschen Meinungen zu korrigieren.[16]

Die von Manfred Hahn in seine gekürzte Wedekind-Ausgabe von 1969 aufgenommene Korrespondenz[17] läßt vermuten, daß des Dichters Ehe mit Tilly Wedekind-Newes zum Zeitpunkt seines frühen Todes kurz vor der Auflösung stand. Die junge Witwe, deren Erfolg als Schauspielerin eng mit dem Ruhm ihres Mannes verbunden war, sah die eigenen Interessen und die ihrer Familie im Einklang mit denen der Herausgeber Kutscher und Friedenthal und war ihnen behilflich, ein Wedekind-Bild zu gestalten, das sich fast völlig auf den in den letzten Lebensjahren bereits legendären Ruf des Münchener Schauspielers, Brettl-Sängers und Bohémiens gründete. Zu dieser »monacozentrischen« Deutung hatte der Dichter insofern beigetragen, als er bei der noch von ihm bearbeiteten Herausgabe der ersten Bände der *Gesammelten Werke* verschiedene Dramen, Entwürfe, Tagebuchfragmente und vor allem zahlreiche Gedichte der Lenzburger und Aarauer Jahre aus der chronologischen Anordnung ihrer Entstehung herausnahm, teilweise überarbeitete, in neuer Folge präsentierte und so den irreführenden Eindruck eines neugeschaffenen lyrischen Werkes vermittelte.

Wilhelm Emrich kommt 1979 zu dem Schluß, daß »das Fehlen einer kritischen Gesamtausgabe der Werke Franklin Wedekinds [. . .] wohl zu den groteskesten Desiderata der heutigen Literatur- und Theaterwissenschaft« gehöre.[18] Ein wichtiger Grund dafür, daß in vielen Fällen die »tatsächliche Bedeutung [. . .] seiner Intentionen außerordentlich schwierig zu dechiffrieren« ist, liegt in der weitgehenden Ahnungslosigkeit, auch der modernen Wedekind-Forschung, hinsichtlich der historisch-biographischen Voraussetzungen von Wedekinds Werk. Die Paradoxien und Verschlüsselungen, die Emrich und viele andere ratlose Forscher feststellten, lassen sich zu einem überraschend großen Teil auf kaum beachtete private Begebenheiten, Begegnungen und Konstellationen aus Wedekinds Jugend zurückführen.

1986 wurden die angeblich vollständigen Tagebücher Frank Wedekinds mit dem reißerischen Untertitel *Ein erotisches Leben* veröffentlicht.[19] Abgesehen davon, daß der Herausgeber mit seinen lückenhaften und teilweise falschen Kommentaren keinen Hinweis auf die Geschichte dieser Notizen gibt, die aus sieben Fragmenten aus den Lebensepochen des Dichters zwischen 1888 bis kurz vor seinem Tod zusammengestoppelt sind, leistete die Veröffentlichung der Tagebücher in dieser Form der maroden Wedekind-Forschung einen weiteren Bärendienst, indem sie lediglich die gängige Auffassung vertiefte, mit den verstaubten Männerphantasien dieses Vorläufers der sexuellen Revolution lasse sich heute nur noch Scherz treiben. Dabei sind diese Aufzeichnungen, im Zusammenhang mit Wedekinds Jugendbiographie und von ihrer Entstehungsgeschichte her gesehen, für das dichterische Werk durchaus bedeutsam. Sie wären, bei kompetenter Auslegung, zumindest geeignet, einige der

Fundamente, auf denen Kutschers Ansatz ruht, zu erschüttern. Doch da dem Herausgeber die Bestände des Aarauer Archivs, das unter anderem weitere Tagebuchfragmente und Notizbücher enthält, unbekannt waren, stochert die Wedekind-Forschung auch nach der sensationell aufgemachten Erstveröffentlichung der angeblich »vollständigen« Tagebücher weiterhin hilflos mit der Stange im Nebel.[20]

Erst 1987 ist mit Hartmut Vinçons Versuch einer kritischen Wedekind-Biographie ein neuer wissenschaftlicher Ansatz gelungen. Vinçon beginnt seine verdienstvolle Pionierarbeit bezeichnenderweise mit einem »Pamphlet« über die Wedekind-Forschung, in dem zu lesen ist:

»Wedekind und Brecht gehören zu den wichtigsten und bedeutendsten Theaterautoren des 20. Jahrhunderts. Im Fall Wedekinds wurde dies von der – deutschen – Literaturwissenschaft kaum zur Kenntnis genommen. Schon früh wurde sein Werk zum ›Fall Wedekind‹ gemacht. Weder die staatliche Zensur und die reaktionäre Kulturkritik im Kaiserreich noch das Verbot von Wedekinds Werk durch den deutschen Faschismus veranlaßten nach 1945 die Germanistik, Wedekinds Dichtung zu rehabilitieren und so ein Stück deutscher Vergangenheit aufzuarbeiten und zu bewältigen. Dies zeitigte auch Folgen für die wissenschaftliche Rezeption seines Werkes bis heute. Kein anderer deutscher ›Klassiker der Moderne‹ wurde so sehr wie Wedekind philologisch und literarhistorisch vernachlässigt. Was sind das für Fremdenführer, die Autor und Leser ›in die Wüste schicken‹?«[21]

Vinçon weist auf die Verstrickung der frühen Wedekind-Forschung mit dem Dritten Reich hin.[22] Es besteht der Verdacht, daß die Verzögerung der Forschung und die Stereotypisierung des Wedekind-Bildes in der Literaturgeschichte unter anderem auf diese (weitgehend totgeschwiegenen) Zusammenhänge zurückzuführen sind. Nach dem Krieg wurde Wedekind von denselben Kritikern, die ihn zur gegebenen Zeit als »Asphaltliteraten« hatten sehen wollen, als Alibi-Autor wiederentdeckt. So benutzten sie Wedekind einerseits zu ihrer eigenen fragwürdigen Rehabilitierung, indem sie andererseits gleichwohl des Dichters »urdeutsche« Ursprünge nachwiesen und sich dabei wiederum auf Kutscher beriefen, der in diesem Punkt besonders gründliche ideologische Vorarbeit geleistet hatte.[23]

Der Versuch, die »unbekannten Jahre« Wedekinds zu rekonstruieren, beruht auf einem achtjährigen Studium von neuen und vielfach noch völlig unbekannten Quellen. Einige Jahre nach Beginn meiner Arbeit wurde in Darmstadt die »Editions- und Forschungsstelle Frank Wedekind« gegründet, die unter der Leitung von Hartmut Vinçon und Elke Austermühl die immer wieder neu auftauchenden Nachlaßteile systematisch sammelt und sie für eine kritische Gesamtausgabe vorbereitet. Bei der Konzeption dieses Buches wurde dem Umstand Rechnung getragen, daß eine neue Phase der Wedekind-Forschung begonnen hat und bereits die ersten Resultate zeitigt. Eine erste wissenschaftlich zuverlässige Auswertung aller veröffentlichten und unveröffentlichten Wedekind-Texte wird jedoch erst in einigen Jahren möglich sein.

Ich habe mich entschieden, auf eine umfassende kritische Bibliographie der Primärtexte und der Sekundärliteratur zu verzichten und statt dessen die Quellen mit ihrem Standort in einem ausführlichen Anmerkungsteil am Schluß des Buches zu zitieren. Dort ist eine Stoffülle ausgebreitet, die vor allem dem literaturwissenschaftlich interessierten Leser zusätzliche Informationen verschaffen wird.

Vier Themenkreise bestimmen die Gliederung des Buches: die Dialektik von Fremdsein und Vertrautheit im schweizerischen Kleinstadtmilieu, das Problem der dichterischen Frühreife, die Resultate der »realpsychologischen« Experimente, die dem jungen Autor die Grundlagen für seine Bühnenfiguren liefern, und die Übergänge zur schriftstellerischen Existenz, die durch die frühe Rezeption Nietzsches und das Erlebnis des Zirkus bestimmt sind. Aus dem biographischen Stoff gewonnen, sollen sie Fenster zum Werk Wedekinds aufstoßen. Daher wurde jedem Hauptkapitel eine »Zwischenbetrachtung«, dem letzten eine »Schlußbetrachtung«

angehängt. Nicht jeder Leser wird Neigung und Muße haben, den Verfasser auf diesen Exkursen zu begleiten. Er kann sie überspringen und sich dem weiterlaufenden Erzählfluß wieder anschließen.

Ein feste Burg

San Francisco, um 1850.

Jakob Friedrich Kammerer, der Vater
von Emilie Wedekind-Kammerer.

Emilie Kammerer in San Francisco, 1861.

Vorige Seite: Schloß Lenzburg.

Oben: Emilie Wedekind
und Friedrich Wilhelm
Wedekind in Hannover,
1871.
Rechts: Franklin und sein
älterer Bruder Armin
in Hannover, 1871.

Oben: Schloß Lenzburg.
Ansicht von der Südseite.
Links: 365 Stufen
zum Schloß.

Der Einzelgänger

Und aufrecht in der Würde deiner Jahre,
Noch immer kraftvoll thätig ohne Rast,
Trägst du den heil'gen Schmuck der weißen Haare
Und der Dezennien hochgetürmter Last.
Und deine Kinder blicken mit frommen Gebärden
Empor an ihres Vaters hehrem Bild:
In Thun und Wandeln einst ihm gleich zu werden,
Das ist der Stolz, der ihre Brust erfüllt.

Wedekind

Die Eltern Wedekinds waren naturalisierte Amerikaner deutscher Abstammung.[1] Der junge Franklin Wedekind empfand sein amerikanisches Bürgerrecht, das ihm von den Eltern vererbt worden war, als ein zufälliges und bisweilen eher lästiges Attribut seiner Herkunft, mit dem er nur insofern etwas anzufangen wußte, als ihm die Erzählungen seiner Eltern, insbesondere der Mutter, ein geschärftes Interesse und Aufnahmevermögen für Eigentümlichkeiten amerikanischer Lebensverhältnisse vermittelten. Er selbst hat Amerika nie gesehen. Der Vater, ein überzeugter Republikaner und Bismarck-Gegner, behielt sein in Kalifornien erworbenes amerikanisches Bürgerrecht bis zu seinem Tode bei. 1872 war er, kurz nachdem Hannover preußisch geworden und das Deutsche Kaiserreich proklamiert worden war, mit seiner Familie in die Schweiz emigriert, weil er den Gedanken nicht ertragen konnte, seine Söhne zu preußischen Soldaten heranwachsen zu sehen.[2] Franklin Wedekinds Kindheit war geprägt vom Achtundvierziger-Liberalismus seines Vaters, dem Amerika-Erlebnis beider Eltern und ihren darauf zurückzuführenden Erziehungsmethoden und Anschauungen. Diese blieben nicht ohne Einfluß auf seine dichterische Phantasie und schlugen sich in allerlei kuriosen Motiven und Themen nieder, die ohne das Wissen um die amerikanische Vorgeschichte der Eltern und die Schweizer

27

Kindheit des Sohnes schwer zu deuten sind.[3] Eine Untersuchung von Franklin Wedekinds Jugendjahren kann auf die Darstellung der kalifornischen Jahre der Eltern nicht verzichten. Kutscher hat dies nur zum Teil geleistet, indem er aus den beiden Hauptquellen, den erhaltenen Tagebüchern des Vaters und den Lebenserinnerungen der Mutter, die gemeinsamen Jahre in San Francisco skizzenhaft rekonstruierte. Da ihm indessen die Vertrautheit mit amerikanischen Verhältnissen fehlte und er in diesem Bereich keine weitere Quellenforschung betrieb, folgen seine biographischen Hinweise ausschließlich und unkritisch den Berichten der Eltern, ohne daß der Biograph sich selbst und dem Leser Rechenschaft darüber gegeben hätte, wie verschieden die beiden Quellen angelegt waren und wie unterschiedlich sie demnach ausgewertet werden mußten.

Die Schweiz wurde durch den Willen und die politische Überzeugung des Vaters zur Wahlheimat seiner Familie. Für die Mutter, Emilie Wedekind-Kammerer, die ihre Jugend bis zu ihrer Auswanderung nach Amerika in Zürich-Riesbach verbracht hatte, war die Schweiz gefühlsmäßig bereits Heimatboden. So wuchs Franklin Wedekind mit der Schweiz als Mutterland und Vaterstaat heran und mit Amerika als geheimnisvoll fernem Identifikationsbegriff beider Eltern.[4]

Franklin Wedekind hat seinen Vater, Dr. med. Friedrich Wilhelm Wedekind, nur als Rentner gekannt. Als dieser 1872 mit seiner Familie nach Lenzburg zieht, hat er seinen Beruf, den eines Arztes mit gynäkologischer Spezialisierung, schon seit Jahren nicht mehr ausgeübt.

Wir verdanken Kutscher verschiedene Einzelheiten aus diesem Leben, die anderswo nicht nachweisbar sind (vgl. S. 14), nicht aber deren Deutung. So wird zum Beispiel kommentarlos vermerkt, Friedrich Wilhelm Wedekind, ein Beamtensohn, habe mit vierzehn Jahren das Elternhaus verlassen, um erst als Gymnasiast und dann als Corpsstudent in Göttingen seinen Studien nachzugehen. Erst sieben Jahre später, nach einem »richtigen Universitätsbummel« über Würzburg, München, Tübingen, Heidelberg, Gießen und

Marburg und nach einem *consilium abeundi,* das er sich in Göttingen wegen »Teilnahme an einer nicht ausdrücklich erlaubten, jedoch ohne alle politische Tendenz befundenen Vereinbarung von Studierenden« eingeholt habe sowie einer vierzehntägigen Karzerstrafe wegen »Beleidigung des königl. Hannoverschen Militärs« sei er wieder ins Elternhaus zurückgekehrt.[5]

Seit Musil, Rilke, Walser, Alain-Fournier wissen wir Bescheid über die Not Pubertierender, die, ins Internat verpflanzt, nur zwei mögliche Auswege aus ihrer seelischen Vereinsamung sehen: Rebellion oder bedingungslose Anpassung an die Gemeinschaft. An die Stelle erlebter und erwiderter Gefühle tritt die Starre der Prinzipien. Wie »politisch« sind die studentischen Eskapaden des vormaligen schwärmerischen Napoleonverehrers? Bis zu welchem Grade sind die mit Karzer geahndeten Unbotmäßigkeiten Auflehnungen gegen jegliche Autorität, Rache für den Liebesentzug durch das Elternhaus? Sein Vater scheint ihn schließlich zurückgerufen zu haben, um Rechenschaft zu fordern für das eines Beamtensohnes unwürdige Treiben. Friedrich Wilhelm Wedekind versucht den Neubeginn in Würzburg. Ein Jahr später stirbt sein Vater. Er fährt zurück, ihn zu begraben. Schuldgefühle sind unvermeidlich. Nun bringt er seine Studien ohne weitere Zwischenfälle in einer Rekordzeit zum Abschluß. Mit seiner Dissertation »Die Schnellgeburt« weist er sich 1839 als Gynäkologe aus. Am 31. Januar 1842 legt er sein medizinisches Staatsexamen ab. Kutscher berichtet:

»In der Heimat und auf einer Reise über die Bäder der Nordsee sehen wir ihn mit großen Plänen und Eingaben an die Regierung beschäftigt. Er wollte ein orthopädisches Institut und eine Badeanstalt auf Langeoog gründen und bat um Abtretung des Ostendes der Insel. Nach abschlägiger Bescheidung wurde er praktischer Arzt in Aurich, ohne jeden Geschmack an Seßhaftigkeit in der Enge zu finden.«[6]

Aurich ist ein Städtchen im ostfriesischen Amtsbezirk, den Friedrich Wilhelm Wedekinds Vater verwaltet hatte. Der Kreis väterlicher Forderungen hat sich um den Sohn geschlossen. Erst jetzt scheint dieser sich seiner neuerworbenen Freiheit bewußt zu werden:

Der Tod des Vaters bedeutet Befreiung von dessen ehrgeizigen Ansprüchen an die berufliche Laufbahn des Sohnes. Eine Generation später wird Friedrich Wilhelm Wedekind seinem Sohn Franklin, wohl im Andenken an den eigenen Vater, ein Studium der Rechte abpressen. Die Geschichte von der Schuld des Sohnes und dessen Befreiung durch den Tod des Vaters wird sich gespenstisch wiederholen.

Die Unabhängigkeit zwingt Friedrich Wilhelm Wedekind zu einer Lebensform, die der seines Vaters in allen Punkten widerspricht und die *dennoch* den bürgerlichen Vorstellungen von Erfolg genügt. Das Modell, das sich anbietet, gilt in jener Epoche der letzten weißen Flecken auf der Landkarte als allgemein nachahmenswert. Es ist die Jagd nach dem Glück in den Randgebieten der Zivilisation, die für den *gentleman-adventurer* dann erfolgreich war, wenn er mit vielen Trophäen an den Ursprungsort zurückkehren kann. Friedrich Wilhelm Wedekind beginnt sein Lebensabenteuer mit langen Reisen durch den Orient und die Kulturstädte Europas. Von ärztlicher Tätigkeit ist in den Überlieferungen seiner Erlebnisse wenig die Rede, um so mehr dagegen von ungewöhnlichen Begegnungen und Erfahrungen und, gleich von Anfang an, von einer unstillbaren Sammlerwut. Der junge Arzt rafft alles zusammen, was ihm ins Auge sticht: seltene Münzen, orientalische Waffen und Kostüme, später Bilder und Kunstgegenstände.

Er kehrt nach Deutschland zurück. Am 8. Januar 1848 verheiratet sich die Mutter mit dem Amtsnachfolger seines Vaters. Wieder flieht Friedrich Wilhelm und schließt sich seinem Vetter Eduard an, einem Ersatzabgeordneten im neugegründeten Frankfurter Parlament. Der dreißigjährige Arzt nimmt an den Debatten teil und begeistert sich für die neuen republikanischen Ideen. Er schreibt über die Frankfurter Verhandlungen für mehrere Blätter, darunter auch für die *Reichszeitung*. Als politischer Journalist vermag er sich bis zu einem gewissen Grad zu profilieren: »Er verfocht eine auf demokratischer Grundlage ruhende, konstitutionelle Regierungsform, war aber linksliberal. Später wurde er in Esens als Ersatzmann in das hannoversche Ständehaus gewählt«, berichtet Kutscher.[7]

Doch eine politische Karriere, die hier einzusetzen verspricht, miß-lingt wegen des Sieges der Reaktion. Friedrich Wilhelm schließt sich der Auswanderungswelle der Achtundvierziger an, die in das Gelobte Land liberaler Bürgerrechte reisen. Doch läßt er sich nicht wie die meisten seiner politischen Gesinnungsfreunde an der Ostkü-ste der Vereinigten Staaten nieder, sondern folgt den Gerüchten von den fabelhaften Goldfunden nach Kalifornien.

Das Archiv der Familie Wedekind zur Horst in Leichlingen (es wurde bisher noch nie für die Wedekind-Forschung herangezogen) enthält wenige, teilweise widersprüchliche Angaben zum Amerika-Aufenthalt Friedrich Wilhelm Wedekinds. Demnach soll dieser nach dem Scheitern der Revolution zusammen mit seinem jüngeren Bruder Erich Christian Vollrath im Jahre 1849 nach den Vereinig-ten Staaten ausgewandert sein, wobei sich der jüngere Bruder schließlich in Illinois niederläßt, der ältere hingegen nach einer strapaziösen und gefährlichen Land- und Seereise durch die Ur-wälder des Isthmus von Panama – eine Bahnverbindung zwischen der Ostküste und Kalifornien entstand erst 1869, der Panama-kanal wurde erst 1914 in Betrieb genommen – San Francisco erreicht.[8] Kutscher berichtet lakonisch: »Er ließ sich als praktischer Arzt in San Francisco nieder. Mit kurzen Unterbrechungen blieb er hier bis zum Jahre 1864. Über die erste Zeit sind wir nicht unter-richtet.«[9]

Dies trifft nur teilweise zu. Verschiedene Quellen und Hinweise, die Kutscher nicht berücksichtigt, erlauben einen zumindest bruch-stückhaften Einblick in jene Zeit. Schon am 12. November 1848 unterzeichnet Friedrich Wilhelm Wedekind in San Francisco eine sogenannte »Declaration of Intention«, eine Erklärung, daß er amerikanischer Staatsbürger werden möchte.[10] So dürfen wir mit Recht annehmen, daß Friedrich Wilhelm Wedekind schon zwei Jahre nach seinem Eintreffen in San Francisco im Besitz der amerika-nischen Staatsbürgerschaft war. Dieses sehr abgekürzte Einbürge-rungsverfahren ist dem Umstand zuzuschreiben, daß Kalifornien am 4. Juli 1850, dem amerikanischen Nationalfeiertag, als neuer Staat in die Union aufgenommen worden ist. Dabei sind alle zu jener

Zeit in Kalifornien Ansässigen kurzerhand zu Bürgern der Vereinigten Staaten erklärt und mit Bürgerbriefen ausgestattet worden. Für das schnelle kalifornische Einbürgerungsverfahren gibt es einen überraschenden Zeugen, den späteren Amateurarchäologen und Troja-Entdecker Heinrich Schliemann, der sich in seinem englisch geschriebenen, erstmals 1942 veröffentlichten kalifornischen Tagebuch seines amerikanischen Bürgerrechts rühmt, das er gleichzeitig und auf dieselbe Weise wie sein Landsmann Wedekind in Kalifornien erworben habe.[11] Die zwei cleveren deutschstämmigen Neubürger – darin liegt eine weitere Parallele – erkennen sofort, daß man mit Goldgraben und -waschen kein schnelles Geld verdienen kann und daß die großen Erwerbsmöglichkeiten anderswo liegen. Beide machen sich diese Erkenntnis zunutze und werden in kurzer Zeit sehr wohlhabend. Schliemann, indem er in Sacramento eine Bank gründet, und Wedekind, indem er in San Francisco Grundstücke kauft und Häuser bauen läßt: Er wird zum erfolgreichen Grundstücksspekulanten.

»Demographisch war San Francisco keine typische amerikanische Stadt, in der Vorstellung aber war es all das, wovon das junge, weiße, männliche Amerika träumte. San Francisco war der Westen; San Francisco war schneller Reichtum; San Francisco war Abenteuer; San Francisco war Gold. Die Stadt war ein Tummelplatz der amerikanischen Phantasie im 19. Jahrhundert... Der *gold rush* beeinflußte auch das Stadtbild. Zelte und Hütten schossen entlang der Bucht aus dem Boden, und bald begann man mit dem Bau dauerhafter Unterkünfte. Die rege Bautätigkeit sorgte nicht nur für dringend benötigtes Obdach, sondern war auch eine willkommene Einnahmequelle für all diejenigen, die weder die Geduld noch die Neigung zum Goldwaschen aufbrachten.«[12] Daß nach jeder Art von schützendem Dach in der rasch wachsenden Männerstadt eine ungeheure Nachfrage bestand, berichtet ein weiterer bemerkenswerter Augenzeuge, der Weltreisende Friedrich Gerstäcker, dessen farbige Reisebilder und Abenteuergeschichten vor hundert Jahren neben den imaginären Erlebnissen des Stubenhockers Karl May zum eisernen Bestand jeder Jugendbibliothek gehörten. Er fuhr im Herbst

1848, zur gleichen Zeit wie Friedrich Wilhelm Wedekind also, auf einem Segelschiff in den Hafen von San Francisco ein. Was er beschreibt, muß auch Wedekind gesehen haben:

»Gegen Abend trieb uns eine frische Brise gegen die hier sehr starke Fluth doch verhältnismäßig rasch an und weiter in die Bai hinein. – Je mehr wir vorrückten, desto mehr Zelte – in die verschiedenen kleineren Thäler oft malerisch genug hineinge-schmiegt – wurden sichtbar, und mehr und mehr näherten wir uns, zwischen den kahlen und steinigen Hügeln hindurch, der Stadt selber. – Noch weiter vor, und an dem rechten Abhang wurden einzelne kleine Holzgebäude sichtbar.«[13]

San Francisco, eine »Stadt« aus Zelten und Bretterhütten! Der Lockruf des Goldes hatte über Nacht weltweit einen gewaltigen Einwanderungssog ausgelöst, dem das schläfrige, ehemals mexika-nische Hafenstädtchen Yerba Buena neben der Indianermission Do-lores, das dann zu San Francisco anschwoll und dabei aus allen Nähten platzte, nicht im entferntesten gewachsen war. Innerhalb eines Jahrzehnts ereignete sich eine unvorstellbare Bevölkerungsex-plosion: 1846 gab es in San Francisco ganze 200 Einwohner. Bis zum Februar 1849 hatte sich die Bevölkerung verzehnfacht. Zum Jahresende 1849 zählte der Ort bereits 5000 Einwohner. Zwei Jahre später waren es 23 000. 1852 erfaßte die erste offizielle Volkszäh-lung 36 151 Bewohner. 1856 waren es 56 000.[14] Kein Wunder, daß Dr. Wedekind, wie auch andere unternehmungslustige Neuan-kömmlinge, in der unerschöpflichen Nachfrage nach wettersicheren Behausungen ihre goldene Chance wittern.

Wedekinds Anfänge im Goldland, wo er sich zunächst als Arzt durchbringt, sind allerdings mehr als bescheiden. Wir wissen davon durch eine Schilderung, die nach seinem Tode als Nachruf in der *Frankfurter Zeitung* vom 19. Oktober 1888 erschienen ist:

»Dort [in San Francisco] wurde er einer der ›Pioniere‹ in dem kurz zuvor der Kultur neu erschlossenen Lande. San Francisco bestand damals aus Hütten, und so eröffnete Wedekind seine ärzt-liche Praxis in einem Bretterhaus, das er auf einem Schiff gekauft hatte, selbst aufschlug und zur größeren Sicherheit mit den Stücken auseinandergeschnittener Blechkisten umkleidete. In dieser Wohnung waren Apotheke und Schlafraum nur durch einen Vorhang von Segeltuch geschieden. Ein Bett gab es da nicht, und unser Doktor schlief Jahre hindurch in einen Mantel gehüllt, auf der bloßen Erde. Mit großem Behagen hat derselbe in den Jahren des Alters von diesen primitiven Zuständen erzählt und das rasche Wachstum San Franciscos aus eigener Anschauung geschildert.«[15]

Wann Dr. Wedekind sein Vermögen erworben hat, ist nicht genau bekannt. Im *Sendschreiben der Familie Wedekind zur Horst, Ausgabe 1885–90*, wird erwähnt, der Arzt habe »nach wenigen Jahren mit seiner Familie eine Villa mit Park und mehrere wertvolle Grundstücke sein eigen [genannt]. Er war Präsident des deutschen Clubs und nahm an dem Aufblühen der deutschen Kolonie den regsten Antheil, rief ein großartiges Schillerfest ins Leben, zu dem er eine Hymne dichtete, kurzum war bemüht auf jede Weise die Cultur seiner alten Heimath auf den jungfräulichen Boden seiner neuen Heimstätte zu verpflanzen«.[16] Kutscher überliefert einige Verse dieser Hymne an Schiller, die Friedrich Wilhelm Wedekind seinem Idol zu diesem Anlaß auf die Melodie der Kaiserhymne *Heil Dir im Siegeskranz* geschrieben hat. Die Feier zum 100. Geburtstag Friedrich Schillers fand 1859 statt. Doch gibt es einen Nachweis, daß Wedekind schon Jahre vorher sehr wohlhabend gewesen sein muß. Eine Lokalchronik, *The Annals of San Francisco*, berichtet am 19. August 1853 in unbeholfenem »deutschen« Englisch, wie Dr. Wedekind bei einem gesellschaftlichen Anlaß der deutschen Kolonie seine (offenbar ausgedehnten) Liegenschaften nicht weniger als dreitausend Gästen zur Verfügung gestellt habe:

»The second anniversary of the German Turnverein was observed today in the park of Dr. Wedekind, in the southern quarter of the city. This affair was a very grand one with the whole German race here, and nearly three thousand persons participated in the festivities of the occasion. Besides Dr. Wedekind's grounds the gardens of Mr. Russ adjoining were thrown open to the people, where athletic games and many amusing sports, music, dancing, and singing, and the indispensable drinking were kept-up till a late hour at night. The amusements were resumed the following day.«[17]

Etwas an Friedrich Wilhelm Wedekinds Vita muß nachdenklich stimmen: Seine Zuflucht ist nicht das Amerika der Gründerväter, die junge aufstrebende Union, die den gescheiterten europäischen Republikanern als Vision der Zukunft erscheinen mußte, sondern das exotische Goldland Kalifornien, das sich soeben in staatsrechtlich fragwürdiger Weise von Mexiko losgesagt hat. Die junge Republik genießt einen zweifelhaften Ruf als Eldorado der Abenteurer und Glücksjäger. Eine typische Freistatt für desillusionierte Revolutionäre? Wohl kaum. Eher schon ein Tummelplatz für harte, rücksichtslose Existenzen, Konquistadoren, die sich ihren Platz an der Sonne erbarmungslos und mit allen Mitteln erkämpfen. Und für Friedrich Wilhelm Wedekind die große Chance, die Herausforderung des seßhaften Bürgervaters als goldenen Triumph heimzuholen. Es gibt zwingende Gründe dafür, daß Friedrich Wilhelm Wedekind später nicht viele Worte über die ersten Jahre in San Francisco verloren hat. Jene Jahre, in denen er zu plötzlichem Reichtum gelangt ist, müssen eine wilde, unordentliche, gesetzlose, eine höchst fragwürdige Episode in seinem Leben gewesen sein.

Seinen neuen Reichtum will er mit anderen vermögenden Bürgern der jungen Stadt gegen das Chaos, die Korruption der Behörden und die Übergriffe der *outlaws* verteidigen. Aus Protest gegen den laxen Rechtsschutz der Regierung wird das »San Francisco Committee of Vigilance«, ein Bund der Besitzenden, gegründet, der den Verschworenen den Eid abfordert, sich nötigenfalls über die bestehenden Gesetze hinwegzusetzen und das Recht in die eigenen Hände zu nehmen. Friedrich Wilhelm Wedekind wird *vigilant*.

Das »Vigilance Committee of 1856« zählte 6000–8000 Mitglieder und setzte sich aus lauter etablierten Geschäftsleuten und der bürgerlichen Oberschicht der Stadt zusammen. Nicht zu übersehen ist die politische Orientierung dieser Gruppe. Sie versteht sich vor allem als Opposition zu der »demokratisch-irischen Mafia« des Gouverneurs John Bigler und seiner Lokalpolitiker in San Francisco und stellt, von einem Mann mit dem hinreißenden Namen William Tell Coleman geführt, ihre eigene Verfassung auf: eine Republik der Geldaristokratie innerhalb der »Republic of California« und außerhalb des Gesetzes. Leider sind nur noch Teile der Mitgliederlisten dieser Vereinigung überliefert.

Friedrich Wilhelm Wedekinds Name ist nicht auffindbar. Doch ist die Verfassung des Geheimbundes erhalten, in der zu lesen ist, wie sich das »Vigilance Committee of 1856« einschätzt: als »eine Gesellschaft zur Aufrechterhaltung des Friedens und der gesellschaftlichen Ordnung, zur Vorbeugung und Bestrafung von Verbrechen, zur Erhaltung unseres Lebens und unseres Eigentums und zur Garantie, daß unsere Wahlurnen von nun an den wirklichen und unverfälschten Willen der Mehrheit unserer Bürger ausdrücken. So binden wir uns aneinander durch einen feierlichen Eid, jede legale Handlung zu unternehmen, die für die Aufrechterhaltung von Gesetz und Ordnung notwendig ist, und dem Gesetz mit Nachdruck Geltung zu verschaffen. Aber wir sind entschlossen, keinen Dieb, Einbrecher, Brandstifter, Mörder, Wahlbetrüger oder Aufwiegler straflos entkommen zu lassen, sei es durch Rechtsverdrehungen, mangelhafte Gefängnisse, Nachlässigkeit und Korruption der Polizei oder Laxheit derjenigen, die vorgeben, den Gesetzen zu dienen.«[18]

Für Franklin Wedekinds Vaterbild ist es wichtig, in Friedrich Wilhelm Wedekind den praktizierenden *law and order man,* den Anhänger einer harten, autoritären Rechtsprechung zum Schutze des eigenen Wohlstands zu erkennen – die Kehrseite seines an Schiller orientierten Achtundvierziger-Idealismus und die Grenze seines demokratischen Denkens. Als *vigilant* fühlt er sich als einer der Gründerväter der neuen kalifornischen Republik, als Bewahrer der erkämpften Bürgerrechte. Als solcher scheint er aber auch an den kurzen Prozessen dieser Bürgerwehr und möglicherweise gar an einem *lynching* teilgenommen zu haben. Der Sohn jedenfalls weist in seiner Ode zu Ehren des siebzigsten Geburtstags seines Erzeugers am 21. Januar 1886 auf diesen dunklen Punkt in dessen Biographie hin:

Die Stadt vor frecher Mordbegier
Zu retten, schwangst du dich zu Pferd,
Hieltst Wache vor der Kerkerthür,
In starker Faust das blanke Schwert.

Am Abend wurden sie gebracht,
Die Geisterstunde sprach Gericht.
Und als der junge Tag erwacht,
Da hingen sie im Morgenlicht.[19]

Es gibt viel »Amerikanisches« in Friedrich Wilhelm Wedekinds
Charakter und Persönlichkeit. Sein hektischer Sammlertrieb erfährt
in Kalifornien die Ausweitung zum cleveren Geschäftssinn, der von
der rücksichtslosen Raffgier des amerikanischen Frühkapitalismus
gefördert und mit raschem Wohlstand belohnt wird. Vor allem
Wagemut, Mobilität und ein unersättlicher Taten- und Unabhän-
gigkeitsdrang scheinen ein Lebensdrama bestimmt zu haben, das
in seinem kalifornischen Zwischenakt eher einer amerikanischen
Western Story als einer europäischen Biographie entspricht. Die
kläglichen Anfänge in der blechdosenverkleideten und mit Segel-
tuchvorhängen abgeteilten Bretterhütte, der ersten »Praxis« und
»Apotheke« in San Francisco, und der jähe Reichtum mitten im
kalifornischen *gold rush* sind geradezu Archetypen des *American
dream* in der schönsten Horatio-Alger-Tradition: *from rags to riches* –
ein amerikanischer Erfolgsmythos, der in der Apotheose des Wohlstands alles Fragwürdige überstrahlt. Vorzeigbar indessen ist diese
Biographie nur in jenem erfolgsgläubigen Land.

Benjamin Franklin, der amerikanische Gründervater, dessen
Name Friedrich Wilhelm Wedekind in Verehrung seinem zweiten
Sohne verleiht, legt in seinem *Advice to a Young Tradesman* (1748)
folgende frühkapitalistischen Richtlinien fest:

». . . In short, the Way to Wealth, if you desire it, is as plain as
the Way to Market. It depends chiefly on two Words, INDUSTRY and
FRUGALITY: i.e. Waste neither Time nor Money, but make the best
Use of both. He that gets all he can honestly, and saves all he gets

37

(necessary Expenses excepted) will certainly become RICH: If that Being who governs the World, to whom all should look for a Blessing on their honest Endeavours, doth not in his wise Providence otherwise determine.«[20]

Diese Maximen dürfen als das Credo von Friedrich Wilhelm Wedekind gelten.

In die alte Welt hinüber bringt er nur sein Geld, nach dessen Herkunft dort niemand fragt – und eine Frau, deren kalifornische Vorgeschichte ebenfalls wohlweislich verheimlicht wird, lange Zeit sogar vor der eigenen Familie.

Dr. med. Friedrich Wilhelm Wedekind ist bei seiner Eheschließung mit der deutschstämmigen Konzert- und Kabarettsängerin Emilie Kammerer in San Francisco bereits 46, bei der Geburt des zweiten Sohnes Benjamin Franklin 48 Jahre alt. Als Emilie, das letzte von sechs Kindern, 1872 zur Welt kommt, zählt die Mutter 32, der Vater 56 Jahre. Zu der Zeit, da er ins Bewußtsein seiner Kinder tritt, ist er ein alter Mann. Seinen Arztberuf hat er bereits in Kalifornien aufgegeben. Als er sich als Schloßbesitzer in der Schweiz niederläßt, wird er im Niederlassungsregister der Stadt Lenzburg unter der Berufsbezeichnung »Pensionär« geführt. Sowohl die Ehefrau als auch die Kinder haben den Ehemann und Vater nie in der Ausübung seines Berufs erlebt, sondern immer nur als pensionierten Müßiggänger, der vom Einkommen seines amerikanischen Erfolges zehrt und seiner Sammlerleidenschaft nachgeht.

Befreit von materiellen Sorgen, verfügt er nach seiner Rückkehr nach Europa über die Muße und die Mittel, sein Leben fortan so einzurichten, wie es seinen Idealen entspricht. Dazu gehören, in logischer Reihenfolge, die Gründung einer Familie, die Wahl einer Heimat, in der sich seine politischen Vorstellungen verwirklichen lassen, der Erwerb eines stattlichen Hauses, die sorgfältige Erziehung einer ansehnlichen Kinderschar im Geiste seiner liberalen Leitbilder, die Erhaltung und Mehrung des Familienbesitzes und zuletzt die umsichtige Verwaltung und Pflege einer immer imposanter werdenden Sammlung von Münzen und Kunstgegenständen, die er während seiner Wanderjahre erworben hat und die er von

Lenzburg aus auf regelmäßigen Ausflügen in Antiquariate und Galerien ergänzt.

Er ist der Inbegriff dessen, was die Amerikaner als *selfmademan* bezeichnen. Da er die Früchte seiner kalifornischen Erfolge auf dem alten Kontinent genießt, sind Vergleiche mit den unbekannten Anfängen nicht anzubringen. Die bürgerliche Vortrefflichkeit seiner Lebensführung hat die Anschaulichkeit eines biblischen Gleichnisses. Sie gipfelt in der Bildhaftigkeit jenes schweizerischen Rittergutes hoch über den Gefilden des gewöhnlichen Alltags: die Tugenden, Leistungen und Verdienste weithin sichtbar aufgetürmt zu einer uneinnehmbaren Lebenszitadelle – »ein feste Burg«. So eindeutig, so sinnfällig erscheint das Lenzburger Schloß als allegorische Beglaubigung eines erfolgreichen *American way of life,* daß es nach Friedrich Wilhelm Wedekinds Tod noch zweimal nacheinander von reichen Amerikanern erworben worden ist.[21]

1871, kurz vor seiner Ausreise in die Schweiz, läßt sich Friedrich Wilhelm Wedekind in Hannover fotografieren (Abb. S. 25). Der Mann auf dem Bild zeigt sich dem Betrachter in aufrechter, würdiger Haltung, im Halbprofil. Das noch volle Haupthaar über einer mächtigen Stirne ist leicht ergraut und verdichtet sich im Nacken zu flauschigen Locken. Backen- und langer, schmalgeschnittener Kinnbart sind dunkel, die Barttracht im modischen Stil à la Louis Napoléon, des besiegten Kaisers der Franzosen, allerdings ohne dessen verwegen hochgezwirbelte Schnurrbartenden: ein Gesicht aus der *belle époque,* aber mit puritanischem Einschlag; es könnte das Gesicht eines amerikanischen Offiziers auf Mathew Brady's bräunlichen Fotografien aus dem Sezessionskrieg sein.

Von den fotografischen Bürgerporträts aus jener Blütezeit der Fortschrittsgläubigkeit läßt sich nur schwer auf die Persönlichkeit der Dargestellten schließen. Es fällt auf, wie sehr die Posen einander gleichen – nicht nur wegen der technischen Mängel des damaligen Fortschrittmediums Fotografie; ob Ruhr-Baron oder Lenzburger Baumwollfabrikant, Präsident der Vereinigten Staaten oder schweizerischer Bundesrat, alle präsentieren sie sich in den sorgfältig geplätteten Hemden der bürgerlichen Herrenmode, im Gehrock und mit goldener Uhrkette über der Weste als nur physiognomisch abweichende Varianten des gleichen Grundmusters. Diese Bürger sind, bewußt oder unbewußt, Citoyens der großen Französischen Revolution, Träger und Verwalter der bürgerlichen Tugend der Vernunft, im Bewußtsein ihres neuen gesellschaftlichen Status' zielstrebig damit beschäftigt, in Handel und Wissenschaft neue Wege zu Reichtum und Macht zu entdecken und sie rücksichtslos auszubeuten.

In der Unbeugsamkeit ihrer privaten Überzeugungen und in der Strenge ihrer Lebensführung versuchten manche der bürgerlichen Liberalen von 1848 den Idealen der Französischen Revolution nachzueifern. Friedrich Wilhelm Wedekind ist einer von ihnen. Es ist bedeutsam für das Verständnis seiner Persönlichkeit, daß er aus dem Scheitern »seiner« Revolution die für ihn einzig akzeptablen Konsequenzen gezogen hat: Er begibt sich ins Exil, nicht etwa in die nahegelegene Schweiz, sondern in die Vereinigten Staaten, wie andere führende politische Glaubensgenossen, etwa Carl Schurtz, der spätere amerikanische Innenminister. Die Jagd nach dem bürgerlichen Erfolg verbindet er mit dem Heroismus eines politischen Bekenntnisses. Welche Entbehrungen und Strapazen eine derart kompromißlose Verpflichtung zur Tugend des Liberalismus mit sich bringt, läßt sich heute nur ahnen. Sie lassen Rückschlüsse zu auf die Charaktere jener Auswanderer, die ohne äußere Not nicht nur der deutschen Heimat, sondern dem europäischen Kontinent den Rücken kehren, um in einem fremden Erdteil, von dem sie wohl nur politisch einen Begriff haben, eine neue Existenz aufzubauen. Zwischen ihnen und den Zurückgebliebenen erwächst eine Distanz, die nicht nur geographisch ist und die sich nicht mehr rückgängig machen läßt.

Sophie Haemmerli-Marti, aargauische Mundartdichterin und Jugendfreundin Franklin Wedekinds, entwirft in ihren 1939 erschienenen Erinnerungen *Mis Aargäu* aus der Kinderperspektive ein Porträt von Friedrich Wilhelm Wedekind, auf dem dieser als strenger Hauspatriarch erscheint:

»Man sah wenig von ihm, dem Eichenschoß aus dem uralten

niedersächsischen Herrengeschlecht, der in seinen jungen Jahren in türkischen Diensten gestanden und der bis Babylon hinunter als Arzt gewirkt hatte. Als sein Demokratengeist ihn Anno Achtundvierzig aus dem Frankfurter Parlament und wieder über das Meer trieb, wurde er einer der Gründer von San Francisco. Er dichtete dort Freiheitslieder und brachte schließlich den größten Schatz, die Mutter seiner Kinder, mit in die alte Heimat zurück. War auch die Liebe noch so groß auf beiden Seiten: Wenn zwei harte Steine zusammenstoßen, gibt es Feuer. Wie Mond und Sonne kamen mir die beiden vor, wenn eines kam, ging das andere. Mit der Zeit widmete sich die junge Mutter, je länger je mehr, ihren Kindern, und der Schloßherr mit seinem weißen Knebelbart und seinem steifen Rücken kam nur noch zur Essenszeit an seinen Platz oben am Tisch und warf hin und wieder einen Satz dazwischen mit seiner Baßstimme, daß man darüber erschrak. Mitten in seinen Büchern und Sammlungen lebte er im ›alten Schulhaus‹ drüben fast wie ein Einsiedler. Von den großen Seereisen her waren seine drei hohen Zimmer bis an die Decke mit fremdartigen Gegenständen vollgestopft: Glaskästen mit alten Münzen und Zinntellern, Steinbeilen und römischen Armspangen, indischen Lampen und krummen Türkensäbeln, und an den Wänden hingen in breiten Goldrahmen Porträts, von denen Kleopatra mit der Schlange an der Brust uns grausige Schauer einjagte.«[22]

Wie die Eintragungen im Taufbuch der Aegidiuskirche zu Hannover belegen, hat der Vater keines der Kinder kirchlich taufen lassen, sondern sie mit Namen versehen, die seinem Weltbild entsprechen. Die Söhne benennt er nach seinen politischen Idealen und nach seinen Lebensstationen; er haut sie gleichsam in Stein wie die Präsidentenporträts am Mount Rushmore: Armin Francis heißt der älteste im Andenken an den Germanenfürsten, der die deutschen Stämme geeint hat, und an San Francisco, die Stadt, der Friedrich Wilhelm Wedekind sein Vermögen verdankt. Dann folgen, als lebende Erinnerungen an die Gründerväter und Garanten der liberalen Demokratie in der Neuen Welt, die Söhne Benjamin Franklin und William Lincoln. Seinem jüngsten Sohn Donald gibt er den

Beinamen Lenzelin, möglicherweise eine Anspielung auf Lenzburg, den endgültigen Wohnort der Familie. Später wird Frank Wedekind seine beiden Töchter ebenfalls mit mehreren Namen versehen: Anna Naema Pamela Kadega und Epiphanie (Fanny) Kadidja Mathilde Franziska. Wie beim Vater, so sind auch beim Sohn diese Kindernamen Anspielungen auf die eigene Biographie. Immerhin läßt Frank Wedekind seinen Mädchen eine Wahl: Sie sollen sich, nach eigener Neigung, wie eine Hausfrau, eine Künstlerin oder wie eine Hetäre nennen können.

Die junge Sophie Marti erlebt Franklin Wedekinds Eltern als »Mond und Sonne«, was sich weniger auf die äußere Erscheinung oder die Gemütslage der beiden bezieht als auf ihre Lebensgewohnheiten. Wie die beiden Planeten bestimmen sie das Leben der Kinder, jene bei Tag, jener, weitgehend unsichtbar, als eigenbrötlerischer *deus absconditus,* als Nachtmahr. Nur leicht verschleiert sind auch die Hinweise der Außenstehenden auf eine problematische Ehe, die trotz beiderseitiger Anstrengung alles andere als harmonisch und glücklich verlaufen ist. In den unveröffentlichten, erst seit kurzem zugänglichen Notizbüchern Sophie Haemmerli-Martis sind die Akzente bei der Charakterisierung des Vaters noch harscher gesetzt als in der gedruckten autobiographischen Idylle:

»Der alte Schloßherr und Sonderling war trotz seinem sagenhaften Liberalismus ein echter Aristokrat und lebte einsam in seinen Privatgemächern seinen wissenschaftlichen Neigungen und seiner Sammlerleidenschaft. Eine Auszeichnung und ein besonderer Glücksfall war es etwa, von ihm zur Besichtigung seiner wertvollen Gemälde- und Münzensammlung eingeladen zu werden. Seit ich durch ein paar gutgeschliffene Hexameter noch als Schulmädchen sein Interesse geweckt hatte, erfreute ich mich öfter dieser Gunst, genoß sie aber nie mit freiem Herzen: In den fremdartigen, kalten Gemächern, von deren Wänden Kleopatra mit ihrer Schlange und sich erdolchende tugendhafte Römerinnen drohend von den Wänden schauten und wo die Glaskästen voll Schmucksachen, Steine und Waffen fast keinen Raum frei ließen, konnte man das Gruseln lernen.

Im ganzen war Dr. Wedekind mehr gefürchtet als geliebt, und wer kein ganz gutes Gewissen hatte, wich gern zurück aus dem Bereich der scharfen, buschig überdachten Augen und der lauten tiefen Stimme. Nur ausnahmsweise erschien die imposante Gestalt im weißen Knebelbart bei den gemeinsamen Mahlzeiten im großen, wappengeschmückten Landvogtsaal, durch dessen runde Fenster man herrliche Ausblicke auf diesen schönen Teil des Aargaus hatte. Durch unvermutetes Fragen und verblüffende Bemerkungen richtete der Hausherr oft große Verwirrung an unter den Gästen, um die er sich daneben in keiner Weise kümmerte. Schien ihm etwa, daß zu üppig getafelt wurde, so konnte er kurzerhand die noch unberührten Weinflaschen nehmen und im Schrank verschließen. Daß es überhaupt bei aller gegenseitigen Liebe oft hochdramatisch zuging zwischen den ungleichen Ehegatten sowohl wie unter der ganzen Familie, ist selbstverständlich bei den scharfen Gegensätzen so ausgeprägter Persönlichkeiten.«[23]

Von besonderem Interesse sind die düsteren Porträts der sich erdolchenden tugendhaften Römerinnen und der selbstmörderischen Kleopatra in der Sammlung dieses Tugendhelden, von den Kindern in symbolischer Doppelbedeutung die »Mördergrube« genannt.[24] Hier erscheint in klassischer Sinngebung das Abbild der Schönheit im Augenblick ihres Untergangs: Für den Vater muß es die gerechte Strafe für ein tugendloses Leben bedeutet haben, für den Sohn hingegen, wir wissen es aus seinen Werken, ist es der Freitod einer tragischen Heldin, der Ur-Hetäre, der klassischen Lulu. Man muß diese Welten zwischen Vater und Sohn begreifen, um das Ausmaß der Spannungen zu ahnen, unter denen Franklin Wedekind herangewachsen ist. Das Rätsel der elterlichen Ehe, die sich vor den Augen der Kinder als tägliche Katastrophe abspielt, läßt sich als Grunderlebnis des künftigen Dramatikers und »Realpsychologen« erkennen.

Sophie Haemmerli-Martis für die Öffentlichkeit bestimmte Erinnerungen zeigen Friedrich Wilhelm Wedekind genau so, wie er sich selber auf den Fotografien darstellt: als einen Mann von Welt, Sammler und Privatgelehrten, patriarchalische Bezugsperson und

Über-Ich, außerhalb der Reichweite der Familie und dennoch omni-präsent, auch körperlich ein Hüne, alle überragend, ein Sonderling aus einer anderen Welt, aber kein Kauz, eine Respektsperson, eine Art aufgeklärter Despot, zu dem alle Wege führen, an dem keiner vorbeikommt und von dem das gesamte materielle, geistige und moralische Wohl jedes einzelnen Familienmitgliedes abhängt.

»Im ganzen war Dr. Wedekind mehr gefürchtet als geliebt...« Ein vernichtender Satz! Auch Haemmerli-Martis mehrfacher Hin-weis auf Friedrich Wilhelm Wedekind als »blaublütigen Aristokra-ten« läßt aufhorchen. Die Distanz, die sein bewegter Lebenswandel mit sich gebracht hat, ist ihm zur persönlichen Tragödie geraten: Ferne, die er sich durch seinen Anspruch auf Respekt schuf, Abstand aber auch, der von allen, die ihm nahe sind, geschaffen werden muß, als Spielraum für die eigene Selbstverwirklichung, als Notwehr vor seiner zu Stein gewordenen Lebensleistung, vor seinem marmornen Lebensstil. Er, der soviel Welt gesehen, umgibt sich im Alter mit mumifizierter »Welt«. Der einstige Achtundvierziger, der ehema-lige *vigilant* lebt inmitten der Symbole seines Lebenslaufs, im Mu-seum seiner selbst. Der eigenen Familie erscheint er als Monument, als steinerner Gast.

Als Sammler bleibt er Dilettant. Nach seinem Tod haben die Erben Schwierigkeiten, für die Kollektion einen Käufer zu finden; schließlich muß sie für wenig Geld verramscht werden. Friedrich Wilhelm Wedekind ist ein Liebhaber ohne tiefere Kenntnis, ein unglücklich Liebender im weitesten Sinne, der den Gegenstand seiner Liebe nicht zu durchdringen versteht und vom Ausmaß seiner Fürsorglichkeit, wenn er sie schon nicht in Gegenliebe ummünzen kann, den Anspruch auf unbedingte Achtung, ja Verehrung ablei-tet, verbunden mit der unausgesprochenen, flehenden Hoffnung auf Zuneigung. So hofft ein absoluter Herrscher auf die Liebe seiner Landeskinder. Aus den Korrespondenzen der Familienangehörigen geht hervor, wie sehr diese Hoffnung ihnen bekannt und wie ernst-haft deren Erfüllung durch rituelle Huldigungen zelebriert und damit vereitelt wird.

In einem Brief an die Freundin Anny Barck äußert der zwanzig-

jährige Franklin Wedekind seine Überzeugung, daß der Vater seinen Kindern »eigentlich das höchste Wesen sein« müsse:
»Meine Kameraden, unter denen ich viele Glaubens- respct. Unglaubensgenossen besitze, äußerten jüngst in einer gemüthlichen Runde, ohne Religion könne man keine Kinder erziehen. Was meinen Sie dazu? Ich antwortete, der Vater könne und solle seinen Kindern eigentlich das höchste Wesen sein und dürfe seinen Kindern gegenüber sehr wohl das 1. der 10 Gebote auf sich selbst beziehen: Ich bin es, und du sollst keine anderen Götter neben mir haben. Dabei fiel mir ein, wie man diesen Cultus noch weiter ausbilden könnte, so z. B. durch ein Gebet, das ich Sie bitten möchte, nicht als Parodie aufnehmen zu wollen; es ist heiliger Ernst darin:

Lieber Papa, der Du bist auf Deinem Studierzimmer!
Geheiligt werde Dein Name!
Dein Segen komme über uns!
Dein Wille geschehe in unseren Gedanken und Werken!
Gib uns heute unser täglich Brot und vergib uns unsere Schulden!
Bewahre uns vor Versuchung und erlöse uns von dem Bösen!
Denn Dein ist das Reich und die Kraft und die Herrlichkeit in
Ewigkeit
– Amen.«[25]

Es gibt keinen Platz für einen jenseitigen Gott, wo der diesseitige absolut herrscht. Die Familie fürchtet dessen Zornesausbrüche, »wobei hinzugesetzt werden muß, daß beide Eltern ihre Kinder nie schlugen, schon gar nicht der zartbesaitete, wenn auch strenge und häufig verbal aggressive Vater [. . .] Ganz verschieden waren zum Beispiel die Ansichten der Eltern in bezug auf die Erziehung der Kinder. Die lebhafte, unermüdlich tätige Mutter wollte sie zu konsequenten, auch körperlichen Arbeiten anhalten, der blaublütige Vater fand, dazu seien die Mägde da, und je nach Art und Neigung folgten die so verschieden Beratenen mehr der einen oder der anderen Weisung. Wie tief die häuslichen Kämpfe in Frank

Wedekinds Leben und Denken eingriffen, läßt sich in seinen Werken leicht nachprüfen. Das tragische Ende seines jungen Bruders Donald [...] ist wohl zum Teil auf solch tiefe Konflikte und Kindheitseindrücke zurückzuführen.«[26]

Für die Zuschauer im schweizerischen Lenzburg ist indessen das Wedekindsche Familiendrama Zeugnis einer Lebensart, die man als »typisch amerikanisch« und somit als fremdartig empfindet, wie die Zeugin Sophie Marti in ihren Notizheften vermerkt: »Es kam mir einfach vor, die Amerikanerleute brauchten mehr Raum als unsereiner und es sei etwas vom Urwald an ihnen hängen geblieben und vom großen Wasser mit dem mächtigen Himmel darüber. Wenn den Jungen etwas auf der Zunge lag, so brachten sie es getrost zur Sprache und mußten nicht erst das Herz in beide Hände nehmen, um etwas zu erfragen. Alles Mögliche wurde am Tische verhandelt, von fremden Ländern und Indianerbräuchen bis zur neuesten Wagneroper und dem *Grünen Heinrich,* der just Trumpf war und von dem zu erzählen die Frau Doktor nicht müde wurde.«[27]

All in the family: Die Schweizer Bürgerstochter Sophie Marti wird wohl nur die Freimütigkeit der Tischdiskussion als typisch amerikanisch empfunden haben, denn hier wie dort ist die patriarchalische Familie das Maß aller Dinge. Als »amerikanisch« erscheint der Schweizerin vor allem der Umstand, daß die Kinder bei Tisch mitreden dürfen. Doch die Ausübung der *freedom of speech* ist weniger der politischen Überzeugung des selten anwesenden Vaters zuzuschreiben. Sie ist das Verdienst der »Frau Doktor« Emilie Wedekind-Kammerer, der Mutter des Dichters.

»Une certaine froideur du cœur«

In der Stunde der Geburt
Hat die Mutter noch gehurt
Reckte noch den Leib mit Wonnen
Als die Wochen schon begonnen
Und nun soll ich armes Kind
Sein wie alle andern sind.

Wedekind

Heute, am 27. April [1861], nach einer denkwürdigen und für meine Zukunft vielleicht entscheidenden Reise, beginne ich damit, die Ereignisse der vergangenen Monate niederzuschreiben. Ich habe sie mir von Zeit zu Zeit auf einzelne Blätter notiert und übertrage sie nun in dieses Buch, um sie besser aufzubewahren und die Aufzeichnungen später regelmäßig fortzuführen. Mein gutes Gedächtnis hilft mir hier, das zu ergänzen, was ich bis heute versäumt habe aufzuschreiben.«[1]

Diese Notizen aus einem Tagebuch von Friedrich Wilhelm Wedekind bezeichnen den Punkt, an dem sich die Lebenslinien der Eltern Franklin Wedekinds überschneiden. Das *journal intime* beginnt im Frühjahr 1861, in dem Augenblick, da er seine Werbung um Emilie Kammerer von Erfolg gekrönt sieht. Er schildert diese Werbung und sonst nichts. Nachdem er das Ja-Wort der Umworbenen eingeholt hat, brechen seine Notizen ab.

Friedrich Wilhelm Wedekind ist zu dieser Zeit ein gemachter Mann, wohlhabend und unabhängig, der sich als Stütze der Gesellschaft von San Francisco und als Mittelpunkt der dortigen deutschen Kolonie fühlen darf. Als Gönner und Patron der schönen Künste ist sein Name in aller Munde. Er verkehrt in literarischen Salons und besucht Konzerte und Opernaufführungen der lokalen Sängervereine, zu denen regelmäßig professionelle Schauspieler und Sänger engagiert werden, um das künstlerische Niveau zu heben. Hier entsteht, ebenso pionierhaft und rasch wie die Stadt selber, ein Kulturbetrieb, ein Stück importiertes Alt-Europa als Mauer gegen die erschreckend nahen *bloody grounds* der Barbary Coast, wo sich all diese Pioniere bis vor kurzem noch getummelt haben und von der sie sich – so schnell etablieren sich Standesgefühle und Gesellschaftsdünkel! – umgehend absetzen wollen. Auch durch die deutsche Kolonie, homogen wie keine andere Minoritätengruppe, geht eine unsichtbare Grenzlinie, die diejenigen, die es zu Reichtum und Ansehen gebracht haben von den andern trennt, die nie über die armseligen Anfänge hinausgekommen sind. Die ethnische Identifikation hilft da wenig. Was gilt, ist allein das amerikanische Richtmaß des Wohlstandes, und das unterscheidet, ohne Ansehen der Herkunft, zwischen denjenigen, die auf der richtigen, und denjenigen, die auf der falschen Seite der Geleise leben, *on the wrong side of the tracks.*

Neben der neureichen Bürgerwelt existiert das San Francisco der Kneipen und Bordelle, der Spielhöllen und der Tingeltangel, der Cabarets, die neben operettenhaft Harmlosem auch allerlei Gewagtes und Schlüpfriges an Gesängen und Tänzen darzubieten haben. Selbst in der freizügigen kalifornischen Stadt manifestiert sich die berüchtigte Doppelmoral des Puritanismus: Es sind vor allem die Damen der besseren Gesellschaft, die streng darüber wachen, daß keine der »andern« in ihre gute Stube eindringt. Bemerkenswert ist nur, daß viele von ihnen ihren Aufstieg in die besseren Kreise selber auf der andern Seite der Geleise begonnen haben.

Als Friedrich Wilhelm Wedekind seine zukünftige Frau kennenlernt, lebt sie, als Gattin eines heruntergekommenen Schankwirts und als Music Hall-Sängerin, eindeutig *on the wrong side of the tracks.*

Eine problematische Konstellation: Voraussetzung nicht nur für eine schwierige Ehe, sondern auch für die schroffe Polarisierung, in deren Spannungsfeld der Sohn Franklin heranwächst und die von Sophie Haemmerli-Marti mit dem Bild der zwei Planeten zwar anschaulich, aber psychologisch nur unzulänglich charakterisiert worden ist. Hier väterliche Tüchtigkeit und Wohlanständigkeit, die Quelle der moralischen und materiellen Sicherheit der Familie. Dort die Ursprünge der Mutter, verworren und etwas zwielichtig, nicht ganz *comme il faut*. Es ist für den Schöpfer der Lulu-Figur keineswegs nebensächlich, daß die eigene Mutter in jungen Tagen als Sängerin, Tänzerin und Schauspielerin in einem Tingeltangel aufgetreten ist. Die Geschichte, die Emilie Kammerer im Frühjahr 1861 dem doppelt so alten Verehrer erzählt – er berichtet darüber in seinem Tagebuch –, wird sie später ihren Kindern immer und immer wieder erzählen. (Auch der Zeugin Sophie Marti ist sie bekannt.) 1914 schreibt sie ihre Lebensgeschichte nieder.[2] An Farbigkeit und Dramatik kann sie es mit der ihres Mannes aufnehmen: Die Wirklichkeit läßt die dichterische Einbildungskraft weit zurück.

Emilie Kammerer (1840–1916) ist die Tochter eines Autodidakten, eines Feuerkopfes, eines politischen Aufrührers und genialischen Erfinders. Jakob Friedrich Kammerer hatte 1838 als Revolutionär und republikanischer Aufwiegler »wegen intellektueller Beihilfe zum Hochverrat« auf der Festung Hohenasperg bei seiner Heimatstadt Ludwigsburg gesessen. Das Gerücht, er habe während seiner Haft die Phosphorstreichhölzer erfunden, klingt für Kutscher so phantastisch, daß er es ins Reich der Sage verweist. Neuere Nachforschungen haben ergeben, daß die Überlieferung einen wahren Kern haben muß. (In Ludwigsburg wurden ihm als dem Erfinder der Phosphorstreichhölzer eine Straße und eine Gedenktafel gewidmet.[3]) Nach der Haft flieht er in die Schweiz, gründet im Zürcher Vorort Riesbach eine chemische Fabrik und eine Familie, verkauft seine Erfindungen, öffnet sein Haus deutschen republikanischen Rebellen und Asylanten, darunter Pfau, Hecker, Fröbel und Herwegh, dessen Witwe später in Paris die Freundin seines Enkels Franklin Wedekind sein wird. Seine Streichhölzermanufaktur brennt nieder; noch während die Feuerwehr den Brand löscht, verhandelt er mit einem Bauern über einen Grundstückskauf, bevor dieser erfährt, daß eine neue Streichholzfabrik in seiner Nachbarschaft entstehen soll. Der Unternehmer und Demokrat unterweist seine Kinder in seinen vielfältigen Liebhabereien und Künsten. In seinem Haus wird gelesen, disputiert, gesungen und musiziert. 1857 endet dieses Originalgenie in geistiger Umnachtung.

Die begabte Tochter Sophie, Emilie Kammerers ältere Schwester, wird in Wien und Mailand zur Sängerin ausgebildet. Sie gibt ihre ersten Konzerte, heiratet einen windigen französischen Aristokraten und zieht mit ihm nach Südamerika. Emilie, die nach dem Tod ihrer leidgeprüften Mutter die für die damalige Zeit bestmögliche Ausbildung für Mädchen an der Landtöchterschule in Zürich und einem Privatinstitut genossen hat, kann die neue Ehefrau ihres Vaters nicht ertragen und reist nach dessen Tod der Schwester nach Valparaiso nach. Als sechzehnjähriges Mädchen fährt sie 101 Tage lang als einziges weibliches Wesen auf einem Segelschiff um das Kap Horn, wehrt unterwegs den Vergewaltigungsversuch eines Passagiers erfolgreich ab und erreicht das Haus ihrer Schwester, die inzwischen ein Kind geboren hat und deren Mann durch eine üble Spekulation in Schulden geraten ist. Die beiden Frauen beschließen, die Familie durch ihre Gesangskünste zu ernähren. Sie treten gemeinsam auf. Die jüngere erhält von der geschulten Berufssängerin eine rasche Ausbildung in der Technik des Konzert- und Operngesangs. Mit dem lebensuntüchtigen »Marquis« und dem Kind reisen sie an der Westküste Südamerikas von Küstenstadt zu Küstenstadt gen Norden und leben von ihren Auftritten. Abends nimmt der »Marquis« seine Vorrechte als Familienoberhaupt wahr, indem er Gelder aus der Tageskasse im nächsten Spielkasino verspielt. (Später wird der Neffe Frank Wedekind diesen Windbeutel von einem Onkel als eines der Vorbilder für den *Marquis von Keith* benutzen.) Schon ist San Francisco, wo der Vater des Ehemannes angeblich im Wohlstand lebt, in greifbarer Nähe, da stirbt Sophie an Gelbfieber und wird vor der mexikanischen Westküste auf See bestattet.

Als Emilie mit dem Schwager und der Nichte am 31. Dezember 1858 in San Francisco eintrifft, stellt sich heraus, daß der alte »Marquis« ebenso mittellos ist wie sein Sohn. Emilie muß nun allein für alle sorgen. Sie tritt weiterhin als Sängerin auf und knüpft Kontakte zur deutschen Kolonie, wo sie für die Veranstaltungen des Männerchors und im deutschen Theater engagiert wird. Der Schwager und sein Kind verschwinden schließlich nach

Frankreich, und Emilie erkennt mit Befriedigung, daß sie sich selber durchbringen kann. Nicht ohne Selbstgefälligkeit bemerkt sie in ihren Memoiren:

»Seitdem ich den Beifall – im Gegensatz zu früher, wo ich neben meiner Schwester nicht in Betracht kam – auf mich beziehen durfte, fand ich eine hohe Befriedigung in meinem Beruf. Auch das Bewußtsein, daß meine äußere Erscheinung überall eine ungewöhnliche Beachtung und Anerkennung fand, erhöhte mein Selbstbewußtsein und gab mir Sicherheit im Auftreten. Ich müßte ja keine Frau gewesen sein, wenn ich nicht gerne gehört hätte, daß man mir gut sei und meine Schönheit bewundere [. . .] Ich schwamm in einem Meer befriedigter Eitelkeit wie der Fisch im klaren Wasser und wünschte mir nichts als daß es noch lange so bleiben möge.«

Eine Fotografie der Emilie Kammerer, 1861 in San Francisco aufgenommen (Abb. S. 24), zeigt eine elegant gekleidete, außergewöhnlich attraktive junge Frau mit dunklem Haar, die dem Betrachter selbstbewußt entgegenblickt. Sie hat durch ihr Talent, durch harte Arbeit und die Gunst der Verhältnisse erreicht, wovon junge europäische Frauen ihrer Generation nicht zu träumen wagen:

»Man gab öfter kleine nette Singspiele in österreichischem Dialekt. Ich kam dabei der Gesellschaft gelegen mit meiner guten Stimme, Spieltalent und der hübschen Erscheinung. [. . .] Dann spielte ich das Lorle und [da]s Barfüßele. Ebenso die Esmaralda im Glöckner von Nôtre Dame und noch viele andere Rollen, deren Namen ich mich nicht mehr entsinne. An Schillers Geburtstag gaben wir die Karlsschüler, worin ich, meines guten schwäbischen Dialektes wegen, die Generalin Rieger spielte. Deutsches Theater wurde nur sonntags gespielt, in der Woche hatten wir genug Beschäftigung durch die italienische Oper. Darin sang ich Mezzo-Soprano und Altpartien. Arrucena, – Maffio, – Adalgisa, die Zigeunerin in *Rigoletto*, etc. etc. Dazwischen gab es Conzerte und selbst im französischen Vaudeville wurde ich einigemale aufgefordert eine Rolle zu spielen. Meine Fertigkeit, in all den verschiedenen Sprachen [Emilie Kammerer sang in deutscher, französischer, englischer, italienischer und spanischer Sprache; R. K.] brachte mir großen Nutzen. Ich verdiente viel Geld – mehr als ich nötig hatte – und war stolz darauf und froh, endlich wieder ein freies, unabhängiges Leben zu führen und nicht – wie vorher – einer ganzen Masse von Menschen für ihren Beistand und Hülfe danken zu müssen. Das starke Gefühl der Freude an meiner Selbständigkeit verhinderte mich auch, von den zahlreichen Empfehlungsschreiben Gebrauch zu machen. – Ich lehnte mich dagegen auf, von allerlei Leuten protegiert und mit guten Ratschlägen bedrängt zu werden. Selbst wollte ich mir den Weg ins Leben bahnen, ohne Hülfe Anderer.«[4]

Ein Leben für die Kunst scheint sich aufzutun. Es sollte – *cherchez l'homme!* – nicht dazu kommen. Emilie Kammerer verliebt sich unglücklich. Als der Mann sie wegen einer verschwiegenen früheren Beziehung in gockelhafter Selbstgefälligkeit verläßt, heiratet sie, die umschwärmte Schönheit, in verletztem Stolz unbedacht den nächsten besten, der sie um ihre Hand anfleht: den ältlichen, pflegebedürftigen Hans Schwegerle, den sie als Sänger bei deutschen Liebhaberaufführungen kennengelernt hat und der als Eigentümer einer Kneipe sein Leben fristet. (Frank Wedekind wird ihn später als »Fritz Schwiegerling« in seiner Komödie *Der Liebestrank* verewigen.[5]) Die kopflose Handlung hat aber auch einen pragmatischen Aspekt: Als verheiratete Frau ist sie vor den Nachstellungen der Männer und vor den üblen Nachreden der Gesellschaft einigermaßen sicher. Auch scheint ihr Ehemann, nur an Pflege und zusätzlichem Einkommen interessiert, ihre künstlerischen Ambitionen unterstützt zu haben. Kaum verheiratet, gerät sie in Schulden. Sie schafft sich ein Klavier an, um ihre Musikstudien fortsetzen zu können. Die hohen Abzahlungsraten – auch eine Wohnungseinrichtung wird für den neuen Haushalt benötigt – zwingen sie, sich nach einem zusätzlichen Einkommen umzusehen:

»Nun war ich seit meinem Aufenthalte in San Francisco zu der Einsicht gekommen, daß es keine Schande sei, in einem Melodeon zu singen. Mehrere unserer Kollegen waren auch dort sowohl, wie auch – wenn es sich so fügte – an einem der Theater engagiert. Die Offerten der Leiter dieser Etablissements stellten sich wieder ein! Ich brauchte nur zu wollen, dann hatte ich den sicheren Verdienst von wöchentlich 80 Dollars. Ich war eine verheirathete Frau, stand unter dem Schutze meines Mannes, und der Zweck – eine eigene Häuslichkeit – war gut und rechtfertigte meine Handlungsweise. Schwegerle wollte es zwar durchaus nicht zugeben, er fürchtete den bösen Schein und das Gerede der Leute. Wir berechneten aber doch zusammen, wie lange ich singen müsse bis wir Alles bezahlt hätten. Ein halbes Jahr höchstens! Dann konnte man ja wieder damit aufhören und wir hatten dann doch die hübsche kleine Einrichtung! Zudem brauchte ich nur jeden Abend drei Lieder zu singen.«

Die junge Ehefrau nimmt das Angebot des Besitzers des Melodeons »Tucker's Hall« an.

Die ungewöhnlichen Lebensverhältnisse, die sich Emilie Kammerer als Zwanzigjährige in San Francisco schaffen konnte, hängen nicht zuletzt mit dem noch immer akuten Frauenmangel in dieser Männerstadt zusammen.[6] Sie ist eine einzigartige, strahlende, herausragende Erscheinung, nicht nur wegen ihrer attraktiven Weiblichkeit: Ihre für die damalige Zeit ungewöhnliche Bildung und ihr Talent, das sie über die meisten anderen Frauen in der Hafenstadt weit emporhebt, machen sie auch gesellschaftlich begehrenswert und damit an Ort und Stelle zu einer guten Partie. Die Ironie der Umstände will es jedoch, daß es eben ihre allgemein gefeierte Gesangskunst ist, die sie anderseits wiederum an die Grenzlinie zwischen sozialer Anerkennung und öffentlicher Ächtung drängt: Die ersten Frauen, die sich in die rauhe Zelt- und Bretterbudenstadt der *gold rush*-Zeit gewagt haben, sind Prostituierte. Später folgen Unterhaltungskünstlerinnen von der Cabaret-Diseuse und -Tänzerin bis hinauf zum Konzert- und Opernstar. Solange das Frauendefizit anhält, behalten auch diese den Ruf von Abenteurerinnen. Emilie Wedekind erinnert sich an eine berühmte Kollegin mit zweifelhaftem Ruf, eine »Coloratusängerin ersten Ranges, Signora Biscagianti«:

»Sie war im Privatleben keine Tugendrose, da sie sich sowohl dem Alkohol als auch anderen Leidenschaften sinnlos hingab. Sie lebte mit einem Capellmeister der englischen Truppe, einem talentvollen bildschönen Musiker, in freier Liebe zusammen und sie gaben durch die furchtbaren Eifersuchtsscenen der Chronik scandalös [!] San Franciscos vielen willkommenen Stoff. Deutlicher als die Gerüchte sprachen die braun und blau geschlagenen Augen und Schultern die die Beiden am Tage nach der Schlacht zur Schau trugen.«[7]

Friedrich Wilhelm Wedekind, inzwischen als ihr Hausarzt tätig, ist entsetzt, als Emilie ihm erzählt, sie habe dieser Künstlerin bei der Zimmersuche geholfen und sei wegen der zweifelhaften Reputation der Dame vom »Union Hotel« abgewiesen worden. Ihre Reaktion befremdet ihn:

»Diese Antwort vernehmend, konnte E. sich nicht enthalten zu lachen. Es wäre besser gewesen, wenn sie sich auf der Stelle zurückgezogen und den Verkehr mit einer Frau abgebrochen hätte, die in solchem Rufe stand. Sie versprach mir, künftig mehr auf der Hut zu sein und die Intimität mit der Bisc. aufzugeben.«[8] Er macht sich zu ihrem Ratgeber und warnt sie, nicht ohne Selbstgerechtigkeit, vor den gefährlichen Irrwegen, auf denen sie wandelt: »Ich weiß wohl, daß die plumpen Lockungen des Lasters Sie nicht verführen können, aber die schlechte Gesellschaft wird allmählich immer mehr Ihre Vernunft auf Abwege leiten und Ihren Charakter verderben.«[9]

Emilie läßt sich nicht beirren. Sie hat die Süße der Freiheit und Unabhängigkeit geschmeckt und hofft, trotz der Mesalliance mit dem ungeliebten Schwegerle und trotz des unstatthaften Broterwerbs im Tingeltangel, auf die Erfüllung ihrer künstlerischen Ambitionen:

»Jetzt aber galt es zu arbeiten und standhaft zu bleiben. Denn ich bekam eine Masse Briefe worin man mich beschwor, doch nicht so tief mich zu erniedrigen in einem Melodeon zu singen. Ich ließ mich davon nicht beeinflussen, sondern ging unverwandt auf mein Ziel los. Jede Woche bezahlte ich einen Theil unserer Schuld ab und es dauerte kein halbes Jahr, da waren die sämmtlichen Möbel und das Clavier unser Eigenthum. Ich will hier bemerken, daß ich weder Unanständiges gesehen noch erduldet habe. Ich wurde weder durch Reden noch durch Zumuthungen belästigt, über die ich hätte erröthen müssen. Ich sang meine deutschen, spanischen und französischen Lieder, zu denen mich ein deutscher Musiker namens Stadelmann begleitete. Zugleich mit mir war eine ausgezeichnete italienische Coloratursängerin angestellt, die jedem Hoftheater Ehre gemacht hätte. Mit dieser Dame, Frau Biscagianti [!], sang ich auch häufig Duette aus Opern. Tänze wechselten mit Liedervorträgen ab. Zwei junge Engländerinnen, die stets von ihrer Mutter begleitet waren, tanzten im schottischen Hochlandskostüm die schottischen Nationaltänze. Mein Mann holte mich jeden Abend ab und brachte mich nach Hause. Ich bin überzeugt, daß sich an allen Theatern – seien es Hof- oder Provinzialbühnen – dieselben Dinge abspielten wie ich sie hier beobachtete. Es ist immer die gleiche Geschichte; die Mädchen werden gefeiert, die Männer suchen sich ihnen zu nähern und trachten darnach, sie zu verführen. Ist das Mädchen leichtsinnig und kommt es ihnen auf halbem Weg entgegen, so geht's ihnen hier wie überall, auch im Privatleben, – sie gehen zu Grunde. Das einzig Ungewohnte, das mir bei vielen meiner Colleginnen auffiel, – was aber auch – besonders bei Engländerinnen und den Irländerinnen im hiesigen Privatleben sehr viel vorkam, war ihre Trunksucht. Das war zuweilen abstoßend und ekelhaft. Eine bildhübsche kaum 16jährige Irländerin hatte beständig Cognac oder Brandi [!] in ihrer Garderobe stehen, den sie in solchen Quantitäten zu sich nahm, daß sie am Schluß der Vorstellung todbetrunken nach Hause gebracht werden mußte. Auch ein Mr. Hamilton, der englische Balladen sang, konnte zuweilen nicht weiter singen wegen seinem berauschten Zustand. Ein französischer Sänger, ein Liebling der französischen Bevölkerung und ein sehr hochstehender Künstler, blieb mitten in der Marsaillaise stecken, da er so betrunken war, daß er nicht mehr stehen konnte. Ich kümmerte mich wenig oder garnicht um das Privatleben meiner Collegen; während der Vorstellung hielt ich mich in meiner Garderobe auf, ausgenommen, wenn ich auf der Bühne beschäftigt war.«

Zu der Zeit, da Emilie ihre Tätigkeit in »Tucker's Hall« aufnimmt, hat Friedrich Wilhelm Wedekind bereits seine Gefühle für die bedrängte Frau seinem intimen Tagebuch anvertraut. Der verliebte Arzt, sittenstreng und prüde, hätte sich gewundert, wie mühelos seine sprachlichen Formulierungen in einer Epoche nach

Freud aufzuschlüsseln sind. Was dem zugeknöpften Gentleman seines Jahrhunderts als jugendfreies – und obendrein französisch getarntes – Kryptogramm vorkommen muß, strotzt in Wirklichkeit von Hinweisen auf die eigene bedrängte und unterdrückte Sexualität. Die verschiedenen Komponenten, die zum *kairos* seiner Verbindung mit Emilie Kammerer führen, sind zu bedenken. Dazu gehören nicht nur seine Gefühle und der Zufall der Begegnung, sondern objektiv abschätzbare Faktoren wie das Altern und die zunehmende Vereinsamung des wählerischen Freiers und andererseits die Singularität, die das Liebesobjekt in diesem Moment besitzt und die es zum begehrenswerten Weib schlechthin und das Begehren selber zu einem gedankenverwirrenden Rausch werden läßt. Diese Frau, die die Sinne des alternden Hagestolzes so heillos entfacht hat, ist der Preis, mit dem er seine abenteuerliche Laufbahn krönen will, koste es, was es wolle. Sie ist in diesem kurzen Augenblick äußerster Erregung, da ihn seine übliche kühle, professionelle Sachlichkeit im Stich läßt, die Liebesgöttin schlechthin, deren Gebot auch Hermes sich beugen muß.

Friedrich Wilhelm Wedekind spielt dabei unwissentlich die fast grotesk überzeichnete tragikomische Rolle eines verklemmten Tugendhüters, dem mit wachsender Verliebtheit in diese blendend schöne, lebensfrohe Frau die eigenen Prinzipien davonschwimmen. Daß er in dieser Rolle später ein Vorbild für »Dr. Schön« im *Erdgeist* (hinter dem sein Sohn als »Nachfolger-Liebhaber« Alwa hervorblickt) hergegeben hat, ist nicht von der Hand zu weisen. Auch dürfte Schigolch, der erste verkommene Liebhaber und Zuhälter der Lulu, in Schwegerle, dem alten Ehemann Emilies, der ihre »schamlosen« Auftritte in der »Music Hall« duldet, ein noch unbeachtetes Modell haben.[10]

Später, in der Nüchternheit des ehelichen Alltags wird er sie für seine Verblendung in jenen fiebrigen Tagen verantwortlich machen. Die Vorwürfe gelten jenem Unaussprechlichen, das ihn einmal in seinem Leben hat den Kopf verlieren und in jenes dunkle Chaos der Sinne hat gleiten lassen, vor dem es ihn so kreatürlich graust. Er wird sich rächen, indem er ihr gegenüber immer wieder seinen Bildungsvorsprung herausstreichen wird (wie Dr. Schön gegenüber Lulu).

Doch jetzt denkt er nur an seine Eroberungsstrategie. Denn um sie heimführen zu können, muß er sie sowohl von ihrem Ehemann wie von ihrem Beruf trennen.

Er beginnt seine Werbemanöver damit, daß er der Heißbegehrten zu verstehen gibt, er werde nach Europa zurückkehren und sich glücklich schätzen, sie dort zu treffen. Erschreckt über die eigene Kühnheit, bittet er sie sogleich, in ihm einen älteren Bruder zu sehen, der sich anheischig macht, sie aus ihrer Misere zu erlösen. Ihre Misere – das ist »ein so liebloser, kalter, kränkelnder Ehemann, dessen Bildung nicht an die ihre heranreicht und vor allem die rohe Art, wie er sie behandelt und wie er sich benimmt«.[11] Er schenkt ihr Blumen und mietet sich in der gleichen Pension ein, in der Emilie und ihr Mann verkehren.

Am 9. Februar 1861 veranstaltet der »San Francisco Verein« einen Maskenball. Friedrich Wilhelm Wedekind ist als Präsident des »Deutschen Clubs« an den Vorbereitungen beteiligt und schenkt Emilie zwei Eintrittskarten. Als Domino maskiert, begibt er sich selbst auf den Ball und macht etwas lustlos seine Honneurs unter Freunden und Bekannten. Seine Stimmung ist getrübt, denn er hat Emilies Namen nicht auf der Gästeliste erblickt. Doch gegen elf ist sie plötzlich da.

Der Mummenschanz gewährt gewisse Freiheiten: Der vermummte Herr bringt sie hinterher nach Hause, wo sie ihm an der Tür gesteht, sie sei ohne Erlaubnis ihres Mannes auf den Ball gegangen. Nun teilen sie ein Geheimnis. Am folgenden Tag trifft er die Verehrte wieder im Salon von gemeinsamen Bekannten, wo sie berichtet, wie sie durch gewisse kleine Lügen bei »ihm« ihre Anwesenheit auf dem Ball gerechtfertigt habe. Das ist nun schon fast eine Verschwörung gegen »ihn«: Schwegerles Name wird von Friedrich Wilhelm Wedekind nie genannt. »Lui« ist im französischen Text seiner Tagebücher die Chiffre für »Hindernis«, »Ärgernis«, aber auch für *faux pas* im Leben der Emilie Kammerer.

Am 15. April 1861[12] versucht der Arzt seine Chancen bei der Freundin auszuloten, indem er von seinem Wunsch spricht, nach Europa zurückzureisen und dort zu heiraten:

57

»Heute sprach ich mit ihr über meinen Wunsch abzureisen, hauptsächlich wegen der isolierten Stellung, die ich hier habe. In Europa könnte ich mich verheiraten, was ich niemals hier tun würde, wo eine Frau schlechten Bekanntschaften ausgesetzt wäre. In Europa könnte ich mir meine Frau im Schoße einer ehrbaren Familie suchen, die schon durch ihr Vorhandensein eine gewisse Sicherheit für die gute Führung der Frau biete. E. antwortete mir: ›Das ist keine sichere Bürgschaft; die beste Bürgschaft besteht immer in ihrem soliden Charakter und eine damit begabte Frau wird sich wohl überall und unter allen Umständen gut führen.‹«

Die Attacke ist abgeschlagen, und der Mann steht beschämt da. Emilie verleiht ihrem Argument Nachdruck, indem sie das Beispiel ihrer unglücklichen Schwester erwähnt und hinzufügt, daß diese eine Frau nach Friedrich Wilhelm Wedekinds Sinn gewesen wäre.

Aus den Aufzeichnungen der Eltern wird nicht klar, wann die beiden ihre Vereinigung beschließen. Emilie Wedekind berichtet in ihren Lebenserinnerungen, sie sei am 8. Mai 1860 von Schwegerle geschieden worden, nachdem eine große, früher aufgelaufene Verschuldung ihres Mannes zur Konfiskation des Klaviers durch den Gerichtsvollzieher geführt habe und ihr durch diese plötzliche Bedrohung ihrer Verhältnisse (sie hätte als Ehefrau bis zu ihrem Lebensende für die Schulden Schwegerles aufkommen müssen) eine Ehe an seiner Seite unerträglich erschienen sei. Dieser Version steht die wahrscheinlich authentischere Aussage im Tagebuch Friedrich Wilhelm Wedekinds gegenüber[13], derzufolge Emilie im Mai 1861 noch verheiratet ist, von ihrem Verehrer aber mehr und mehr bedrängt und zu einer Entscheidung getrieben wird. Über die Umstände der Scheidung wiederum besteht nur Emilies Version. Sie gibt an, ihre letzte Habe zur Deckung der Anwaltskosten veräußert zu haben. »Im Variété konnte und wollte ich als geschiedene Frau nicht mehr auftreten, da ich Unannehmlichkeiten und Beleidigungen fürchtete.« Sie ist wieder bettelarm. Nach ihren Angaben tritt ihr Dr. Wedekind, von dessen Gefühlen sie bislang keine Ahnung gehabt habe, erst jetzt näher und hält in allen Ehren um ihre Hand an.

Friedrich Wilhelm Wedekind dagegen spricht ausführlich und ausdrücklich von einer heimlichen Liebschaft hinter dem Rücken des Ehemannes. Er gibt der Angebeteten den Rat, ihre verworrenen Verhältnisse zu bereinigen, indem sie, von ihm mit Reisegeld versehen, heimlich nach Europa abreisen und von dort ihrem Ehemann schreiben solle, daß sie auf keinen Fall zurückkehren werde. Als sie auf diesen fragwürdigen Vorschlag nicht eingehen will, vertraut er am 26. April 1861 seinem Tagebuch an, daß er seiner Liebe nun sicher sei. Um so unerträglicher ist ihm der Gedanke, daß sie nicht frei ist und sich seiner Auffassung nach in schlechter Gesellschaft bewegt. Er verstärkt seinen Druck, da er mit seinen Gefühlen, die so beunruhigend heftig geworden sind, ins reine kommen muß. Dafür soll sie handeln, koste es ihre Gefühle was es wolle. Ihre Entschlußschwäche reizt ihn, da er doch in der Überzeugung lebt, alle Karten in der Hand zu haben. Er, der mehr als doppelt so alt ist, macht der Einundzwanzigjährigen in seinem Tagebuch den heimlichen Vorwurf, ihre Jugend »schon zum größten Teil geopfert zu haben«: dem falschen Mann nämlich.

Ihre Jugend, das ist ihr Kapitel – ihre Jugend und ihr Talent. Hier liegt für ihn das wahre Ärgernis, denn während diese Frau sich ihrer Jugend erfreut, hat sie sich obendrein mit ihrem leidigen Talent ein unzulässiges Stück Unabhängigkeit erfochten, Unabhängigkeit auch ihm gegenüber. Er begleitet sie bis vor die Tür des Melodeons, wagt aber nicht einzutreten, als wäre es das Tor zur Hölle: *Lasciate ogni speranza voi che entrate.*

Emilie überrascht ihn mit der Nachricht, sie habe angefangen, im Melodeon in kleinen englischen Komödien mitzuspielen. Die Nachricht ist ihm unangenehm: Als Schauspielerin begibt sie sich auf ein Gebiet, das ernst zu nehmen ist, da es die Vielfältigkeit ihrer Talente und ihre Sprachbegabung unter Beweis stellt. Jeder erfolgreiche Versuch, ihre Talente zu nutzen, verringert seine Chancen, sie auf die Dauer an sich zu binden. Ihre Initiative, die ohne seinen Rat erfolgt ist, irritiert ihn: »Sie macht es wie ich, sie versucht alles und bringt es vielleicht nirgends zu etwas – trotz ihrer natürlichen Begabung.« Aus Gemeinsamkeiten erwächst der Unterschied: Was bei ihm schließlich zur wirtschaftlichen Unabhängigkeit geführt hat, darf bei ihr nicht reüssieren, sonst wäre seine Weltordnung gestört. »Unglücklicherweise hat sie, als es noch Zeit gewesen wäre, nicht die rechte Führung gefunden, um ihre Talente zu pflegen. Die Eitelkeit verführt sie nun, sich auch im Englischen zu versuchen, nur, wie sie selbst gesteht, um sagen zu können, daß sie in fünf verschiedenen Sprachen gespielt hat. Übrigens ist das immerhin etwas, und es gibt Wenige, die das von sich sagen können.«

Es ist unschwer zu erraten, wer »die rechte Führung« zu geben bereit wäre und zu welchem Preis. Die Situation wird sich im *Erdgeist* in der Szene wiederholen, wo Dr. Schön Lulu widerwillig Theater spielen läßt aus Angst, sie könnte ihm sonst weglaufen.

An Emilies Geburtstag, den sie mit ihrem Mann begeht, liest er zum Trost das Tagebuch ihrer Schwester, das sie ihm überlassen hat, und erfährt empört von einem erpresserischen und ausbeuterischen Musiklehrer, der Sophie bis aufs Blut gequält hat. Auch dieses Tagebuch ist verschollen. Aus den Erzählungen seiner Mutter hat Franklin Wedekind die Geschichte mit Sicherheit gekannt. Im *Liebestrank* findet sich dieses Motiv wieder.

Über Emilies Schwester bemerkt sein Vater: »Das war eine Frau mit einem Herzen, das geschaffen war, wahrhaft zu lieben und sich völlig dem hinzugeben, von dem sie sich geliebt fühlte.« So möchte er es auch haben. Er ist unfähig zu erkennen, daß gerade das Leben der Sophie Kammerer das Paradebeispiel einer talentierten Frau ist, die ihre verheißungsvolle Karriere aufgibt, um einem Mann zu folgen, der ihr nichts als Unglück bringt.

Schließlich kommt es zu Zärtlichkeiten, und er schätzt sich glücklich, daß die Affäre bisher unentdeckt geblieben ist. Seine Überredungskünste zeitigen endlich Erfolg. Emilie Kammerer sieht ein, daß ihr kein Ausweg mehr bleibt, daß das Angebot Friedrich Wilhelm Wedekinds ihre einzige Chance ist, aus der verfahrenen Situation herauszukommen. Am 13. Mai schreibt der Werbende triumphierend:

»Das Wort ist gefallen. Alea iacta est. Die Würfel sind gefallen. Wir sind einig [. . .] Es handelt sich nun darum, die Mittel zu finden, um möglichst bald vereinigt zu sein [...] Nichts mehr in der Welt wird uns hindern können, unseren Plan zu verwirklichen, und nachdem wir diesen teuren Plan ausgeführt haben, werden wir vor der Welt und vor unserem eigenen Gewissen gerechtfertigt sein, denn wir gehorchen einer Notwendigkeit, die einer glücklichen Sache eine ehrbare Lösung verleiht.«[14]

Der Plan, von dem hier die Rede ist, beinhaltet mit größter Wahrscheinlichkeit den Scheidungsprozeß, während dem sich Dr. Wedekind diskret auf eine Reise begibt, um Emilies Ruf zu wahren. Nach schicklicher Frist wird die Verlobung verkündet. Der Preis, den der zweite Mann fordert, ist hoch. Er verlangt Emilies völligen Verzicht auf künstlerische Ambitionen. Sie willigt resigniert ein. Die deutsche Kolonie San Franciscos fällt über ihn her:

»Es fehlte nicht an guten Ratschlägen, die man Herrn Dr. Wedekind mündlich und schriftlich erteilte. Daß er doch in seiner Stellung in San Franzisko eine bessere Partie hätte machen können. In Deutschland gebe es tausende von schönen Mädchen, die glücklich wären, einen Mann zu bekommen, wie er einer sei. Besonders im deutschen Club bearbeiteten ihn seine Freunde derart, daß er gar nicht mehr hinging und ganz nach Oakland hinüberzog...«[15]

Dort wird am 26. März 1862 die Ehe geschlossen und am 29. Januar 1863 der erste Sohn geboren. Von der deutschen Gesellschaft in San Francisco wollen beide nichts mehr wissen. Schon früher hat Friedrich Wilhelm Wedekind laut seinem Tagebuch Emilie gegenüber vermerkt, »daß ich an diesem Land und seinen Einwohnern nie Gefallen gefunden habe, daß es hier nichts gibt, an dem man seinen Geist pflegen und ausbilden könnte und daß ich mich ohne Eltern, ohne Familie und auch ohne wahre Freunde hier allzu isoliert fühle«.[16]

Außerdem stimmen ihn die politischen Veränderungen in seiner Wahlheimat skeptisch. Die Nation treibt auf den Bürgerkrieg zu. Friedrich Wilhelm Wedekind glaubt nicht, daß die Vereinigten Staaten diese Zerreißprobe überstehen werden. Zwar demonstrieren die Bürger von San Francisco für die Erhaltung der Union, »aber alles wird vergebens sein, denn bei einer Nation, die den allmächtigen Dollar mehr verehrt, als ihr Vaterland und selbst ihren Gott, ist aller Enthusiasmus nur eine momentane Entzückung. Alle diese Feste sind nur zum Vorteil der Ladenbesitzer und Inhaber von Singspielhallen veranstaltet«. So wird die Abreise nach Hannover beschlossen.

Vor der Entscheidung für die Ehe hat Friedrich Wilhelm Wedekind im Tagebuch Vergleiche zwischen einer früheren Freundin namens »Octavie« und Emilie Kammerer angestellt und ist zu folgendem Ergebnis gelangt:

»Bei beiden die gleiche Seeleneinfalt und der gleiche lebhafte Geist. Bei Oct. mehr Anmut, Ergebenheit und Offenheit, bei E. mehr Talent und viel mehr Bildung, aber auch eine gewisse Kühle des Herzens *(une certaine froideur du cœur),* die vielleicht nur äußerlich ist und sie, trotz ihres im allgemeinen ziemlich friedfertigen Gemütes, zeitweise zu unbeherrschten Zornesausbrüchen verleitet.«[17]

Artur Kutscher hat diese Beurteilung Emilie Kammerers aus der Feder ihres künftigen Ehemannes wörtlich übernommen und auf seine Weise ergänzt. Er schreibt: »An Emilie bewunderte der vierundzwanzig Jahre ältere Mann die fröhliche Lebenszuversicht, die Seeleneinfalt, die geistige Gewecktheit, die reiche Begabung, das natürliche Taktgefühl, aber auch ›eine gewisse Herzenskälte, verbunden mit starkem Unabhängigkeitsgefühl, das sie trotz ihres sonst ziemlich friedfertigen Gemütes heftig, ja von Zorn hingerissen erscheinen ließ‹.«[18] Kutscher hat sicher recht, wenn er Emilie Kammerers *»froideur du cœur«* mit einem »starken Unabhängigkeitsgefühl« in Verbindung bringt, von dem im Tagebuch Wedekinds kein Wort steht. Dagegen ist *»froideur du cœur«* nicht einfach »Herzenskälte«. Sie kennzeichnet vielmehr die Eismauer, die Emilie Kammerer um den innersten Bezirk ihrer Persönlichkeit gezogen hat, um den letzten Rest ihrer Unabhängigkeit, zu dem niemand Zugang hat, auch nicht der Ehemann. Für den Sohn, der die Zusammenhänge kennt, wird diese Eigenschaft – das Symbol der mütterlichen Stärke – Erbe und Vorbild zugleich.

Friedrich Wilhelm Wedekind hat die Frau gewonnen, die er begehrt, nicht aber das Glück. Er wird nie verstehen, warum sein

»Opfer« das ihre niemals hat aufwiegen können. Er meint, sie vor Armut und Schande gerettet zu haben, indem er mit der Abreise einen Schlußstrich unter die kalifornische Vergangenheit setzt und ihr in Europa einen neuen Anfang und materielle Sicherheit verschafft. Die Kinder werden erst nach seinem Tod von der ersten Ehe ihrer Mutter erfahren.

Diese schreibt auf deren Drängen ihre abenteuerliche Lebensgeschichte nieder und schließt sie mit den Worten:

»Heute, am 18. März 1914, wo ich die Geschichte meiner Jugenderlebnisse für meine Kinder beende, sehe ich auf ein langes, sehr bewegtes Leben zurück, das sich bis heute in geordneten Verhältnissen u. äußerlich so abwickelte, wie ich es mir immer gewünscht hatte.

Innerlich aber entstanden Wirren und Kämpfe, die wie ich jetzt zu wissen glaube, hauptsächlich dadurch entstanden, daß der Unterschied im Alter, Erziehung und Bildung zwischen meinem Gatten und mir, ein gar zu großer war.

Trotz meiner kurzen ersten Ehe, war ich ein noch ganz unfertiges, unabgeklärtes Wesen, das nur den einen leidenschaftlichen Wunsch hatte, den Vater meiner Kinder glücklich zu machen und ihm durch äußerste Pflichterfüllung meine Dankbarkeit zu beweisen.

Leider gelang mir das nicht, und als dann mit den Jahren mehrere Kinder kamen, wandte sich mein Herz, all mein Fühlen und Denken diesen lieben Wesen zu. Sie wuchsen heran, und mit ihnen und durch sie wurde meine innere Erziehung vollendet.

Es wäre unnütz, mehr über mein Leben schreiben zu wollen, da meine Kinder, für die ich diese Erinnerungen niederschrieb, das Weitere miterlebten. So mag denn das Ende, das ich mir als eine Erlösung von viel Schmerz vorstelle, herankommen. Ich erwarte es in Ruhe und begrüße es mit innerer Freude.«

Franklin Wedekinds Vater hat die sinnenfreudige, kunstbegabte Frau nach seiner *façon* selig machen wollen und sie bei seinen Bemühungen verloren. In ihren Sätzen sind die endlosen Streitereien, seine ständigen Vorwürfe und die Anspielungen auf ihre abenteuerlichen Jugendjahre zu wenigen Andeutungen geronnen:

»daß der Unterschied im Alter, Erziehung und Bildung zwischen meinem Gatten und mir, ein gar zu großer war«.

Hier liegen eine Liebe begraben und ein ganzes ungelebtes Leben.

Die Kinder, die aus dieser toten Ehe hervorgehen, müssen sich zwischen den Welten der Eltern entscheiden. Der älteste Sohn und die jüngere Tochter werden den bürgerlichen Idealen des Vaters folgen. Die ältere Tochter wird die unerfüllten Träume der Mutter verwirklichen und es in Dresden zur königlich sächsischen Kammersängerin bringen. Ein Sohn wird eine Nichte der Mutter heiraten und für immer nach Südafrika verschwinden, ein anderer, als Künstler gescheitert, als Mensch zerrissen, im Selbstmord enden. Einer aber wird das Leben schreibend bestehen und in den konfusen, doppelbödigen und herzzerreißenden Lebensgeschichten seiner Jugend die Stoffe für seine großen Tragikomödien finden.

365 Stufen oder
Ein Schloß in der Schweiz

Mit Neid sah ich die Schiffe ziehn
Vorüber nach beglückten Landen –
Doch hielt mich das verdammte Schloß
Gefesselt in verfluchten Banden

Heine

Das Jahr 1872: Friedrich Wilhelm Wedekind lebt mit seiner Familie bereits wieder seit neun Jahren in Europa. Drei Söhne und die ältere Tochter Erika sind in Hannover zur Welt gekommen. Doch dort fühlt sich der Vater der rasch wachsenden Familie nicht heimisch. Hannover hat seine kleinstaatliche Unabhängigkeit verloren und ist preußische Provinz geworden. Bismarck, der Erzfeind des alten Achtundvierzigers, riskiert 1866 einen Krieg und gewinnt. Die preußische Militärpolitik schreitet unaufhaltsam dem nächsten Krieg entgegen. Die Vorstellung, seine vier Söhne einst für Preußen in den Krieg ziehen zu sehen, ist Friedrich Wilhelm Wedekind unerträglich. Zwar glaubt er dieser Bedrohung mit seinem amerikanischen Bürgerbrief begegnen zu können, doch Bismarck ist sehr nahe gerückt, und Washington ist weit. Es gilt der gründlichen preußischen Bürokratie, die alles erfaßt, was dem Staat nützlich erscheint, auszuweichen, möglichst von Anfang an: bei der Registrierung der Neugeborenen. Die Kinder werden namenlos ins Taufregister der evangelischen Aegidiuskirche zu Hannover aufgenommen.[1] Nach der Geburt des zweiten Sohnes der Wedekind-Familie, Benjamin Franklin, trägt der Kirchenbuchführer Flügge in Hannover[2] den Wohnort des Vaters als »San Francisco, Californien« ein und vermerkt weiter: »Das Kind wird ungetauft die Eltern auf der Rückreise nach Californien begleiten.« Doch das ist alles nur Finte. Friedrich Wilhelm Wedekind denkt nicht daran, seiner Frau und den Kindern eine weitere Reise durch die mörderischen Regenwälder Panamas zuzumuten. Es gibt nichts, was ihn zurücklocken würde. Die wilden *gold rush*-Jahre sind für ihn vorbei – endgültig. Nichts soll daran mehr erinnern, nichts an das skandalumwitterte Vorleben seiner Frau. Das amerikanische Kapitel ist abgeschlossen und versiegelt.

Doch auch gegen die Assimilierung an das neue Deutschland wehrt er sich, indem er auf sein amerikanisches Bürgerrecht pocht. Er verfaßt Pamphlete gegen die Aufrüstungspolitik des preußischen Landtags und veröffentlicht im Mai 1868 als »Bürger der Vereinigten Staaten« eine achtzigseitige Broschüre, in der er den Deutschen die amerikanischen »gereiften Ideen auf dem Gebiete der freiheitlichen Politik« empfiehlt.[3]

Im übrigen geht er unauffällig, emsig und offenbar erfolgreich seinen Geschäften nach. Aus einem Brief an seinen Bruder Theodor geht hervor, daß er, der »schon in Californien fortwährend unter eigenem Dach und Fach gelebt«, sich bald nach seiner Ankunft in Hannover dort eingekauft habe, sein neu erworbenes Haus aber wieder hatte verkaufen müssen, da er »nicht städtischer Bürger und damit preußischer Unterthan werden« wollte. Zwar gäbe es die Möglichkeit, ein Haus durch einen Strohmann zu erwerben, doch haben die kapitalkräftigen Spekulanten die Preise unmäßig in die Höhe getrieben.[4] Nun lebt die Familie zur Miete beim Kaufmann Henckell in der Weißenkreuzstraße 5. Später werden dessen zwei Söhne der Familie Wedekind nach Lenzburg folgen. Einer von ihnen, Karl Henckell, wird uns als Franklin Wedekinds Jugendfreund und Schriftstellerkollege später wieder begegnen.

Als der jüngste Sohn des Ehepaars Wedekind am 4. November 1871 in Hannover zur Welt kommt, wird sein Name von einem preußischen Beamten im Hinblick auf die spätere Militärpflicht in ein Gestellungsrodel eingetragen. Auch die amerikanische Staatsbürgerschaft garantiert also kein Entkommen vor der preußischen Militärmaschine. Der Vater erwägt die Auswanderung in die Schweiz.

Am 3. Mai 1872 erscheint in der *Neuen Zürcher Zeitung* eine

Anzeige. Der Sensal von Schulthess-Rechberg bietet »wegen Familienverhältnissen« das Schloß Lenzburg zum Verkauf an. Interessenten können dem Inserat folgende Angaben entnehmen:

»Stammsitz der Grafen von Lenzburg, mit ausgezeichnet schöner Lage und herrlicher Rundschau über die Alpen. Das daran liegende Städtchen Lenzburg ist sehr gewerbsam, mit vielen Ressourcen und guten Schulen.

Das Schloß enthält mehrere, in ganz gutem baulichen Zustande sich befindende Gebäude mit großen Räumlichkeiten, bei denen sich laufende und ein Sodbrunnen mit gutem Wasser befinden. Dazu gehören ferner 6 Jucharten ausgezeichnete Reben und 12 Jucharten Wiesen und Äcker.

Dasselbe eignet sich vorzüglich für ein größeres Institut oder industrielles Etablissement, das keine Wasserkräfte erfordert. Preis sehr billig.«

Am 4. und 6. Januar 1873 schreibt Friedrich Wilhelm Wedekind seinem Bruder Theodor zwei Briefe als frischgebackener Schloßherr. Alles, der Kauf und der Umzug der Familie nach Lenzburg ist so überstürzt geschehen, daß er erst jetzt Zeit findet, über seinen neuen Besitz und die neue Umgebung zu berichten. Die beiden Briefe sind die einzige erhaltene genaue Beschreibung des Schauplatzes von Franklin Wedekinds Jugendjahren aus der Sicht des stolzen Familienoberhauptes und Besitzers. Franklin und sein älterer Bruder Armin haben den Vater offenbar im Spätsommer 1872 auf seiner Schweizer Reise begleitet. Franklin Wedekind ist also von Anfang an dabei, als der Vater sich zum Schloßkauf entschließt.

Friedrich Wilhelm Wedekind steht auf seines Daches Zinnen, schaut mit Besitzerstolz auf das Städtchen Lenzburg hinunter und teilt seinem Bruder alle Einzelheiten des Gelegenheitskaufes mit:

»Am 1. Sept. war der Handel abgemacht. Kaufpreis 90'000 francs, halb bar, halb in jährlichen Terminen auf fünf Jahre. Sofort eilte ich mit den Jungens nach Hannover, machte das Geld zur Anzahlung flüssig, packte innerhalb acht Tage meine sämmtlichen Habseligkeiten ein, expedierte sie in zwei Güterwaggons und war selbst schon am 13. Sept. [...] zurück um zu zahlen und die

Dokumente entgegen zu nehmen. Am anderen Tage ging's auf Lenzburg und aufs Schloß um mich daselbst zu installieren, und am 20. Sept. traf auch meine Frau mit den Kleinen ein, nachdem sie einen kurzen Abstecher nach Stuttgart gemacht hatten. Der Grund dieses eiligen Umzuges lag in dem Umstand, daß der Winter sich nahte und ich vor Eintritt eingewohnt sein wollte. Da sitzen wir nun hier oben auf unserem [Schloß], das ich am besten mit einem auf einen Topfkuchen gestellten und diesen etwas überragenden [Würfel] vergleichen kann, 1561 Fuß über dem Meere, 464 F. über der von hier oben sichtbaren im breiten Thale vorbeifließenden Aar [die Aare] und 330 F. über dem unmittelbar zu unseren Füßen liegenden Städtchen Lenzburg. Rings um und herum, selbst jetzt mitten im Winter, ist ein wahres Paradies zu sehen, eine der fruchtbarsten Gegenden der Schweiz, Hügel und Thäler, Auen und Gehölz, Weinberge und Matten, Obstgärten und Wiesen, Flüsse und Bäche, alles im dauernden Wechsel und dazwischen zerstreut, Städte, Dörfer und Weiler, hier und da überragt von Burgen und Schlössern, während unten neben dem dahinrauschenden Wasser große und kleine Fabriken sich erheben und Alles in ihrer Nähe haben. In weiterer Ferne zieht sich von Osten nach Westen die Riesenkette der Alpen mit ihrem blendendweißen Schnee, welche, obgleich schon uralt und längst über ihre Jugendzeit hinweg, als noch der behaarte Mensch gleich einem Affen in den umliegenden Wäldern umherstrich, dennoch ewig neu und jugendfrisch sich unserem Anblick darbietet. Von Appenzell bis zum Berner Oberland sind hier die Hervorragendsten zu sehen, der Säntis, der mächtige Glärnisch, der Titlis, die riesige Jungfrau und ihre Nachbarn Eiger und Mönch. Vom Westen nach Norden zu über Bregenz die zackige Jurakette im Horizont.

Von jener Hochalpe weht eine Luft zu uns herüber, so rein und so leicht, daß im Vergleich zu der kohlenstaubigen Atmosphäre von Hannover und anderen großen Städten man balsamischen Aether einzuathmen vermeint.

Die Stadt Lenzburg zählt etwa 2500 reformierte Einwohner, unter welchen Besitzer von großartigen Baumwollspinnereien, Webereien und Kattundruckereien, und treibt verhältnismäßig viel Handel und Gewerbe, weil die Umgebung wohlhabend und bevölkert ist. Der Charakter der Bevölkerung ist freisinnig, aufgeklärt, höflich, zuvorkommend und, wie der aller Schweizer, erwerbseifrig.

Die Eisenbahn von Zürich westlich nach Basel und südlich nach Bern hat eine halbe Stunde von hier die Station Wildegg, wohin zehnmal am Tag ein Postomnibus [...] geht. Eine zweite Eisenbahn von Basel aus wird jetzt gebaut den Rhein hinauf bis Rheinfelden, natürlich auf Schweizer Seite, darauf gerade weiter nach Stein am Rhein, dann durch das Frickthal aufwärts und durch einen Tunnel zwischen [...] und Schinznach ins Aar[e]thal hinein und über die Aar[e] nach Lenzburg. Sie wird in anderthalb Jahren fertig sein und soll von hier südlich am Hallwyler See entlang nach Zug und dem Gotthard hin fortgesetzt werden, um sie zu einem Glied der demnächstigen Weltstraße zum Gotthardtunnel zu machen.

Die Schulen hier, Gemeindeschule, Bezirksschule und Progymnasium, sind gut und erhalten die Knaben bis zu ihrem vierzehnten Jahre reichlich so guten Unterricht als wie in Hannover, später müssen sie nach Aarau oder Zürich, wohin man ja in einer halben oder ganzen Stunde fahren kann.

Die Umgebung von Lenzburg ist in historischer als auch anderer Beziehung von erheblichem Interesse.«[5]

Es folgt ein langer kulturhistorischer Exkurs über die Geschichte des Aargaus seit der Römerzeit, gefolgt von einer pedantisch genauen Beschreibung der Baulichkeiten auf dem Schloß. Friedrich Wilhelm Wedekinds Epistel erstreckt sich über sechzehn engbeschriebene Seiten. Schritt für Schritt führt er den Bruder Theodor durch sämtliche Räume der Burg, erläutert anhand von beigelegten Fotografien und Stichen deren Zustand, Verwendung und die geplanten Umbauten, die er an ihnen vornehmen lassen will. Begeistert schreibt er – und er übertreibt nicht – von den gewaltigen Dimensionen seines Besitzes, der, »wenn man von aller architektonischer Ausschmückung absieht, indem hier nur ein Complex schmuckloser Gebäude vorhanden ist, in Bezug auf Umfang und Lage und der gleichen Höhe über der Umgebung, noch am ehesten mit dem Heidelberger Schloß zu vergleichen« sei. Er selber hat sich ein Studierzimmer ausgesucht, das ihm nach Norden und Süden einen umfassenden Weitblick gewährt: »So komme ich mir zuweilen vor, als hinge ich à la Knipperdolinck in meiner großen Laterne hoch oben in den Lüften...«

Mit diesem Hinweis auf den Hinrichtungskäfig des berühmten Wiedertäufers zu Münster setzt sich Friedrich Wilhelm Wedekind selbst ein schauerliches Denk-Mal.

Außer den minutiösen Auskünften über den Familienbesitz und seine Umgebung vermittelt uns das Schriftstück eine Ahnung von der Denkart dieses eigenartigen Mannes, jene seltsame Verbindung von naturfrommer Ergriffenheit und gründerzeitlichem Geschäftssinn, die seine Persönlichkeit geprägt hat.

Sein Brief an den Bruder liest sich über weite Strecken wie der Rechenschaftsbericht für einen Geschäftspartner. Die Gründe für den Kauf werden sorgfältig erwogen. Zeugen werden genannt, die die Investition loben. Die Rentabilität des Schloßbetriebes wird anhand einer detaillierten Auflistung der Erträge und Unkosten belegt, der Verkehrswert der Gebäude und der dazugehörenden Ländereien aufgrund des Steueransatzes und der Schätzung von Experten erörtert. Am Schluß gelangt Friedrich Wilhelm Wedekind zu der befriedigten Erkenntnis, daß er, würde er einen Steinbruch und eine Holzhandlung betreiben, mit dem Materialwert des Schlosses allein den bezahlten Preis herausschlagen könnte. All diese Berechnungen und die industriell-unternehmerischen Spekulationen auf die »demnächstige Weltstraße, die nach Vollendung des Gotthardtunnels« – 1882 – »unmittelbar vorüberzieht« (was bekanntlich nicht eintraf und deshalb verschiedene private Spekulanten in Lenzburg ihr Vermögen kostete und die Stadt für Jahrzehnte an den Rand des Bankrotts brachte), scheinen die alten kaufmännisch-kalkulatorischen Reflexe aus der Zeit von Friedrich Wilhelm Wedekinds ersten Grundstücksspekulationen in San Francisco wieder lebendig werden zu lassen. In Wahrheit will er aber kein gewinnbringendes Unternehmen gründen, sondern einen sorgenfreien Alterssitz erwerben, auf dem er seine vielköpfige Familie im

Auge behalten und über deren Wohlergehen wachen kann. Der Kauf des Schlosses setzt den Schlußpunkt unter seine unruhigen Wanderjahre. Seine endlich erlangte Seßhaftigkeit bestimmt aber auch die Grenze der Mobilität seiner Familie. Vor allem diktiert dieses ungewöhnliche, durch den Willen des Vaters erworbene Elternhaus für die nächsten zwanzig Jahre den Lebensstil des dichtenden Sohnes.

Die Bedeutung von Schloß Lenzburg für Frank Wedekinds Dichtung ist bekannt.[6] Sie geht weit über die einer romantisch-eindrucksvollen Staffage hinaus. Für den jungen Dichter ist das Schloß der Bezugspunkt seines persönlichen und künstlerischen Bewußtseins, der Ort, zu dem er physisch und gedanklich immer wieder zurückkehrt. Es wird ihm zur dichterischen Metapher: Das Schloß ist Luginsland, Wachtturm und Beobachtungsposten, Podest und Schaufenster, Vaterhaus, Gralsburg und Zwingburg zugleich, Herrensitz, Refugium, Märchenschloß und Verlies, Tugendtempel und Venusberg, und vor allem: erste Schaubühne, komplett mit dramatischer Kulisse, mit dem festen Ensemble der Familiencharaktere, immer wechselnden Komparsen von nah und fern und unerschöpflichen Stoffen der *comédie humaine,* die sich unter den Mauern und innerhalb derselben ständig abspielt.

Kein anderer Dichter der Neuzeit hat über einen derart dramatischen Schauplatz seiner Jugend, ein ähnlich starkes Stimulans seiner Phantasie verfügt. Was ihn zum Schreiben inspirierte, war jedoch nicht das Bilderbuchhafte seiner Umgebung. Er ist, im Gegensatz zu seinen schriftstellernden Jugendfreunden und seinem jüngsten Bruder Donald nie zum Regional- oder »Heimatdichter« geworden, trotz oder vielmehr gerade wegen der handgreiflichen Naturmotive, die den Vater in beredtem Entzücken schwelgen lassen. Den Lokkungen der Idylle setzt er seinen Widerstand entgegen. Lenzburg und sein Schloß werden zu Schauplätzen einer beginnenden dichterischen Emanzipation, die diese Orte und ihre Klischeehaftigkeit als eine Art Antimetapher zur eigenen künstlerischen Wirklichkeit einsetzt. »Das Schloß« ist bei Wedekind auch ein Gedankengebäude. Wie bei Kafka erscheint es als unerforschliches Labyrinth des menschlichen Bewußtseins, aber auch als steinerne Klammer für das, was die bürgerliche Welt im Innersten zusammenhält: die Familie.

Robert Musil wird die bürgerliche Familie in seinen Tagebüchern »diesen lächerlichen Überbau der Fortpflanzung« nennen. Ähnlich muß Franklin Wedekind das eigene Familienunternehmen vorgekommen sein: eine Symbiose von sieben extremen Individualisten, pragmatisch zusammengehalten durch das Wirtschaftsmonopol des Vaters, das Managertalent der Mutter und durch die Ideologie des *spiritus familiaris;* das ist kein guter Geist, sondern ein totes Gespenst, über das er sich in einem Gedicht lustig macht.[7]

Die Biographen Franklin Wedekinds erledigen das Kapitel »Lenzburg« in der Regel mit den Gemeinplätzen aus der Mottenkiste der Romantik. Keiner nimmt sich die Mühe, über dieses Schloßleben nachzudenken, das mehr ist als nur ein Ausflug mit Erfrischungen im Aussichtsrestaurant. Hier spielt sich keineswegs die sonnige Jugend eines privilegierten Bürgersohnes ab. Hier geschieht ein gewaltsamer Eingriff. Hier wird ein Lebensstil verordnet, der aus der Zeit herausfällt, der mit Schmerz verbunden ist, mit Isolation, Absonderung, Fremdsein und Fremdbleiben. Schloß Lenzburg ist auch ein Gefängnis, nicht nur für die Kinder, die auf ihrer hohen Warte von den Spielen mit ihresgleichen abgesondert sind.

Kadidja Wedekind berichtet, wie der alternde Ehemann Friedrich Wilhelm Wedekind noch in Hannover, von Eifersuchtsanfällen gebeutelt, plötzlich hinter seiner Frau auftaucht, als sie auf der Terrasse die Blumen gießt, weil er sie verdächtigt, mit einem heimlichen Liebhaber Zeichen zu tauschen.[8] Es ist nicht von der Hand zu weisen, daß beim Schloßkauf seine tyrannische, besitzergreifende Liebe den Ausschlag gegeben hat. Nun sind sein Glück und seine Habe in Mauern eingefaßt. Kein Nebenbuhler soll mehr stören. Die Zugbrücke kann heraufgezogen werden.

Für die Kinder ist das Elternhaus ein Käfig und nicht einmal ein goldener. In ihren Erinnerungen erwähnen sie die 365 Stufen – eine für jeden Tag des Jahres –, die sie täglich erklimmen müssen, um von der Schule ins Elternhaus zurückzugelangen. Der Ehemann, besorgt über die wachsende Entfremdung und die Abkühlung der ehelichen Gefühle, will seiner Frau endlich ein dauerhaftes Heim schaffen, indem er ihr ein Palais zu Füßen legt: »Reich mir die Hand, mein Leben, komm auf mein Schloß mit mir...« Er verspricht sich für sie dasselbe herzerwärmende Wohlgefallen, das ihn selber auf seines Daches Zinnen erfüllt hat. Als die Familie mit Roß und Wagen, Kisten und Kasten auf dem Schloßberg ankommt, entdeckt Emilie Wedekind, daß es in den Gebäuden keine Wasserleitungen gibt. Sie bricht weinend zusammen. Zeitlebens wird sie von dem »verfluchten Steinhaufen« sprechen.[9]

Die Frau aber, die Friedrich Wilhelm Wedekind, ein alternder Pygmalion, sich zum Bilde geschaffen hat, wird für ihn ein Phantom, eine kühle Brunnennixe, die er mit den Kindern lachen hört – nur mit ihnen, nicht mit ihm. Denn nun richten sich seine eigenen Ideale gespenstisch gegen ihn selber. Die Schloßherrin beginnt zu regieren, zu schalten und zu walten. Sie hat die Schlüsselgewalt über das Schloß. Sie organisiert die Wasserzufuhr. Vier Esel werden angeschafft, die täglich Krüge mit frischem Wasser vom nächsten Brunnen heraufschleppen. Täglich werden dem alten romantischen Schwärmer die Mängel seiner Vorsehung und die Tüchtigkeit der Schloßfrau vor Augen geführt. Nach seinem Tode und einem kurzen mißglückten Versuch, sie gewinnbringend als »Fremdenpension« zu nutzen, verkauft Emilie Wedekind die Burg so rasch wie möglich – nachdem sie sich in unverkennbarer Geschäftstüchtigkeit zuvor mit der Stadt Lenzburg zusammengetan und mit Hilfe von Steuergeldern die lang entbehrte Wasserleitung hat legen lassen.

Zurück zu Friedrich Wilhelm Wedekind. Der Achtundvierziger-Demokrat, so will es die Ironie dieses Schloßkaufes, hat in seinem freiwillig gewählten Exil in der Schweiz einen Lebensstil erkoren, der dem der verhaßten preußischen Junker in nichts nachsteht. Schon seine Briefe an den Bruder Theodor verraten neue herrische Allüren, die in der Praxis den demokratischen Überzeugungen zuwiderlaufen, so etwa, wenn er über die Burgbediensteten, eine Gärtnerfamilie, berichtet: Sie »bekommt täglich 1 fr. Lohn [...]

nebst freier Wohnung, Pflanzland und Gemüsebau und Verkauf und die Trinkgelder der Fremden, dafür muß man mir aber das nöthige Gemüse liefern, Hof, Garten, Gewächse, Blumen und Obstbäume besorgen, Holz hacken, Wasser tragen und für die Feste mir zu jeder Zeit die Thore öffnen, so daß ich diesen Lohn nicht dem Besitzthum zur Last legen kann.«[10]

Er selber ordnet sich, indem er seinem Bruder in bildungsbeflissenem Eifer die Geschichte des Schlosses und der Grafschaft Lenzburg bis zur letzten Gräfin Richenza erzählt, in die Reihen der patrizischen Burgherren ein. Seigneurale Lebensart, so meint er, ist die einzige, die den Familienbetrieb auf dem Schloß überhaupt möglich macht. Dazu gehören, das stellt sich erst noch heraus, Knechte, Pächter, Gärtner, Pförtner, Haushälterinnen, Mägde. Den Untergebenen nähert er sich mit leutseliger Herablassung: »Jedermann, auch der Schulknabe grüßte mich gleich von Anfang an, jetzt aber laufe ich ihnen den Rang ab und grüße feste zuerst. Den Hut gelüftet und ein ›grüß Sie‹, was gewöhnlich wie Grütze klingt, ist hier Sitte.«[11]

Zur Bewirtschaftung der Äcker und Weinberge holt sich Friedrich Wilhelm Wedekind billige Arbeitskräfte unter den Gefangenen der kantonalen Strafanstalt außerhalb des Städtchens. Frank Wedekind wird das eindrucksvolle Motiv des Vaters mit den Sträflingen in seiner Erzählung *Der Brand von Egliswyl* verwenden. Als dieser alt wird, übermannt ihn der Überdruß. Am 3. Januar 1884 schreibt er an seinen Bruder Theodor:

»Seitdem ich vor einem Jahr meine Bauplätze in San Francisco verkauft habe, ist mein einziges Dichten und Trachten nur darauf gerichtet auch mein hiesiges Eigenthum zu verkaufen und zwar aus vielen Gründen. Einmal werde ich nachgerade zu alt, um tagtäglich und namentlich wenn ich wieder von Zürich oder sonstwo heimkomme, den Berg zu ersteigen und bin also gezwungen, fast immer hier oben zu hocken; sodann kommen die Kinder nach und nach alle von Haus weg, so daß meine Frau und ich schließlich allein hier oben übrig bleiben, in einer Stadt könnte ich sie länger bei mir behalten; ferner fehlen mir hier alle geistigen Genüsse, Concerte,

Theater, Vorlesungen; weiter, je kleiner die Familie wird, desto überflüssiger werden die vielen Räume; weiter ist mir der Gutsbetrieb verleidet, weil in Folge der naßkalten Sommer und Erdabschwemmung ich schon seit 5 Jahren auf den Rebenbau darauf zahlen muß; weiter, weil ich Steuer bezahlen muß, ohne ein Äquivalent dafür zu haben, weder Straßenreparatur, Wasserversorgung, Beleuchtung, noch Polizei; noch weiter wegen mancherlei Chicanen seitens der Gemeindebehörden und endlich, weil ich selber doch noch besser zu verkaufen hoffe, als es meine Erben etwa bei einem eiligen Verkauf zu thun vermögen würden.«[12]

Die erwähnten »Chicanen« von seiten der Lenzburger Stadtbehörden ziehen sich wie ein roter Faden durch das Leben der Familie, eine Folge traditioneller lenzburgischer Xenophobie zwischen dem Städtchen und den fremden Schloßbewohnern. Wer das Schloß besitzt, ist der fremde Feudalherr, so ist es in Lenzburg immer schon gewesen. Bei einem Schloßherrn, der wie Friedrich Wilhelm Wedekind seine herrische Überlegenheit hemmungslos herausstreicht, reagiert das durchaus demokratisch funktionierende Gemeindewesen oppositionell. Zweimal in seinem Leben hat Friedrich Wilhelm Wedekind grundlegende Überzeugungen preisgegeben, beide Male in ungewohnter Umgebung und unter dem Druck ungewöhnlicher Verhältnisse: bei seiner Brautwahl und beim Schloßkauf. In beiden Fällen läßt er sich im Augenblick der Entscheidung von einem Gefühl leiten, das der rationalen Selbstrechtfertigung widerspricht und die geheimen Sehnsüchte dieses Mannes aufdeckt. Es besteht kein Zweifel, daß Friedrich Wilhelm Wedekind dieses Schloß als ebenso unwiderstehliches und unabdingbares Ingredienz seines Selbstwertgefühls begehrt, wie ehedem die schöne Frau. Es sind Trophäen, denen bedenkenlos Prinzipien geopfert werden. Diesmal geht es um die Tragfähigkeit von Wedekinds demokratischen Überzeugungen. Friedrich Wilhelm Wedekind hat nie begriffen, daß dem Rittergutsbesitz, der in Ostpreußen, Pommern und Mecklenburg der dort herrschenden feudalistischen Sozialstruktur entspricht, in der Schweiz und zumal im Aargau das Odium des fremdherrschaftlichen Vogttums und des feudalen Müßiggangs anhaftet.

Seit 1442 haben bernische Landvögte auf Schloß Lenzburg gehaust, die Steuern eingetrieben, Truppen ausgehoben, den Stab über kleine und große Schelme gebrochen und die Behörden der Stadt kontrolliert, bis die Heere der Französischen Revolution Berns patrizische Herrschaft über den Aargau wegfegten und den Weg zur modernen republikanischen Verwaltung bereiteten. Zurückgeblieben sind der große Bär, der auf der Schloßmauer an die vierhundertjährige Oberhoheit der Vögte erinnert, und eine ungeschriebene Regel: Wer immer auf dem Schloß wohnt, kommt von außen und bleibt als »Ausburger« außerhalb der alten städtischen Kernbevölkerung. Wäre es wirklich Friedrich Wilhelm Wedekinds Absicht gewesen, seine Kinder zu jungen Republikanern heranwachsen zu sehen, er hätte ihnen keine ungeeignetere Ausgangslage schaffen können.

Franklin Wedekinds Reaktion auf den Vater ist nur einer, wenn auch vielleicht der wichtigste Impuls für sein frühes Schaffen. Dazu kommen die Erfahrungen außerhalb der hermetischen Vaterburg. Vater und Mutter, Schloß und Städtchen bilden einen Widerstand, der den angehenden Dichter zu höchsten Anstrengungen des Andersseins zwingt. Diese Burg, dieses Leben, diese Familie, diese Traditionen leiten eine Radikalität der Ablösung ein, der sich die Qualität von Frank Wedekinds Dichtung verdankt. Die lächerliche Überhöhung dieser historisierenden Lebensform erzwingt eine absolut eindeutige Unabhängigkeitserklärung. Hier, im väterlichen Monument der Rechtschaffenheit, im Muff der Ritterburg, unter den Spinnweben des Mittelalters und im Dunstkreis einer schweizerischen Kleinstadt schafft er sein rebellisches Gegenmodell, das von der Befreiung des Menschen aus der Befangenheit in seinem musealen Bewußtsein handelt. In Lenzburg, auf der Lenzburg, entsteht ein Kapitel der Moderne.

Lenzburg als geistige Lebensform?
Zwischenbetrachtung

Schwarze Röcke, seidne Strümpfe,
Weiße, höfliche Manschetten,
Sanfte Reden, Embrassieren –
Ach, wenn sie nur Herzen hätten!

Herzen in der Brust und Liebe,
Warme Liebe in den Herzen –
Ach, mich tötet ihr Gesinge
Von erlognen Liebesschmerzen.

Auf die Berge will ich steigen,
Wo die frommen Hütten stehen,
Wo die Brust sich frei erschließet,
Und die freien Lüfte wehen.

Auf die Berge will ich steigen,
Wo die dunkeln Tannen ragen,
Bäche rauschen, Vögel singen,
Und die stolzen Wolken jagen.

Lebet wohl, ihr glatten Säle!
Glatte Herren! Glatte Frauen!
Auf die Berge will ich steigen,
Lachend auf euch niederschauen.

Heine

Folgt man nochmals dem stolzen Blick Friedrich Wilhelm Wedekinds in die Täler um das Schloß herum, so fallen die vielen Zeichen auf, die den emsigen Aufbruch in die »Neuzeit« verkünden, hier durch den epochalen Bau der Eisenbahnlinie angedeutet, der Lenzburg mit dem Schienenweg durch den Gotthard – der technologischen Spitzenleistung dieser Jahre – und damit mit der Welt verbinden soll. Doch der Schein trügt. Lenzburg lebt zu diesem Zeitpunkt in wirtschaftlicher Bedrängnis. Die schönen Villen der Baumwollfabrikanten stammen aus dem vergangenen Jahrhundert. Damals, in den letzten Jahren des *Ancien régime*, ermöglichte eine ungestüme Nachfrage nach Textilien den raschen Reichtum einiger frühkapitalistischer Baumwollverleger, allen voran der Familie Hünerwadel, die sich in Lenzburg prächtige Häuser erbauen ließ und 1815 schließlich das Schlößchen Brunegg erwarb, um das Prestige der Familie zu festigen. In Lenzburg entstand so etwas wie ein kleinstädtisches Patriziat der wohlhabenden Baumwollfabrikanten, die, allesamt Anhänger der bernischen Vorherrschaft, die gehobenen Umgangsformen und das soziale Gehabe der Berner Aristokratie nachahmten.

Doch seit der Französischen Revolution und dem Ende der Berner Herrschaft über den Aargau hat sich die Lage von Lenzburgs führenden Familien stark verändert. Der östliche Teil des neugegründeten Kantons Aargau, zu dem Lenzburg gehört, gerät immer mehr in den Bannkreis des Machtzentrums des neuen schweizerischen Bundesstaates, der rasch aufstrebenden Industrie- und Bankenstadt Zürich. Dort herrschen der »Eisenbahnkönig« Alfred Escher und andere Unternehmer, die in hartem und rücksichtslosem Erfolgsstreben den Bau des schweizerischen Schienennetzes vorantreiben, durch ihre gewagten Spekulationen aber auch viele Geldgeber ruinieren. Lenzburg gehört zu den Verlierern im Pokern um die Linienführung der Gotthardbahn.[1] Viele seiner ehemals wohlhabenden Familien sind inzwischen verarmt; das hat auch biologische Gründe: Eine Reihe von Familienoberhäuptern und Stammhaltern stirbt in den besten Jahren. In den schmucken Bürgerhäusern wohnen zu Franklin Wedekinds Jugendzeit verschiedene einsame alternde Frauen. Die Sitte der Epoche fordert, daß sie keine weitere Ehe eingehen.[2] Das Villenquartier am Fuße des Schloßhügels, in dem die Familie Wedekind Standesgenossen und auch weitläufige Verwandte findet, wird noch heute die »Witwenvorstadt« genannt.

Noch bei Gottfried Keller ist die Aufbruchsstimmung der Gründerzeit – allerdings vor dem *Martin Salander* – mit einem frohgemuten Glauben an Aufstieg und Fortschritt im Geiste der siegreichen liberalen Staatsgründung verbunden. Demgegenüber bilden die Lauen, Borniertern und Faulen, die diese Pionierstimmung verschlafen, den Gegenstand seines Spotts. Für sie prägt er seinen dichterischen Begriff des kleinstädtischen Kleinbürgertums. Die Lenzburger empfinden sich zu dieser Zeit, nicht ohne eine gewisse Selbstironie, als Seldwyler. Und auch Franklin Wedekind hat Keller im Ohr, wenn er in einem Brief an Bertha Jahn vom 6. November 1884 »auch Lenzburg, das süße, sonnige Städtchen« grüßen läßt. In der Einleitung zu Kellers *Die Leute von Seldwyla* ist zu lesen:

»Seldwyla bedeutet nach der alten Sprache einen wonnigen und sonnigen Ort, und so ist auch in der Tat die kleine Stadt dieses Namens gelegen irgendwo in der Schweiz. Sie steckt noch in den gleichen alten Ringmauern und Türmen wie vor dreihundert Jahren und ist also immer das gleiche Nest; die ursprünglich tiefe Absicht dieser Anlage wird durch den Umstand erhärtet, daß die Gründer der Stadt dieselbe eine gute halbe Stunde von einem schiffbaren Flusse angepflanzt, zum deutlichen Zeichen, daß nichts daraus werden solle. Aber schön ist sie gelegen, mitten in grünen Bergen, die nach der Mittagsseite zu offen sind, so daß wohl die Sonne herein kann, aber kein rauhes Lüftchen. Deswegen gedeiht auch ein ziemlich guter Wein rings um die alte Stadtmauer, während höher hinauf an den Bergen unabsehbare Waldungen sich hinziehen, welche das Vermögen der Stadt ausmachen; denn dies ist das Wahrzeichen und sonderbare Schicksal derselben, daß die Gemeinde reich und die Bürgerschaft arm, und zwar so, daß kein Mensch zu Seldwyla etwas hat und niemand weiß, wovon sie seit Jahrhunderten eigentlich leben. Und sie leben sehr lustig und guter Dinge, halten die Gemütlichkeit für ihre besondere Kunst, und wenn sie irgendwo hinkommen, wo man anderes Holz brennt, so kritisieren sie zuerst die dortige Gemütlichkeit und meinen, ihnen tue es doch niemand zuvor in dieser Hantierung [. . .] Je weniger aber ein Seldwyler zu Hause was taugt, um so besser hält er sich sonderbarerweise, wenn er ausrückt, und ob sie einzeln oder in Kompanie ausziehen, wie zum Beispiel in früheren Kriegen, so haben sie sich doch immer gut gehalten. Auch als Spekulant und Geschäftsmann hat schon mancher sich rüstig umgetan, wenn er nur erst aus dem warmen und sonnigen Tal herauskam, wo er nicht gedieh.«

Es wäre verlockend, in Kellers Modell »Seldwyla« Wedekinds Lenzburg erkennen zu wollen, zumal Kellers Beschreibung bis in die kleinsten Details mit den äußeren Gegebenheiten Lenzburgs übereinstimmt. Doch so einfach und problemlos geht die Gleichung nicht auf. Adolf Muschg hat gewarnt, daß »kein literarischer Ort vom zitierenden Volksmund gründlicher mißdeutet worden« sei.[3] Seldwyla bleibt nicht Idylle, sondern verwandelt sich in das »Münsterberg« des *Martin Salander*: »In Münsterberg ist Seldwyla universell geworden, zum Prinzip einer Epoche arriviert und heruntergekommen.«[4]

Das könnte auch für Lenzburg im beginnenden Eisenbahn-Zeitalter zutreffen.

Doch schon ein kurzer Vergleich von Kellers und Wedekinds Lebensumständen macht eine simple Übertragung der »Seldwyla«-Formel vom Werk des einen Dichters auf das des anderen unmöglich.[5] Anders als Keller ist Wedekind nicht in die ökonomischen, politischen und kulturellen Verhältnisse der seldwylischen Kleinstädterei eingebunden. Der großbürgerliche Sohn eines wohlhabenden deutsch-amerikanischen Schloßbesitzers lebt buchstäblich über dem Kleinstadtmief, mit dem sich sein älterer Zeitgenosse Keller als möglicher Lebensform noch engagiert beschäftigt. Dennoch – und hier ist eine wichtige Parallele zu Kellers dichterischer Verarbeitung der Kleinstädterei zu erkennen – wittert auch Wedekind im Leben kleinstädtischer Menschen nicht nur das Lächerlich-Unzureichende und die harmlose Selbstgenügsamkeit einer Idylle, sondern das Bedrohliche und Zerstörerische einer Lebensform, die jede andere Wirklichkeit als die eigene, festgefügte mit allen Machtmitteln des lokalen Gemeinwesens zu verhindern weiß. Die Kleinstadt ist auch ein sozialer Glaubensakt, der sich trefflich mit den äußeren Attributen technologischen und wirtschaftlichen Fortschritts verbinden läßt, wie Kellers Nachfolgestadt »Münsterberg« deutlich zeigt, nicht aber mit dem geistigen Begriff der Moderne, wenn man diese im Sinne Kants als einen Akt der Aufklärung auffaßt, als Befreiung des Menschen aus seiner selbstverschuldeten Unmündigkeit. Die Kleinstadt erzwingt die bedingungslose Unterordnung individueller Emanzipationsversuche unter die Bindung an ein herkömmliches, von der Gemeinschaft definiertes und verbindliches Maß, das Keller in seiner »Seldwyla«-Definition mit dem absoluten Mittelmaß gleichsetzt. Daran leiden kann nur einer, der – wie Keller – diese Gemeinschaft als die eigene erkennt und sich mit ihr auseinandersetzt, indem er sie schreibend transzendiert und dadurch den notwendigen Abstand schafft.

Seldwyla ist »abgelegen«, auch wenn im Zeitalter der Eisenbahnen die Entfernung zum nächsten schiffbaren Fluß keine Rolle mehr spielt. Seine Distanz von der Welt ist nicht geographisch, sondern geistig, im Sinne der mangelnden Bereitschaft, sich mit anderen Orten und Verhältnissen zu vergleichen. An diesem Punkt muß die Parallele zwischen Wedekinds Lenzburg und Kellers »Seldwyla« nicht mehr stimmen. Es sollte indessen betont werden, daß der schweizerische Kleinstadtbegriff, der sich als literarisches Modell der Provinz vom deutschen »Schilda« erheblich unterscheidet, die Vorstellungswelt des jungen Franklin Wedekind entscheidend geprägt hat. »Das Besondere, die Würde des Provinziellen«, so sieht es Hans Magnus Enzensberger, »wird aus seiner reaktionären Verklemmung, aus der bornierten Bodenständigkeit des Heimatmuseums erlöst und tritt in seine Rechte ein. Es verschwindet nicht aus dem Allgemeinen der poetischen Weltsprache, sondern es macht deren Vitalität erst aus.«[6] Poetisch überhöht finden sich Lenzburg und seine Menschen im Werk Wedekinds wieder. Man muß sie nur erkennen wollen.

Als »Schloßjunker« hat Franklin Wedekind die Norm des Kleinstadtdaseins symbolisch bereits überschritten. In dieser betonten Sonderstellung, die den Lenzburgern jedoch vertraut ist, geht er eine Symbiose mit dem Kleinstadtleben ein. Das Traditionsbewußtsein seiner alltäglichen Umgebung verbindet sich innig mit dem Fremden: Das ist er selber. Diese Konstellation hat er von Anfang an begriffen und nichts getan, um sie zu ändern. Bereits hier liegt der Ansatz seiner Dichtung, nicht erst bei den späteren Großstadterfahrungen. Lenzburg ist nur eine, aber eine sehr wichtige, Antithese zu seiner persönlichen Ausformung von Modernität.

Auch München erfüllt später diese Funktion, wenn auch in anderem Maß und in einem komplexeren Sinn.

In Lenzburg ist er in einer Burg festgesetzt, deren Mauern ihn durch den Willen des Vaters einbehalten. Erst nach dessen Tod lassen sich die Mauern schleifen. Fortan wählt Franklin Wedekind als Metapher seines häuslichen und künstlerischen Daseins das Zirkuszelt: Er ist ein unsteter Dichter, ein Dichter der Bewegung, ein Gratwanderer. Er kennt keine Bleibe; er nutzt die Orte ab und muß nach einer Weile die Zelte abbrechen. Kein Wunder, daß die Zirkuswelt, die er bis in die Intimsphäre seiner letzten Münchener Wohnung hineingetragen hat, zu seinen wichtigsten Modellen gehört.

Es wäre jedoch falsch zu behaupten, daß Lenzburg im künstlerischen Schaffen Franklin Wedekinds ein austauschbares Versatzstück sei. Das Schloß in der Schweiz ist der Ort in seinem Leben, wo er sich am längsten ununterbrochen aufhält. Lenzburg kommt für ihn dem am nächsten, was man gemeinhin als »Heimat« bezeichnet. Er hat die kleine Stadt erlebt, ihren Widerstand gespürt, mit jeder Faser seines Wesens. Gegen ihre strikte Gesetzmäßigkeit und ihre Limitationen hat er den Sprengstoff angesammelt, der schließlich die anarchischen Explosionen seines Dichtertums ermöglicht. Die Regulierung seines Lebenslaufes durch das prinzipientreue Vaterhaus einerseits, durch das ordentliche Gleichmaß der Kleinstadt andererseits sind die ersten Herausforderungen an ihn: *Le besoin de grandeur* als lebenslange Verpflichtung.

Sein Leben läßt sich nicht einbürgern. Spekulationen über sein Zugehörigkeitsgefühl sind müßig. Er ist einer der ersten »vaterlandslosen Gesellen« der modernen Literatur: nicht im politischen Sinne und nur teilweise wegen seiner Ratlosigkeit im Hinblick auf die eigene Staatsangehörigkeit, sondern im Sinne seiner Auffassung der Kunst. Anders als die Realisten, anders vor allem als die Naturalisten, bemüht er sich nicht um die dokumentarische Authentizität des Dargestellten. Seine Motive könnten als willkürlich gelten, wären sie nicht organisch mit seinem Leben verwachsen.

Lenzburg hat auf das Phänomen Wedekind reagiert, indem es

diesen in die Anekdote zu bannen versucht, wie den Teufel in die Flasche. Seine bedrohliche Anwesenheit wird überspielt, indem ihm seine menschlichen Unzulänglichkeiten anhand von biographischen Episoden nachgewiesen werden, *quod erat demonstrandum*. In der Anekdote ist Wedekind nahtlos in das kleinstädtische Selbstverständnis eingegangen, als fremdartiger Dichter zwar, aber doch als leibhaftiger. Man kann sich über seine Streiche amüsieren; auf Flaschen gezogen, scheint er harmlos. Nold Halder, selbst Lenzburger, hat nach der verhängnisvollen Aufteilung des Wedekind-Nachlasses eine Sammlung von Wedekind-Anekdoten mit über hundert Nummern angelegt: So ist der unheimliche heimische Dichter besorgt und aufgehoben, indem er ins Volkstümliche eingeschmolzen wird.[7]

Franklin Wedekind hat an Lenzburg nie gelitten. Er hat es akzeptiert als Gegebenheit seiner Existenz. Doch bereits im Gebrauch der Umgangssprache nimmt er eine bewußte Abgrenzung vor. Als einziger unter seinen Geschwistern spricht er den lokalen Dialekt – immerhin seine Muttersprache, wenn man die Mundart der in Zürich aufgewachsenen Emilie Kammerer bedenkt – nie ohne prononcierten Akzent und fehlerhaft, »makkaronisch«, wie Nold Halder bemerkt, der Franklin Wedekind als Junge noch erlebt hat.[8] Wedekinds frühe Einsicht, nicht nur anders zu sein, sondern dieses Anderssein auch betonen zu müssen, ist die erste Voraussetzung seines Schreibens: eine dramatische Entscheidung für ein Kind unter Kindern, selbstgewählte, aber auch selbstinszenierte Einsamkeit und trotzige Herausforderung.

In der Schweiz erfolgt der soziale Eingliederungsprozeß über den mündlichen Sprachduktus. Im Gegensatz zu anderen europäischen Ländern ist der gesprochene Dialekt in der deutschen Schweiz nicht Identitätsmerkmal der unteren Stände, sondern vielmehr ein allgemeines Erkennungszeichen der Region, eine Art Lackmustest der Zugehörigkeit, der, abgesehen von antrainierten feinen Nuancen in der Aussprache, die nur Eingeweihten erkennbar sind, grundsätzlich für alle Klassen und Bildungsgrade verbindlich ist.

»Das Aargauerdeutsch« war nach Nold Halder »die vertraute

Umgangssprache des angehenden Dichters«; aber »durch den Gebrauch im Elternhaus [bewahrte er] ein fein geschliffenes ›Hannoverisch‹ [...], das die Bewunderung der Mitschüler erweckte. Später scheint sich sein Sinn für den dialektischen Ausdruck verloren zu haben.«[9] Halder, auf Spuren erpicht, die den »blauschwarzen Faden« – die aargauischen Kantonsfarben –, der sich angeblich durch Wedekinds Leben zieht, belegen, übersieht die Doppelbedeutung seiner eigenen Formulierung: Franklin Wedekinds »Sinn für den dialektischen Ausdruck« ist, überspitzt gesagt, gerade bedingt durch seine dialektische Stellung zum Aargauer Dialekt, wenn man diesen als sprachlichen Ausdruck der Alltagsatmosphäre versteht, die ihn umgibt. Peter von Matt hat in seiner Studie über die Literaturgeschichte des menschlichen Gesichts Kafkas »herrische Verweigerung aller demütigen Wirklichkeits-Wiedergabe« als Voraussetzung für dessen radikales Schreiben betont.[10] Für Wedekind ließe sich ähnliches sagen. Doch ist in seinem Fall der Nachweis der Voraussetzungen für seine radikale Schreibweise schwieriger, weil er, diesmal im schärfsten Gegensatz zu Kafka, nicht den vertrauten Gegenstand zum Fremden werden läßt, sondern in den aufgetürmten Trümmerresten überkommener Erkenntnisse und Traditionen, in Zitaten und Montagen und Collagen eine poetische Wahrheit aufblitzen läßt. Franklin Wedekind ist kein Sprachschöpfer, kein radikaler Stilist wie Kafka. Er ist vielmehr leidenschaftlicher Sammler, der alle Stoffe aufliest, so wie sie am Wegrand liegen, unbeachtet, unscheinbar, und sie aufhäuft auf seinem poetischen Trödlerkarren, Erhabenes und Banales, Heiliges und Ordinäres, Sentimentales und Gehobenes, Keusches und Unzüchtiges.

Der zukünftige Theaterautor verfährt im Umgehen mit dem schweizerischen Dialekt wahrhaft dialektisch. Seine »Doppelsprachigkeit« entspricht zunächst der normalen Sprachsituation der Bewohner der Deutschschweiz. Doch der Umstand, daß der Deutschschweizer sich mündlich durchwegs des Dialekts, der »Mundart«, bedient, schriftliche Mitteilungen dagegen grundsätzlich in der Hochsprache, dem »Schriftdeutsch«, erfolgen, verschafft

Wedekind – wie im nächsten Kapitel gezeigt werden wird – einen theatralischen Ausgangspunkt für seine Wirkung als Dichter in der schweizerischen Umgebung. Die mündliche Umgangssprache der Deutschschweiz erträgt kein Pathos. Die Hochsprache, von einem Schweizer gesprochen, stößt auf den Widerstand der Zuhörer: Man wartet auf die falschen Töne. Wedekind überspringt diesen Widerstand mühelos, indem er in dem einen wie dem anderen Idiom überzeugt.

Man muß sich das vorstellen: dieses plötzliche Umkippen, »aus dem Stand«, aus der allgemein vertrauten Umgangssprache in die Hochsprache. Ein Zirkusakt! Der Mann, der nun zierlich und sicher auf dem hohen Seil balanciert, stand eben noch auf der gleichen Ebene wie die Mitbewohner des Städtchens. Jetzt spricht er die Sprache der Klassiker, aber wie verhöhnt sie dieser Mephisto in ihren eigenen Worten!

Der Fundus der hochsprachlichen Traditionen und der festgefügten Syntax bleibt anders als später bei den deutschen Expressionisten, in Wedekinds Sprachgebrauch unangetastet. Seine Dialoge sind von einer muffigen sprachlichen Schulmäßigkeit. Der Riß in der heilen Welt zeigt sich bei der Inkongruenz zwischen der sichtbaren und der gesprochenen Rolle. Wedekinds Rollen sind theatralisch so grandios, weil sie letztendlich unmöglich sind. Die »Kinder« etwa in *Frühlings Erwachen* müßten heute von Sieben- bis Achtjährigen gespielt werden, um die Glaubwürdigkeit ihrer Unschuld »naturalistisch« zu begründen. Bei Wedekind sind sie doppelt so alt und sind immer, damals wie heute, von Erwachsenen gespielt worden: Vor Brecht schon hat Wedekind die Verfremdung auf die Bühne gebracht. Die Schauspieler »verkörpern« nicht die Kinder, sie zeigen lediglich die Rolle auf, die das Spiel von ihnen verlangt.

Wedekind ist ein anthropologischer Dichter, ein Verhaltensforscher. Er gründet seine Logik auf die grundsätzliche Unveränderbarkeit des Menschen unter den verschiedenartigsten Verkleidungen und Masken, auf eine immanente Prädestination, die sich für den modernen Betrachter als eine Art von rituellem Tanz um eine verlorengegangene Sinngebung darstellt. Das ist Drama in seiner elementarsten Form, Theater als Kulthandlung, als Bacchanal des toten Gottes.

Die Geburt des Dramas
aus dem Geiste
der Lyrik

Oben: Lenzburg
mit dem Schloß.
Links: Wochenmarkt
in der Rathausgasse.

Vorige Seite: Franklin
Wedekind (2. Reihe,
2.v.l.) mit seiner Klasse in
der Bezirksschule
Lenzburg, 1872/73.

Das Bezirksschulhaus
in Lenzburg.

Erika Wedekind und Sophie Marti
im Garten von Schloß Lenzburg, 1890.

Donald Wedekind als Seminarist
in Solothurn.

Blanche Zweifel-Gaudard, Franklin Wedekinds »Venus von Lenzburg« (2. v. r.),
als Maria Stuart bei einer Laienaufführung in Lenzburg, 1897.

Maskenfest in Lenzburg, 1865.
Hintere Reihe links: Die Historiendichterin Fanny Oschwald-Ringier.

Oben: Erika Wedekind
(4.v.l.) als Stauffacherin
in einer Aufführung des
»Wilhelm Tell«.
Lenzburg, 1903.
Rechts: Jugendfest
in Lenzburg.

Das Gedicht »Apokalypse«, das später unter dem Titel »Selbstzersetzung« in »Die vier Jahreszeiten« erschien. (Vgl. S. 181)

Kinderspiele mit Sophie Marti

Schluß

Ich wußte ehmals nichts davon,
Bin unschuldsvoll gewesen,
Bis daß ich Wielands Oberon
Und Heines Gedichte gelesen. –

Die haben sodann im Lauf der Zeit
Mein bißchen Tugend bemeistert.
Ich träumte von himmlischer Seligkeit
Und ward zum Dichten begeistert.

Auch fand ich, das Dichten sei keine Kunst,
Man müßt es nur einmal gewohnt sein. –
Ich sang von feuriger Liebesbrunst,
Von Rosenknospen und Mondschein;

Besang der Sonne strahlendes Licht. –
Viel Schönes ist mir gelungen.
Jeweilen mit dem schönsten Gedicht
Hab ich mich selber besungen.

Und folgte treu der gegebenen Spur
Auf meine Muster gestützet;
Schrieb viele Bogen Makulatur. –
Wer weiß, zu was sie noch nützet? –

Und wenn das Dichten so weiter geht,
So darf ich im Tode behaupten:
»Am Ende war ich doch ein Poet,
Obwohl es die wenigsten glaubten.«

Wedekind

Über die ersten Schuljahre des Kindes Franklin wissen wir so gut wie nichts. In Hannover besuchte er 1871/72 noch die 3. Klasse der Elementarschule. Es existiert ein Zeugnis davon. 1872/73 ging er in Lenzburg ebenfalls in die Elementarschule und wechselte 1873/74 bereits in die 2.

Klasse der örtlichen Bezirksschule, die sich außerhalb des Stadttors im ehemaligen Hünerwadelschen Handelshaus befindet. Mit der Bezirksschule erfolgte der obligatorische Eintritt in das lenzburgische Kadettenkorps. Ab 1879 fuhr Franklin täglich mit der Eisenbahn nach Aarau, um dort die aargauische Kantonsschule zu besuchen, die er im Frühjahr 1884 mit dem Abitur verließ.

Wann tritt Franklin in das Bewußtsein seiner Umwelt ein? Die Antwort ist, daß die Zeitgenossen, die sich erinnern und ihre Erinnerungen aufgezeichnet haben, den Knaben von Anfang an mit theatralischen Auftritten assoziieren. Sobald er sich sprachlich auszudrücken vermag – seit Beginn der Pubertät –, schreibt er schwärmerische Liebesgedichte an jedes weibliche Wesen, das seine Phantasie reizt. Er will sich ausdrücken, will auffallen, und er fällt in seiner Umgebung über alle Maßen auf.

Die Aargauer Mundartdichterin Sophie Haemmerli-Marti (1868–1942) berichtet in ihren Erinnerungen, wie Franklin in kosakenartigem Aufzug mit seinen Brüdern und den jüngeren Geschwistern im Leiterwagen vom Schloßberg ins Städtchen heruntergeprescht kommt – auf dem Rücken des Schloßesels Hannibal:

»Schon in Othmarsingen in der Unterschule gab es einem jedesmal einen Ruck, wenn es vom Außerdorf her hieß: ›Die Schloßesel kommen!‹ Dann rannten wir wie aus dem Rohr geschossen auf die Straße und bestaunten das Märchenfuhrwerk: Armin und Franklin und Willi, alle drei Schloßbuben, gleich gekleidet mit schwarzen Lackstiefeln und ledernen Gürteln über den Leinenkitteln, liefen neben den Eseln her und trieben sie bisweilen mit einer Rute an, wenn sie bockten. Im grünen Leiterwagen hockten Fridi mit den feinen Gesichtszügen und der schöne Donald und manchmal noch die kleine Milli, die uns mit ihrem seidenen Lockenkopf wie ein Engelchen erschien. Aber noch viel schöner schien es uns, wenn die drei großen Wedekindbuben nebeneinander dahergeritten kamen, bolzengerade aufgerichtet, jeder auf seinem grauen Tierchen. Ein Stück weit trabten wir hinter ihnen her, und wenn wir ›Hannibal‹ streicheln durften oder der Mutter Gerstenzucker abbettelten für die beiden Kleinen, so waren wir im siebten Himmel.«[1]

»Die Schloßesel kommen!« *Hannibal ante portas!* Der unwiderstehlich theatralische Auftritt des Wedekind-Kollektivs trägt beides in sich, Farbigkeit und Komik, aber auch Bedrohung: Solch souveräne Abweichung von den alltäglichen Verhaltensmustern, solch ungeniertes Überspielen der Grenzen zwischen Wirklichkeit und Phantasie, solch selbstbewußtes Sich-in-Szene-Setzen sind mitreißend und drohen jene unsichtbare Demarkationslinie aufzulösen, die angelernte Zurückhaltung von der hemmungslosen Hingabe an die Freude scheidet. Man hat in Lenzburg gelernt, sich so zu benehmen, daß man einst etwas Vorzeigbares erreichen wird im Leben. Es gilt streng zu unterscheiden zwischen Nützlichem und Frivolem. Ernst ist das Leben, heiter die Kunst, so hat es schon Schiller formuliert, der hier als erhabener Born säkularer Lebensweisheit verbindlich zitiert wird, und so hat man ihn wenigstens verstanden: daß alles seinen Platz hat, und die Freude den ihren nach Feierabend, als Belohnung für Pflichterfüllung, aber nicht als Ausschweifung. Das Unheimliche ist, daß die circensische Show, die Eselreiter und das Märchenfuhrwerk mit den niedlichen Insassen, die man füttern darf, nicht weiterzieht, sondern in bestürzender Weise in den Alltag hineinragt.

Lenzburg kommt Franklin Wedekinds Hang zu Inszenierungen mit eigenen theatralischen Einfällen und Traditionen entgegen. Im Zentrum des gesellschaftlichen Lebens steht seit jeher das »Jugendfest«, eine Feier, die bis heute jedes Jahr am zweiten Freitag im Juli unter Mitwirkung der gesamten Stadtbevölkerung veranstaltet wird.[2] Die Vermutung ist berechtigt, dieses »Fest der Jugend« habe auf Frank Wedekinds Frühwerk einen bedeutenden Einfluß ausgeübt. Das Lenzburger »Jugendfest« ist eines der wenigen überlebenden wirklichen Volksfeste der Schweiz, bei denen, wie etwa auch bei der berühmteren Basler Fastnacht, das Volksvermögen einen unerwartet spielerischen und phantasievollen Ausdruck findet. Gottfried Keller hat im *Grünen Heinrich* bei der Schilderung des »Fastnachtsspiels« nicht ohne Stolz berichtet, in welch natürlicher Spiellust und Darstellungsfreude die ländlichen Laienschauspieler ihre Rollen ausfüllen, mit Stegreifeinlagen improvisieren, Pausen zur

Ruhe und Pflege des leiblichen Wohls einlegen, die vorliegenden Rollentexte mit Gesang und Tanz anreichern und so, in selbstvergessener Übereinstimmung mit Landschaft, Herkunft und Überlieferung, sich letzten Endes selber darstellen.

Das Lenzburger »Jugendfest«, wohl wie Kellers »Fastnachtsspiel« aus der einstigen katholischen Faschingslust hervorgegangen und in der protestantischen Stadt erst Frühlingsfeier und später allgemeines Volksfest, weist zwei Komponenten auf, eine männliche und eine weibliche, die sich in entsprechenden symbolischen Rollenspielen manifestieren. Dem Umzug der Schuljugend, bei dem die weißgekleideten Mädchen wie kleine Bräute blumenbekränzt einherziehen, folgen die kriegerischen Kampagnen der männlichen Jugend, die als Kadetten in weitausholenden Manövern, in ausgedehnten Schützenlinien, Artillerieduellen und Kavallerieattacken das hüglige Gelände des Stadtbereichs einen glorreichen Heldentag lang gegen das finstere Gelichter der sogenannten Freischaren verteidigen, die von wild kostümierten Piraten über berittene Chinesen bis zu verwegenen Kosaken das ganze Spektrum des Fremden und Bedrohlichen beinhalten, das es am Einbruch ins Einheimisch-Vertraute zu hindern gilt. Die Schlacht, deren Ausgang natürlich seit je feststeht, löst sich in ein allgemeines Versöhnungsfest mit Gesängen, Festessen und Tanz auf. Dies ist eine Traditionswelt, die in sich selber ruht, ohne daß die Gültigkeit ihrer unmißverständlichen Symbolik in Frage gestellt würde. In der spielerischen Mitbeteiligung aller liegt das Quentchen Ironie bereits beschlossen, das nötig ist, um den tieferen Ernst der Sache über Generationen hinweg zu bewahren und zu rechtfertigen.

Das bis heute bestehende, für die männliche Schuljugend bis vor kurzem obligatorische Kadettenkorps[3] nimmt Franklin Wedekind in seine Reihen auf. In einer Epoche, in der die Schweiz als politisches Gebilde eine Abstimmung über die Abschaffung ihrer Armee zustande bringt, ist zu vermuten, daß die Lenzburger Kadetten auch dann noch existierten, wenn es keine Armee mehr gäbe. Wedekind tut alles, um aus der uniformierten Schar herauszustechen, indem er, wie bei allen Angelegenheiten, die kompromißlose Feierlichkeit voraussetzen, den geforderten Ernst mit seinen theatralischen Einsätzen überspielt und ihn damit außer Kraft setzt. Am 5. Juni 1878 wird der Vierzehnjährige zum Kadettenleutnant ernannt, gegen den erbitterten Widerstand des Bezirksschulrektors Thut, der laut Protokoll der »Kadettenkommission« beantragt, seinen Schüler »seines sehr tadelhaften Betragens wegen, womit er den anderen Schülern ein böses Beispiel gebe und deshalb bei ihnen thatsächlich auch als solches gelte, nicht [zu] befördern«.

Sophie Marti ist dabei, als Franklin Wedekind »beim Freischarengefecht auf der Schützenmatte mit seinem Säbel herumfuchtelte wie ein Türkengeneral«. Bei einem anderen Scharmützel läßt er sich, als »Spion« in Frauenkleider gehüllt und auf seinem Esel reitend, gefangennehmen. »Lieutenant« bleibt er indessen nur für zwei Wochen. Dann wird er zum gemeinen Soldaten degradiert. Im Protokoll vom 19. Juni 1878 klagt Rektor Thut: »So hielt er ungehorsamer Weise bei Herrn Steigmeier die Arreststrafen nicht aus und zeigte sich bei anderen Herren Lehrern so liederlich, als unmöglich.« Sophie Martis Erinnerungen deuten an, weshalb die nicht abgesessenen Arreststrafen verhängt worden sind. Wie üblich geht es um harmlose Liebespoesie, die unter den Augen der Lehrer den jeweils auserkorenen Schönen zugeschoben wird. Franklin Wedekind rächt sich, indem er die öffentliche Schande seiner Degradation poetisch verklärt:

> [. . .]
> Leb denn wohl, wir müssen scheiden
> Aber hör, vergiß mich nicht,
> Daß ich später mich kann weiden
> Wieder an dem Angesicht.
> Ach, ich kann nicht höher zielen
> Als nach deinem Herzen hin
> Und es zeigt dein holdes Schielen,
> Daß ich dir auch teuer bin.
> Du hast deine Liebe zu wenig versteckt,
> Weh uns, weh uns, wir sind entdeckt!

Nachts verfolgt man unsre Pfade
Niemals waren wir allein
Ja selbst auf der Promenade
Konnt man nicht beisammen sein.
Öfters lud des Quaders Größe
Ein zu einem Rendez-vous
Doch dann kam Berta, die Böse
Oder der Spion dazu
Und in der Schule ertönt das Gebrumm
Kehr um B..., kehr um...

Mag da kommen, was da wolle
Bleibe liebend und gescheit.
Ob die böse Berta grolle
Ob der Thut zum Himmel schreit
Schenk mir deine holden Blicke,
Denk' an mich von Zeit zu Zeit
Ich auch denk an dich zurücke,
Bleibe liebend und gescheit,
Unser Band, ach man kannt' es
Amantes, Amantes![4]

Auch die Degradation selber nimmt Wedekind zum Anlaß für ein komisches Gedicht, das sich in seinen Schulheften findet und den Titel »Meinem Säbel« trägt:

Herrlich einst in meiner Rechten
Blitztest du und warst mir teuer
Und für's Vaterland zu fechten
Gingen wir vereint ins Feuer.

Aber, ach, so sollt's nicht bleiben
Denn der Neid begann zu brennen
Und in einem großen Schreiben
Wollte man, wir soll'n uns trennen.

Und ein andrer soll dich erben.
Erst durchbohre meine Brust!
Aber – nein – ich könnte sterben
Von dem großen Blutverlust.

Aber scheiden wolln wir nimmer
Wenn man dich auch von mir reißt
Folg den Räubern, aber immer
Bleiben wir vereint im Geist.

In den mondeshellen Nächten
Schleichst du zu mir in mein Schloß
Wieder nun zu meiner Rechten
Wiegst du dich und machst mich groß.

Unter jenen hohen Bäumen
Schauen wir aufs Städtchen nieder
Und aus seinen tiefen Träumen
Wecken wir's durch Galgenlieder.[5]

Sophie Haemmerli-Marti, die diese Gedichte überliefert hat, ist
eine Zeitzeugin besonderer Art. Sie stammt aus dem Nachbardorf
Othmarsingen, wo sich August Strindberg 1886 im Gasthof
»Rössli« niederlassen und vergeblich versuchen wird, die junge
Pädagogin als Hauslehrerin zu gewinnen.[6] Sie wächst mit den
Wedekind-Geschwistern heran und bleibt in einem dauernden
Freundschaftsverhältnis zu Frank Wedekind.

In der glühenden Begeisterung für die Welt der Poesie, in der
Wedekind als vielfach Überlegener sich auskennt und wo er mit
spielerischer Sicherheit Eigenes schafft, fühlt man sich verbunden.
Heiter ist die Kunst; Sophie Marti hat es bei ihren eigenen dichterischen Gehversuchen erfahren. Als Minerva verkleidet, spricht sie
Amor (die Schulfreundin Erika Wedekind) an deren Geburtstag vor
versammeltem Schloßpublikum in selbstgedrechselten Hexametern
an und gewinnt dessen begeisterten Beifall:

Göttlichen Gruß entbietet dem holden Amor Minerva,
Und zum freundlichen Dank, daß stets er bis heut sie verschonet
Mit dem vergifteten Pfeil, der Götter und Menschen verwundet,
Sendet zum heutigen Fest sie dieses kleine Geschenkchen.
Schone auch fürder, o Amor das Herz deiner streitbaren Freundin.
Sende dein tödlich Geschoß nicht hin zu dem göttlichen Busen
Denn ich muß streiten und fechten und bin nicht geschaffen zur
Minne.[7]

Sie überreicht ein Papiermesser als Geburtstagsgabe und begreift lange nicht, warum sich Franklin die Seiten hält vor Lachen. Von nun an ist er ihr gewogen. In ihren unveröffentlichten Erinnerungen erzählt sie von einem romantisch-verliebten Spaziergang mit ihm, der ihn zu dem Sonett veranlaßt habe, das unter dem Titel Sophie Marti in den *Gesammelten Werken* erscheint.

»Wir hatten oben auf dem Schloß, wie jeden Donnerstag wieder, einen jener einzigen Abende verlebt, voll Musik und Gesang und anregender Gespräche, wie sie Mutter Wedekind zu arrangieren wußte. Wie Feuerbälle hatte man sich die Einfälle zugeworfen, Erika, damals noch höhere Tochter und meine Klassengenossin, hatte Schubertlieder gesungen und der junge Lyriker Karl Henckell seine zarten Liebeslieder an die ›Schloßnachtigall‹ vorgetragen. Jetzt wanderten Franklin und ich stille geworden unter dem Februar-Sternenhimmel meiner Heimat zu. Plötzlich flammten auf der Höhe des Maiengrün Fastnachtsfeuer auf, Brunegg und die Gisulafluh antworteten mit leuchtenden Signalen, und rings herum schienen mit den Höhenlichtern alle Geister der Vorzeit lebendig geworden. Wir gingen Hand in Hand und schauten in die Feuergarben . . .

›Glauben Sie an die Unsterblichkeit der Seele?‹, fragte plötzlich mein Begleiter.

›Wie an mein eigenes Leben!‹

›Aber wie können Sie es erklären? Ich verzehre mich um diesen Gedanken wie jene Gluten, und kann ihn doch nicht fassen.‹

›Erklären kann ich's nicht, nur fühlen. Sehen Sie doch die Sterne, wie sie funkeln! Wir wissen ja mit dem Verstand genau, was diese fernen Leuchtkugeln sind, und doch sind wir uns dessen nicht bewußt in den glücklichen Momenten, da wir ihren Einfluß spüren. Etwas uns Wesensverwandtes muß in diesen Welten sein, das uns anzieht – hinaufzieht. Und meine Rose hier: was macht ihren Zauber aus? Wir kennen das Geheimnis nicht, wir ahnen es kaum, wir empfinden es nur. Derselbe Geist lebt in den Sternen wie in den Psalmen, er muß ewig sein, weil er unaufhörlich Neues hervorbringt. Auch wir sind ein Teil von ihm, und auch wir sind ewig.‹

›Geben Sie mir die Rose.‹

Dann verstummten wir ganz und trennten uns vor unserem Garten mit kurzem Gruß.

Die nächste Morgenpost brachte ein Billet von meines Begleiters Hand, ein noch auf dem Rückweg entstandenes Sonett:

> Wohl hegt des Menschen Herz ein heiß Verlangen
> nach einem Glück, das die Natur nicht kennt,
> nach einer Freude, die kein Name nennt,
> nach einem Stern, der noch nicht aufgegangen.
>
> Und ob auch längst schon die Propheten sangen
> daß einst der Tod nur Leib und Seele trennt:
> der Zweifel, der in meinem Innern brennt,
> wird noch verstärkt durch sehnsuchtsschweres Bangen.
>
> Die einzge Bürgschaft für ein ewig Leben
> liegt in der Harmonie, im wahrhaft Schönen,
> in Worten, Formen, Farben und in Tönen.
>
> Wer weiß, ob nicht die hohe Gottheit eben
> sich hiedurch in die Schöpfung ließ verweben,
> durch die Unsterblichkeit der neuen Camoënen.«[8]

Der getragene Ton des Dialogs fällt sofort auf: So spricht man in Lenzburg nicht, wenn man unter sich ist. Was sollen die feierlichgestelzten Formulierungen, das in diesem Zusammenhang preziöse »Sie«? Franklin Wedekind hat auf dieser verbalen Förmlichkeit bestanden. Sie ist Ausdruck seiner bewußten Distanzierung, seiner Unnahbarkeit, die zu seiner Maske gehört und damit zum Freiraum für seine künstlerische Produktion.[9]

Sophie Marti wird zur berufensten und wichtigsten Berichterstatterin von Wedekinds Jugend, wie sie sich in der Optik der Lenzburger Zeitgenossen ausnimmt. Er hat ihr nicht nur ein Gedicht gewidmet, sondern auch mit ihr korrespondiert.

Ein einziger Brief an sie, der vermutlich auf den oben erwähnten Tag Bezug nimmt, hat 1900 den Brand ihres Hauses überstanden, weil er in einem Buch lag und ihre Bibliothek unversehrt blieb. In ihm schreibt der Vierundzwanzigjährige am 23. Januar 1888 aus Zürich, wo er sich als Student mit seinem Freund Karl Henckell aufhält, an die ihn schwärmerisch bewundernde Freundin: »Sehr geehrtes Fräulein

Wenn es Gottes Wille ist, so mag noch ein halbes Jahrhundert an mir vorübergleiten, ich glaube, von den Eindrücken vom vergangenen Samstag wird es keinen Zug in meinem Gedächtnis auszulöschen vermögen. Sie, ein Engel des Himmels und eine irdische Gebieterin in einem der Welt abgelegenen Menschenkreis, Sie, getragen von der Liebe, der Verehrung Aller, die sie eines Blickes, eines Wortes würdigen, Sie, die begeisterte Kämpferin für Licht, für Freiheit, für alles Schöne, das in Ihrem Innern glüht – Sie stehen vor meiner Seele, eine leuchtende Gestalt, zu der das Auge sich nicht zu erheben wagt. In den Staub vor Ihnen niedersinken und anbeten – anbeten –, das wäre ein annähernd richtiger Ausdruck meiner Empfindungen – wenn Sie nicht selber . . ., jetzt möcht ich Sie lachen sehen.

Verzeihen Sie den Erguß! Ich weiß schon, Sie werden an seiner Aufrichtigkeit zweifeln, und zwar deshalb, weil ich ihn in Worte zu kleiden vermochte. Es ist wahr, so etwas läßt sich nicht wiedergeben.

Ich schreibe Ihnen in erster Linie, um Ihnen noch einmal unseren beiderseitigen Dank auszusprechen für die fröhlichsten Stunden, die wir im Bereich Ihres Seins und Wirkens verlebten. Und dabei umfängt mich wiederum der heilige Schauer jener Welt voll stiller Herrlichkeit, voll unbefangener Fröhlichkeit, voll Menschenwürde und unerklärlicher Schönheit. Ich spreche in unserer Beider Namen. Ich weiß, daß Karl meine Gefühle vollkommen theilt. Er spricht wenig; das ist nun so seine Art. Aber er fühlt um so mehr und deswegen möchte ich ihn erdrosseln und möchte die Sterne aus ihren ewigen Bahnen am Firmament reißen, möchte einen leuchtenden Kranz daraus flechten, Ihnen damit die Stirne zu krönen, Sie blutjunge, glückbringende und glückathmende Triumphatrice auf dem Kriegszuge durch's Leben [. . .]«[10]

Wie kommt Franklin Wedekind zu diesem schwärmerischen Ton, der unter den Gymnasiasten und »höheren Töchtern« seiner Umgebung zum preziösen Brief- und Unterhaltungsstil per se geworden ist? Der Einfluß des Wedekindschen Sprachtheaters auf seine schweizerischen Zeitgenossen im engen Lenzburger Kreis muß gewaltig gewesen sein. Im oben zitierten Brief an Sophie Marti läßt sich dies besonders deutlich nachweisen. Der geneigte Leser merkt etwas: Dieser Ton ist spätestens seit den *Leiden des jungen Werther* literarische Maquette. Er steht für eine Art von Inbrunst, die einen Zustand der Ergriffenheit stichwortartig abruft. An der großen Orgel Literatur wird das Register »Empfindsamkeit« gezogen, und der Akkord säuselt wie gehabt. Die Parodie ist so angelegt, daß sie die Briefempfängerin einschließt, aber dergestalt, daß sie sich selber in der zugewiesenen Rolle genießen und gleichzeitig darüber lachen kann, als Werthers Lotte, als Pestalozzis Gertrud, die ihre Kinder lehrt, als anakreontische Idealpädagogin – eine sternenbekränzte Lichtgestalt ohne die geringste Erdenschwere. Das ist ein Albumblatt, aber ein neues, kein abgeschriebenes. Leider hat uns die Empfängerin nicht überliefert, in welchem Buch sie es aufbewahrte.

Für eine junge Frau ihrer Generation ist Sophie Marti bemerkenswert gebildet. Sie stammt aus einem Elternhaus mit einer Lesekultur und einer substantiellen Bibliothek. Ihre Freundschaft mit Franklin Wedekind vermittelt ihr den Zugang zu dessen neuesten literarischen Entdeckungen:

»Keine Luxusausgabe konnte mir später die schlichten roten Reklambände [!] ersetzen, in denen, stets mit einer hübschen Widmung von Franklins Hand versehen, Epiktet, Ibsen, Turgenjeff [!], Schopenhauer, Tolstoi, Petöfi den Weg in mein stilles Dorf fanden. Meines Vaters Bibliothek enthielt neben den deutschen und französischen Klassikern, der Bibel, dem Homer von Voß und den Gessneridyllen noch den heimischen Gotthelf und die handlichen Bändchen Heinrich Zschokkes – jetzt wurden Nächte durchgewacht über *Nora, Anna Karenina,* der *Auferstehung* und den aufwühlenden Problemen von *Väter und Söhne.* Für den im schöngeistigen Milieu seines Schlosses aufgewachsenen Sprossen eines alten Geschlechtes, der sich in endlosen Gesprächen mit der, seine Familie oft besuchenden Freundin Eduards von Hartmanns, Frau Sophie [sic!] Plümacher, an die schwierigsten Probleme wagte, mußte es einen besonderen Reiz haben, in unser einfaches Bauernhaus zu treten und sich meiner ›Erziehung‹ anzunehmen. Alle Zweifel, Glaubens- und Weltanschauungsqualen durfte ich vorbringen und war sicher, immer Teilnahme und Trost zu finden.

Denn wir standen in jenen Jahren in ganz eigenen, selten zarten seelischen Beziehungen zu einander. Etwas Scheues, Unausgesprochenes ließ unser Gefühl eine gewisse sichere Grenze nie übertreten, und vielleicht gerade deshalb blieb ihm stets etwas unvergänglich Schönes erhalten, so daß jedes zufällige Wiedersehn nach jahrelanger Unterbrechung eine herzliche Freude war und irgend ein gemeinsames Jugenderlebnis einen Augenblick aufleuchten ließ.«[11]

Sie kommt für sich indessen zu völlig anderen Ergebnissen als der Freund. Die große Weltliteratur, Ibsen, Tolstoi, Turgenjew, sind für sie fremdartige Stoffe und »aufwühlende Probleme«. Indem sie ihnen Exotik bescheinigt, integriert sie sie in ihre eigenen poetischen Vorstellungen ohne Sensorium für das radikal Neue, das sie ankündigen. Sie will bei ihren eigenen Stoffen bleiben. Nichts soll ihre Kreise stören. Wedekind will vermitteln. Sie berichtet, wie er sich als Lehrer förmlich aufdrängt, jedoch keineswegs als Zuträger von Literatur, sondern als Pädagoge besonderer Art:

»Daneben hatte Franklin von klein auf das Zeug zum Schulmeister, das erfuhr ich mehr als einmal an mir selber. Nicht nur, weil er rundum am besten reden konnte und es ihm nicht wohl war, wenn nicht alle Augen glänzten um ihn her, er bewarb sich geradezu darum, den Schutzengel spielen zu dürfen. Ja es schien mir manchmal, es bereite ihm ein diebisches Vergnügen, die Leute durcheinander und dann wieder ins richtige Gleis zu bringen, so wie es einen hin und wieder gelüstet, in einem Ameisenhaufen zu stochern und zuzuschauen, wie alles wieder in Ordnung kommt.«[12]

Auch durch eine andere Lenzburgerin, Martha Ringier[13], wissen wir von Wedekinds ersten erzieherischen Versuchen. Seine Schulklasse – das ist das lenzburgische Gemeinwesen. Seine Methode ist sokratisch; sein Rohstoff ist das Wesen des Menschen: In Sophie Martis Bild vom Ameisenhaufen, in dem er stochert, liegt viel Einsicht. Ein anderes Mal nennt sie ihn den Rattenfänger, in Analogie zur Legende von Hameln, einer Kleinstadt – so darf man vermuten – von ähnlicher Beschaffenheit wie Lenzburg. Siebzehn Jahre lang ist Lenzburg verzaubert, lauscht das Städtchen seinen Flötentönen, tanzen die Jungen und die Junggebliebenen nach seiner Pfeife. Franklin Wedekind hat Lenzburg bewegt, beschworen, besprochen. Er erlebt den Triumph des Wortes und dessen Limitationen, die elementare Spielfreude der Menschen und deren Angst vor den Konsequenzen der eigenen Lebenslust. Die Menschen hören die Botschaft wohl, doch ihr Glaube hat andere Voraussetzungen. Dem »Rattenfänger« folgen sie wie in Trance, doch Spiel bleibt Spiel: Sie wissen genau, wo die Traumwelt aufhört und ihre Wirklichkeit anfängt. Franklin Wedekind lernt, indem er lehrt. Das Modell Lenzburg ist eine seiner wichtigsten Lebensschulen, weil sich dieses überschaubare Menschenreservoir von damals rund 2000 Seelen bereden läßt und gleichwohl den Widerstand bildet, den er braucht. Nachdem er das Städtchen verlassen hat, will niemand dabei gewesen sein, obwohl die Zeugnisse überdeutlich sind. Wer will schon zugeben, nach der Pfeife dieses Knaben getanzt zu haben?

Sophie Marti erlebt Franklin Wedekind als aufregendstes Geschehnis ihrer Jugend, als Naturereignis, als meteorhaften Einbruch in ihre Welt. Durch ihre schriftstellerischen Arbeiten wird die

Aargauer Heimatdichterin später zur Stifterin der lokalen Wedekind-Legende und zur Stammutter der Wedekind-Anekdoten. Sie
ist, in Personalunion, die Verkörperung der ordentlichen Gemeinschaft der Lenzburger Kleinstadt, aber auch, durch ihre Begegnung
mit Wedekind und die eigenen literarischen Bemühungen, Vermittlerin einer Ahnung von dichterischen Bereichen, die ihr selbst
verschlossen bleiben. Nicht im Beherrschen des sprachlichen Hand-
werks ist sie ihm unterlegen, wohl aber im Entwerfen einer neuen
dichterischen Wirklichkeit. Sie liebt Metaphern, die sich mit den
satten Bildern ihrer Umgebung assoziieren, Vokabeln aus dem
Urschoß ihrer Muttersprache, letztlich unübersetzbar, exklusiv,
unzweideutig. Alle Erscheinungsformen der Natur sind für ihren
gläubigen Verstand heilsgeschichtlich begründet und damit selbstverständlich, unhinterfragbar. Eine Rose ist für sie eine Rose,
tertium non datur. Ihre Tochter und Biographin, Anna Kelterborn-
Haemmerli, hat ihren geistigen Horizont so umschrieben: »Es kam
hier ein tiefliegender Zusammenhang zwischen dem Wesen der
Mundart, der Welt des Kindes und der Eigenart der Dichterin zum
Ausdruck: Allen dreien ist der abstrakte Gedanke ursprünglich
fremd.«[14]
Am Kriterium der Spielfreude, die ihr Dichtertum mit dem
Wedekinds verbindet, läßt sich zugleich der Gegensatz zwischen
ihrer Geisteshaltung und der des Freundes ablesen: Sophie Martis
mundartliche Poesien beschwören die Permanenz einer bestehenden
Konstellation von Menschen, Landschaft und Glaubensinhalt. Wedekinds poetische Spiele hingegen sind utopisch, antimetaphysisch
und tragen ihren Sinn in sich selbst. Im Gegensatz zu ihm, der über
die ästhetischen Modelle des Idealismus spielerisch verfügt und sie
als reine Strukturen ohne Glaubensinhalt in seine Spiele höherer
Ordnung überführt, nimmt Sophie Marti die ästhetischen Überlieferungen des Idealismus beim Wort. Sie ist sich ihrer Fixierung auf
die Autorität traditioneller Leitbilder und hierarchischer Strukturen
wohl bewußt. Die Beständigkeit der überlieferten Normen und
Werte ist ihr in gleichem Maße eine Tugend, wie sie Franklin
Wedekind eine Not bedeutet. Ihre Sehnsucht nach einer umfassen-

den Synthese, ihr Ideal der Konfliktlosigkeit, verbindet den Affekt gegen alles Komplizierte mit dem Wunsch nach klaren, geordneten und überschaubaren Verhältnissen. Der Preis, den sie als Dichterin dafür bezahlt, ist ein extrem reduziertes Wahrnehmungsvermögen, das eigentliche Stilmerkmal der Heimatschriftsteller. Darin ist sie freilich ebensosehr ein Produkt ihrer Epoche wie ihrer Provinzialität.

»Es war Frank Wedekind, wie ich ihn kannte und erlebte, als man wohl den geborenen Dichter, aber nicht den Schriftsteller in ihm ahnte, als er noch gar nichts vom Weltmann und Schauspieler an sich hatte, als Übermut und Melancholie in seiner Jünglingsseele wechselten und ihn zum Ärger der Philister, zum Liebling der Frauen und zum schwärmerisch geliebten Freund machten«, schreibt Sophie Marti in wehmutsvoller Erinnerung.[15] Sie ist die Sprecherin für die ganze Gemeinschaft, in der Franklin Wedekind heranwächst, die er mit seinen Spielen durcheinanderwirbelt wie der Riese im Märchen und der er schließlich entwächst. Was dann freilich »draußen« geschieht, das kann die Lehrerin Marti sich und ihren Lenzburgern nur in moralischen Kategorien deuten, die, in Anlehnung an religiöse Traditionen, die Lenzburger Jugend zum Paradies schlechthin erklären. Die fremde Großstadt, in der der Jugendfreund sein schockierendes, abstoßendes Wesen treibt, wo er vom heimatlichen »Dichter« zum verrufenen »Schriftsteller« herunterkommt, ist für die Heimatdichterin die Stätte der Verderbnis schlechthin:

»Frank Wedekind war wohl frivol in seinen Worten aber nicht im Grunde seines Herzens. Und die Tendenz der meisten Dramen entsprang nicht sowohl dem leidenschaftlichen Bedürfnis nach Wahrheit bei dem, der selber so gern heuchelte, als der im Laufe eines ungeregelten Kaffeehauslebens erworbenen Perversität des Charakters. Das Leben hat tausend Probleme, ihn interessierte nur eines, das sexuelle, und auch das nur in einer ganz bestimmten krassen Form. Die Tragödie *Frühlings Erwachen* allein, in der Jugend aus heißem Herzen niedergeschrieben, und einige Gedichte sind nach meiner Ansicht Werke von bleibender Daseinsberechtigung, weil sie aus dem innern Drang heraus nicht geschrieben, sondern geboren wurden, weil sie ganze Wahrheit sind und [sein] wollen.«[16]

Frühlings Erwachen als biologischer Prozeß, aus des Dichters Herzblut auf dem Lenzburger Boden geboren! Ein grotekes Mißverständnis, aus dem Bewußtsein des eigenen heilen Dichtertums und aus Mitleid mit dem »gefallenen« Jugendfreund entstanden, dessen Erinnerung Sophie Marti durch ihr eigenes beschwichtigendes Zeugnis mit einem Abglanz des verlorengegangenen Gartens Eden verklären möchte.[17]

Sophie Marti hat ihren eigenen Stellenwert und die eigene Position im Kontext der großen Dichtung, in die sie Franklin Wedekind einführte und die sie, als fremde Größe, durchaus zu bewundern bereit war, nie zu begreifen gelernt. Lenzburg als Nabel der Welt — so hätte sie es zwar nie formuliert. Doch geht aus ihren Betrachtungen hervor, daß Lenzburg ihr als Weltzentrum genügt, gerade weil sie ihre Existenz dort nicht als Zufall, sondern als Fügung versteht und als das Glück an sich. Als sie im Sommer 1889 mit der Freundin Minna von Greyerz zum erstenmal Paris besucht und am *Quatorze Juillet* den Feierlichkeiten zum hundertjährigen Jubiläum der Französischen Revolution beiwohnt, ist ihr einziger Kommentar: »Ganz nett, aber wieter nit.« Die Freundin wundert sich über soviel Blasiertheit.[18] Von Lenzburg aus gesehen sind eben alle Weltstädte abgelegen.

Dichterschulen und Laientheater

Leichentuch auf Feld und Flur
Heiser krächzen die Raben
Alles Leben der Natur
Unterm Schnee begraben.

Eisig pfeift es durch den Wald
Weht aus hohem Norden
Welt, nun bist du bald so kalt
Wie mein Herze worden.

Wedekind

F ranklin Wedekind hat der Stadt seiner Jugend ein poeti-
sches Vermächtnis hinterlassen, eine Unzahl lyrischer Etü-
den, die in verschiedenen Sammlungen zusammengetragen
wurden und später auch – als Originale oder Abschriften –
in Poesiealben, Tagebüchern und Korrespondenzen der Lenzburger
und Aarauer Jugendfreunde wieder auftauchten.[1] Die Anlässe für
die meisten dieser ersten dichterischen Gehversuche Wedekinds
werden sich wohl nie mit letzter Sicherheit eruieren lassen.

Die Gedichte aus Wedekinds Jugendzeit wurden im »Steinbaukasten«, einem hölzernen Behälter aus der frühesten Kindheit, der
noch heute in Aarau zu besichtigen ist, aufbewahrt und gesammelt.
Sophie Marti, die verläßliche Zeugin, weiß schon als Kind um die
Existenz dieser Sammlung:

»Schon früh erfuhr ich, daß Franklins alter Baukasten bis zum
Rand mit Gedichten und Komödienzeug gefüllt war. Ich erinnere
mich gut daran, daß er es in jenen Entwürfen oft mit dem Teufel zu
tun hatte und bald einmal über Faust Bescheid wußte. Einmal war
von einem Nürnberger Krämer die Rede, der sein Gewissen für
einen Geldsack verkauft und später wieder eingetauscht hatte, zuletzt aber dennoch verbrannt worden war. Und in einem anderen
Stück stand, daß nicht auf der Bühne und nicht im Leben draußen,
sondern nur in der Menschenseele die richtigen Lustspiele und

Trauerspiele sich ereigneten, bis sich zuletzt die Gräber öffneten und alles Menschenwerk ein Ende habe.

Ich kann nicht beschreiben, was für einen Stoß mir dies gab, so daß ich es nie mehr vergessen konnte, und daß es mir scheint, daß alles, was später von ›Frank Wedekind‹ zustandegebracht wurde, in seinen Ansätzen bereits im Baukasten vorhanden war.«[2]

In der nachgelassenen »Ode an den Behälter meiner Manuskripte (gewesener Baukasten)«, datiert »April 1878«, auch »Ode an meine philosophische Kiste« genannt, verherrlicht Wedekind dieses Schatzkästchen des lenzburgischen Hausfreunds.[3] Dieser erstaunlich sichere lyrische Wurf des Vierzehnjährigen ist auch eine Art Schlüsselgedicht. Das »ird'sche Grümpel«, das sich in der Lenzburger Jugendzeit und der Gymnasialzeit in Aarau ansammelt, ist ein Hort von Gelegenheitspoesie, aus dem sich der Dichter, auch in späteren Jahren, bedient – daher die »riesenhaften Löcher«. (Es ist zu vermuten, daß der Schüler Wedekind Liebesgedichte auf Vorrat geschrieben und sie bei Bedarf dem Baukasten entnommen hat.) Die Metapher des Kinderbaukastens ist zu beachten: Die Bauklötze, zunächst spielerisch zusammengetragen und aufgeschichtet, werden zu den Grundsteinen für die ernsthaften literarischen Versuche der späteren Jahre. Nicht daß in Wedekinds »Steinbaukasten« eine Art von poetischem Grundriß für einen dichterischen Lebensplan zu erkennen wäre. Die Gedichte, erwartungsgemäß oft kindlich naiv, bisweilen auch kindisch, aber öfter auch über alle Maßen gekonnt, ja raffiniert, erscheinen in zufälliger Sammlung, den Poesiealben junger Mädchen nicht unähnlich (und oft auch für solche bestimmt, wie Sophie Martis eigenes Album und ihre Abschriften aus denjenigen ihrer Freundinnen nachweisen).

Als Dichter ist Wedekind ein frühreifes Wunderkind. Seine Themen hat er bereits in der frühen Jugend gefunden, die poetischen Mittel früh vollendet. Zur Wedekind-Legende gehört die irrige Annahme, der späte Ruhm des Dichters beruhe auf der künstlerischen Reife der Spätwerke. Die literarische Bedeutung dieses sperrigen Klassikers der Moderne hält sich durch die archetypische Elementarkraft einiger seiner Dramen und mancher seiner

Gedichte. Diese sind jedoch fast alle in seiner Jugend konzipiert worden. Sophie Marti ist der Meinung, alle späteren Werke Wedekinds hätten ihren Anfang in diesem »Steinbaukasten« gehabt. Das ist zwar nicht falsch, doch mißdeutet Sophie Marti aus ihrer Sicht die Bedeutung des »Steinbaukastens«, indem sie die darin enthaltenen poetischen Versuche, deren Entstehung sie in der Tat zu einem großen Teil mitverfolgt hat, als die dichterisch wertvollsten einstuft, sie damit teilweise deutlich überschätzt und vor allem ihre Funktion völlig verkennt.[4]

Der unter dem Titel *Die vier Jahreszeiten* herausgegebene Gedichtzyklus enthält viele zum Teil umgeschriebene Texte aus dem Lenzburger Fundus. Im »Baukasten« finden sich in bunter Folge, ohne Anschauung von Motiv und Qualität, holperige Knittelverse, kitschige Genrebilder, wackelige Sonette und dann und wann auch ein lyrisches Gebilde von erstaunlicher sprachlicher Prägnanz und Formsicherheit. Der Gedanke der Montage mag schon früh beim Anlegen dieser Lyriksammlungen eine Rolle gespielt haben, wie denn auch zahlreiche Jugendgedichte, zum Teil in abgewandelter und neuformulierter Gestalt, in seine späteren Stücke eingebaut werden – Brecht hat ihm dieses Vorgehen in der Verwendung seiner »Songs« abgeguckt – und als Stimmungselemente im theatralischen Kalkül eine wichtige Funktion übernehmen. Montiert werden nicht nur lyrische Elemente, sondern auch Alltagssituationen, Erzähltes aus dem Familienbereich, Korrespondenzen, Namen und Episoden aus der Schulzeit, Bilder aus der näheren Umgebung und angelesene oder in Diskussionen erworbene Sprachmodelle philosophisch-weltanschaulicher Observanz. Doch nimmt die Jugendlyrik unter all den Sammelgegenständen, die später in Frank Wedekinds Theaterlaboratorien und Montagewerkstätten ihre Funktion finden, einen besonderen Platz ein, handelt es sich doch um die ersten Versuche des Dichters mit rhythmisch geformter Sprache, ohne die Wedekinds theatralische Sendung nicht nachvollziehbar ist.[5]

Brecht wird später den Begriff des »Gelegenheitsgedichts« prägen als Ausdruck für ein lyrisches Gebilde, in dem sich die historischen Koordinaten von Ort und Zeit dokumentarisch niederschlagen. Auch Frank Wedekind hat das Gelegenheitsgedicht gekannt; für ihn ist jedoch umgekehrt der historische Anlaß nur Vorwand für Formgestaltung und spielerische Anlehnung an bekannte Vorbilder. Der Brechtsche Ausdruck wird gleichsam vorweggenommen in einem Gedicht, das, anläßlich einer Durchsicht der frühen Poeme entstanden, unter dem Titel »Fernsicht« in Sophie Haemmerli-Martis Nachlaß erhalten und unter der Überschrift »Autodafé«[6] in veränderter Fassung in die *Gesammelten Werke* aufgenommen worden ist. Die Urfassung lautet:

> Euch, Kinder der Gelegenheit
> Möcht ich noch stundenlang betrachten.
> Hin fließt die goldne Jugendzeit
> Wie balde werd ich euch verachten.

> Dann folgt ein feierlicher Akt:
> Ein Scheiterhaufen wird errichtet
> Und alles wird darauf gepackt,
> Was ich gesungen und gedichtet.

> Empor zum lichten Ätherraum
> Hebt sich das Flammenspiel des Brandes.
> Ein Todesopfer meinem Traum
> Die Siegesfackel des Verstandes.

Hier ist der ursprüngliche Sinn dieser Gelegenheitspoesie noch klar formuliert: Sie gilt der Ausbildung sprachlicher und formaler Fertigkeiten. Bewußt für den Tag geschrieben – ein künftiges dichterisches Œuvre wird vorerst noch, halb kokett, halb ernsthaft als »Traum« bezeichnet – und kaum über das Handwerkliche hinausgehend, sind diese Frühgedichte Wedekinds lyrische Lockerungsübungen: Es gilt, die Techniken der Lyriker der Goethezeit und der Romantik zu erlernen. Der Griff in den Fundus der großen deutschen Dichtertradition wie in die Klamottenkiste der Parodie erfolgt gleichermaßen aus spielerischen Gründen, und das heißt bei Wedekind von Anfang an: aus dem Blickwinkel einer theatralischen Intention. Die Wahl der Stoffe erscheint willkürlich. Von der pubertären Zote über die an Heine geschulte Satire, den romantischen Wohlklang bis zur Gedankenlyrik liegt in Franklin Wedekinds Hauspostillen alles kunterbunt beisammen. Schon diese kuriose Abfolge läßt erkennen, daß der Dichter keine Auswahl nach den Kriterien von Gelungenem und Mißlungenem im herkömmlichen Sinne trifft.

Jeder Anlaß für diese frühesten Gedichte ist beliebig, als Ausgangspunkt für eine dichterische Übung dennoch unabdingbar, so wie das Sandkorn, um das sich die Perle bildet. Sie bewegen sich locker um nächstliegende Gegenstände wie Naturmotive, junge Mädchen und Gemütszustände. Beachtenswert und für die spätere Entwicklung äußerst wichtig ist die schon in den ersten Dichtversuchen erkennbare Fähigkeit, den eigenen Gefühlshaushalt völlig zu objektivieren. Franklin Wedekind schreibt über seine Gefühle, als lägen sie unter dem Mikroskop zur genauen Betrachtung und Analyse. Die klinische Kälte des Forschers – wir erinnern uns an den denkwürdigen Ausdruck der *froideur du cœur* aus der Lebensgeschichte der Eltern – steht schon dem vierzehnjährigen Bezirksschüler zur Verfügung, ganz im Widerspruch zur Auffassung von Sophie Marti, die diesen Zug am Jugendfreund niemals wahrhaben will, diese große Distanziertheit hinter einer alltäglichen Freundlichkeit und natürlichen Herzlichkeit, die ihn zum parodistisch gewandten, aber schöpferisch mittelmäßigen Lyriker, dagegen zum Dramatiker prädestiniert: Alle großen modernen Dramatiker weisen dieses schon beim jungen Wedekind erkennbare Kalkül, diesen über allem Gemüthaften stehenden zerebralen Humor auf.[7]

In der »Kaltblütigkeit« seiner Lyrik ist Wedekind vor allem Heinrich Heine verpflichtet, dem Verspotter alles Spekulativen und der falschen Empfindsamkeit, den er häufig zitiert und den er schon in frühester Jugend im Tonfall und der spielerischen Ironie so täuschend nachzuahmen versteht, daß verschiedene seiner Gedichte ohne weiteres dem großen Vorbild zugeordnet werden könnten.

»Von Heine las ich [...] wieder verschiedene Sachen, so den

Rabbi von Bacharach, die *Memoiren des Herrn von Schnabelewopsky*, die *Elementargeister* und die *Florentinischen Nächte*. Letztere sind stellenweise geradezu feenhaft. Stimmungsbilder finden sich darin, so weich, so zart, als wären sie aus lauterem Mondschein gewoben. Daß der Dichter auch wieder ›das Liebste zu verhöhnen, sein Lied verführt‹, ist selbstverständlich. Nur schade, daß er so wenig gelesen wird. Ich mache natürlich lebhafte Propaganda für ihn. So gelang es mir erst kürzlich, einen jungen deutschen Apotheker für ihn zu begeistern, der nunmehr allabendlich seiner Prinzipalin, der Frau J[ahn] [. . .] aus den *Reisebildern* vorliest.«[8]

Heine wird für Wedekind zum Maßstab für das »neue Empfinden«, das die Gefühlsinnigkeit der idealistisch-romantischen Tradition ablösen soll. Als gelehriger Schüler versteht er sich auf die Kunst der Parodie und auch, im Hinblick auf Heine selbst, auf die Parodie der Parodie. Im Gedicht »Das Wüstenschiff« wird offensichtlich Heines »Du bist wie eine Blume« verulkt:

> Bist schön wie eine Lilie;
> Ich lieb dich, ich lieb dich,
> Du bist aus guter Familie;
> Ich liebe dich, ach so heiß! [. . .]

Wie Heine demonstriert auch Wedekind nachdrücklich, daß es vom Erhabenen zum Lächerlichen nur ein Schritt ist und daß er diesen Schritt vollziehen will, indem er das scheinbar Erhabene als »den hohlen Götzen der Feierlichkeit« entlarvt, wie er es in den Knittelversen »Rückblick« formuliert.[9]

Ein nachgelassenes Gedicht »Schluß« (vgl. S. 93), mit dem 18. Mai 1885 datiert, zieht in ironischem Ton einen vorläufigen Strich unter das lyrische Frühwerk: »Auch fand ich, das Dichten sei keine Kunst, / Man müßt es nur einmal gewohnt sein. –« Das ist nicht einfach als Scherz gemeint, sondern darf bereits als Signal des Aufbruchs gelten. Die im Bewußtsein der Konstruktion zerbrochene Naivität des jungen Lyrikers sieht sich selber beim Dichten zu, das nicht mehr von der »Einstimmung« und von didaktischen

Überlegungen geleitet wird, sondern die traditionellen Metren, Reime und Metaphern in neue Konstellationen bringt. Dichten ist in dem Augenblick für Wedekind keine »Kunst« mehr, da die Struktur der sprachlichen Form- und Aussagewerte in ihrer Reproduzierbarkeit erkannt wird. Das falsche und das echte Gefühl lassen sich mit denselben Worten aussagen. Das Gedicht, nach dem Vorbild überlieferter Sprachmuster geschrieben, aber im Bewußtsein der Diskrepanz zwischen intuitiven Impulsen und deren sprachlicher Bewältigung entstanden, wird zur Parodie. Als Einheit hat es zumindest für Wedekind seine magische Kraft verloren. Doch als Bausteine einer Bewußtseinscollage haben die »vielen Bogen Makulatur« der Jugendgedichte vielseitig »genützet«.

Aus Korrespondenzen, Zeugnissen und Tagebüchern geht hervor, daß Franklin Wedekind sowohl in Lenzburg als auch in Aarau das Zentrum verschiedener »Dichterschulen« gewesen ist. Seine sprachliche Potenz, sein Reichtum an dichterischen Einfällen, sein Vorsprung in der Lektüre und seine Überlegenheit im hochsprachlichen Ausdrucksvermögen machen ihn zwangsläufig zur Leitgestalt all derer, die dichterisch dilettierend den Drang nach Höherem in sich verspüren und ihm sprachliche Form zu geben versuchen. Dazu kommt der von Sophie Marti geschilderte pädagogische Drang, der sich ja nicht lediglich auf die Vermittlung von Informationen beschränkt, sondern in seiner rattenfängerischen Manie seinen Bewunderern Töne entlockt und die Betroffenen zum Rückschluß auf Talente verführt, deren sie sich bis dahin nicht bewußt gewesen sind. In den Nachlaßpapieren Wedekinds finden sich reihenweise Gedichte von Jugendfreunden und -freundinnen, die er offensichtlich ermutigt hat, sich in der ihnen gemäßen poetischen Form an ihn zu wenden und denen er offenbar auch mit Rat und Kritik beisteht, wenn es um Formfragen geht. Auch ist der Verdacht nicht von der Hand zu weisen, daß er diese dichterischen Bemühungen selber rücksichtslos »ausbeutet«, indem er einzelne Gedichte seiner Freundinnen und Freunde in überarbeiteter Form oder gar in toto als eigenes Machwerk ausgibt.

»Das Dichten war damals Trumpf bei uns wie heutzutage das Kreuzworträtsel, es verstand sich ganz von selbst.«[10] Sophie Marti sieht das poetische Frühlingserwachen der Lenzburger Jugend um 1880 im Rückblick recht prosaisch als zeitgemäßes Hobby. Doch diese »Selbstverständlichkeit« ist nicht einfach mit einem neuen Trend, einem plötzlich populär gewordenen Volkssport gleichzusetzen, sondern sie hängt unmittelbar mit Franklin Wedekinds poetischem Wirken in Lenzburg zusammen.

Der außerordentlich hohe Bekanntheitsgrad und die Verbreitung der Wedekindschen Poeterei unter den Lenzburger Zeitgenossen ist nur möglich dank einer kulturfördernden Infrastruktur, die das Städtchen traditionell pflegt, nämlich ein ungewöhnlich reges Liebhabertheater und verschiedene Musikvereine, deren regelmäßige Aufführungen Lenzburg geprägt haben. Dank seines Vereinscharakters hat das Lenzburger Kulturleben der Nachwelt in Programmen, Rapporten und Sitzungsprotokollen höchst ordentliche Spuren hinterlassen.

Schon die personelle Besetzung bei Aufführungen deutet darauf hin, wie sehr die kulturellen Veranstaltungen vor allem von der gehobenen Bürgerschaft getragen worden sind, zumeist von den Angehörigen der seit dem 18. Jahrhundert wohlhabend gewordenen Kaufmanns- und Beamtenfamilien, deren Namen (Hünerwadel, Zweifel, Jahn, Oschwald, Ringier, Gaudard, Schwarz, Laué, von Greyerz) als Schauspieler und Sänger von Laienaufführungen, Musikveranstaltungen und Abendunterhaltungen immer wieder auf den Personenlisten der Liebhaberaufführungen jener Jahre auftauchen. Diese Stützen der Lenzburger Gesellschaft, vielfach untereinander verschwägert und versippt, führen die stattlichen Häuser am Stadtrand; hier spielt sich das gesellschaftlich-kulturelle Leben ab, an dem die Wedekind-Geschwister regelmäßig teilnehmen.

Das Programm einer musikalischen Abendunterhaltung vom 16. März 1879 dokumentiert den wahrscheinlich frühesten öffentlichen Bühnenauftritt des fünfzehnjährigen Franklin Wedekind: Er spielt den »Amor« in einem humoristischen Stück mit dem Titel *Im Olymp*, einer Farce, in der neben den olympischen Göttern – bei

denen Franklins älterer Bruder Armin als »Morpheus« vertreten ist
– auch »ein Indianerhäuptling«, »zwei Chinesen mit Dolmetsch«,
»ein Eskimo-Weib« und, offenbar als besonders komisch gemeinte
Nummer, »zwei Berliner Socialdemokratinnen« auftreten.[11] Auch
die Mutter Emilie Wedekind-Kammerer kann hier unverhofft ihren
schauspielerischen und musikalischen Neigungen Genüge tun, die
seit den Jahren von San Francisco brachliegen. So weist ein Protokoll
der »28. Generalversammlung des Caecilienvereins« vom 23. Januar 1884 ihre aktive Beteiligung nach. Es geht um Gesangsvor-
träge zur Feier des 400. Geburtstags von Huldrych Zwingli, bei
denen Emilie Wedekind und ihr Sohn Franklin mitsingen.[12]

In Wedekinds fragmentarischer Erzählung »Der Kuß« gibt es
eine Beschreibung der Tätigkeiten des »Caecilien-Vereins«: »Die
feinere Bevölkerung des Städchens pflegte sich auch auf idealeren
Grundlagen als nur auf dem gewachsten Parquet des Ballsaales
Erheiterung zu verschaffen. Wenn der kleine Orchesterverein, unter
dem Patronat der hlg. Caecilia, mit einem gemieteten Chor ein
großes Concert veranstaltete, dann wurde an einem Ende des geräu-
migen Festsaales ein niedriges Podium errichtet. Die Gruppe der
Mitwirkenden konnte darauf bequem Platz finden, ohne daß ein
einziges Mitglied den Augen des kunstsinnigen Auditoriums verborgen geblieben wäre [. . .] dieses Podium war noch durch einen
breiten Vorhang vom übrigen Raum getrennt, wenn der nicht
minder thätige dramatische Verein sich in einem gründlich einstu-
dierten Lust- oder Trauerspiel produzierte. Bei dieser Gelegenheit
war das Haus regelmäßig ausverkauft. Denn für die gute Spießbür-
gergesellschaft vor und hinter der Rampe gab es keine bessere
Gelegenheit, sich für kurze Zeit über die engen Grenzen ihres
Alltagslebens hinweg zu setzen.«[13]

Die städtische Bühne im ersten Stock des Lenzburger Ge-
meindesaals existiert noch heute und ist sorgfältig renoviert worden.
Gespielt wurde vom Kostümklamauk bis zur modernen Wagneroper (!) alles, was der Spielfreude der lenzburgischen Dilettanten ins
Konzept paßte.[14] 1932 gab der Musikverein Lenzburg eine Festschrift zur Feier seines hundertjährigen Bestehens heraus, der zu

entnehmen ist, daß die Lenzburger zu Franklin Wedekinds Zeiten nacheinander Beethovens c-Moll- und B-Dur-Symphonie, Mozarts Requiem, Lortzings *Waffenschmied von Worms* und das Finale aus dem Opernfragment *Loreley* von Mendelssohn zur Aufführung gebracht haben. Im Hinblick auf Wedekinds dichterisches Werk ist die Aufführung des »Frühlings« aus Haydns *Jahreszeiten* erwähnenswert sowie das Auftreten einer einheimischen Solistin namens Klara Hünerwadel, ein Name, der später mit der literarischen Figur der »Musikschülerin Klara Hühnerwadel« [mit »h«] in Wedekinds Drama *Musik* wieder auftauchen wird.[15]

Besonders beliebt und dem damaligen Zeitgeschmack entsprechend waren »Bilder aus der Schweizergeschichte«, historische Festspiele, darunter vor allem das *Lenzburger Festspiel* der Lenzburgerin Fanny Oschwald-Ringier (1840–1918), der späteren Schwiegermutter von Franklin Wedekinds Schwester Erika.[16] Fanny Oschwald-Ringier war nach den Angaben des *Aargauer Dichterbuches* eine »ebenso feinsinnige als temperamentvolle Dichterin«, die »ihre literarische Produktion erst als vierzigjährige Frau und Mutter« begonnen habe.[17] Daß ihr später Durchbruch zur schriftstellerischen Tätigkeit genau in der Zeit von Franklin Wedekinds Lenzburger »Dichterschule« erfolgt ist, dürfte mehr als ein Zufall sein. Nebenbei sei erwähnt, daß sie die jüngere Schwester von dessen »erotischer Tante« Bertha Jahn-Ringier und die Mutter einer weiteren angeschwärmten Jugendliebe gewesen ist, deren Name ebenfalls Fanny lautet.

Die Lenzburger Laienaufführungen laufen nie Gefahr, sich völlig ernst zu nehmen oder sich gar an den Leistungen großer Bühnen zu messen. Dem steht schon die familiäre Vertrautheit aller Beteiligten im Wege, die keine individuellen Höhenflüge ohne das ironische Korrektiv der Gemeinschaft zuläßt. Der Vorwurf der Provinzialität, generell natürlich zutreffend, läßt außer acht, daß die Leistungen dieser kleinstädtischen Dilettantentruppe, die sich selbstgenügsam, aber auch selbstironisch, locker und unverkrampft in dionysischer Spiellust ergeht, einzig aus der Entdeckung der eigenen Spielfreude erwachsen. Franklin Wedekind, dessen tadelloses Bühnendeutsch vom stolzen Vater gerühmt wird[18], hat sich offensichtlich über das dialektgefärbte »Schriftdeutsch« der Lenzburger Laiendarsteller in einem (verschollenen) Brief an Olga Plümacher lustig gemacht. Diese erwidert am 20. Februar 1884:

»Mit deiner Besprechung der Auff.[ührung] des ›Graf Essex‹ hast du mich ganz ›glustig‹ gemacht; ja ich erinnere mich all der Lenzburger Haupthähne noch ganz gut, und macht es mir immer Freude über deren Kunstleistungen etwas zu vernehmen. Ich hatte einmal ein Liebhaber-Theater in Lenzburg gesehen, und da ist mir ebenfalls der fatale Accent der Meisten aufgefallen; aber auch an den hohen Stimmen der Damen habe ich mich gestoßen. Der Lenzburger Aargauer-Dialect bringt eine Stimmbeugung nach der Höhe mit sich, bei Männern u.[nd] Frauen, ganz besonders aber bei diesen bemerklich. Achte nur einmal darauf, sicherlich wirst du herausfinden, was ich meine, was sich aber nur schwer beschreiben läßt.«[19]

Wedekind hat, wie wir wissen, sehr genau darauf geachtet. Sein »Privattozänt« Dr. Hilti, eine derb-komische Figur, die geradewegs von der aargauischen Kleinkunstbühne kommt, spricht, zumindest in der Urfassung der *Büchse der Pandora*, ein – kunstvoll transkribiertes – haarsträubendes »Lenzburger Bühnendeutsch«. Nur ein »Doppelzüngiger« wie Wedekind konnte diese Figur mit solch abgründiger Treffsicherheit zeichnen.[20]

Auf Schloß Lenzburg bildet sich der innerste Kreis, die originale Tafelrunde, die mit dem Wedekindschen Familienbestand und dessen Freunden zusammenfällt. In anakreontischer Geziertheit gibt man sich antikische Namen. Der Kern der ersten Dichterschule, die mehr einem Geheimbund gleicht, besteht aus Franklin (»Zephir«), seinem älteren Bruder Armin (»Boreas«), der Kusine Minna von Greyerz (»Cousine Sturmwind«) und deren Freundinnen Anny Barck (nach Sophie Marti »Glanzpunkt«, in Wedekinds Briefen auch »Fräulein Bundesschwester« genannt) und Marie Gaudard (»Nordpol«). Das Abzeichen ist ein umgedrehter Regenbogen. Die Konstituierung des Vereins mit dem Namen »Fidelitas«

erfolgt, wie aus einem Brief Wedekinds an die »Bundesschwester« Anny Barck hervorgeht, vermutlich am 14. Oktober 1883:

»Ich schulde Ihnen noch meinen Dank für die Bereitwilligkeit, mit der Sie sofort auf den eigenthümlichen Plan eingingen. ›Fidelitas‹ wäre allerdings eine Bezeichnung nach meinem Geschmack. ›Philadelphia‹ kam mir selber etwas zu amerikanisch, zu marktschreierisch vor. Die stille Tiefe der Fidelitas fehlt dem Worte vollständig. Es zeigte sich mir auch hierbei wieder die bedeutende Überlegenheit weiblichen Zartgefühls über alle Gelahrtheit der Männer, sobald es sich um ästhetische Fragen handelt. – Als Bundeszeichen schlägt Sturmwind einen Regenbogen vor, der mich sofort an das Opfer Noahs erinnerte und überhaupt als *Sinnbild des aus trübseliger Wirklichkeit* zum lichten Aetherreiche Poesie emporschmachtendes Geistes gelten könnte. Dabei fällt mir soeben noch der Mondregenbogen aus Schillers Rütli-Scene ein – eine neue Bestätigung der Richtigkeit unseres Zeichens.«[21]

Der Dichterbund verfügt auch über Satzungen, die in Sophie Martis Notizen stichwortartig zusammengefaßt sind:

»*Freundschaft heilige Sache.* Streben nach Wahrheit. Gemeinsamer Haß auf die Sklaverei und Kleinlichkeitskrämerei der Schule. Sehnsucht nach Freiheit, *Natur, Kämpfer für die Größe der*... [?] *Gott, Liebe, Dasein.* Schwanken zwischen Weltverachtung und Genußfreude – Neigung zum Pessimismus. Gemeinsamer Drang nach *Offenbarung der Seele.*«[22]

Die ersten Übungen des Lenzburger Dichterbundes bestehen in rhetorisch-deklamatorischen Exerzitien, vor allem aber im Zitieren erlernter Gedichte, besonders von Balladen.[23] Sophie Marti berichtet von halsbrecherischen Klettertouren auf den Zinnen der Schloßmauern, zu denen Franklin Bürgers *Lenore* vorträgt.[24] Deklamation als Pflichtübung, als Theatralik an sich.

Einmal mehr haben wir es Sophie Marti zu verdanken, daß die poetischen Spuren Franklins Wedekinds im Leben seiner Kusine Minna von Greyerz nicht gänzlich verwischt worden sind: In ihrem unveröffentlichten Nachlaß finden sich nicht nur Abschriften der Briefe Wedekinds an diese[25], sondern auch die Gedichte, die er ihr gewidmet und zum Teil in ihr Poesiealbum geschrieben hat. Das »Prunkstück« darunter ist das mehrseitige Versepos »Eine ästhetische Caffeevisite«, das, »Meiner lieben Kusine *Minna von Greyerz*« gewidmet, wahrscheinlich aus dem Jahr 1883 stammt und Hinweise auf die Anfänge des intensiven poetischen Austauschs zwischen Vetter Franklin und Kusine Minna liefert.[26] Das Epos muß ausführlich zitiert werden, weil es recht eigentlich den Übergang der spielerischen Verskunst des jungen Dichters zum Dramatischen dokumentiert. Die »ästhetische Caffeevisite« ist eine bühnenreife Farce, eine neckische Satire auf die ernsthafte Kunstbeflissenheit der musikalischen Base. Diese wird, allegorisch überhöht, als »schöne Göttin Poesie«, als »die Königin der Jugendjahre« besungen.[27]

»Die Göttin« nimmt die Laute von der Wand und beginnt zu singen. Der Vetter, von ihrem wundersamen Gesang überwältigt, legt seine Feder hin, kocht Kaffee und setzt sich, während sie weitersingt, zu ihr aufs Kanapee.[28]

Als »die Göttin die Sehnsuchtsklänge voll Gefühl in eine lustige Tanzmusik sich wandeln« läßt, erinnert sich der Vetter an seine dürftigen Tanzversuche mit der »Bundesschwester«, Minna von Greyerz' Freundin Anny Barck.[29] Mit einem schrillen Mißklang bricht die »Göttin« ihr Lautenspiel ab und wendet sich dem Kaffee zu. Das dient Vetter Franklin als Vorwand, in seinem Epos mit koketter Virtuosität das Versmaß zu wechseln.[30]

Anlaß zu diesem plötzlichen Stimmungswechsel ist das Ansinnen der Kusine, der junge Dichter möge sich in ihr Poesiealbum eintragen, was diesem die Anregung verschafft, sich spöttisch über diese Institution bürgerlicher Töchter zu verbreiten.[31]

Franklin Wedekind möchte von seiner Kusine wissen, warum sie sich diese poetische Talmisammlung zugelegt habe und erfährt, darin schlage sich der »immer neue und unergründete« menschliche Geist schlechthin nieder. Was ihr aber besonders gefalle, »das ist das ganz Originelle / In dieser Freundschaftspoesie«. Der Vetter ist überwältigt von soviel gelehrter Einsicht.[32] Nach dieser geschraubten Poesiediskussion und Selbstapotheose des Vetters wendet sich die Göttin/Kusine pragmatisch der dampfenden Kaffeetasse zu.[33]

Ein unveröffentlichter, undatierter Brief Wedekinds an seine Kusine aus dem Nachlaß Sophie Martis[34] deutet darauf hin, daß das Gedicht als Kritik an der poetischen Produktion Minna von Greyerz' verstanden werden sollte. Eine Diskussion über »Weltschmerz«, auf die in den letzten Strophen der »ästhetischen Caffeevisite« angespielt wird, scheint der Auslöser dafür gewesen zu sein.[35]

Die Korrespondenz zwischen Wedekind und der in der »ästhetischen Caffeevisite« so herzhaft veräppelten Kusine beginnt mit der Stiftung des Dichterbundes »Fidelitas«. Zunächst werden nur Zettel mit kurzen Nachrichten konspirativer Natur ausgetauscht, dann auch Gedichte. Franklin Wedekind ist es wiederum vor allem um ein Publikum zu tun. Seine lyrischen Versuche, die er an Minna von Greyerz schickt, sind vielfach mit denen identisch, die sich im Nachlaß seines Aarauer Schulfreundes Oskar Schibler finden.[36] Wie dieser läßt sich auch die Kusine kritisch über des Vetters lyrische Produktion aus, und zwar in klapperigen Versen. In einem Gedicht kommentiert sie offensichtlich das Oskar Schibler gewidmete Poem, in dem Wedekind seinerseits dessen Richtspruch über seine Gedichte kritisiert.[37] Im »Mai 1883« erfolgt als »Nachschrift« (die die ungefähre Datierung des ersten Gedichts ermöglicht) eine demütige Zurücknahme der kritischen Herausforderung. In einem Brief vom »Samstag Nachmittag, Juni 1883« bittet die Kusine den Vetter, ihr »drei Knäuel Zwirn« zu besorgen und beantwortet offenbar gleichzeitig eine Aufforderung Wedekinds, in ihrer Kritik an seiner Lyrik spezifischer zu sein.[38]

Zwirn gegen Literaturkritik! Wir können diesem Brief entnehmen, welche Gedichte Franklin Wedekind in diesem Sommer 1883 seinen Freunden zur Prüfung vorgelegt hat. Minna von Greyerz hat alle abgeschrieben und ihrerseits ihr Poesiealbum Sophie Marti zum Kopieren überlassen. Dank dieser »doppelten Buchführung« der beiden Lenzburgerinnen, den auf losen Blättern in Aarau vorhandenen frühen Gedichten, den »Memorabilia 1882–83« und dem Nachlaß Oskar Schiblers ist es möglich, die im Brief genannten Gedichttitel ungefähr zu datieren und die Originalüberschriften der Lyrikproduktion Wedekinds in den Jahren 1882–1884 zu verifizieren.

Am 30. November 1883 schickt er seiner Kusine einen Brief, dem ein Sonett beiliegt, das Blanche Zweifel gewidmet ist. Der Titel des Gedichtes ist hebräisch geschrieben. Minna entziffert ihn naiv und fromm als »Beth zuweilen«.[39] Die in »blanker, unbemäntelter Aufrichtigkeit« formulierte Beichte im nächsten Brief ist leider nicht erhalten, sondern wahrscheinlich von Minna von Greyerz aus Gründen familiärer Diskretion vernichtet worden. Man darf vermuten, daß hier die ersten Hinweise auf die Bekanntschaft und spätere Liaison mit Bertha Jahn erfolgt sind, auf die bereits im »Sonett«-Brief an die Kusine angespielt wird:

»Soll ich Dir noch mehr gestehen? – Nun, warum denn nicht. – Es war besonders das unruhig leuchtende und doch so freundliche Feuer, es waren die wenigen Worte, die mich einen überlegenen Verstand ahnen ließen, was mir solch tiefen Eindruck machte. Wie willkommen war mir doch Mamas Gedanke, ich könnte sie besuchen und mich nach ihrem Befinden erkundigen! Das lebhafte vernünftige Gespräch einer Viertelstunde hätte mich ja für ein halbes Jahr beseligt durch ewig frische Erinnerung. – Ich weiß nun zwar recht wohl, was du denkst beim Lesen dieser Worte.«

Ein Brief an die »Bundesschwester« Anny Barck[40] verstärkt die Vermutung, daß Wedekind mit der Dame »mit dem überlegenen Verstand« die verwitwete Apothekersfrau Jahn meint, die er nach der ersten Bekanntschaft beim Tanzabend im Hause Hünerwadel mit der Mutter, später allein besucht.

Der Vetter ist zu diesem Zeitpunkt gänzlich von Abitursnöten absorbiert und schreibt gleichzeitig, von seinen Mitgymnasiasten zum Festredner auserkoren, den »Prolog« zur Abschlußabendunterhaltung der Aarauer Kantonsschüler. Sophie Marti ist Zeugin dieses Abschiedsfestes von der Schule, das zum ersten öffentlichen Erfolg Franklin Wedekinds wird. Der Aarauer Verleger H. R. Sauerländer bringt den »Prolog«, offenbar auf Wunsch des begeisterten Publikums, in einem Sonderdruck von mehreren hundert Exemplaren heraus. Mit einem persönlichen Brief vom 13. Februar 1884 überreicht der Verleger dem Autor zweihundert Freiexemplare zur Verteilung an »Commilitonen und Freunde«.[41]

In der nun folgenden Prüfungsperiode stockt der Briefverkehr. Erst im April 1884, kurz vor seiner Abreise nach Lausanne, erhält er von Minna von Greyerz ein Abschiedsgedicht mit »Resedablüth' und Epheublättern« zugeschickt. Dann entschwindet er am 1. Mai zusammen mit seinem Bruder Willy vorerst an die Gestade des Genfer Sees. Als er »gegen alle Verabredung« nichts mehr von sich hören läßt, schickt ihm die Kusine im Mai 1884 ein Mahnschreiben, in dem sie um die Zurückgabe einer Fotografie der Fanny Amsler, um eine solche ihres Vetters und um einen Brief bittet, und gleichzeitig mitteilt, sie habe ihrerseits eine Epistel an »unsere große Plümacher« geschrieben: »Das ist wohl eine Unbescheidenheit, ich gebe es zu; allein mich trieb die Lust ausnahmsweise ein Mal an einen großen Geist zu schreiben, und das kann sie mir doch nicht übel nehmen und über diesen, meinen Geschmack wirst Du Dich nicht ärgern wollen, obwohl ich im Febr. oder März auf Deine Worte hin meinen angefangenen Brief an sie wieder vernichtete«.[42]

Nach einigem Geplauder über lokale Geschehnisse besteht die Kusine noch einmal energisch darauf, der Vetter möge ihr »sofort das besprochene Bild ohne weitere Umstände zurückschicken, dernach auch Dein eignes Conterfei, ferner die Einlage für mein Album, ›denn deine Schwüre binden dich . . .‹«.[43]

Bei der Rückgabe der entwendeten und zeichnerisch nachvollzogenen Fotografie der Frau Dr. Fanny Amsler-Laué aus Wildegg legt Franklin Wedekind der Kusine das folgende Gedicht mit dem in griechischen Buchstaben geschriebenen Titel »Fanny Amslers Bild« bei:

O dürft ich dich küssen, geliebtes Bild!
Wie wäre mein heißes Verlangen
Im Strudel der seligsten Wonne gestillt!
Wie würd' ich dich küssen so froh und so wild
Auf deine zart-rosigen Wangen. –

Wir müssen uns trennen; die Zeit ist vorbei,
Da ich, in Gedanken versunken

Zu süßester, täglicher Träumerei
Aus deinen Zügen so schön und so frei
Den Becher der Freude getrunken!

So lebe denn wohl und verrath es nicht,
Daß du meine Liebe gesehen!
Denn was mir aus deinen zwei Augen spricht
Und meine Gefühle so klar und so licht
Wird doch kein dritter verstehen.[44]

Für des Vetters Gier nach Charakterbildern und Klatschgeschichten aus dem Lenzburger Alltag zeigt »Cousine Minna, die geschwätzige Windsbraut«, wie sie in einem Brief an Anny Barck wenig respektvoll genannt wird[45] durchaus Verständnis:

»Man sehnt sich schließlich nach Abwechslung, nach einer leichten Wendung ins Gebiet der Allgemeinheit und Alltäglichkeit (natürlich mit Vorbehalt der Individualität). Enthält nun aber ein Brief bloß solche Schnacken, sei er auch noch so reizvoll ausgeschmückt und mit Humor gewürzt, so entbehren wir doch den Spiegel des inneren Seelenlebens, welches sich eher in Betrachtungen und Reflexionen zeigt als nur im Rapport über äußerliche Wahrnehmungen.«

Dann läßt sie sich ausführlich über die Liebenswürdigkeit jener Blanche Zweifel aus, für die sich Franklin Wedekind momentan interessiert, und zeigt sich gleichzeitig beeindruckt von dessen Schilderung der jungen Engländerinnen in Lausanne: »Ihr seid scheints jetzt auch eifrige Kirchgänger geworden – jedenfalls hast Du an solchen Orten die beste Muße, Studien über Kopfbildung, Haarwuchs, Körpervollendung, Toiletten und Schönheit des Gesamteindruckes zu machen; an reizenden und andern Modellen wird es nicht fehlen [. . .] Richtig, fast hätte ich Deines Gedichts vergessen zu erwähnen. Das ist ja ungemein leidenschaftlich verfaßt, daß man beinah versucht ist, es für Ernst zu nehmen. Es ist nur gut, daß das geliebte Bild in Natur nichts von alledem erfahren hat und dieses Poem mit der für mich allerdings rätselhaften Inschrift in griechischen Buchstaben wohlverwahrt in meiner Geheimmappe bei anderen Schriftstücken, neben Blanches rosenrothem Briefchen ruht.[46] [. . .] Deine Eröffnung von der ehemaligen Hofmacherei zu Fanny überraschte mich sehr, da ich bis dato nichts davon wußte – nun, Du zeigst Geschmack. Es ist so etwas à la Heine, Mozart, Goethe in Dir: Die hatten, meines Wissens, auch große Vorliebe für hübsche Gesichter und löste sich in deren Liebes-Kalender eine Geliebte nach der Andern ab.«[47]

Am 23. Juli 1884 wird Wedekind zwanzig Jahre alt. Die Kusine schickt ihm zum Geburtstag weitere selbstverfaßte »haarsträubende Knittel« – »Verzeih mir nunmehr meine Knittel / Humor erscheint selten und nur ›little‹« – und erhält dafür einen Dankesbrief.[48]

Kurz danach reist sie nach Dresden, um dort ihre musikalischen Talente ausbilden zu lassen. Wedekind schreibt ihr zum Abschied im August 1884 das lange Versepos »Abschiedsklänge«.[49] Damit scheint diese Episode in seinem Leben abgeschlossen. Doch Minna von Greyerz wird noch einmal, diesmal intensiver, intimer und schmerzlicher, Gegenstand seiner »realpsychologischen« Betrachtungen werden.

Lehrerdämmerung

Tugendhelden

Ihr seid die Auserwählten des Herrn
Und habt die Tugend gepachtet.
Das Laster stand euch von jeher fern;
Ihr habt es verdammt und verachtet.

Ihr seid die Auserwählten des Herrn,
Habt keine bösen Gedanken;
Und sündiget ihr auch noch so gern,
Das Gewissen hält euch in Schranken.

Doch, meine Lieben, brüstet euch nicht,
Weil ihr mit Tugend beschenkt seid;
Denn untersucht man dieselbe bei Licht,
So ist es nichts als Beschränktheit.

Wedekind

Die negative Rolle, die der Schule als Institution im Werk Wedekinds zufällt, sollte nicht als Illustration bestimmter lokaler Verhältnisse aufgefaßt, sondern als Ausdruck eines generellen Unbehagens ernstgenommen werden. Die Unzulänglichkeit schulischen Wissens als Lebenshilfe ist für Wedekind nicht regional bedingt, sondern universell und bezieht sich demnach nicht auf die Lehrpläne und das Lehrpersonal aargauischer Mittelschulen. Das genormte Angebot der Fächer und die Qualität der Darbietung entspricht durchaus den damaligen internationalen Normen. Es ist vielmehr der Zeitgeist einer Epoche, der sich in der übermäßigen Betonung der Schule und ihrer Lehrpläne für den *pursuit of happiness* im Sinne des aufstrebenden, auf materiellen wie bildungsmäßigen Gewinn versessenen Bürgertums zu erkennen gibt: Wissen und Macht werden in einen funktionellen Zusammenhang gebracht, indem man in ersterem vor allem das Mittel zu letzterer blickt. Die Schule wird zur Metapher. In ihr begegnen sich die gesellschaftlichen Gegensätze, deren Unversöhnlichkeit über Wedekinds individuelles Schulerlebnis und seine Schülertragödie *Frühlings Erwachen* weit hinausgeht und sein ganzes Leben bestimmt. Dort das beamtete Bürgertum mit dem Monopolanspruch auf Wissen und Können. Hier die wissenshungrigen jungen Menschen, deren Fragen unbeantwortet bleiben und die darüber entweder resignieren oder zu Rebellen werden.

Ein Porträt Wedekinds aus der Aarauer Kantonsschulzeit zeigt ein Gesicht, das viele Jahre älter erscheint als es ist, von einem wilden Bart bis zur Unkenntlichkeit vermummt, auf der Nase einen Zwicker am Band tragend (Abb. S. 185). Ein Dandy, eine Erscheinung, die sich nicht ohne Hochmut auf der unsichtbaren Grenzlinie bewegt, die das Erhabene vom Lächerlichen trennt. Oscar Wilde, ein anderer großer Spötter und Außenseiter, sein Zeitgenosse, wirkt ähnlich auf sein englisches Publikum. Seine Waffe ist der überlegene Witz und die Schockanfälligkeit einer Bürgerlichkeit, die durch die theatralischen Auftritte des Dandy und durch sein skandalöses Verhalten mit der eigenen Unaufrichtigkeit konfrontiert wird. Der Dandy, ein höchst bürgerlicher Bürgerschreck, der *insider* als Außenseiter, eine Zeitbombe im bürgerlichen Salon, läßt sich nur totschweigen oder in der Anekdote kanonisieren – wie bei Sophie Marti:

»Seit Franklin mit seinem Räuberbart und der langen Tabakpfeife samt seinen Vereinsbrüdern gaßauf und -ab zog, hatten sich die Aarauer wieder was zu erzählen. Wie ein richtiger Zigeuner habe er ausgesehen mit seinem verrückten Hafersack unterm Arm und dem Zwicker zuäußerst auf der Nasenspitze, der an seinem schwarzen Band in der Luft herum baumelte. Nach allen Seiten hin spähte und lauschte er, wo es etwas Ungewöhnliches zu vernehmen gebe, und kaum war er am letzten Haus vorbei, so nahm er die Streichhölzer hervor und begann blaue Ringe in die Luft zu blasen. Überall in der Stadt gingen nun Gespenster um. Neben der uniformierten Polizei ging nun noch eine andere um, die niemand angestellt hatte. An den Hauswänden und Gartenzäunen hingen Anschläge, die die Bürger mehr fürchteten als die Pestkrankheit, weil sie einfach nicht mehr aus den Mäulern zu vertreiben waren. Wenn das alte Kutschergut im Behmen abgerissen und durch ein Warenhaus ersetzt wurde, oder wenn etwa im Großratssaal die Verhandlungen in die Länge gezogen wurden wie ein Kuchenteig, so lief es noch glimpflich mit einem saftigen Spruch ab. Aber als einmal bei einem Neubau mitten in der Stadt eine Pfütze so groß wie ein Feuerwehrweiher die Häuser widerspiegelte, kam Franklin ein neuer Streich in den Sinn. Die ganze ›Industria‹ mußte in der Nacht zum Sonntag auf die Beine und lebende Frösche suchen. Als die Leute am Sonntagmorgen ob der Froschmusik erwachten, gab es dann einen ganz anderen Lärm! Erwischt wurde aber kein einziger, die Kerle hielten zusammen zäher als Geigenharz. Ein anderes Male zogen sie die halbe Nacht auf der Gasse umher, um allen hübschen Professorentöchtern ein Ständchen zu bringen, so daß kein Mensch mehr ein Auge schließen konnte ob dem Flöten und Gitarregeklimper.

An der Kantonsschule selber ging es offenbar nicht minder lebhaft zu. Man brauchte es nicht einmal im Zeugnis nachzulesen, das Vater Wedekind manchen Kummer brachte. Der Faulpelz brachte es selber in einem Spruch unter die Leute:

> Der Scriptor, der war hoch und hehr
> Ein Mann von großem Geiste.
> Doch murrt man in der Schule sehr
> Daß er so wenig leiste.
> Das gab Epistel allerhand
> Und bald war überall bekannt
> Die grenzenlose Faulheit. [1]

Aber freilich: es war eine besondere Faulheit, es schaute was dabei heraus! Nicht umsonst regte später *Frühlings Erwachen* die Geister auf, weit über unsere Grenzen hinaus, leuchtete den jungen Leuten (und den alten!) in die finstersten Seelenabgründe und riß die Wände nieder, die bis anhin kein Licht durchgelassen hatten. ›Weniger dichten, Wedekind, aber mehr trachten‹, mahnte einmal Franz Fröhlich, als er ihm sein Sündenregister unterbreitete. Aber das nützte nicht viel.

In der ersten Klasse vernahmen wir nur einfältige Dinge von der Kantonsschule drüben. Etwa die Geschichte von jenem Sonnenspiegel, den Franklin verstohlen auf der Backe des Geschichtsprofessors tanzen ließ, just als er sich so schön in den Perserkriegen verheddert hatte. ›Wedekind, zwei Stunden Karzer‹ tönte es vom Pult her, und die Sache ging weiter.

Ja, der ›Karzer und der Pudel‹ hatten bei dem ewigen Rebellen fast mehr zu sagen als die Schule selber. Aber einmal ließ ihn Rektor Meyer doch den Samstagnachmittag durch, weil das rabiate Gedicht auf seinem Pultdeckel auch ein gar unverhofftes Ende nahm:

> Der du dich scheust vor dem göttlichen Licht,
> Nichts weißt du von edelem Trachten:
> Hättst du die liebliche Tochter nicht,
> So könnte ich dich verachten. [2]

Dem ›Pudel‹ aber zählte der Spaßvogel anstatt seiner drei Batzen für den Arrest nur neunundzwanzig rote Rappen auf den Tisch aus, so daß der arme Teufel fast brüllte vor Wut: ›Herr Franklin, es isch zu wenig!‹

Es glaubt uns kein Mensch, was diesen Burschen alles einfiel, da wir doch an ihnen emporschauten wie zu Halbgöttern. Einmal nahm es Wedekind und Schibler gar erbärmlich wunder, wie ein Opiumrausch aussehe und was einem da für unerhört schöne Träume im Kopf herumführen. Mit ein paar Kügelchen aus der Hausapotheke füllten sie ihre Pfeifen und legten sich in langen bestickten Mänteln aus der Türkenkiste[3] aufs Ruhebett. Zwei Stunden lang sogen und pafften sie und meinten alleweil, jetzt komme es dann! Etwas kam freilich, aber kein Opiumtraum. Den elenden Katzenjammer sah man den armen Türken noch die ganze Woche an den Käsebacken an.«[4]

Dem Aufruf zur anarchischen Rebellion, zu einer neuen, vom Intendanten, Schauspieldirektor, Dichter und Komödianten Franklin Wedekind inszenierten Epoche des Sturm und Drang, folgt eine ganze Schülergeneration mit Begeisterung. Doch der »Rattenfänger« macht sich schon damals keine Illusionen über die Durchschlagskraft seiner Kampagne gegen die Philisterei, wie der 1883 entstandene Schulaufsatz »Betrachtungen eines Spießbürgers vor der neuen Kantonsschule« beweist. In ihm schildert der Neunzehnjährige, nüchtern und mit bemerkenswerter ironischer Schärfe, wie er ein Vierteljahrhundert nach seiner Schulzeit den Schauplatz seiner Rebellion wieder betritt und von einem ehemaligen Mitschüler und Mitstreiter, der inzwischen völlig verspießert ist, an die Vergänglichkeit jugendlicher Ideale erinnert wird:

»Wir stehen gewöhnlich als Fremdlinge in unserer Gegenwart, wie der Dilettant vor einem großen Wandgemälde, das er aus geringer Entfernung vergebens zu genießen sucht. Treten Sie nur einige Schritte zurück, mein Herr, und Sie werden den ganzen gewaltigen Eindruck des Bildes in einem Blick empfinden können. Dann wirst du staunen über die wundersame Veränderung desjenigen, das du als schon Geschehenes als nicht mehr veränderlich gehalten hast. Verklärt – wie der Phönix aus seiner Asche, steigt alsdann die Vergangenheit aus dieser Erinnerung empor, ein kleines Drama, dessen Helden du bald als Komiker, bald als Tragiker, immer aber mit gleicher Zufriedenheit spieltest. Denn währenddem der heilige Nimbus entschwundenen Glückes den Freuden deines zurückgelegten Lebens eine zarte Weihe verleiht, hat sich der Unannehmlichkeit und Derbheit derselben ein gemütlicher Humor bemächtigt, und du selbst, Schauspieler und Zuschauer zugleich, findest des selbstgefälligen Bewunderns und Klatschens kein Ende.«[5]

Wedekind vertritt gegenüber der Machtposition Schule das Recht des ohnmächtigen jungen Menschen, in seiner Existenz ernstgenommen zu werden. So ist *Frühlings Erwachen* auch ein politisches Manifest, eine Erklärung der Menschenrechte für den ganzen Menschen, also auch für das Kind. Die Schule ist aber nicht dafür eingerichtet, die Interessen des Kindes in der Gegenwart wahrzunehmen, da sie die Zukunft und damit die nützliche Eingliederung des Jugendlichen in die Ordnung der Erwachsenen zum Ziel hat. Die Schule als Institution der Erwachsenenwelt, sich ihrer eliteför-

dernden Bedeutung innerhalb der aufstrebenden Bürgergemein-
schaft wohl bewußt, versteht sich als halbautonome Civitas mit
hierarchischer Machtstruktur. Die furchterregende Vorstellung, aus
dieser Gemeinschaft ausgeschlossen zu werden, verbindet sich mit
dem Vorgeschmack der Schande, ist doch dieser Ausschluß gleichbedeutend mit der Androhung gesellschaftlichen Abstiegs. Wir erinnern uns an die von Gottfried Keller im *Grünen Heinrich* mit tödli-
chem Ernst vorgetragene Abrechnung mit den Trägern eines Schulsy-
stems, das er am eigenen Leib als unmenschlich empfunden hat:

»Wenn über die Rechtmäßigkeit der Todesstrafe ein tiefer und
anhaltender Streit obwaltet, so kann man füglich die Frage, ob der
Staat das Recht hat, ein Kind oder einen jungen Menschen, die gerade
nicht tobsüchtig sind, von seinem Erziehungssysteme auszuschlie-
ßen, zugleich mit in Kauf nehmen. Gemäß jenem Vorgange wird
man mir, wenn ich im späteren Leben in eine ähnlich ernstere
Verwicklung gerate, bei gleichen Verhältnissen und Richtern wahrscheinlich den Kopf abschneiden; denn ein Kind von der allgemeinen
Erziehung ausschließen, heißt nichts anderes, als seine innere Entwicklung, sein geistiges Leben köpfen. In der Tat haben auch häufig
die öffentlichen Bewegungen der Erwachsenen, von welchen solche
Kinderaufläufe ein Abbild genannt sein können, mit Enthauptungen
geendet.

Der Staat hat nicht danach zu fragen, ob die Bedingungen zu einer
weiteren Privatausbildung vorhanden seien, oder ob trotz seines
Aufgebens das Leben den Aufgegebenen doch nicht fallen lasse,
sondern manchmal noch etwas Rechtes aus ihm mache: er hat sich nur
an seine Pflicht zu erinnern, die Erziehung jedes seiner Kinder zu
überwachen und weiterzuführen. Auch ist am Ende diese Erscheinung weniger wichtig in bezug auf das Schicksal solcher Ausgeschlos-
senen, als daß sie den wunden Fleck auch der besten unserer Einrich-
tungen bezeichnet, die Trägheit nämlich und Bequemlichkeit der
mit diesen Dingen Beauftragten, welche sich als Erzieher ausgeben.«

Eine direkte Verbindung herzustellen zwischen dieser berühmten
Romanstelle, die Franklin Wedekind mit Sicherheit kannte[6], und der
ebenso berühmten Friedhofsszene in *Frühlings Erwachen,* wo der von

seinen Lehrern »hingerichtete« Moritz Stiefel mit dem Kopf unter dem Arm erscheint, ist verlockend. Allein, mit der Annäherung des Dramatikers an das mögliche Modell ist noch wenig erhellt. Der großbürgerliche Akademikersohn Franklin Wedekind befindet sich zu seiner Schule und seinen Lehrern in einem anderen, lockereren Verhältnis als der kleinbürgerliche Gottfried Keller, den das Trauma des Schulausschlusses entscheidend geprägt und lebenslänglich verfolgt hat.[7]

Die Schule und ihre Träger – hier unterscheidet sich Wedekinds Auffassung grundsätzlich von derjenigen Gottfried Kellers – erscheinen dem Autor der Kindertragödie *Frühlings Erwachen* nicht etwa als nachlässig oder ungeschickt verwaltete Treuhandschaft eines prinzipiell aufgeklärten Staatswesens, sondern als Antiaufklärung und freiheitsfeindliche Beschränktheit schlechthin.[8]

Der Kanton Aargau hat gerade im 19. Jahrhundert den Anspruch erhoben, der »Kulturkanton« der schweizerischen Eidgenossenschaft zu sein, was vor allem im Bereich der öffentlichen Schulen nicht unberechtigt war. Heinrich Pestalozzis Idee der allgemeinen Volksbildung, die im Zuge der Französischen Revolution mit dem Modell der leistungsorientierten, Gemüt und Intellekt gleichermaßen fordernden Lernschule allmählich zu einer umfassenden Erneuerung des europäischen Schulwesens führte, hat ihren Ursprung in der näheren Umgebung von Lenzburg, wo Pestalozzi auf dem Birrfeld bei Baden sein letztes pädagogisches Experiment unterhalten hat und von wo aus er oft auf das Schloß Lenzburg wanderte, um die damals dort eingerichtete Knabenschule seines Schülers und Bewunderers, des deutschen Erziehers Christian Lippe, zu inspizieren. Für Franklin Wedekinds Vater – wir erinnern uns an dessen Briefe an den Bruder Theodor – sind die guten Schulen des Aargaus ein entscheidendes Argument für den Entschluß, seine Familie von Hannover nach Lenzburg zu verpflanzen.

Die für Wedekinds Schulerlebnis maßgeblichen Institutionen, die Lenzburger Bezirksschule (ein Progymnasium) und die Aarauer Kantonsschule, sind den für die damalige Zeit neuesten humanistischen Bildungsidealen verpflichtet, die sich nach dem deutschen

Humboldtschen Schulmodell ausrichten. Dessen Fächerkombination und Leistungsansprüche haben bis in die sechziger Jahre dieses Jahrhunderts als verbindliche Bildungsformel der humanistisch geprägten europäischen Bürgerwelt gegolten.[9]

Dem Autor von *Frühlings Erwachen* stellt sich diese Schule als Gegenspielerin seines eigenen Erziehungsanspruchs dar. Er fordert die Aufklärung des Menschen im Sinne der Bewußtwerdung seiner Menschlichkeit, die auch die Sexualität einschließt. Wie später Freud und vor allem Wilhelm Reich erkennt er in dieser den Ansatzpunkt gesellschaftlicher Machtentfaltung. Wer *Frühlings Erwachen* als Sittengemälde oder als Wehklage über mangelnde sexuelle Aufklärung verstehen will, verkennt seine Brisanz, die über die Anprangerung zeitgebundener Zustände weit hinausgeht. Frank Wedekind setzt den Eros als lebenserhaltende Macht ein. Damit entscheidet dessen Gedeihen oder Unterdrückung über das Gelingen oder Mißlingen eines menschlichen Lebens.

Wie bei der lyrischen Produktion der Jugendzeit ist Wedekind auch beim Erwerb von Wissen weitgehend ein selektiver Autodidakt, der sich während seiner Schuljahre im doppelten Sinne allerlei herausnimmt, nur das nämlich, was er für seinen eigenen Lebensplan als nützlich erachtet. Seine souveräne Mißachtung des Autoritätsanspruchs der Schule und ihrer Lehrer führt unvermeidlich zu Konflikten, die dadurch verschärft und vertieft werden, daß sich auch der Vater, seiner politischen Überzeugung gemäß jeglicher staatlichen Machtausübung abhold, öfter auf die Seite seines Sohnes schlägt und dessen Eskapaden zwar nicht öffentlich billigt aber auch nicht ahndet, sondern vielmehr mit einem heimlichen Schmunzeln zur Kenntnis nimmt. Er ist, so berichtet Sophie Marti, »mächtig stolz auf seine gescheiten Söhne und Töchter, wenn sie ihm auch manchen Kummer bereiteten. ›Das ist unser Denker‹, so stellte er etwa Franklin vor, und als die Schulpflege diesen mit dem *Consilium abeundi* drohte, ging er geradewegs zum Rektor. ›Hat der Bengel wieder was angestellt?‹ Sein Leben lang brachte er keinen schweizerdeutschen Satz zustande.‹«[10]

Zwischen den Lenzburger Amtspersonen und den Schloßbewohnern entspinnt sich ein jahrelanger verbissener Kleinkrieg. In den Protokollen des Stadtrats finden sich zahlreiche Hinweise, die auf amtliche Schikanen schließen lassen.[11] Da der Schloßherr seinen Herrensitz auf dem Schloßhügel als eine Art unabhängige Republik betrachtet und sich wenig um die Lenzburger Administration kümmert, schneien ihm Beschwerden ins Haus, die Weg- und Wasserrechte, Steuerabgaben und immer wieder das schulische Betragen seiner Söhne betreffen.

Aus den Protokollen der Lehrerkonferenzen vom 31. Mai und 17. Juni 1878 geht hervor, daß die Lehrerschaft (mit Ausnahme eines Pädagogen, wahrscheinlich des Rektors Thut) Franklin Wedekind durchaus günstig gesinnt ist und das *Consilium abeundi,* das über dem Schüler schwebt, trotz neu eingegangener Klagen über sein Benehmen nicht, wie es in ihrer Befugnis gelegen hätte, in eine Verweisung von der Schule umwandelt, sondern mit vier zu eins Stimmen die weit mildere Strafe der Degradation des Kadettenleutnants beantragt.

»Der Denker« bringt durch seine heiter-anarchischen lyrischen Angriffe auf den bürgerlichen Ordnungssinn nicht nur das Gefühlsleben der lenzburgischen Weiblichkeit, sondern auch das Bildungsmonopol der Schulen in Gefahr. Nicht nur, daß er lenzburgische Backfische und deren Mütter mit Liebesbriefen und -gedichten traktiert und Schule und Bürgerfamilien mit seinen dramaturgischen und lyrischen Einfällen poetisch attackiert. Er wagt es auch, die Respektspersonen des höheren Schulwesens, die Rektoren und Professoren der Bezirks- und der Kantonsschule vor aller Augen ihrer Autorität zu entkleiden, indem er ihr dringlich-humorloses Pochen auf Autorität *ex officio* in zahlreichen pamphletartigen Satiren, die sich wie das sprichwörtliche Lauffeuer verbreiten, der Lächerlichkeit preisgibt.[12]

Die Autorität eines Lehrers reicht immer nur soweit wie die Überzeugungskraft seiner Persönlichkeit und seine pädagogische Begabung. Dem Trommelfeuer witziger und ironischer Verse ist keiner der Lenzburger und Aarauer Pädagogen gewachsen, zumal keiner von ihnen über einen entsprechenden Talentvorsprung verfügt, der die Abwehr der lyrischen Pfeile auf intellektuell glaubhafte Weise ermöglicht hätte. Andere Maßnahmen der Schulgewalt, wie die häufig verhängte Einkerkerung im Karzer, werden als leere Drohgebärden entlarvt und lustvoll in die lyrisch-dramatische Selbstdarstellung einbezogen, wie etwa das Gedicht an den Aarauer Germanisten und Französischlehrer Hunziker, das, bisher unveröffentlicht, sich in Sophie Haemmerli-Martis Nachlaß findet.[13] Bemerkenswert ist der mit heiterer Unverschämtheit inszenierte Rollentausch des Schülers Wedekind. Unter dem Vorwand poetischer Lizenz erlaubt er sich, den strafenden Pädagogen mit dem vertraulichen Du anzureden und ihn, der durch diesen Trick in die Position des Missetäters gedrängt wird, mit dem Brustton bekümmerter Lebenserfahrung über die Unstatthaftigkeit seines Benehmens zu belehren und ihm die Versöhnung anzutragen.

Franklin Wedekinds sarkastische Angriffe gelten stets der Borniertheit falscher Autoritätsansprüche, dem »hohlen Götzen Feierlichkeit«. Sie fallen ihm um so leichter, als die meisten Lehrer sich ihm gegenüber auch bildungsmäßig im Nachteil befinden. Franklin Wedekind ist zeitlebens ein unersättlicher Leser mit außerordentlich rascher Auffassungsgabe gewesen; dank seiner ungewöhnlichen intellektuellen Neugier und Frühreife hat sie ihm schon in der Adoleszenz zu den neuesten Kenntnissen auf dem Gebiet der Literatur, Philosophie und Naturwissenschaft verholfen, die den Horizont der meisten seiner Lehrer weit überschreiten. Dazu kommt seine überlegene sprachliche Gewandtheit im schriftlichen und mündlichen Ausdruck, der niemand in seiner Umgebung gewachsen ist, und auf die auch seine Deutschlehrer, darunter der Schriftsteller und Universitätsprofessor Adolf Frey, mit hilflosen marginalen Allgemeinplätzen reagieren.

Ein Aufsatz aus der zweiten Klasse des Gymnasiums hat das Goethe-Wort »Solln dich die Dohlen nicht umschrein, / Darfst du nicht Knopf auf dem Kirchturm sein« zum Thema. Darin preist der sechzehnjährige Gymnasiast das große Vorbild folgendermaßen:

»Wolfgang von Goethe war sein ganzes Leben hindurch ein Kind des Glückes. Fühlte er sich als Dichter schon von vornherein über alles Irdische erhaben, war er als Weltmann von Natur aus ganz dazu veranlagt, seine Mitmenschen zu verstehen und das Leben zu genießen, so überhäufte ihn Fortuna doch noch derart mit ihren unvergleichlichen Gütern, daß ihm unter allen Dichtern wohl das schönste Dasein zu Theil ward.«

Als Gegenstück zu diesem glücklichen Dichterleben schildert Wedekind die fiktive Laufbahn eines von Schmeichlern umgebenen Hochbegabten – mit deutlich autobiographischen Zügen –, der sich am Ende aus Selbstverachtung umbringt. Am Schluß stellt er dem Goethe-Wort bezeichnenderweise ein Epigramm von Bürger gegenüber:

»Wer aber immer seiner Lebensstellung gewachsen ist, der wird, bei aller Verleugnung Muth und Beruhigung finden in Goethes schönem Sprichwort, und wenn er seines Werthes noch nicht ganz gewiß ist, so nehme er sich auch Bürgers tröstendes Epigramm zu Herzen:

> Wenn dich die Lästerzunge sticht,
> So laß dir dies zum Troste sagen:
> Die schlechtesten Früchte sind es nicht,
> Woran die Wespen nagen.«

Andere Aufsätze aus dieser Zeit behandeln den »Inhalt der drei ersten Gesänge des Nibelungenliedes«, den »Abfall des Heeres von Wallenstein«, Herders Wort »Arbeit ist des Lebens Balsam / Arbeit ist der Tugend Quell«, den Satz »Warum wollen die meisten Menschen lieber schlecht als dumm erscheinen?«[14] Im Herder-Aufsatz, der sich mit den Vorzügen der Arbeit im menschlichen Leben befassen soll und bei dem der Lehrer offensichtlich eine idealistische Elegie erwartet, schreibt Wedekind:

»Es ist eine durchaus unnatürliche Annahme, daß die Welt für den Menschen ein Jammerthal sei, daß das Ach und Weh des Lebens bei weitem die Freuden überträfen, daß sich letztere nur darum finden, um den Menschen vor der Verzweiflung zu bewahren. Sehr begreiflich ist es allerdings, daß solche Anschauungen auftauchten, denn der Mensch fühlt sich größer im Unglück, als im Glück, und auch im Leid liegt mancher Reiz verborgen. In der schönsten Zeit des Lebens, in der Jugend, wünscht sich manches romantische Gemüth einmal einen rechten Schmerz, und eine wohllüstige Melancholie ist ihm oft sehr willkommen. Dieselben Gefühle, wie solch ein Gemüth, hegt auch die ganze Menschheit. Es ist ihr zu wohl in ihrem Paradies, sie will Unglück, und mit diesem Wollen hat sie es auch. Ein vernünftiger Mensch jedoch wird den Kelch seines Lebens leeren, wie derselbe ihm gegeben ist, ohne zuerst bittere Thränen hinein zu weinen; und es sei jetzt meine Aufgabe, ihm zu zeigen, wie die Thränen zu verhüten sind. Von allen Seiten lachen ihm Lust und Freude, Vergnügen und Ausgelassenheit entgegen. Er greife zu, denn die Zeit ist kostbar, er genieße, so lange er zu genießen hat, und lasse sich nicht stören. Aber er kann einmal auf den Grund kommen, wo die Vergnügungen ein Ende nehmen, oder er wenigstens Überdruß daran findet. Jetzt stehen Melancholie, Weltschmerz und andere ähnliche Übel vor der Thüre. Hüte er sich davor, ihnen zu öffnen. Ich weiß ihm ein unfehlbares Präservativ gegen solche Eindringlinge. Mit allen Kräften werfe er sich nun auf eine geistige oder körperliche Arbeit. Wie er vorher mit Leib und Seele der Lust gehörte, so widme er sich jetzt einer Beschäftigung, die ihn erfrischt und an der er zugleich seine Freude hat.«

Arbeit als eine Art Alka-Seltzer gegen die Überdrußerscheinungen des Vergnügens! Das klingt wie Hohn des Bürgersohnes über die arbeitende Klasse, ist aber mehr naiv als frivol, wie die folgende Passage darlegt:

»Oft schon habe ich mich gewundert, wie Landleute, die von früh bis spät im Schweiße ihres Angesichts verdienen, so bald einen erlittenen Verlust verschmerzen. Ich höre den Grund anführen, es mangle diesen Leuten an gehöriger Bildung, an Religion, etc. Diesen Grund lasse ich nicht gelten. Allerdings haben sie keine Gefühle aus Romanen und Mondscheingedichten geschöpft. Aber ein Herz tragen sie im Leibe, warm und treu, wie es ihnen Mutter Natur hineingelegt hat. Daß sie aber danach einen schweren Verlust so bald verschmerzen, das verdanken sie der Arbeit und deren balsamisch lindernden Wirkung [. . .] Ein Mensch, der nur von anderer Hände Fleiß lebt, der nur genießt und müßig seine Tage hinbringt, stößt auf seinen Wegen gar bald an einen Stein, über den er sehr leicht stolpern kann. Der Stein ist die Selbstverachtung. Ein Dieb, ein Mörder, den man verfolgt, auf dessen Kopf ein Preis gesetzt ist, hat noch Grund, sich zu schätzen: Man zittert vor ihm, und das ist sein Stolz. Aber wer der ganzen Welt gleichgültig ist, der wird es auch leicht sich selber. Selbstverachtung ist aber der erste Schritt zur Verzweiflung, zum Selbstmord.«

Daran, daß sich Wedekind im zweiten Beispiel selber darstellt, ist nicht zu zweifeln. Der Dandy mit Kneifer und Bart, Uhrenkette und Chapeau claque, der Kantonsschüler, der den Décadent der großen Welt mimt, befindet sich mitten in seiner »Weltschmerz«-Phase, wie er die Jahre seiner Pubertät gerne nennt, und meint gleichzeitig, anhand seiner noch recht harmlosen amourösen Eskapaden, Saufereien und dem Liebäugeln mit dem Selbstmord, den Becher der Lust zur Neige geleert zu haben. Der Siebzehnjährige verfaßt das Gedicht »Ein Lebenslauf«.[15]

Vom gleichen Geist »dekadenter« jugendlicher Eschatologie geprägt, ist der Aufsatz »Warum wollen die meisten Menschen lieber schlecht als dumm erscheinen?«. Darin schildert Wedekind einen »Traum«, der ihm als »Gegenstück zu den idealen Gedanken [. . .], denen auch Lessing in seiner *Erziehung des Menschengeschlechts* als den Grundlagen einer etwaigen Zukunftsreligion huldigt«, erscheint. Er gibt an, einen allegorischen »Triumphzug der Schlechtigkeit« gesehen zu haben, angeführt von der »Göttin Moneta«, die auf einem ungeheuren Geldsack thront, gefolgt von den »weiblichen Personifikationen aller erdenklichen Laster, eine sehr aufgeräumte Gesellschaft, die nur wenige stille Mitglieder zählte und sich singend und jauchzend an mir vorüber wälzte«. Nach allerlei anderen allegorischen Figuren der Verkommenheit, wie Schwindelhaftigkeit und Materialismus, wird endlich die Gerechtigkeit in Ketten herbeigeführt, gefolgt von der Schlechtigkeit in persona, in der Gestalt eines schönen Jünglings. In Auflehnung gegen die idealistischen

Sittengesetze plädiert der junge Satanist für die Umkehrung aller
Werte: »Wer sollte aber nicht die praktischen Seiten der Schlechtigkeit kennen! Sie sind so fruchtbar, so mannigfaltig, wie die herrlichsten Tugenden nur sein können. Und dabei sieht die große, erhabene, heldenhafte Schlechtigkeit oft gar zu verführerisch aus. Um
die Menschen vom Übel abzuschrecken, hatte Schiller in seinen
Räubern den Auswurf der Menschheit mit den grellsten Farben
gezeichnet, fand es aber trotzdem für gerathen, in einer Vorrede
jedermann noch besonders davor zu warnen, daß man diesem Auswurf nicht etwa nacheifere, statt ihn zu verabscheuen. So erschien
mir ja auch im Traume die Schlechtigkeit als ein wunderschöner
Jüngling, der mir durch die wenigen unangenehmen Züge seiner
Person nur noch mehr Interesse – ich möchte fast sagen: Sympathie
– abgewann. Wer möchte wohl, wenn ihm die Wahl freistände,
entweder als simpler Dummkopf oder als großer Sünder – wenn
auch sogar mit der Bedingung, dereinst durch Henkershand zu
sterben – der Welt vor die Augen zu treten, wer möchte dann wohl
Schlafmütze genug sein, den langweiligen Tugendpfad hinschlen-
dern zu wollen?! – –«

Die poetische Zwischenwelt der Freiheit, die von Wedekind
proklamiert wird, hält sich in Sophie Martis Erinnerung als Sturm-
und-Drang-Epoche, in der Franklin als Karl Moor seine jugendlichen Mitverschwörer mit anarchischen Kneipenliedern zum Sturm
gegen die Bastionen der Philisterei aufruft. In dieser Zeit entsteht
das Gedicht »Entschluß«.

> Brüder, laßt uns Räuber werden,
> Laßt uns plündern, brennen, töten!
> Die Gemüthlichkeit auf Erden
> Ging ja doch schon lange flöten.
>
> Brüder, es soll eine Lust sein,
> Das Gemüthe zu vertrinken! –
> Ja, wir wollen mit Bewußtsein
> Bis zum Thier hinuntersinken.

Denn zur Allgewaltsregierung
Die den Menschen zwingt zu leben
Paßt viel besser die Verthierung
Als ein ideales Streben.[16]

»Das ideale Streben« der klassischen Helden wird in Wedekinds kritischer Betrachtung über »Tells Monolog« als bloße Publikumsmanipulation des Dramatikers Schiller entlarvt:

»Wir sehen auch nicht recht ein, wie Tell, der freie Sohn der Berge, der vorher immer scheu der Obrigkeit aus dem Wege ging, da er wohl wissen mochte, daß er in einem allfälligen Zusammentreffen kaum friedlich mit derselben auskommen würde, der auch eben noch, zu stolz, sein Haupt vor einem Hute zu beugen, möglichst schnell daran vorbei zu kommen suchte – daß dieser Tell so lange und so mutwillig mit sich spielen läßt. Zum Mindesten wäre ihm seiner Gattin Gesinnung, wie sie jene später an Attinghausens Todtenbette ausspricht, angemessener gewesen, wogegen der Leser sich nicht enthalten kann, kurz vor dem Apfelschuß einen derben Ausbruch Tells lang gebändigter, aufs Schrecklichste gereizter Wuth nicht nur fortwährend vorauszusehen, sondern sogar von ganzem Herzen herbeizuwünschen [. . .]

Neben einem Verbrecher, der aus Habsucht und Ehrgeiz gemordet hat, erscheint uns Tell natürlich als reiner Engel. Der Dichter erreicht seinen Zweck vollkommen: Unser Gefühl, aber auch nichts anderes, wird beruhigt; denn dem Verstand gegenüber verliert Tell durch die Vergleichung eher, als daß er gewinnt. Wenn wir auch bei einer Ohrfeige unsere Zahnschmerzen momentan vergessen, so wissen wir dennoch ganz gewiß, daß sie nicht geheilt sind. Auch erinnert mich die Scene zwischen Tell und Parricida immer an Max Piccolominis Worte: ›Du steigst durch seinen Fall, Octavio, das will mir nicht gefallen.‹ [. . .]

So bemerken wir bei näherer Untersuchung in *Wilhelm Tell* Mängel, die wohl schwerer zu vermeiden gewesen wären, aber leider den reinen Genuß des Stückes trüben. Doch wozu auch die Untersuchung?! – das reizendste Frauenbild wird, wenn wir die weiße, weiche Haut, die zarten Muskeln von den schlanken Gliedern losreißen, zum garstigen Skelett, das wir nur mit Schauder und Ekel betrachten. Die Schönheit wirkt eben durch ihren Gesamteindruck. So auch *Wilhelm Tell* [...]«

Wilhelm Tell für die Schule! Hundert Jahre vor Max Frisch hat der Schüler Wedekind am eidgenössischen Übervater gerüttelt, indem er von Schillers Stück zu sagen wagt, es sei »kein Nationaldrama, welches zwischen den engen Grenzen eines einzelnen Landes das Selbstgefühl stärkt und die Bürger gegen den Feind hetzt«. Der Lehrer Adolf Frey vermerkt unmutig: »viel unnötiger Ballast von Sophisterei und ungerechter hypersubjectiver Critic«. Die Literaturkritik des 20. Jahrhunderts wird es mit Frischs Satire nicht anders halten.

Ein Schulaufsatz besonderer Art ist die Abhandlung über den »Charakter der Iphigenie«. Sie ist in muntern Blankversen geschrieben, deren Botschaft allerdings – wen wundert's? – mit derjenigen Goethes kollidiert. Nach Wedekind ist Iphigenie ein Allweib, eine unbewußte Verführerin, wie es Lulu später sein wird, die aus Schreck über das Heiratsangebot des alten Barbarenkönigs ihre wirkliche Identität preisgibt:

> Nie suchtest du das eheliche Glück;
> Denn schon seit deiner Jugend früh'sten Tagen,
> Seitdem Diana dich hierhergetragen,
> Sehntest du nach der Heimat dich zurück.
> Nun aber sollst du dich auf ewig binden
> Im fremden, im barbarischen Gebiet. –
> O, Iphigenie, wenn das geschieht,
> Wirst du die Heimat nimmer wiederfinden.
> [...]
> Wie stehst du, edle Griechin, groß und schön
> Und herrlich gegenüber dem Barbaren.
> Nicht kann er seine Fassung mehr bewahren,
> Nachdem er sich von dir verschmäht gesehn,
> Doch kaum ist seine Würde hingeschwunden,

So hat ihn deine Allgewalt besiegt,
Die in der strengen Sehersprache liegt,
Ein schwaches Weib, hast du ihn überwunden.

Dem Deutschlehrer wird unbehaglich bei dieser Interpretation von
Iphigenies Charakter: »Recht gut, aber Inhaltsangabe des ersten
Actes, mit Characterisierung«. Wedekind schließt einen »Epilog zu
Goethes Iphigenie auf Tauris« an, in dem König Thoas an der
Meeresküste stehend dem abfahrenden Griechenschiffe nachblickt.

Auch du verläßt mich, Iphigenie,
Du letzte, die mir lieb und theuer war!
Ich fühl' es wohl, der rauhe Skytenkönig,
Das wilde Land, die taurischen Barbaren,
Sie passen nicht für dich, du zartes Weib;
Und ewig mußt dir die schöne Heimat
In der Erinnerung verlockend leben.
Dir zürn' ich nicht. – Doch gegen euch, dort oben,
Ihr Himmlischen, regt wieder sich mein Groll:
Was hab ich euch gethan, daß ihr mich stets
Glückseligkeit laßt ahnen, um mich dann
Durch Unglück desto schmerzlicher zu quälen.
Einst war ich reich und Herr von Unterthanen,
Die sich mit Freude jedem Winke fügten,
Weil sie bei mir der Götter Segen sah'n.
Jetzt bin ich Bettler auf dem Königsthron.
Nicht mehr die alten, fröhlichen Gesichter,
Nein, kalter Mißmuth wohnet um mich her,
Und Argwohn keimt darob in meiner Seele.
Mein Aug' wird düster, starr lenkt meine Hand
Den Stab. Ich habe niemand mehr zu lieben.
Gerissen liegt der Freundschaft zartes Band,
Das Edle floh von Tauris wildem Strand.
Nur Haß und Mißgunst sind zurückgeblieben. – – –

Wedekind hebt Goethes versöhnliches »Lebt wohl!« auf, indem er den alten verlassenen Skytenkönig vermenschlicht, ihn in seiner trostlosen Leere darstellt als einen Mann, der mit seiner Liebe auch seinen Gottesglauben verloren hat.

Die Dichtung, die man in der damaligen Genieverehrung von Schiller und Goethe mehr zelebriert als kritisch betrachtet, wird durch den virtuosen Klassikerimitator Wedekind plötzlich zum Ereignis. Sein unheimliches Talent, den Genies auf den Mund zu schauen und in spielender Leichtigkeit deren Ton bis zur Unkenntlichkeit nachzuahmen, führt zur Begeisterung unter den Mitschülern und zur Ratlosigkeit unter den deklassierten Lehrern. Dem Schulgeist der Epoche entsprechend, kann sich die Lehrerschaft nicht dazu entschließen, das Wunderkind zu fördern und seinen Talenten freien Lauf zu lassen. Vielmehr versieht sie die Zeugnisse des so überwältigend einseitig Begabten mit säuerlichen Kommentaren wie: »könnte viel mehr leisten«; »das Herbarium war in jeder Beziehung sehr mangelhaft«; »scheint sich nicht mehr aufraffen zu wollen!«, »Betragen nicht ohne Tadel!«[17] und entläßt den genialen Minimalisten schließlich mit dem niedrigst möglichen Notendurchschnitt und einem gegenseitig hörbaren Seufzer der Erleichterung.

Freundschaft, Liebe, Tod

Mein lieber Hermann,

Jetzt kann ich ruhig schlafen,
Von allen Sorgen befreit.
Ich hab' einen Hektographen –
O, welche Glückseligkeit!

Ich hab eines todten Copisten
Lebendiges Federspiel;
Der sammelt für alle Christen
Ergüsse von meinem Gefühl.

Lang suchte ich einen Verleger.
Jetzt scher' ich den Kukuk mich drum.
Mein Hektograph ist Verträger
Zwischen mir und dem Publicum.

Nun will ich eins singen und dichten
Aus alter und neuer Zeit
In Ritter- und Liebesgedichten. –
O, welche Glückseligkeit!

Und steht mein Schatz in den Thüren,
So schleich ich leise mich her,
Flugs tät ich ihn hektographiren. –
Mein Liebchen, was willst du noch mehr!

Du aber im fernen Schaffhausen
Weißt nun, welche Wonne mich traf.
Es schmettert mit mächtigem Brausen
Mein Dank durch den Hektograph.

Dir, der du mir solchen gespendet
Sei dieser Hymnus geweiht.
Jetzt hab ich ihn endlich vollendet. –
O, welche Glückseligkeit! –

27. XI. 82

Dein dankbarer Franklin

Wedekind hat in seinen ersten Dramen, der »Großen tragikomischen Originalcharakterposse« *Der Schnellmaler* (1889) und dann in seiner »Kindertragödie« *Frühlings Erwachen* (1890/91) Erfahrungen zum Thema gemacht, die Sigmund Freud Jahrzehnte später in seiner letzten Fassung der Triebtheorie als Polarität von »Eros« und »Thanatos« beschreiben wird. Die Schuljahre des Dichters in Aarau liefern dazu reiches Anschauungsmaterial. Aus nächster Nähe erlebt Wedekind die Selbstmorde junger Kantonsschüler in den frühen achtziger Jahren mit. 1880 erschießen sich die beiden Schüler Rotner und Rüetschli[1] gegenseitig. Am 8. Juli 1881 wird Wedekinds Schulkamerad Franz Oberli tot aus der Aare geborgen. Am 15. Juli 1881 ist im *Aargauischen Wochenblatt*, das in Lenzburg erscheint, zu lesen: »Am letzten Freitag verunglückte in Aarau der hoffnungsvolle Kantonsschüler Franz Oberli, einziger Sohn seiner Eltern. Wie derselbe seinen Tod gefunden, ob ein augenblicklicher Schwindel, ein unvorsichtiger Fehltritt den des Schwimmens Unkundigen in die Arme des Todes stürzte, ist wohl nicht mehr zu enträthseln.«

In der gleichen Wochenzeitung erscheint, wohl im Hinblick auf die Selbstmordwelle unter den Aarauer Gymnasiasten, am 10. September 1881 ein Leitartikel unter dem Titel »Der Selbstmord und dessen Vorbeugung«, in dem es unter anderem heißt:

»In der Schule wird ausschließlich die sogenannte ›intellektuelle Sphäre‹ auszubilden gesucht, d. h. man übt das Gedächtnis, sucht es mit Kenntnissen vollzustopfen und mehr oder minder glänzende Examen abzuhalten; man steigert sich gegenseitig im Lehrziele; man überbürdet die Kinder mit häuslichen Arbeiten; das Alles ist schon oft gesagt worden [...]; ehe nicht der ganze Mensch in der Schule ausgebildet wird, statt nur das Hirn, eher werden die Selbstmorde nicht an Zahl abnehmen.«

Im Vorwort zu den Knittelversen »Sancta Simplicitas«, die die ungeschickte Reaktion des Aarauer Lehrkörpers auf die Suizide karikieren, schreibt Wedekind:

»Im Sommer 1883 [!] ereignete sich an der übrigens sehr freiheitlich geleiteten Kantonsschule in Aarau der Unglücksfall, der mir sieben Jahre später die Anregung zu *Frühlings Erwachen* gab. Die nachfolgenden Verse, die ich im Sommer 1883 schrieb, werden meine damaligen Mitschüler vielleicht als Curiosum schätzen.«[2]

Sophie Haemmerli-Marti deutet die innige Freundschaft, die Franklin Wedekind mit dem Mitschüler Oskar Schibler verbunden hat, aus dem gemeinsamen Schlüsselerlebnis der unheimlichen Verlockung des Todes.

»Einmal nachts auf dem Heimweg aus dem ›Kreuz‹ stießen ›Kater‹ und ›Hildebrand‹, wie sich die beiden Freunde untereinander nannten, bei der Kettenbrücke auf eine Bank, wo man just zwei Kantonsschüler wegtrug. Diese waren nicht mehr zurecht gekommen mit ihren schweren Leiden und hatten keinen anderen Ausweg gefunden, als sich gegenseitig zu erschießen. Franklin wurde durch und durch geschüttelt. Er kniete vor der Bank nieder und tauchte sein Taschentuch ins Blut und wollte auf der Stelle sterben. Zwei Stunden lang redete Schibler im finsteren Tal auf ihn ein, bis er schließlich wieder zu sich kam. Aber am nächsten Morgen, kaum tagte es, ging es noch einmal los; sie weinten lauteres Wasser, und Franklin flehte seinen Freund auf den Knien an, er möge ihm die Pistole seines Vaters ausleihen. Bei allem Hin und Her kamen sie schließlich zum Entschluß, zum Andenken an die beiden Toten ein neues Leben anzufangen und auf ewige Zeiten Blutsbrüderschaft zu schließen. Vorsichtig, vorsichtig, stach einer dem andern mit dem Federmesser in den Arm und ließ ein Tröpfchen Blut in den Burgunder rinnen, den sie im Keller gestohlen und nun mit verschränkten Armen bis zum Grund austranken«.[3]

In dieser Überlieferung besticht nicht so sehr das pathetische Gehabe der beiden Gymnasiasten, als die komische Überspielung eines ernsten Vorfalls durch das zweifellos von Franklin Wedekind inszenierte Ritual der Blutsbrüderschaft mit dem gestohlenen Burgunderwein. Die Verlockung für die beiden Herzensfreunde, Eros und Thanatos im Doppelselbstmord zu vereinigen, schlägt sich im Gedicht »Lebensmüde« nieder, das wie sein Gegenstück, »Der Abend«, Anfang der achtziger Jahre entstanden ist. Letzteres lautet:

Lieber Freund, wir wolln es wagen
Unter dieser Trauerweide! –
Laß das Jammern, laß das Klagen!
Hier ist Gift genug für beide! –

So, das möchte wohl genügen. –
Wolln uns hier ein wenig legen.
Schon seh ich in deinen Zügen
Sich den blassen Tod bewegen. [4]

Moritz Dürr, Freund und Mitarbeiter des »Geheimen Dichterbundes Senatus Poeticus«, der in den letzten Monaten seiner Depression Franklin Wedekind mit ratsuchenden Freundschaftsbriefen belagert, sucht im Winter 1885 den Tod auf einer einsamen Wanderung am Großen Mythen. Wedekind hat das Schicksal dieser Kameraden in der Gestalt des Selbstmörders Moritz Stiefel verewigt, dem er die Züge seines Freundes Oskar Schibler verlieh. [5] Dieser schreibt ihm in einem Brief vom 28. Februar 1883 im Hinblick auf die bevorstehende Maturitätsprüfung: »Laß Dir folgendes Wort als Talisman [!] bei der Maturität gesagt sein: Mit meinem Schädel fordre ich die Maturitätscommission in die Schranken! Aus dem Rahmen einer Todesanzeige blickt uns eine ganze Bildergalerie an.« Nicht weniger als drei Motive aus dieser Briefstelle finden sich später in *Frühlings Erwachen* wieder: Das Freundschaftsthema aus Schillers *Don Carlos,* das Bild des Gymnasiasten mit dem Totenkopf unter dem Arm und dasjenige der rappelköpfigen »Maturitätscommission« die sich als groteske Bildergalerie um die Todesanzeige des Selbstmörders gruppiert.

Sophie Marti schildert jene inbrünstige Knabenfreundschaft bei der Beschreibung des gemeinsamen Schulwegs und hebt ihre Theatralik hervor:

»O wie die Welt nun ein nagelneues Gesicht bekam, so daß wir kaum warten konnten, bis es wieder Morgen wurde! Und doch mußte uns die Mutter zu Hilfe kommen, beim Zöpfeflechten frühmorgens um sechs, so daß wir den ersten Zug erwischen konnten durchs Hendschikoner Feld, wo eben die Sonne übers Maiengrün guckte und in jedem Tautropfen zitterte. Dann stieg bei der nächsten Station Fridi Wedekind ein im rosaroten Baumwollröckchen, und die Mutter zupfte ihr noch schnell ein paar Löckchen zurecht auf dem braunen Wuschelkopf, als der Zug bereits heranschnaubte. Im letzten Augenblick sprang auch Franklin auf, er hatte wohl einige der dreihundertfünfundsechzig Stufen der Schloßtreppe überspringen müssen. Wir aber waren schön gesondert eingepackt in unserem Zweitklasswagen und konnten die Herren Kantonsschüler nur etwa beim Fenster außen herum ein Veilchensträußchen zureichen oder ein Zettelchen abnehmen. In Hunzenschwil und in Suhr gab es neuen Zuwachs, und auf dem Aarauer Bahnhof, der damals noch klein und heimelig unter seinen Lindenbäumen stand, warteten wir nur darauf, daß Franklin seinem Freund Schibler um den Hals fiel und ihn auf beide Backen küßte. So etwas konnte man freilich in Othmarsingen nicht sehen. Wir jedenfalls hätten uns gewiß geniert ob solchem Getue, auch wenn man sich noch so lieb hatte.«[6]

Das literarische Modell für »solches Getue« ist zweifellos im *Don Carlos* zu suchen, über den Wedekind zu jener Zeit einen Aufsatz schreiben muß. Wieder ist vom Erhabenen zum Lächerlichen nur ein Schritt. Franklin Wedekind führt das öffentlich vor. Die Zeitgenossen, die dem »alten Glauben«, das heißt dem deutschen Idealismus anhängen, begreifen das allerdings nicht.

In den »Memorabilia 1882–83« findet sich das *Don Carlos*-Zitat »Liebe kennt der allein, der ohne Hoffnung liebt« und gleich darunter eine Freundschaftserklärung an den Mitschüler Carl Schmidt.[7] Ein Albumspruch für einen Schulkameraden, aber doch ein signifikanter Publikumswechsel: Mit dem Einzug in das Knabengymnasium 1879 (Mädchen haben zu dieser Zeit noch kein Recht auf den gleichen Bildungsweg) trifft Wedekind auf eine neue Herausforderung. Den jungen Männern, von denen er sich in der Gymnasiastenverbindung »Industria« und im »Geheimen Dichterbund Senatus Poeticus« umgeben sieht, kann er nicht mit den schmachtenden Liebesgedichten imponieren, die den Lenzburger

Mädchen und ihren Müttern bisher den Kopf verdreht haben. Nun wird philosophiert. Wedekind wird zum »amicus Helvetiae philosophicae« ernannt und damit zum Mitglied eines weiteren »Geheimbundes«. Auch die Erotik ist unter den Kantonsschülern nicht mehr »nur im Geiste«, sondern nimmt teilweise sehr konkrete und handfeste Formen an; sie schlagen sich in zotigen Kneipenliedern und Balladen nieder, die Franklin Wedekind mit pubertärem Imponiergehabe auf Bestellung produziert. In einem dieser wüsten Rundgesänge finden sich die Namen der Mitglieder der »Industria«, darunter auch »der große Oberli«, der sich ertränken wird. Wedekinds unerhörte Fertigkeit, Kneipenlyrik aus dem Ärmel zu schütteln, macht ihn in kurzer Zeit zu einer Berühmtheit unter seinen Mitschülern. Am populärsten wird der »Galathea«-Komplex, eine Gedichtsammlung, auch »Bucolica« genannt, die im Sommer 1881 entstanden ist. Die erhaltenen Fragmente liegen in Aarau und tragen den Titel »Das Paradies. Eine Idylle für die gebildete Welt. In aller Ergebenheit gewidmet den Freunden der *freien Natur.*«[8]

Die »Bucolica« könnten als Kuriosum, als Produkt pubertärer Phantasien beiseite gelegt werden, wären sie nicht Anlaß für einen intensiven Briefwechsel gewesen, der die entscheidende Übergangsphase« der spielerischen Jugendlyrik zu den ersten ernsthaften dichterischen Projekten dokumentiert. Die Briefpartner sind Altersgenossen, deren Schulzeit in Aarau, wie schon die Kinderjahre in Lenzburg, durch das »Ereignis Wedekind« geprägt wird und die sich im Gefühlstaumel ihrer Sturm-und-Drang-Jahre um ihr Leitbild, den jungen Dichter Wedekind scharen, emphatische Gedichte und Briefe mit ihm wechseln und geloben, der Philisterei den Rücken zu kehren und den Parnaß zu stürmen.

Sie alle wenden sich später soliden bürgerlichen Berufen zu. Im Gründerzeitalter erscheint die bürgerliche Karriere auch der Künstlernatur als optimale Lebensform. Die drei wichtigsten Briefpartner unter den Freunden Franklin Wedekinds sind Adolph Vögtlin, Walther Laué und Oskar Schibler. Vögtlin wird Universitätsprofessor, Laué, ein Fabrikantensohn deutscher Abstammung, der aus dem Nachbardorf Wildegg kommt und dessen Schwester Fanny eine von Franklin Wedekinds vielen Flammen ist[9], bringt es zum Oberbürgermeister von Köln, und Oskar Schibler, der engste Freund jener Jahre, zum aargauischen Regierungsrat. Nur einer aus dem Aarauer Freundeskreis, Moritz Dürr, ein begabter Zeichner und Maler, entschließt sich gleich nach der Schule für ein reines Künstlerleben und zerbricht schon nach kurzer Zeit.

Franklin Wedekinds minutiöser Sammelleidenschaft verdanken wir, daß nicht nur die meisten Briefe der Aarauer Kantonsschulzeit, sondern auch einige aus dem späteren Leben der Beteiligten erhalten geblieben sind, in denen sich die wohlbestallten, gesetzten Herren mit unüberhörbarer Verlegenheit und etwas steif an den früheren Herzensbruder und mittlerweile berühmt gewordenen Skandaldichter wenden, der fern des bürgerlichen *Vita Parcours* als einziger und in strenger Konsequenz die einst gemeinsam beschlossene Musenlaufbahn eingeschlagen und mit seinem bürgerlichen Ruf bezahlt hat.

Die Freundschaft mit dem späteren Kölner Oberbürgermeister Walther Laué ist nur als Brieffreundschaft rekonstruierbar, da dieser zur Entstehungszeit der »Bucolica« die Aarauer Kantonsschule bereits verlassen hat und nach Köln übergesiedelt ist.

Wedekind war Ostern 1881 nicht versetzt worden und verbringt den Sommer auf Schloß Lenzburg in Muße – und mit Privatunterricht, um den versäumten Stoff nachzuholen. Aus Köln trifft ein am 5. Juni datierter Brief ein, in dem Laué auf Wedekinds anakreontische Idylle anspielt.

»Ich möchte dich gerne da oben auf Lenzburg als Wolf im Schafspelze idyllisieren sehen! Hast du eigentlich Schafe zu weiden oder nimmst du dazu einen Esel (es kommt ja nicht so genau darauf an)? Jedenfalls hast du dich, wie es scheint, in eine poesievolle Rococoschäfergestalt verwandelt, wie dies aus deinen Gedichten ja hervorgeht! Lernen mußt du Armer nun auch fürchterlich, denn dein Privatlehrer wird dich wohl straff anspannen! Aarau hat jedenfalls einen der bedeutendsten Dichter des Jahrzehnts schmählich verkannt, sonst hättest du unbedingt promoviert werden müssen. Doch – der Prophet gilt nie was im eigenen Lande.«[10]

In die gleiche Zeit fällt der Briefwechsel mit Adolph Vögtlin. Im Juni (o. D.) teilt Franklin Wedekind, Laués Motive aufgreifend, diesem mit:

»Auch auf mein armes Herze hat Amor wieder losgedrückt. Du wirst nämlich begreifen, daß ich zu dem idyllischen Schäferleben, das ich hier oben führe, auch eine Schäferin brauche. Zu dem Ende schuf ich mir im Geiste nun ein Ideal und nannte dasselbe Galatea, da sich schlechterdings keine von Lenzburgs Töchtern dazu herbeilassen wollte, die Stricknadel mit dem Hirtenstabe zu vertauschen. Mit gesagter Galatea sitze ich aber nun an schönen Sommertagen auf grüner Au, im Schatten der dicht belaubten Buche und hüte meine – Esel, da die eigentlichen Schafe hier in der Umgebung so selten sind. Auf beiliegendem Blatt wirst Du die Verse finden, mit denen ich die Königin meines Herzens bei unserem ersten Zusammentreffen empfing, nebst ihrem werthen Bildnis, welches ich ihr einst in einer süßen Schäferstunde eigenhändig abgenommen habe. Nun aber leb wohl! Du siehst, daß ich von meinem Pessimismus so weit geheilt bin und wieder die schönere Seite des Lebens zu finden weiß.«[11]

Freund Vögtlin empfindet die »Bucolica« als »gar zu idyllisch – schäfermädchenniedlich – wässerlich – seicht«[12] und verweist auf Schiller als Beispiel dafür, wie große Leidenschaft bekämpft werden könne. Er wolle seine Poesie nicht mehr weiter an Wedekind vergeuden, bis dieser bewiesen habe, daß er Besseres leisten könne. Wedekind schreibt betroffen, er könne die Verachtung des Freundes nicht ertragen, da er nur in einem Grade zu lieben imstande sei, »und zwar im Superlativ. Das mir über alles Werthvolle wird von mir geliebt und, obschon sich mehrere Objekte in diese Liebe theilen mögen, so kann ich doch nicht das eine mehr oder minder lieben als das andere. – Nun hatte ich einen Freund, d. h. jemanden, den ich liebte, natürlich im höchsten, einzig möglichen Grade. Dieser Freund beleidigt mich aber so empfindlich, daß ich meine Ehre gekränkt fühle«.

Was bedeutet es, von Wedekind »im höchsten Grade« geliebt zu werden? Wir befinden uns innerhalb eines »Dichterkreises«, an einer runden Tafel von »Eingeweihten«. Franklin Wedekind, da herrscht kein Zweifel, führt die Tafelrunde: Wo er sitzt, ist immer oben. Geliebt zu werden und lieben im höchsten Grade will er um des »Grals« willen, der Dichtkunst, derentwillen er keinen Spaß versteht. Da ist er sehr sensibel und fühlt sich, werden seine Verse unsachlich kritisiert, im Innersten getroffen und verraten.

Vögtlin beruhigt ihn eilig (8. Juli 1881) und versichert ihm, er habe neben seinem Talent auch ein gutes Herz: »Nun bitte ich dich, meine Zeilen noch einmal durchzulesen, und wenn du weißt, was Ironie bedeutet, so wirst du keine Bemerkung finden, die deiner Ehre Eintracht thun könnte [. . .] Zum Schluß noch eine kritisierende Bemerkung: Liebe ist nicht definiert, wenn du sagst, Liebe ist Liebe im höchsten Grade. Ferner kündet sie sich auf verschiedene Arten an. Hier handelt es sich um Liebe, die Freunde verbindet und um Liebe, die zur Ehre führt. Es fragt sich, welche die idealere ist . . .«

Wedekind verspricht dem Freund sich »fürderhin nicht mehr in den unreinen Tönen thierischen Genusses zu bewegen und dichten zu wollen, sondern meinen Pegasus ein wenig höher der Sonne zu fliegen zu lassen, wo er weniger Gefahr läuft, auf schlüpfrigem Boden auszugleiten und ein Bein zu brechen«.

Vögtlin verweist in seinem nächsten Brief (30. Juli 1881) ebenfalls auf das heikle Thema: »In deiner letzten Auseinandersetzung kommst du, obgleich du es nicht glaubst, meiner Meinung näher als je. Du sagst, daß bei der Liebe zwischen den verschiedenen Geschlechtern noch ein thierisches Moment hinzukäme. Das gesteh ich zu, ohne zu verstehen, obgleich du mich vielleicht für einen Platoniker hältst. Mit jener Aussage aber gestehst du zu, daß es verschiedene ›Arten‹ in der Liebe gibt. Warum sollte ein Kampf nicht möglich sein, wo gerade da ja der Mensch drauf ausgeht, alles Thierische von sich zu werfen. Dieses Eine wird ihm glücklicherweise nicht gelingen. Aber erinnere dich, wie manches Drama hat den Kampf zwischen Mutter- und Geschlechtsliebe schon zum Objekt genommen. Freilich trug die Letztere den Sieg davon, aber das Gegentheil wird möglich sein, und es macht den Menschen zum Gotte. Der thierische Trieb kann vom Geiste besiegt werden.«

Ein faszinierendes Briefgespräch, bedenkt man, daß hier an Theorien und Begriffe gerührt wird, die viele Jahre später von Sigmund Freud ähnlich formuliert werden, ein Gespräch also über Trieb, Sublimation, Ödipuskomplex *avant la lettre*. Wedekind nimmt den Ball begierig auf:

»Was nun Deine Erklärung über Liebe betrifft, so thut es mir leid, Dir nicht beistimmen zu können. Ich wenigstens kenne keinen Unterschied zwischen der Liebe unter gleichen und derjenigen unter verschiedenen Geschlechtern, als den, daß letzterer Liebe noch der körperliche Geschlechtstrieb zu Hilfe kommt [. . .]

Da ich nunmehr in unserem Liebesstreit kapituliert habe, so will ich Dir noch eine Hinterthür zeigen, durch welche ich mich hätte retirieren können. Da Du aber darauf nicht gefaßt warst, und ich im Beginn des Kampfes selber nicht daran dachte, so habe ich keinen Gebrauch davon gemacht. [. . .] [ich kam] auf die Überzeugung, daß der Mensch nichts thue ohne angemessene Belohnung, daß er keine andere Liebe kennt, als Egoismus. Denn abgesehen von aller Vergeltung hier oder im Jenseits, ist uns doch das Bewußtsein einer nützlichen Handlung, die wir wohl zu berechnen und zu schätzen wissen. Wem aber das Gewissen nicht solche Belohnung gewähren kann, wer nicht den innern Genuß von seinen Wohlthaten hat, der verübt auch keine. Wir sagen, er sei ein geiziger, gefühlloser Mensch. Was kann er dafür? – Ich brauche Dir wohl nicht zu erklären, daß Geschlechts- und Freundesliebe von vornherein nur dem Egoismus entspringen, daß wir nur solchen Menschen, die uns nichts angehen, uneigennützig wohlthätig sein könnten, wäre nicht das Gewissen.«

»Sind Gewissen, Glück und Gott nicht Eines?« schreibt der Freund später (23. September 1881), »Also, wer seinen Gott zu befriedigen sucht, der lebt nach dem ›Willen des Herrn‹ und huldigt dem Egoismus? Egoismus, ein Wort, das in sich selbst zusammenfällt, wenn man seinen Begriff so weit, so ins Unendliche ausdehnen will – ein abscheuliches, fades, nichtssagendes Wort! Du mußt bestimmt den Begriff des Egoismus einschränken. Du darfst ihn nicht als das verwenden, was die Menschen den Göttern nähert.

Eine Staatseinrichtung kann egoistisch sein, der Mensch im Allgemeinen darf nicht Egoist genannt werden. Wer eine Wohlthat thut, um sein Gewissen frei zu halten, ist nicht Egoist. Er handelt dabei nicht eigenmächtig. Das Gewissen befiehlt ihm die Handlung. *Er muß.* [. . .] Wohl kann Egoismus die Welt beherrschen, die Menschen beherrscht er nicht. Solltest du es dennoch finden, dann müßtest du ihn noch qualifizieren . . .«

Es geht um Definitionen von Begriffen, die, noch verschwommen, doch deutlich erkennbar, das Bewußtsein der jungen Leute beherrschen. Freud wird später das »Ego« mit dem »Es« und dem »Über-Ich« in eine Beziehung bringen. Wedekind versucht das, was er unter »Egoismus« versteht, in einem weiteren Brief an Vögtlin zu erläutern:

». . . ungeachtet dessen, daß unsere Ideen über Mensch und Gott himmelweit auseinandergehen, will ich es mit Deiner Erlaubnis jetzt noch einmal versuchen, Dich von der Richtigkeit meiner Anschauung zu überzeugen. – Zuerst über Gewissen und Gefühl: Du sagst in Betreff einer Handlung gemäß der Gewissensvorschrift: ›Er handelt dabei nicht eigenmächtig; das Gewissen befiehlt ihm die Handlung: er muß.‹ Nun sagt aber Lessing: ›Kein Mensch muß müssen.‹ Schiller sagt: ›Der Mensch ist frei geschaffen, ist frei.‹ Und ich habe schon so häufig die Vorschriften des Gewissens übertreten, daß ich Dir versichern kann, daß hier von einem Müssen nicht die Rede ist. Nun höre aber meine Idee darüber. Bei näherer Untersuchung fand ich keinen wesentlichen Unterschied zwischen Gefühl und Gewissen, wie man auch letzteres oft das Pflichtgefühl nennt. Da nun aber Gewissen und Gefühl bei den verschiedenen Völkern, bei verschiedenen Menschen zu verschiedenen Zeiten so ganz verschieden sind (Fußnote: Bei uns spricht das Gewissen gegen Rache; den Corsicanern gebietet es dieselbe. Deinen Verwandten wäre es gewiß höchst unangenehm, wenn Du für einen Monarchen Dein Leben aufgibst. Eine deutsche Mutter würde unter solchen Umständen jubeln und Gott danken. Dies als Beispiel für obige Behauptung.), so zweifelte ich, zumal ich ohnehin schon längst Atheist bin, an ihrem göttlichen Ursprung, und leitete sie vielmehr aus der Erziehung und dem Umgang mit Menschen überhaupt ab. Mein Atheismus mag Dich nun allerdings frappieren. Aber ich kann Dich versichern, daß erst treffende Gründe ihn mir aufgezwungen haben. Nun aber wieder zum Egoismus zurück! Du klagst schon über den Ausdruck, wie fade und nichtssagend er sei. Wenn ich Dir nun aber beweise, daß alle schönen, großen Thaten aus Egoismus entspringen, so fällt diese Klage weg. Denken wir nur an eine Feuersbrunst, wo viele Menschen unter eigener Lebensgefahr ihre Mitmenschen retten. Gläubige Christen, die unter den Rettern sind, helfen in Aussicht auf einstige Belohnung im Himmelreich, denn ›Selig sind die Barmherzigen, denn sie werden Barmherzigkeit erlangen‹. (Egoismus).«

Weitere Beispiele dafür, daß alle Triebkräfte des Menschen vom »Egoismus« gesteuert werden, folgen. Vögtlin, dem ob all der Sophisterei wahrscheinlich der Kopf brummt, lenkt ein: »Wenn du *das* unter Egoismus verstehst, dann will ich gern Eigenliebler sein, dann will ich die ganze Menschheit für Egoisten gelten lassen.« (30. September 1881)

Der Briefwechsel zwischen den Jugendfreunden bricht ohne ersichtliche Gründe ab. Es ist müßig, darüber zu spekulieren, ob es Wedekinds Egoismus-Argumentation gewesen ist, die Vögtlin so weit entfremdet, daß er den ehemaligen Schulkameraden später als ernstzunehmenden Autor *ex cathedra* ignoriert hat.[13]

Die wichtigste und dauerhafteste Jugendfreundschaft ist zweifellos diejenige mit Oskar Schibler.[14] Auch der Briefwechsel mit ihm dreht sich zunächst um die »Bucolica«-Gedichte des Sommers 1881. Wedekind beschreibt dem Freund am 18. Mai 1881 seine erzwungene Schäferidylle und empfiehlt sich als »Franklin Wedekind, o/g Kater, Schäfer aus der Campania, Privatdocent auf Schloß Lenzburg, Nachtstuhlfabrikant mit Schaukelvorrichtung, nebst Familie. Datum 18. V. 1881 in arce veris cum maxima amicitia, Amen!«

Am 22. Mai 1881 schreibt Schibler in einem Brief an Wedekind ein siebenstrophiges Gedicht mit dem Titel »Felix, qui poterit mundum contemnere« und bittet, es »scharf zu recensieren«. Auch bedarf er des Freundes Beihilfe bei einer Maturitätsfeier: »Ich mach Dir hiemit einen Vorschlag, den Du in Deiner geruhsamen Schäferei ganz leicht ausführen kannst. Schreib mir ein kleines, fideles, ziemlich Schund enthaltendes, passendes Stück.« Wedekind, daran gewöhnt, Poesie auf Bestellung zu liefern, fragt »nach Stoff und Art (tragisch, sentimental, fidel, picant)«.

Schibler antwortet nicht direkt auf Wedekinds Frage, sondern beklagt sich am 1. Juli 1881 weltschmerzlich darüber, daß er sich fühle »wie ein nach Freiheit singender Vogel, der den Aether durchstreifen möchte und angebunden und mit lahmen Flügeln in seinem Kerker sitzen muß. Da verduftet die Lust zum Dichten. Höchstens macht sich etwa dann und wann ein Seufzer aus der gedrängten Brust los, der hohnlacht der strebenden, lächerlichen Menschheit, die stolz auf ihre Thaten und Anstrengungen schaut, die doch im Grunde sehr wenig zu bedeuten haben. Ja, es ist lächerlich, daß man gebunden ist die paar Jahre, welche man auf der Erde zu vegetieren hat. Wahrlich, mit der Erkenntnis und Einsicht kam das Unglück auf die Erde«.[15]

Frank Wedekind antwortet am 7. Juni 1881 und gesteht, daß er über den Brief des Freundes »nicht gelacht, sondern bittere Tränen des Mitleids geweint habe.«

Allem Anschein nach nimmt Wedekind Schiblers Gedichtüberschrift – »Felix, qui poterit mundum contemnere« – und den dichterischen Auftrag des Freundes zum Anlaß, seiner Schäferin »Galathea« den Schäfer »Felix« gegenüberzustellen und so für Schiblers »Maturitätswix« den anakreontischen Lyrikkomplex zu schaffen, der später am Anfang der *Vier Jahreszeiten* stehen wird.

Schibler steht den neuen Gedichten prüde-kritisch gegenüber und verweist am 17. September 1881 in seiner Beurteilung auf den Aufbau der Urfassung:

»Deine Muse ist reizend, nur zu reizend, in einem dürftigen, leichten Gewande, hebt sie eher ihre Schönheiten, als daß sie dieselben verschleiert. Dies ist das Urtheil über die erste Abteilung. II. Hier ist das Gewand gefallen und damit der Reiz verschwunden. Ein Weib ohne Reiz, was ist's – Fleisch, und dieses reizt auch nicht.

Wende Dich wieder einmal einem lyrischen Gedicht zu. Du wirst gewiß etwas Brillantes zu Stande bringen.«

Im Dezember 1881 (o. D.) teilt Wedekind dem Freund mit, er habe, dem Beispiel Adolph Vögtlins folgend, einige Manuskripte an den Verleger des Thuner Unterhaltungsblattes *Erholungsstunden* geschickt, die dieser mit großer Freude gelesen habe:

»Letzten Samstag schickte er mir auch schon ein Exemplar seiner *Erholungsstunden* mit meinem ›Eduard von Hartmann‹ darin. Wie groß mein Vergnügen war, endlich etwas Gedrucktes aus meiner Fabrik zu lesen, kannst Du Dir wohl denken. Es überrascht Dich vielleicht ein wenig mehr, wenn ich Dir versichere, daß außer Dir, Carl Schmidt und meiner Wenigkeit noch kein Mensch etwas von meinem Schritt erfahren hat.«

Das Gedicht »Eduard von Hartmann«, am 6. November 1880 entstanden, darf demnach als erster gedruckter Text Frank Wedekinds gelten.

> Der Geist des Universums schwebt
> Herab aus unsichtbaren Sphären
> Auf diese Erde, wo er lebt,
> Um sich im Kampfe zu verklären.
>
> Auf dieser Welt von Müh und Gram
> Kann er den schönsten Sieg erringen,
> So daß er besser, als er kam,
> Zurückkehrt auf des Todes Schwingen.
>
> So wird der Geist im Lauf der Zeit
> Die Welten besser stets regieren
> Und endlich zur Vollkommenheit,
> Zur Ewigen, die Menschheit führen.
>
> So spricht zu uns ein weiser Mann
> Und lehrt uns, daß wir nicht vergebens

Erklimmen auf der steilen Bahn
Das hohe Ziel des Menschenlebens.

Er flößt uns Trost ein in der Noth.
Und hab ich einst den Berg erklommen,
Und zeigt sich endlich dann der Tod,
So sei er herzlich mir willkommen.[16]

Im Januar 1882 (o. D.) antwortet Wedekind auf eine Botschaft Schiblers, der »um eine Streitfrage« bittet:
»Mir sind zwei solche Fragen eingefallen, die Dich gewiß interessiren werden.

Die erste lautet:

Welche Empfindungen hat ein schönes Mädchen bei ungestörter Betrachtung ihres Körpers? Denke nach darüber und auch: werden die Empfindungen des Mädchens gleich oder verschieden sein von den Empfindungen des Jünglings, der denselben weiblichen, schönen Körper betrachtet? Die Frage ist nicht leicht zu beantworten. Ich habe schon einigermaßen darüber nachgedacht; ich bin aber noch weit davon entfernt, sie lösen zu können. Ich will Dich aber schon jetzt auf die weitgreifenden Folgen der Lösung aufmerksam machen. Wenn nämlich erwiesen werden kann, daß die Gefühle des Mädchens gleich, oder auch nur ähnlich sind denjenigen des Jünglings, so fällt damit die Unschuld des Weibes vollständig in *Nichts* zusammen, ist geradezu unmöglich – das wäre eine große Entdeckung!!!«

Es ist *die* große Entdeckung: Wedekind rührt an das zentrale Tabu seiner Epoche, an die offiziell geleugnete weibliche Sexualität. Bemerkenswert ist die Katechesenform, die er wählt, um sich dem heiklen Thema zu nähern.[17] Wie wäre es, wenn die Frau über ihre eigene Sexualität verfügte, sich dieser als Macht bediente und sich aus der passiven Rolle befreite, die ihr von der Gesellschaft aufgezwungen worden ist? Die Büchse der Pandora! Die Folgen sind unabsehbar! Aus dieser Fragestellung ergeben sich die Angst- und die Wunschträume einer kommenden Generation und die Notwendigkeit, diese Träume zu verbalisieren. In der Literatur gewinnt das epochale Leitmotiv der männlichen Angst vor der entfesselten Frau mannigfache Gestalt: Salomé, die Venus im Pelz, Nana, Lulu.

Im selben Brief fragt Wedekind weiter, ob es einem Irrenarzt erlaubt sei, einen Irren, »das selige Geschöpf, das die gnädige Vorsehung ausnahmsweise vom Fluch verschont hat, Mensch zu sein«, zu »heilen«. Gleichzeitig schickt er dem Freund das Gedicht »Ein Lebenslauf« (S. 177). Der Freund kommentiert (31. Januar 1882):

»Das ›greise Kind‹ ist durch Gefühle alt geworden, hat sich nicht hineinfinden können, hat geglaubt, schon alles durchkostet zu haben. Mit Gefühlen wird man unglücklich.«

Die Auseinandersetzung über Liebe, Freundschaft, Gott und die Welt wird fortgeführt. Im Brief vom 24. Oktober 1882, zu einem Zeitpunkt, da der Freund die Kantonsschule Aarau bereits verlassen hat, klagt Franklin Wedekind über die »drückende Atmosphäre« in Aarau.

»Ich empfand, je tiefer ich in die Trunkenboldhaftigkeit der Industria hineingerieth, desto herber, daß in meiner ganzen Umgebung keine Seele ist, die mit mir fühlen, mich verstehen könnte, ich fühlte, daß alles, was mir lieb und theuer war, mich verlassen hat.

Welch ein süßer, erquikender Trost war unter solchen düsteren Gedanken das Bewußtsein, *einen* Freund zu besitzen. Ich schwärme nicht gern in sentimentaler platonisch idealer Hingebung, aber dennoch halte ich Freundschaft für das Edelste, dessen eine Menschenseele fähig ist. Wer könnte wohl die Liebe zum Weib darüber stellen! Ist sie denn etwas anderes, als nur die von der Natur errichtete Brücke, über welche wir in das schöne Jenseits in das Paradies der Freundesliebe eintreten sollen, und zehrt die sexuelle Liebe nicht, als eitle Sinnlichkeit, sich selbst auf durch den Genuß auf dem Fuß folgenden Ekel, wenn sie nicht im Stande ist, uns in jenes Elysium zu leiten, sie uns nicht zur wahren Freundschaft verhelfen kann?«

Schibler antwortet am 8. November 1882 von Solothurn aus, wo er sich in einer rigorosen »Löffelschleife« auf das Maturitätsexamen vorbereitet. Sein plötzlicher Abgang von der Kantonsschule Aarau ist geheimnisumwittert. Bedenkt man, daß alles Mitgeteilte für den jungen Dichter Wedekind zum Stoff wird, so ahnt man Zusammenhänge, die sich in *Frühlings Erwachen* niederschlagen werden. Schibler schreibt:

»Ich habe intim meine Aarauer Memoiren zu schreiben ›als große Confession‹ à la Goethe, um mir die Scrupeln vom Herzen zu wälzen. Du glaubst und weißt es nicht, warum ich von Aarau weggegangen bin. Aber du wirst gestehen müssen, daß ich recht gehabt habe. Ich muß mich aussprechen; ich kann es aber nicht in einem Briefe, sondern nur vor dir in deiner Gegenwart. O ich habe dies Sclavenleben des Gymnasiums satt; man ist gebunden und gekettet gleich einem nach Freiheit ringenden Wesen, das frei sein muß und nur in der Freiheit gedeihen kann. Diese Schranken beengen mich; sie erdrücken mich und lassen keine menschliche Regung in mir aufkommen. Ich habe es wie du. Niemand versteht mich, und in niemand habe ich Vertrauen. Ich habe es gedacht, daß Dich das Vereinsleben der Industria bald anekeln würde. Du beherrschtest alles, hattest niemand, der dir opponierte und imponierte, du fandest keinen Reiz mehr, und der Ekel ist Dir unausbleiblicher Gefährte, eine Errungenschaft, die aus der Ferne betrachtet Reiz besitzt, wenn man sie aber selbst beherrscht, nichts mehr bietet. Das Gymnasial-Vereinsleben [ist] auch für dich nichts mehr, denn du stehst über demselben und siehst die Hohlheit und das Theater desselben ein.«

Am 11. November 1882 gibt Franklin Wedekind zu verstehen, daß er sehr wohl weiß, was die Gründe für Schiblers plötzlichen Abgang vom Gymnasium sind. Die Drucklegung des ersten Gedichts mag als Erfolgserlebnis den Gedanken an eine systematisch verfolgte Dichterlaufbahn an der Seite des Freundes inspiriert haben. Wedekind faßt ein Publikationsprogramm ins Auge. Sein Brief ist wichtig, da er die ersten bekannten schriftlichen Pläne für ein gemeinsames dichterisches Unternehmen enthält und damit hilft, verschiedene lyrische Produkte, Entwürfe und Projekte aus Wedekinds frühester Werkperiode einzuordnen und zu deuten.

»Hör einmal, Oskar: Wie wäre es, wenn wir beiden einigen Stoff in edelen Poesien, philosophischen Aufsätzen, Räthseln et.ct. sammelten (ich könnte vielleicht *auch* eine kleine Novelle oder Reisegeschichte zusammenschmieren) und auf den nächsten Winter mit einem vorgesetzten Kalendarium in Form der früheren Almanache zu Schillers und Goethes Zeit herausgäben? –

Deine Memoiren aus Aarau würden ausgezeichnet in ein solches Werk passen. Du änderst Namen und Ort und kümmerst Dich einen Teufel darum, ob man in Aarau den wirklichen Tathbestand merkt oder nicht. Wem's juckt, der soll sich kratzen. Die Sache ist doch jetzt einmal öffentlich. Wenn wir unseren Freundschaftsbund z. B. mit dem interessanten, imposanten Titel ›der Osirisbund‹ belegten, so dürfte der Almanach auf 1884 wohl den Titel führen: ›*Der Osiristempel. Herausgegeben von den Osirisgeistern, ein Almanach für die gebildete Welt.*‹

Weniger interessant durch das Elastische dieses Titels, als vielmehr durch die Ähnlichkeit, die derselbe mit den Producten des vorigen, goldenen Jahrhunderts unserer Poesie hat, würde er, meiner Ansicht nach, die Blicke der Menge bald auf sich ziehen, besonders, wenn wir das Werk in einem respectablen Verlag à la Sauerländer in Aarau suchten erscheinen zu lassen. Würde dieser Versuch ein Jahr lang gelingen, so könnten wir ihn fortsetzen, und so vielleicht für unser ganzes Leben ein interessantes, edles Band zwischen uns, Osirisbrüdern, entstehen sehen.

Denk all diese Gedanken noch einmal durch und schreibe mir die Deinigen darüber. Schreib nur nicht zurück von der Größe eines solchen Unternehmens! Die Ausführung wäre göttlich. Und hätten wir einmal den Stoff beisammen, so wollte ich die Correctur und anderer mit der Herausgabe zusammenhängende Unannehmlichkeiten, die am Ort der Buchhandlung geschehen müssen, schon besorgen, da Du dann mal wieder in der Ferne weilen würdest. Du beklagst Dich in Deinem Brief darüber, daß Du keine geistige Anregung hast. Nimm diese Gedanken als eine solche. Wenn das Unternehmen einmal geglückt ist, so könnten wir vielleicht doch *Carl Schmidt* als den dritten im Bunde in unseren Tempel ziehen. Er müßte den folgenden Jahrgang nathürlich mit einigen naturhistorischen Aufsätzen bereichern, in welchem Fach *Du* sowohl wie *ich* wohl nichts Hervorragendes leisten würden – eine glänzende Perspektive! Sieh, ich bin jetzt wieder frei, und in den ersten Tagen, als ich aus der ›Industria‹ entlassen war, hatte ich das Gefühl, als sei mir das Bewußtsein eines Verbrechens vom Herzen gefallen – so drückte mich das niederträchtige Vereinsleben. Jetzt bin ich frei und kann mich ungehindert auf meine Lieblingsbeschäftigung werfen. Glaube mir, in einem solchen Schaffen würden wir beide Befriedigung finden und nicht mehr nach äußerlicher Freiheit lechzen, die ja am Ende doch nie völlig erreicht werden kann. Eine gemeinsame Schöpfung würde uns, so weit wir auch voneinander entfernt lebten, in fortwährendem Verkehr halten und wie Mann und Weib aneinander knüpfen. – Da kommt mir eben der Gedanke: Wie wäre es, wenn wir gerade *diesen Brief,* natürlich dazu bearbeitet, als Einleitung vor das Werk setzten, da er doch das Unternehmen begründet hat. Im ersten Jahrgang müßte natürlich alles und jedes anonym stehen. Wir würden ägyptische Namen annehmen, um allen Vorurtheilen, die unsere ›Schülerhaftigkeit‹ hervorrufen würde, vorzubeugen. Nach günstigem Erfolg könnten wir uns entschleiern. Trotzdem aber würde ein Brief wie dieser ganz dazu geeignet sein, den Leser für das Folgende zu interessieren, da er so nicht nur das neugeborene Kind, sondern sogar die dazu nöthige Befruchtung sehen würde. – – – Halt! – – –

Lieber Oskar, ich weiß nicht, ob ich mich noch auf dem Boden der Vernunft oder schon im Reiche der Träume befinde. Ich will warten, wie dieser Brief morgen früh aussieht. Du sagtest mir einmal, man habe abends und morgens so verschiedene Augen. Hoffentlich wird er mir ebenso wahr bei einer wiederholten Überlegung vorkommen, denn dann wäre ich sicher, daß er auch bei Dir gute Aufnahme fände.«

Bemerkenswert ist die vorgeschlagene schriftstellerische Taktik: die Anwendung eines verschleierten Tatsachenberichts. In den ersten veröffentlichten Tagebuchauszügen[18] wird sich Wedekind dieser »naturalistischen« Methode bedienen, um seine erotischen Experimente mit der Kusine Minna von Greyerz zu schildern,

»Memoiren«, die er, darin dem Vorschlag an Schibler folgend, mit Decknamen versieht. (Minna heißt dort »Wilhelmine«.) Auch der andere Vorschlag zur Tarnung ist zu beachten, die Anregung zur Gründung eines literarischen »Osirisbundes«, um geringschätzigen Vorurteilen gegen die »Schülerhaftigkeit« der modernen Goethe-Schiller-Epigonen zuvorzukommen. Diese Angst davor, nicht für voll genommen zu werden, ist durchaus existentiell. Sie ist der Grundton, der die Kindertragödie *Frühlings Erwachen* bestimmt und das genaue Gegenteil von Naivität. Es ist nicht die Kindlichkeit, sondern die machtlose Frühreife, die sich zusammentun will gegen die machtgeschützte Lehrhaftigkeit der Erwachsenenwelt. Ironischerweise ist gerade Wedekinds Frühwerk durch Kutschers Pauschalurteil der »Schülerhaftigkeit« bis heute der ernsthaften Kritik entzogen worden. Bedenkt man, daß nicht nur die wichtigsten Dramen, sondern auch mehrere Erzähltexte und fast das gesamte lyrische Werk Frank Wedekinds dort ihren Ausgang nehmen, kann man den Schaden für die Wedekind-Forschung nicht hoch genug einschätzen.

Schibler findet Wedekinds Vorschlag eines gemeinsamen dichterischen Unternehmens »nicht übel«, wie er am 25. November 1882 aus Solothurn schreibt, wendet aber ein:

»Offengestanden, könnten die bis jetzt gelieferten Producte in der geringsten Zahl verwendet werden. Wir müßten uns in ein ganz neues Gebiet werfen, welches wir bis jetzt noch gar nie versucht haben. Hast du oder ich schon etwas probiert, was das allgemeine Publicum interessieren würde; wenn ja, ist die Form anziehend genug, daß man es der Kritik darbieten dürfte? Jedenfalls muß der Stoff nicht ein alltäglicher sein, sonst verschwinden wir sofort. Wir müssen gleich anfangs durch die Neuheit blenden und gefangen nehmen, und wenn einmal der Schritt geglückt ist, so haben wir den rechten Weg gefunden, auf dem wir ans Ziel gelangen. Ich glaube diese Neuheit wäre gerade im täglichen Leben zu suchen. Die Leute laufen herum, ohne an ihre Umgebung und Verhältnisse, private und sociale zu denken, und wenn wir einige interessante, den Leuten die Augen öffnende und für sie überraschende Streiflichter, auf das heutige Leben sich beziehend, werfen würden, so glaube ich, wir würden viel mehr furore machen als durch irgend eine Novelle, Reisegeschichte, Gedichte, etc.«

Die Zeit ist reif für den Naturalismus. Das Wort selbst ist noch nicht im Umlauf, und auch Schibler denkt bei seinen so recht im Kaufmannsgeist der Gründerzeit vorgetragenen Argumenten nicht an einen literarischen Stil, sondern an die Vermarktbarkeit eines literarischen Projekts für ein gegenwärtiges bürgerliches Publikum. Seiner Meinung nach sollte sich die Schrift zwar »mehr kritisch-philosophisch als unterhaltend verhalten«, jedoch durch ein »irgendeinmal eingeschobenes unterhaltendes Stück« aufgelockert werden, wobei zu bedenken sei, daß der Leser heutzutage ohnehin von Gedichten und Geschichten überschwemmt werde. »Wir sind jung, und junge Köpfe sind noch keine Schablonen, welche urtheilen wie die Alten. Wir sind noch Schüler. Stoff genug bietet uns das tägliche Leben in Schule und Haus, und uns selbst wird dies viel nützen. Wir lernen nachdenken, schließen, kritisieren, folgern. Dies ist ein eminenter Gewinn.«

Findet hier die von Wedekind herbeizitierte »nothwendige Befruchtung des neugeborenen Kindes« statt? Schibler liefert jedenfalls, ohne es zu wissen, Modell, Vorwand, Stoff und die geschraubte Sprache der Figuren der späteren »Kindertragödie«. Bemerkenswert ist das kommerzielle Kalkül auf beiden Seiten, mit dem das Projekt in Angriff genommen wird. Eine Firma soll gegründet werden, so wollen es die beiden Gründersöhne, ein Familienunternehmen, bei dem der Eros im Erfolg liegt und die Kompagnons »wie Mann und Weib aneinander knüpfen« [!] soll. Wedekind ist begeistert. Am 28. November 1882 schreibt er dem Busenfreund und angehenden Geschäftspartner:

»Ich bitte Dich, daran zu denken, wie kolossal viel man dem Publikum bieten darf, wie es gleich einer ›rechten Sau‹ mit allem vorlieb nimmt und (um in meinem Bilde zu bleiben) für wirkliche *Perlen* gar kein Auge, kein Ohr, keine Nase hat. Sehr richtig bemerkst Du, daß es absolut für unsere Erstlingswerke nothwendig ist, *originell* und *neu* aufzutreten. Es fragt sich nur, in welcher Weise wir diese Originalität suchen sollen. Du meinst, wir sollen z. B. suchen, Scherr und seine Sprache nachzuahmen. Es fragt sich, ob man uns bei diesem Experimente nicht sehr bald auf die Eisen kommen würde. Meiner Ansicht nach sind wir noch zu unreif, um in der *Form* originell zu sein, besonders, da so viele andere darin originell sind, so daß ein solches originell Sein bald gar nicht mehr originell ist. Ich habe einen anderen Gedanken. Meines Wissens hat seit H. Zschokke kein Mensch mehr Aarau und Umgebung zum Schauplatz von Novellen et ct. gemacht, obschon jährlich verschiedene Jugendschriften, et ct. bei Sauerländer erscheinen. Ich glaube, wenn wir für irgend einen Stoff (ich habe mir schon einige derer zurecht gelegt) Aarau und eine der umliegenden Ruinen zum Schauplatz einer Novelle des Mittelalters machten, wir schon dadurch die Augen der Menge auf uns zögen.

Du fragst mich in Deinem lieben Briefe, ob einer von uns schon irgend etwas Druckfähiges geschrieben habe. Leider kann ich [mich] noch bis jetzt mit Wenigem derart brüsten. Gegenwärtig arbeite ich an Erinnerungen ans Eidg.[enössische] Turnfest [...] u. bin auf den Effect sehr gespannt.[19] Aber, Oskar, haben wir uns bis jetzt auch jemals Mühe gegeben, etwas allgemein Lesenswerthes zu verfassen? Ich glaube kaum, daß es so entsetzlich schwer wäre. Sieh doch einmal die Poesien an, mit der sich die Gartenlaube brüstet, die doch in 300 000 Exemplaren monatlich über die ganze Erde verbreitet wird: Und sollte uns erneut der Stoff ausgehen, lesen wir die Classiker: Horaz, Catull, et ct. um irgend ein verborgenes Vergißmeinnicht zu übersetzen u. noch eine gelehrte Abhandlung über Übersetzung u. Übersetzungskunst zuzuschreiben. Überhaupt könnten wir dann auch einige unserer eigenen Producte für Übersetzungen aus dem Englischen, Französischen, et ct. ausgeben. Sei überzeugt, das zieht ganz gewaltig.

Sehr richtig bemerkst Du, wir müßten die Stoffe zu unseren Arbeiten aus dem *Leben* nehmen. [...] Geht man abends in die Kneipe, ins Theater, aufs Eis; geht man auch nur auf den Bahnhof oder Markt, so sieht man Menschen, und wenn man Menschen hat, so findet sich auch leicht eine Handlung dazu. Dies habe ich erfahren. Mit etwas Kühnheit geht alles. Du kennst es, glaube ich auch! Was die philosophierenden Arbeiten betrifft, so bin ich ganz Deiner Meinung. Nur wollen wir uns vor exacter Philosophie hüten. Sie gefällt dem Publicum nicht; hingegen gefällt es ihm, elegante Salbadereien unter dem Mantel exacter Wissenschaft zu vernehmen. Du kennst den Democritus von Abdera. Nehmen wir uns den zum Muster! Die Kraftausdrücke und kühnen, unverschämten Behauptungen hat er mit Jo. Scherr gemein. Und solches zieht. Stets aber müssen wir auf ein gefälliges Gewand sehen. Du hast den Philosoph für d. Welt von Engel gelesen.[20] Engel entwickelt in einfachen Stationen sehr tiefe Gedanken. Nehmen wir die Situationen etwas origineller und die Gedanken etwas leichter, so haben wir einen trefflichen Ohrenschmaus für das heutige denkfaule Publicum. Auch in diesem Fach hab' ich bereits eine sehr originelle Idee, die ich Dir ebenfalls auf Deinen Wunsch zur Kritik übersenden werde. Was die heutigen Zustände und socialen Verhältnisse anbelangt, so glaube ich, daß wir allerdings auch hierin etwas ins Handwerk pfuschen müssen, daß aber über solche Punkte fortwährend viel Gediegenes geschrieben wird, daß wir am besten thun würden, nur dieses Gediegene zu benutzen, um unsere Leser auch im politisch-socialen Fache zu befriedigen. Ebenso Naturwissenschaft, in welchem Fach ich mich nur auf picante (ja nicht abstoßend natürliche!) Themata beschränken möchte.

Überhaupt sei es unser Bestreben, nicht sowohl *viel*, als vielmehr *vielerlei* zu bieten, von Gedichten aber nur soviel als zur Dekoration des ganzen Werkes absolut nötig ist und statt langer Gedichte kleine Geistes-Blitze (à la Heine) aufzunehmen.

Was die Kritik anbelangt, glaube ich auch, daß gegenwärtige Kritik die beste ist. Vor fremder Kritik brauchen wir uns nicht zu fürchten, denn sobald einmal in öffentlichen Blättern über unser Kind geschimpft wird, so soll es uns an ciceronischen Verteidigungen (natürlich alles anonym) nicht fehlen und unser Kind wird auf diese Weise wohl am besten in die große Welt eingeführt. Übrigens könnte, wenn ein solcher Angriff nicht stattfinden sollte, auch einer von uns sich zu dem Geschäft herbeilassen, worauf der andere die

Antwort verfassen müßte. Wir hätten alsdann den Vortheil, daß wir die beiden Schriftstücke zuerst mit einander vergleichen und so verrathen [?] könnten, daß der Angriff mit einem glänzenden Siege zurückgeschlagen würde.

Also vorwärts, lieber Oskar! Unverwandt blick in die Zukunft! Sei wahrhaft göttlich! Wir unternehmen nichts Unausführliches, Luftschlösserartiges. Bedenke, daß Schiller in seinem 17. Jahre die Räuber schrieb. Welch eine Schande, wenn wir im 18. noch nicht imstande wären, einen lumpigen Almanach zusammenzuschmieren! – Ist das Unternehmen einmal geglückt, so soll es das zweite Mal schon besser werden! Glückt es nicht, so ist am Ende auch nichts verloren.

Die Angelegenheit mit E. v. B. hat mir mehr zu denken gegeben, als Du meinst. Den letzten Theil Deines l. Briefes habe ich nun schon fünf Mal durchgelesen, was allerdings auch mit Deiner miserablen Schrift zusammenhängt.

Ich bitte Dich, *mach Dich los!* Ich kann kaum glauben, daß Du Dich sonderlich zu solch einem Weibe hingezogen fühlen kannst. *Hier* genießt sie einen sehr zweideutigen Ruf, und jeder Kantonsschüler aus dem neuen Quartier prahlt damit, daß sie jedesmal am Fenster stehe, wenn er vorbei käme. Schön soll sie auch gerade nicht sein, die Augen abgerechnet, die Dich ebenso leicht vergiften können wie den armen Heine die Thränen der Donna Clara.

Ich sage *vergiften*. Denn glaube mir, es gibt nichts Schrecklicheres, Widerwärtigeres als einen jungen blasierten Burschen, der, nachdem er seine paar Unzen Gehirn bei irgend einer losen Coquotte verpufft hat, als geistlose Maschine auf der Welt umherirrt. Mach unseren Almanach (crescat!) zu Deiner neuen Geliebten und weise der alten einen Platz darin an, so bist Du ganz à la Goethe ihrer los geworden. Du sagst, eine solche Schilderung gäbe ein Zola-artiges Sittenbekenntnis. Laß es doch geben; solange es psychologisch richtig ist, so findet es in jeder anständigen Schrift Zulaß. Las ich doch jüngst in der Gartenlaube eine lange Abhandlung über die 10. Muse, das Tingel-Tangel!

Also *reiß Dich los!* Antworte ihr nicht, so werden die Geschenke wohl mit der Zeit auch ausbleiben, und sieh zu, daß Du wieder nach Aarau kommst, da über die Geschichte lachen und das schöne Weib bemitleidend verachten kannst! –

Jetzt leb wohl. Auch Du hast nun viel zu beantworten. Ich lege eine Probe von meinem neuen Hektographen bei. Schreibe bald, aber überlege zuvor alles gründlich. Noch einmal: *Reiß Dich los!! Sei ein Mann!!* –«

Franklin Wedekind besitzt seit kurzem eine Hektographiermaschine, mit deren Hilfe er seine Kneipenlieder und »Bucolica« vervielfältigt, um sie unter den Mitschülern und Freunden verteilen zu können. So sind etwa zwei Exemplare des hektographierten Gedichts »Subjektiver Idealismus«, mit Wedekinds Unterschrift versehen, im Nachlaß Oskar Schiblers in Aarau vorhanden. Die Hektographiermaschine, die Wedekind erstmals den Selbstverlag seiner Gedichte ermöglichte, wurde ihm von Hermann Plümacher, dem Sohn der »philosophischen Tante« Olga Plümacher-Hünerwadel, geschenkt. Er bedankt sich in einem Gedicht (vgl. S. 145).

Der Almanach ist nie »hingeschmiert« worden. Der Traum, zusammen mit Oskar Schibler als neues Goethe-Schillersches Doppelmonument im Literaturpark der Gebildeten aufgestellt zu werden, hat sich für Wedekind – zu seinem Glück! – nicht erfüllt. Das liegt vor allem daran, daß Schibler für die hochfliegenden Pläne seines Freundes wohl Bewunderung, aber keine Einsatzfreudigkeit gezeigt hat.

Bemerkenswert ist die zynische Kaltblütigkeit – das kalte Auge des dramaturgischen Basilisken –, mit der der achtzehnjährige Franklin Wedekind vorschlägt, die Literatur als Roßtäuschergeschäft für ein Gartenlaubenpublikum zu betreiben (Brecht, ihm auch in dieser Anlage verwandt, wird ihn nicht ohne Grund einen Gaukler nennen), als eine Art von höherem Unterhaltungsjournalismus, als ein *Reader's Digest* mit ausgewählten Kuriositäten aus allen Wissensgebieten und »eleganten Salbadereien unter dem Mantel exacter Wissenschaft«. Hier kündet sich, bei Wedekind nicht ganz unerwartet, ein Sinn für Publikumsmache und moderne Journaille an. Der künftige Theaterautor richtet seine literarischen Vorstellungen nach einem Zielpublikum aus, von dessen geistiger Beweglichkeit (»denkfaul«) er sich nicht viel verspricht. Dieses Publikum erst zu fesseln und dann in seinem Sinn zu manipulieren, das ist sein Ziel.

Die beiden Briefe vom November 1882 belegen in nicht zu überbietender Deutlichkeit die nüchterne Marktstrategie des achtzehnjährigen Gymnasiasten für seine schriftstellerische Laufbahn. Von dichterischen Ideen ist scheinbar nichts zu verspüren, doch ist eben der Gedanke, durch die Ausnutzung der Poetenschwärmerei des Gartenlaubenpublikums diese eminent bürgerliche Verbindung von Kommerz und Sentiment beim Wort zu nehmen, sie bis zu ihren Ursprüngen zu verfolgen und dort durch die unerwartete Bloßlegung der Zusammenhänge zu schockieren, eine der Voraussetzungen für Wedekinds späteren Erfolg.

Der »Zolaismus« (Schibler erwähnt Zola als großes Vorbild in seinem Brief) liegt ihm von Anfang an nicht. Später wird er sich mit Gerhart Hauptmann über dessen verletzend indiskreten Naturalismus entzweien (vgl. S. 316 ff.). Und wo ist im übrigen in der Schweiz die glitzernde Halbwelt zu finden, wo trifft man die »10. Muse, das Tingel-Tangel«, die einer Milieuschilderung à la Zola die schillernden Pailletten aufsetzen würden? Hier gibt es nur mittelalterliche Kleinstädte und verstaubte Ritterburgen als vertraute Umgebung. In logischer Konsequenz – und natürlich auch im Hinblick auf den modischen Historismus der Epoche – schlägt Wedekind als Stoff eine »Novelle des Mittelalters« vor, um »dadurch die Augen der Menge auf uns« zu richten. Am Anfang war der Stoff.[21]

Nicht zu übersehen sind Wedekinds Bemühungen, die obskure Affäre des Freundes, die ihn fasziniert, als Stoff ins dichterische Unternehmen einzubringen. Nicht die Milieuschilderung an sich – als bloßer Abklatsch der Wirklichkeit – ist erwünscht, sondern deren psychologische Glaubwürdigkeit. Dem Gartenlaubenpublikum, den zahlenden Philistern müssen keine »exotischen« Stoffe (ob aus dem kleinstädtischen Mittelalter oder aus dem modernen Großstadtleben) vorgesetzt werden, um es in die dramaturgisch günstige Erregung zu versetzen. Der Dichter muß keinen Schritt vor die Türe tun, um die richtigen Stoffe zu finden. Diese Stoffe trägt sein Publikum in sich selbst. Die allmählich in Wedekind aufdämmernde Erkenntnis von einer möglichen Dramatik, die ihre Spannung aus der Diskrepanz zwischen der vorgespielten offiziellen Hochanständigkeit der Bürgerwelt und deren heimlichen Begierden gewinnt, führt ihn folgerichtig zu Studien des menschlichen Verhaltens – insbesondere des weiblichen –, die im engsten Familien- und Bekanntenkreis beginnen und sich allmählich zur allgemeinen »Erkenntnislehre« ausweiten, die er später als »Realpsychologie« bezeichnen wird (vgl. S. 192 f.). Wenn der Zuschauer psychologisch so weit geführt werden kann, daß er erkennt, wie die künstlichkitschigen Dialoge, die seinen eigenen Worten abgelauscht sind, das eigene Denken und heimliche Begehren nicht verschleiern, sondern es im Gegenteil in mitleidloser Schärfe enthüllen, dann wird das neue Drama geboren sein.

Wedekinds Hang zur literarischen Unternehmensgründung hält an und verrät unter anderem seine eigene Unsicherheit. Sein Leben lang wird er stets versuchen, in einer Gruppe von Gleichgesinnten *primus inter pares* zu sein, sei es als Lenzburger Lokaldichter im »Dichterbund«, als Bänkelsänger und Kneipenlyriker des Aarauer »Senatus Poeticus«, als Anführer des geheimen Dichterbundes »Fidelitas«, später unter den »Jungdeutschen« in Zürich, bei den *Simplicissimus*-Autoren und bei den »Elf Scharfrichtern« in München.

Um die Jahreswende 1882/83 ist das Großunternehmen Schibler-Wedekind bereits geplatzt. Schibler hat weit geringeres Interesse daran, ein gefeierter Dichter zu werden, als einen verschwiegenen Freund zu haben, an dessen Schulter er sein rabenschwarzes Kleinbürgergewissen erleichtern kann. Auf die literarischen Vorschläge Wedekinds erfolgt bezeichnenderweise kein Gegenvorschlag mehr, sondern, in einem Brief vom 5. Dezember 1882, eine »große Confession«, allerdings nicht »à la Goethe«, sondern als zerknirschte Beichte eines »jungen und leichtsinnigen und waghalsigen aber nicht schlechten Knaben«, der »in verhängnisvoller Weise mit einem Weibe« Umgang gepflogen habe, »das Sitte, Anstand und Pflicht verletzte [. . .] Sie wollte nichts als fleischliche Lust. Und ich, zu wenig Härte besitzend, ihr zu widerstehen, fiel. Die thierische Natur siegte über die sittliche. Ich wälze jede Schuld dieses Falles von mir ab. Mein letzter Gedanke ging dahin, nachdem aber einmal der erste Schritt meinerseits [. . .] gethan ward, wurde die Leidenschaft immer stärker, der Fall immer tiefer. Ich liebte sie nicht. Die Poesie meiner Jugend habe ich leichtsinnig verschleudert [. . .] Ich habe den Menschen von seiner verwerflichsten Seite kennengelernt, bin für diese psychologisch interessante Strategie, die ich selbst erlebt habe, keineswegs beneidenswerth.«

Welch ein Szenario! Das Weib als Vampir und Dämon, das unschuldige Jünglinge verführt und ihnen »die Poesie ihrer Jugend« raubt! Wedekind wird es sich gemerkt haben: Unter Freunden, die sich dem philisterfeindlichen Immoralismus verschworen haben, kann nicht von Doppelmoral die Rede sein, wohl aber von einem gespaltenen Bewußtsein.

Anfang 1883 (o. D.) schreibt Franklin Wedekind zurück. Es ist ihm offenbar klargeworden, daß er, schon wegen der wachsenden örtlichen Entfernung (der Freund geht als Student der Jurisprudenz zuerst nach Straßburg, dann nach Freiburg im Breisgau) mit Schibler als ernsthaftem Mitarbeiter für seinen »Osiristempel« nicht länger rechnen kann. Um so mehr befaßt er sich mit der psychologischen Konstellation der Liebesgedichte seines »herzensgeliebten Oskars«.

»Um Dich bei Dir selber von allen üblen Folgen zu befreien, rathe ich Dir als Freund, Dich jetzt mit allen Kräften anzustrengen, den Liebeshandel von der *lächerlichsten* Seite zu betrachten. Auf diese Weise könnte er Dir auch gleichgültig werden. Wenn Du behauptest, daß *alle* Schuld auf *ihrer* Seite liege, so muß ich Dir aufrichtig gestehen, daß ich solches kaum glauben kann; Du befindest Dich in einer zwar nützlichen, aber immerhin nicht wahrheitsgetreuen Selbsttäuschung. Jedenfalls war der Leichtsinn auf Deiner Seite (Du sagst ja, *verliebt* seiest du nicht gewesen) ebenso groß, wie die Schlechtigkeit auf ihrer Seite. Daß das ganze Abentheuer Deiner Gemüthsverfassung einen gehörigen Stoß versetzt hat, glaube ich recht gern. Nur begreife ich nicht recht, daß Du dasselbe nicht schon längst, da es ja von Deiner Seite so großartig angelegt war (Egypten) zu einem interessanten Roman verwerthet hast. O, hätte ich solche Erfahrung, wie möchte meine Feder auf dem Papier hüpfen! Natürlich mußt Du jetzt Deinen Vorsatz, in Zukunft die Stürme links liegen zu lassen, mit aller Energie durchführen, und Dich womöglich wieder der alten, gemüthlichen, so oft von uns versprochenen platonischen Liebe zuwenden. Wenn sie auch in Wirklichkeit gar nicht besteht, bereitet sie doch eine angenehme Unterhaltung und ist für Leib und Seele *unschädlich*.«

Das aufregende Erlebnis des Freundes weckt in Wedekind Begeisterung und einen Anflug von Neid: Welch ein Stoff! Schmählich vertan! Was würde er selber damit angefangen haben! Ob ihn das Beispiel des Freundes motiviert hat, ein ähnliches Abenteuer zu suchen oder ob ihm, der schon so viele Liebeslieder an unzählige spröde Schönen geschrieben, schmerzlich bewußt wird, noch keine praktische Erfahrung in der Liebe zu haben? Gleichviel: Alle Zeichen deuten darauf hin, daß der Gymnasiast kurz darauf die Begegnung mit reifen Frauen gesucht hat – zurst mit Blanche Zweifel-Gaudard und dann mit Bertha Jahn –, die seinem Leben eine neue Wendung geben und unter den anakreontischen Chiffren »Venus« und »Erica« im folgenden Jahr in seinen Texten auftauchen werden.

In dieser neuen Konstellation wird die Freundschaft mit Schibler begreiflicherweise vernachlässigt. Auf dessen zwei mahnende Postkarten hin, schickt Wedekind endlich einen Brief (o. D.), in dem er den ersten Liebesfall andeutet. [22] In diesem Brief, der im Gartenlaubenton eine Liebeserfahrung zu beschreiben vorgibt und sich gerade in der Objektivierung der angeblich so tiefen Gefühle als Geflunker verrät, sind die Metaphern vom Paradies und dem Baum der Erkenntnis besonders aufschlußreich, da sie sich direkt auf die Entstehung eines wichtigen Gedichts beziehen, das, mit dem Datum des 27. Januar 1883 versehen, im Aarauer Nachlaß liegt (vgl. S. 379):

> Einst saß ich mit meiner Königin
> Wohl unter dem Baum der Erkenntnis
> [. . .]

In der Sammlung Oskar Schibler in der Kantonsbibliothek Aarau befindet sich das mit dem gleichen Datum versehene Gedicht »Jubilate«, das wahrscheinlich diesem Brief beigelegt gewesen ist (vgl. S. 252 f.). Den Freund wiederum interessiert in seiner Antwort vom 28. Februar 1883 mehr »die Lebenserkenntnis, gestützt auf Erfahrung«, die er in den beiden Gedichten erblickt. Besonders fasziniert zeigt er sich von den »nihilistischen« Schlußversen des Gedichts:

> Da kracht der Himmel, die Erde bebt,
> Es donnert die Atmosphäre,
> Und meine glückliche Seele verschwebt
> In duftige, luftige Leere...

Dazu hat er folgendes zu bemerken: »Ein Nichts kann ich mir nicht vorstellen, denn es haften immer räumliche Formen daran, es gibt nur ein Sein [...] Du hast bei deinem Gebete den Kirchen- mit dem Weltgeiste vermischt, doch immer noch etwas Kinderschuhe. Prüfe selbst!« Der »Weltgeistliche« schickt dem »geliebten Oskar« ein mit dem Datum »März 1883« versehenes Gedicht als Antwort.[23]

Der Briefwechsel zwischen den beiden Freunden bricht nach diesen Offenbarungen zusammen. Schibler scheint sich beschwert zu haben, daß seine Mitteilungen unbeantwortet bleiben. Wedekind schreibt schließlich am 4. April 1883 einen zerstreuten Brief zurück, in dem er behauptet, eine intensive Heine-Lektüre zu betreiben.[24] Inzwischen scheint Schibler ernsthafte Heiratspläne zu hegen, was Wedekind zu folgendem Rat bewegt:

»Wenn Du also das Heirathen absolut nicht umgehen willst, so möchte ich Dir rathen, der göttlichen Venus einen Antrag zu machen. Sie hat zwar schon sehr viele Liebhaber; das thut aber in diesem Falle absolut nichts; da sie im Olympus oben zur Genüge mit den Himmlischen beschäftigt ist, hier unten sich durch Abgeordnete vertreten läßt, die an Stelle ihrer Herrin den Tribut und die Huldigungen der Menschen eincassieren.[25] Du kennst sie ja schon, diese Abgeordneten, und ich habe Dir den Weg gezeigt, Deine Bekanntschaft mit ihnen zu legitimieren. – Überlege Dir die Sache noch und theil mir dann Deinen Entschluß mit; nur treib die Unterhandlungen mit Mutter und Tochter nicht so weit, schmiede Dich an keinen Felsen à la Prometheus, sonst kommt der Geier, d. h. die Reue, wenn es zu spät ist und dann . . .«

Schibler schreibt am 8. Mai 1883, er habe »die Photographie und die letzten Briefe meiner Aarauer teuflisch-reizenden Laïs verbrannt. – Die Witwe trieb mir das Blut in den Kopf und der Rauch Wasser aus den Augen. Welche Ironie zwischen Ursache und Wirkung! *Ich* habe sie gehalten, sie aber nicht mich.« In diesem Brief sind Formulierungen zu finden, die im Vorfeld von Wedekinds *Frühlings Erwachen* nicht ohne Interesse sind:

»Wir befinden uns in einer Übergangsperiode. Die nächsten Jahre werden Umwälzungen auf religiösem sowie auf socialem Gebiete hervorbringen und auch wir sind berufen, hier mitzuwirken. Treten wir einmal von dem elastisch immer zurückweichenden, in der Luft schwebenden, ungreifbaren Boden der Schwärmer und Träumer auf diesen reellen Boden. Bilden wir einen Kreis von verwandte Ansichten hegenden Genossen, betrachten wir die Fragen von unserem noch ungetrübten Standpunkt aus, der allerdings ideell aber immerhin mit dem gewöhnlichen Leben in Contact sein soll. Mein Ziel ist [die] vollständige Abschaffung der Kirche wie sie jetzt noch besteht und Verbindung der Theile, die davon im Leben nothwendig sind, mit der Schule. Einen großen Theil der Schuld an unseren modernen Übelständen wälze ich diesem Institute zu. Befreien wir unsere Nachkommen von diesen Gespenstern, die mehr schaden als nützen, laß uns wieder froh, von den kalten Dogmen abgewendet, der Natur zuwenden, denn sie ist unsere Mutter, sie erzog uns und bildete uns aus; die starren Lehren verschlechterten und hinderten am Fortschritt.«

Die Korrespondenz plätschert fortan vor sich hin. Wedekind hat genug zu tun mit seinem eigenen Minnedienst und den philosophischen Disputationen mit Olga Plümacher (vgl. S. 250 ff.). Seine größte Sorge ist die bevorstehende Maturitätsprüfung:

»Indessen rückt die schreckliche Passionszeit immer näher. Sie fällt in der Jahresrechnung just mit der von Christus zusammen.

Aber statt wie er auf dem Ölberg werde ich auf dem Schloßberg in mitternächtlicher Stunde seufzen aus tiefster Seele: ›Vater, Vater, kann dieser Kelch nicht an uns vorübergehen? Aber Dein Wille, nicht mein Wille geschehe!‹ – während seine schlafenden Jünger durch die gerade unter meinen Füßen schlummernde Viehmagd repräsentiert werden. Wenn es mir nur nicht so schief geht, wie es jenem ersten Maturanier ergangen ist. Sein Kreuzestod könnte doch eigentlich meinem etwaigen Durchfall gleichgesetzt werden. Aber aus der Ferne winkt der Tag der Auferstehung, das Geburtsfest meiner goldenen Freiheit. Und dann das Bündel geschnürt und hinaus gewandert in die weite Welt, all den verhaßten Unrath von Lenzburg und Aarau, jene Mauern und Gassen, die mich oft so klein, so klein gesehen haben, zurücklassend, aber in meinem Herzen bewahrend viele schöne Erinnerungen aus sonniger Jugendzeit. – –«

Dann fällt er, Abschied nehmend, dem Freund Oskar »um den Schwanenhals«. Dieser muß bald erfahren, daß auch er nur noch zu den Erinnerungen zählt. Eine Zeitlang führt er die Korrespondenz noch fort, scheint aber kein Echo mehr erweckt zu haben. In Schiblers Nachlaß liegen Postkarten, die Wedekind später zunächst an den »Herrn Oberrichter«, dann an den »Herrn Regierungsrat« geschrieben hat. Aus ihnen geht hervor, daß sich die Freunde zwanzig Jahre lang nicht mehr begegnet sind. Die Spuren dieser Jugendfreundschaft hingegen haben sich in Franklin Wedekinds frühesten Dichtungen erhalten.

Das greise Kind
Zwischenbetrachtung

Früh schwand mein Seelenfriede.
Ach, ich genoß zu heiß!
Und ward des Lebens müde, –
Ein jugendlicher Greis.

So sah ich die Zeit verfließen.
Was gleitest du jetzt so geschwind?
O, könnt' ich wieder genießen, –
Ich greises Kind!

Wedekind

E s entspricht dem Geist der Zeit, daß die Schule den Privilegierten, denen durch Gymnasialbildung der Zugang zur Hochschulreife und damit zu gesellschaftlichem Schliff ermöglicht wird, nahelegt, sich den Bildungsgemeinplätzen der humanistisch-klassizistischen Tradition als der eigentlichen Metaphysik ihres bürgerlichen Daseins anzuvertrauen. In einer Epoche, die von Schopenhauers Pessimismus und Feuerbachs und Nietzsches Religionskritik geprägt ist, übernimmt das humanistische Bildungsideal die Funktion des Religionsersatzes. Die Ideologisierung der Bildung führt dazu, daß die »geflügelten Worte« jener Tradition zu dogmatischen Glaubenssätzen werden. Der Gymnasialprofessor als Verwalter des Bildungsschatzes weist auf die »Zeitlosigkeit« der abendländischen Bildungsgüter hin und wacht in seinem Unterricht, einer Art von liturgischer Rede und Gegenrede, darüber, daß sich das relevante Wort zur rechten Zeit einstellt und die rhetorischen Formeln und Riten strikt eingehalten werden.

Der Zweifel am Sinngehalt der eingepaukten Bildungsformeln beginnt für die jungen Menschen, denen dieses Glaubensbekenntnis abverlangt wird, spätestens beim Erlebnis des Auseinanderklaffens von Lehrdogma und eigener Erfahrung. Ihr Drang zum Selberdenken wird von den Erziehern wohl erkannt, jedoch unterdrückt und im Keime erstickt. Wedekind stellt die Schüler, die Opfer dieses rigiden Bildungssystems, als Ahnende dar. Der Schlüssel zu der Kindertragödie *Frühlings Erwachen* – aber auch zu deren komödienhaftem Element, das Wedekind unbedingt festgestellt haben will – liegt in der Dialogführung seiner Figuren. Diese haben ihre Vorbilder in Personen aus Wedekinds Bekannten- und Freundeskreis. Ihre Sprache hingegen stammt, auch in der Übersetzung, nicht aus dem Aargau. So sprach und spricht niemand, nirgends – außer in der Schule. Die Sprechblasen, die den altklugen Schülern aus dem Mund quellen, sind die Katechismusformeln ihrer Schulweisheit. Der Erwerb rhetorischer Gewandtheit fällt mit einer neuen Sprachlosigkeit zusammen: Je wortgewandter und gelehrter sich die Kinder in *Frühlings Erwachen* geben, um so deutlicher wird ihre existentielle Betretenheit. Da sagen sie ihre Klassiker auswendig her und haben der Liebe nicht und keinen Ausdruck für deren innerste Erschütterungen. So sind diese mit Bildung vollgestopften Gymnasiasten auf ihre Art ebenso dumpf-sprachlos wie Büchners Analphabet Woyzeck: sprachlos, nicht in dem Sinn, daß sie um Worte und Sätze ringen müssen, um ihre Ahnungen mitzuteilen. Vielmehr erweist sich die Glätte ihrer sprachlichen Gewandtheit als Eis, an dem alle Erfahrungen abgleiten, abstürzen, zerschmettern, erfrieren.

Für den jungen, schreibenden Franklin Wedekind stellt sich das Problem der »Reife« in doppelter Hinsicht und wird doppelt in Frage gestellt. »Die Maturität« als staatliches Zertifikat akademischer Gesellschaftsfähigkeit erweist sich im Hinblick auf Lebenserkenntnis als reines Abstraktum. Desgleichen erscheinen die abendländischen Bildungswerte, die als Lebenshilfe angeboten werden, als Leerformeln einer abgesunkenen Kulturepoche. Im bürgerlichen Zeitalter, das sich als die Erfüllung der Goethe-Zeit feiert, muß diese Konstellation zur Belastung für jeden originalen Dichter werden. Wedekinds Rebellion gegen die Perpetuierung gesellschaftlicher und kultureller Modelle beginnt an dieser Stelle. Die Gesellschaft besteht darauf: Die vorbestimmten sozialen und kulturellen

Glaubenssätze sind als Maximen allgemeinen Handelns verbindlich. Die jugendlichen Zweifler sehen es anders. Wedekind schaut sich nach Nothelfern um und findet sie in den Dissidenten der Goethe-Zeit, in Kleist, Büchner, Jean Paul, Grabbe und vor allem in Heine. Auch der Vater Friedrich Wilhelm Wedekind verehrt Büchner und Heine, aber ausschließlich als die politischen Heroen des Vormärz. Sein Sohn entdeckt sie als Freiheitskämpfer für jenen Bereich des Lebens, wo die individuelle Not des Menschen immer wieder mit den Forderungen der Gesellschaft kollidiert. Der Eros, so sieht es Wedekind, ist der Schlüssel zur Menschwerdung. Dessen »Enttabuisierung« ist nicht nur eine gesellschaftliche Notwendigkeit, sondern ein umfassendes Menschenrecht, das sowohl für beide Geschlechter gilt, als auch für jedes Alter. Die Aufklärung als Entlassung des Menschen aus seiner selbstverschuldeten Unmündigkeit, so wie sie Kant definiert, gilt also nicht nur für das Zoon politikon, sondern für den Homo sapiens schlechthin. »Mündigkeit«, »Reife« wären nicht mehr durch den gesellschaftlichen Konsens, sondern durch die Förderung individueller Erkenntnisfähigkeit zu erwerben. Bezeichnenderweise findet sich unter den »Memorabilia 1882–83«, einer nachgelassenen Sammlung von Gedichten und Aphorismen aus der Aarauer Gymnasialzeit, auch das Pauluswort: »Der Buchstabe tödtet, aber der Geist macht leben.«

Am Anfang von Wedekinds dramatischem Schaffen stehen drei »Kinder-Tragikomödien«, die ihre Stoffe aus den Erfahrungen der achtziger Jahre schöpfen: *Der Schnellmaler, Die junge Welt* und schließlich *Frühlings Erwachen.*[1] Wie sein Vorbild Büchner stellt sich Wedekind in seinen frühesten Dramen vermittelnd zwischen das Theaterpublikum und seine Figuren, indem er letzteren Ausdruck verleiht durch die Dramatisierung ihrer eloquenten Sprachlosigkeit. Schon sein erstes gedrucktes Drama (1889), die zu Unrecht vergessene »Große tragikomische Originalcharakterposse« *Der Schnellmaler*, enthält *in nuce* die meisten Elemente der künftigen Wedekindschen Dramaturgie und verschiedene Leitfiguren, die in den großen Dramen der späteren Jahre in mannigfachen Varianten immer wieder auftauchen: der unverstandene Künstler, die Frau als Opfer, die als

allgemein begehrtes Liebesobjekt verschachert wird, der Kunstmä-
zen als *deux ex machina,* das jugendliche idealistisch-realistische
Freundespaar, der genialische Weltmann und Hochstapler, der tyrannische Vater. Das zweite Schauspiel, *Die junge Welt,* trägt zunächst den Titel *Kinder und Narren,* den der Leser, der Absicht des
Dichters folgend, unwillkürlich ergänzt: ».. . sprechen die Wahrheit.«

Wedekind stellt sich in die ehrwürdige Tradition der Tragikomö-
die, als deren Urvater der römische Komödiendichter Plautus gilt.
Wie dieser weiß er, daß in der Parodie der klassischen Tragödien-
form, welche die Skepsis gegenüber überlieferten Glaubensformeln
voraussetzt, die Tragödie neu bestimmt wird, durch Sinnentleerung
ohne Gegenposition. Im Unterschied zu Nietzsche, der an diesem
Punkt den »Übermenschen« verkündet, fordert Wedekind das
Recht des Menschen auf seine Natürlichkeit, auf die Erfüllung
seiner existentiellen Wünsche im Rahmen einer aufgeklärten Gesellschaft und unter Verzicht auf irgendeinen metaphysischen Impe-
rativ.

Auch aus diesem Grund ist es nicht verwunderlich, daß sich
Wedekind nicht nur in seiner Lyrik, sondern auch in seiner Weltanschauung auf Heinrich Heine bezieht. In den »Memorabilia
1882–83« notiert er folgendes Zitat:

»Le pain est le droit divin de l'homme
Wir kämpfen nicht für die Menschenrechte der Völker, sondern
für die Gottesrechte des Menschen. Hierin und noch in manchem
anderen unterscheiden wir uns von den Helden der Revolution. Wir
wollen keine Sansculotten, keine frugalen Bürger und wohlfeilen
Präsidenten. Wir stiften eine Demokratie gleichherrlicher, gleich-
heiliger, gleichbeseligter Götter. Ihr verlangt enthaltsame Sitten,
einfache Trachten, ungewürzte Genüsse. Wir hingegen verlangen
Nektar und Ambrosia, Purpur-Mäntel, kostbare Wohlgerüche,
Wohllust und Pracht, lachenden Nymphentanz, Musik und Comö-
dien. (Heine ›über Deutschland‹)«

Wir gehen nicht fehl, wenn wir in diesem Zitat eine Art von
persönlicher Unabhängigkeitserklärung erkennen, ein Manifest,

dem Wedekind ein elfstrophiges Gedicht beifügt, das sich deutlich auf Heines *Deutschland, ein Wintermärchen* bezieht und dessen erster Teil später unter dem Titel »Erdgeist« berühmt werden wird:[2] Ein Verzicht auf metaphysische Spekulationen und die davon abgeleiteten Sittengesetze, eine Hinwendung zum irdischen Himmelreich im Sinne Heines! Auch im Gedicht »Schluß« (vgl. S. 93), ebenfalls in den »Memorabilia 1882–83«, findet sich der Hinweis auf »Heines Gedichte«. Sie enthalten außerdem ein Zitat von Heinrich Laube, das sich auf Heines Kunstauffassung bezieht, mit der sich Wedekind fortan identifizieren wird:

»Man wird immer [fehlgehen?], wenn man Heine nach Inhalt und Gesinnung beurteilen will. Er war durchaus Künstler und nur Künstler. Die Form, der Effect war ihm die Hauptsache.«

»Die Form, der Effect war ihm die Hauptsache«: ein Theaterprogramm! Der heiter-ironische Heine-Ton der Wedekindschen Gedichte hat sich bereits als »Effect« im Hinblick auf die Zuhörer bewährt. »Inhalt und Gesinnung«, das hat sich auch bei Heine gezeigt, wird von einem bürgerlichen Publikum immer wieder mit der Persönlichkeit des Dichters verwechselt werden.

»Den Himmel überlassen wir den Engeln und den Spatzen . . .«, »Götzendämmerung«, »Gott ist tot!« — Wedekind schafft sich seine eigene Emanzipation vom frommen Kinderglauben, indem er in einem dramatischen Gedicht, dessen Urfassung in griechischen Buchstaben den Titel »Apokalypse« trägt und mit einem Banner verziert ist, das sich um eine feuerschnaubende Posaune windet und auf dem Schädel, Pentagramm, Herz, Bocksfuß und Lilie und ein krabbelnder Totenkopfschwärmer als Symbole einer schwarzen Messe prangen, die Rückkehr ins fröhliche Heidentum fordert.[3] (Abb. S. 92) Das Gedicht, das später abgeändert unter dem Titel »Selbstzersetzung« in *Die vier Jahreszeiten* auftauchen wird, lautet:

> Die frommen Gebete, die einst ich gelernt,
> Die stelle ich frech an den Pranger;
> Der Himmel, den einst ich mit Glauben besternt,
> Ward Liebesgelagen zum Anger.

Ich schalt meinen Gott einen elenden Wicht
Und drückt ihm den schändlichen Stempel
Der Lüge und Falschheit ins fahle Gesicht
Und jagt' ihn hinaus aus dem Tempel.

Nun muß ich allein im verödeten Haus
Das brennende Herze zerwühlen
Zur seligen Wonne voll Schauder und Graus
Als Mensch und als Gott mich zu fühlen.

So bin [!] ich, das wilde Turnier in der Brust,
Am Altar gelehnt, übernachtet
Und hab mir, dem Gotte, zu Kurzweil und Lust,
Mich selber als Opfer geschlachtet. –

Das Bild des jungen Dichters, der Gott aus seinem Tempel hinaus-
geworfen hat, sich selber zum Gott erklärt und sich als erstes Opfer
der neuen Gottheit opfert, wirkt zunächst als grausig-groteske
Allegorie. Nietzsches Einfluß ist unverkennbar. Vor der radikalen
Blasphemie dieses Bildes weichen die Jugendfreunde zurück. Sophie
Marti, die offensichtlich das Gedicht, völlig zu Unrecht, als »typi-
sches« Produkt der Münchener Bohèmezeit betrachtet (und es dem-
gemäß in seiner letzten Fassung zitiert), stellt es in ihren unveröf-
fentlichen »Erinnerungen« der schlimm-frommen Widmung »Der
Mutterkuß« gegenüber und meint ahnungslos: »Erschüttert stellte
Mutter Wedekind später dieser Jünglingswidmung das nur zu
wahre Gedicht ›Selbstzersetzung‹ gegenüber.«
     Das furchtbare Gleichnis des jungen Menschen, der im verödeten
Gotteshaus sich selber zum Opfer bringt, ist mehr als frivole Spiele-
rei. In dieser Vision erkennt ein Dichter des 19. Jahrhunderts die
erzwungene Position des Künstlers, wie sie sich eine Generation
später immer deutlicher abzuzeichnen beginnt und im 20. Jahrhundert schließlich zum Gemeinplatz werden wird: Außenseiter zu
sein, weder ein Sänger der Natur noch ein Verklärer bürgerlicher
Ideale, wie die Freundin Sophie Marti ihr Dichtertum noch ver-

steht. Franklin Wedekind gehört bereits jener Zukunft an, da Dichter wie Kafka »das gefrorene Meer in uns selbst« mit poetischen Gegenbildern wie mit einer Axt aufbrechen werden.

»Die Kälte der Wälder« wird im »armen B. B.« bis zu seinem Absterben sein. Seine eigene *froideur du cœur*, die Kälte, die den jungen Franklin Wedekind einsam macht, inmitten der jubelnden Jugendfreunde, die sich an der Anmut seiner Gedichte wärmen, findet ihren Ausdruck im Gedicht »Winter«, das, in starkem Anklang an Nietzsches berühmtes Gedicht »Vereinsamt«, dieses Kältegefühl in Worte faßt (vgl. S. 109). Nietzsche, der Philosoph mit dem Hammer, spielt schon in den frühesten Werken Wedekinds eine überragende Rolle. Die unübersehbaren Spuren seines Einflusses auf den jungen Dichter, die sich in einem Gedicht[4], zahlreichen Anspielungen in anderen Poemen und wörtlichen Zitaten in der Urfassung der *Büchse der Pandora* nachweisen lassen, sind von Kutscher eilfertig verwischt worden.

Die Schule der Frauen
oder Realpsychologie

Franklin Wedekind
als Kantonsschüler in Aarau, 1883.

Emilie (»Mati«) Wedekind, die jüngste
Schwester, als Zwölfjährige, um 1888.

Titelblatt des Gedicht-
zyklus »Der Kuß«.
Wedekinds Name ist in
hebräischen Buchstaben
geschrieben.

Vorige Seite: Franklin
Wedekind (Mitte) mit
seinem Bruder Armin
(rechts) und Walther
Oschwald, dem späte-
ren Mann von Erika
Wedekind, 1894.

Wedekinds Gedicht an Lisa Jahn mit seiner Zeichnung vom Paradiesbaum, der sich über
Schloß Lenzburg und Haus »Burghalde« erhebt. (Vgl. S. 383)

Bertha Jahn-Ringier,
die »erotische Tante«.

Minna von Greyerz,
»Cousine Sturmwind«, um 1886.

Franklin Wedekind als
Teufelsbraten in »Minnas
Kochschule«: Das Gedicht
»Der Kochkurs« an die
Kusine Minna von
Greyerz. (Vgl. S. 240)

188

Olga Plümacher-Hünerwadel, die »philosophische Tante«.

Die beiden ersten Strophen des Gedichts »Coralie« mit einer Zeichnung Wedekinds, die wahrscheinlich seine Kusine Minna von Greyerz darstellt. (Vgl. S. 384)

Die »Venus von Lenzburg«

In Aarau liegt ein unveröffentlichtes ungelenkes Jugendgedicht Franklin Wedekinds. Es verbindet die Gestalt der Liebesgöttin Venus mit dem Motiv des unglücklichen Künstlers Pygmalion.[1] Bereits hier wird das Verhältnis zwischen künstlerischen und kommerziellen Produktionsverhältnissen erwogen und gewertet. Das »Weibsbild«, das der junge Künstler im Auftrag schafft, verwandelt sich unversehens in das Ideal, mit dem er »in edler Sinnesreinheit« den Weg zum Ruhm beschreitet. Als Handelsobjekt kommt es nicht mehr in Betracht, da es seinen Wert nur im Bewußtsein des Schöpfers gewinnt, der sich mit seinem Geschöpf vermählt. Selbst Künstlerruhm ist kein Grund, »die Venus« zu verdinglichen. Der »Kunstmäcen« wird trotz hohem Angebot vor die Tür gewiesen, weil er die endlich erreichte Vereinigung von Ideal und Kunst nur als materielles und somit vermarktbares Ereignis einschätzen kann. Nicht zu überhören ist die nachdrückliche Aufforderung des Dichters, auch die künstlerischen Bestrebungen des Schülers ernst zu nehmen: Als frühe Phasen eines kontinuierlichen Lernprozesses sind sie integrale Teile eines Lebenswerks, dessen Intentionen und Voraussetzungen wie die Ahnung vom Gelingen schon am Anfang feststehen.

In diesem Sinn ist das »Venus«-Gedicht aus den frühen achtziger Jahren ein winziger Stein innerhalb eines entstehenden künstlerischen Bewußtseinsmosaiks. Die Umrisse, die sich abzuzeichnen beginnen, sind eindeutig weiblich und ebenso eindeutig polymorph. Das Symbol der erotischen Göttin deckt sich nicht mit dem einen oder anderen Frauenbild aus der eigenen Lebenserfahrung. Es verkörpert vielmehr den Eros künstlerischer Zeugung schlechthin.

Doch zunächst muß der »Kunstjünger« nochmals zur Schule. Es ist eine Lebensschule besonderer Art, eine Schule der Frauen.

Franklin Wedekinds Jugendjahre sind vom Einfluß vierer Frauen geprägt, die er, jede auf ihre Weise, als seine »Lehrerinnen« betrachtet hat. Es sind dies seine Mutter, Emilie Wedekind-Kammerer, die Kusine Minna von Greyerz, die Philosophin Olga Plümacher und die Apothekersgattin Bertha Jahn. Zwei von ihnen, Olga Plümacher und Minna von Greyerz, dürfen als »gebildet« gelten, während Bertha Jahn und die Mutter »keine Erziehung genossen« haben. In der Typologie Franklin Wedekinds verkörpern sie zwei entgegengesetzte weibliche Wesensarten, die »höhere Tochter« und die unverbildete, natürliche Frau. Bis auf die Kusine Minna von Greyerz, die nur drei Jahre älter ist als er, gehören die »Lehrerinnen« der Generation seiner Mutter an und sind deren Freundinnen oder nahe Bekannte. Er nennt zwei dieser Frauen seine »Tanten«, die eine, Olga Plümacher, die »philosophische«, die andere, Bertha Jahn, die »erotische Tante«. Es scheint, daß die ersten erotischen Erfahrungen mit Frauen unmittelbar an die weltschmerzliche »Thanatos«-Phase in der Freundschaft mit Oskar Schibler anknüpfen. Während der intensive Einfluß der Mutter auf Franklin Wedekinds »Frauendienst« ungebrochen anhält, haben andere Begegnungen mit reifen Frauen den Charakter von zwar entscheidenden, jedoch zeitlich beschränkten Episoden, die zum Teil parallel verlaufen. Kein Zweifel: Der junge Franklin Wedekind betreibt Vielmüttterei.[2] Seine Beschäftigung mit diesen Frauen und seine Annäherung an sie ist recht eigenwillig: Er unterzieht sie, ohne daß sie davon wüßten, sogenannten realpsychologischen Experimenten.

In den Anmerkungen zum *Erdgeist* (1893/94) spricht Wedekind davon, daß er »Realpsychologie« anwende, die in ähnlichem Sinne wie »Realpolitik« zu verstehen sei:

»Es kam mir bei der Darstellung um Ausschaltung all der Begriffe an, die logisch unhaltbar sind wie: Liebe, Treue, Dankbarkeit. Die beiden Hauptfiguren, Schön und Lulu, haben auch subjektiv nichts mit diesen Begriffen zu tun, sie, weil sie keine Erziehung genossen, er, weil er die Erziehung überwunden hat.

Bei der Schilderung der Lulu kam es mir darauf an, den Körper eines Weibes durch die Worte, die es spricht, zu zeichnen. Bei jedem ihrer Aussprüche fragte ich mich, ob er jung und hübsch mache...«[3]

Die Vertauschung idealistischer Begriffe wie Liebe, Treue,

Dankbarkeit mit realpsychologischen, das heißt mit Verhaltensmustern, die an deren Stelle treten, ist grundlegend für Wedekinds gesamte Dramaturgie. Um diese Verhaltensmuster darstellen zu können, bedarf es intensiver und extensiver Studien am lebenden Objekt »Weib«, die er mit Inbrunst, aber ohne Leidenschaft betreibt. Spielerisch hat diese Verhaltensforschung schon bei den lyrischen Tändeleien des Schülers Wedekind begonnen. Sind damals die Empfängerinnen der ersten Liebesgedichte, die unwissenden Beobachtungsobjekte für die Experimente mit den weiblichen Verhaltensweisen, kichernde Backfische, so wird unter dieses Kapitel der frühen Jahre nun ein Strich gezogen.

Die Hinwendung zu erwachsenen Frauen wird als Eintritt in eine Schule geschildert. Franklin Wedekind geht systematisch vor, indem er an jede der genannten Frauen einen pädagogischen Anspruch stellt, dem sie ihrem Wesen gemäß gerecht werden soll. Dem »Schüler« ist es dabei weniger um detaillierte Kenntnisse, als um Erkenntnis zu tun. Die »Erleuchtung der Seele«, ein mystischer Vorgang, ist sein Ziel, das er aber nicht in einem Akt des Glaubens, sondern in einem Denkprozeß erreichen will. Schon als Gymnasiast entwickelt sich Franklin Wedekind zum Esoteriker der Vernunft. Robert Musil, der Dichter mit dem mathematisch-naturwissenschaftlich geformten Weltbild, wird später den Begriff von der »taghellen Mystik« prägen. Wedekind begründet seine immanente Mystik auf dem »besonderen Geist des Fleisches«. Im Drama *Totentanz* (später *Tod und Teufel*, 1906) läßt er den Mädchenhändler Casti Piani von der »Heiligkeit sinnlicher Leidenschaft« sprechen. Diese sei »die tageshelle Erleuchtung, die unversehens dem, der auf dem Dachfirst nachtwandelt, das Genick bricht«.

Eine der genannten Frauen, die Kusine Minna von Greyerz, verwahrt in ihrem Poesiealbum, dessen Abschrift wir Sophie Marti verdanken, ein Gedicht mit dem Titel »Reue«, das diesen mystischen Prozeß beschreibt. Es handelt sich um die wahrscheinlich erste Fassung des berühmten Gedichts »Der blinde Knabe« in der Sammlung *Die vier Jahreszeiten*.[4]

Die Art der Beziehungen zu diesen vier Frauen hat einen nachhaltigen Einfluß auf den Dichter Wedekind ausgeübt. Sie sind – jede in ihrer Art und Persönlichkeit – markante und grundverschiedene Varianten des Phantoms »Weib«, des zentralen Lebensenigmas, das zu enträtseln er sich zur Aufgabe macht: die ersten vier Sphingen am Wege dieses Ödipus' der »Realpsychologie«. Sein Weg geht weiter, über Jahre hinweg, bis die psychologischen und sozialen Widersprüche in der Kunstfigur »Lulu« literarisch aufgehoben werden. Noch in der Pariser Zeit, in einem in Aarau aufbewahrten Tagebuchfragment des Jahres 1892, reflektiert der »Realpsychologe« Wedekind über das Ziel seiner rastlosen Experimente:

»Ich suche nicht x. Ich suche das Weib. In jeder Gestalt soll es mir willkommen sein. Einmal muß der Schleier zerreißen. Ich bin nicht weniger, ich bin mehr als jeder andere. x repräsentiert für mich ein ganzes Lebenselement; Diplomatie, nicht Liebe, ist das Leitmotiv. Sie ist Opfer, nicht Gottheit. Sie erfüllt ihren Beruf und geht. Die Zügel nicht fallen lassen. Die Situation beherrschen. Die Elemente dirigieren – und keine Tölpelhaftigkeit begehen! Ich suche das Weib [. . .] Sie hat mich aus der Einsamkeit herausgerissen, ist über mich hergefallen, und ich ging zum Teufel. Ich gedachte, Schule zu genießen und als Heros zurückzukehren. Das wird nicht gehn. Meine einzige Hoffnung beruht noch darauf, daß ich moralisch zu ihr zurückkehren werde. Dann fällt die Entscheidung über Tod und Leben.«[5]

Die »Unbekannte« in dieser Formel der Wedekindschen »Realpsychologie« ist nicht der Faktor [SE]X, sondern »das Weib«, eine Projektion der männlichen Phantasie, das als solche zur Trägerin und Spenderin dieses »Lebenselements« wird.

Wedekinds »realpsychologische« Experimente haben vergleichenden Charakter. Wie der junge »Naturwissenschaftler« in Gottfried Kellers »Sinngedicht« geht er ernsthaft und sachlich daran, weiße Lilien zu roten Rosen zu machen. Das Experiment hat dann seinen Sinn erfüllt, wenn aus dem Serienversuch eine allgemeine und dichterisch darstellbare Gesetzmäßigkeit im Verhalten der *species homo sapiens* abgeleitet werden kann. Wedekinds lyrische Produktion hat in dieser Versuchsreihe eine doppelte Funktion, sie ist

Köder der Verführung und gleichzeitig Lehrstück für die eigene Dichterwerkstatt.

Aus den Serienversuchen soll schließlich ein Befund abzuleiten sein, der nicht nur Einblicke in die weibliche Psyche gewähren, sondern das Verhalten der Frau berechenbar machen soll. Franklin Wedekind prägt den eingängigen Begriff eines »Schlüssels Salomonis«, mit dem – wie er vollmundig verspricht – »jedes beliebige Weib binnen einer halben Stunde zu gewinnen« sei. Dieser Jahrmarktspruch steht in seinen Aarauer Notizblättern. In den Notizbüchern findet sich bis in die späten neunziger Jahre immer wieder in verschiedenen Variationen ein »magisches Quadrat«, das mit dem »Schlüssel Salomonis«-Komplex zusammenhängt. In ihm werden verschiedene Typen von Frauen mit verschiedenen Eigenschaften in Zusammenhang gebracht und nach einem geheimen System »benotet«, das heißt in einer »mathematischen« Formel bewertet.[6] Jeder Erscheinungstyp läßt sich in eine Farbnuance übertragen, die sich in Wedekinds Symbolen des Regenbogens (Dichterbund) und des Sonnenspektrums wiederfindet.

Wedekind übt sich in der Kunst der Projektion. Der (mehr oder minder zufällige) Gegenstand seiner erotischen Wünsche verwandelt sich unter dem Diktat der Kunst in ein Gebilde mit Eigenleben. Vom Kunst-Eros trunken, projiziert er seine Begierde in jedes Weib, jede wird zu »Helenen« oder eben zu Lulu, zu Wedekinds selbstgeschaffenem Symbol für das Geheimnis jedweden Mannes.

Die Mutter

Sie haben mich gequälet,
Geärgert blau und blaß.
Die einen mit ihrer Liebe,
Die andern mit ihrem Haß.

Sie haben das Brot mir vergiftet,
Sie gossen mir Gift ins Glas,
Die einen mit ihrer Liebe,
Die andern mit ihrem Haß.

Doch sie, die mich am meisten
Gequält, geärgert, betrübt,
Die hat mich nie gehasset
Und hat mich nie geliebt.

Heine

Eines der frühesten Dichtwerke Franklin Wedekinds, das Versepos *Der Hänseken,* das er mit vierzehn Jahren für seine jüngere Schwester »Mati« (Emilie) geschrieben hat und das 1896 mit den Illustrationen des älteren Bruders Armin gedruckt worden ist[1], gibt in phantastischen Märchenbildern und in scheinbar kindlichem Ton einen Einblick in die Beziehung zwischen Emilie Wedekind und ihrem zweitältesten Sohn.

Man kann das »Kinderepos«, wie es vom Sohn genannt wird, durchaus für eine Version der harmlosen Geschichte von *Peterchens Mondfahrt* halten. Auch ließe sich bei näherer Betrachtung eine gewisse Verwandtschaft mit der trostlosen Weltraumfahrt im Märchen der Großmutter in Büchners *Woyzeck* nachweisen. Im Hinblick auf die psychologische Konstellation, aus der Franklin Wedekinds Frühwerk hervorgegangen ist, drängt sich aber noch eine andere Lesart auf, in der sich das komplizierte Verhältnis zwischen der schönen herrischen Mutter und dem sie verehrenden Sohn verrät. Schon die ersten Verse, in ihrer »kindlichen Unschuld«, machen den Leser stutzig:

In einer Kammer Dunkelheit
Schläft unser Hänschen mit Mama.
Sie träumt von guter alter Zeit,
Der Kleine treibt Allotria . . .[2]

Es folgt eine phantastische »Lebensgeschichte«. Der Sohn ist mond-
süchtig, fährt auf einem Mondstrahl zu den Sternen und purzelt von
dort in einen Tintenweiher, der von seinen (in der Urfassung mit
Namen genannten) jüngeren Brüdern angelegt worden ist. Von der
Tinte schwarz gefärbt, tritt er vor seine Mutter, die ihn nicht mehr
erkennen will und ihn verstößt, worauf er sich im Städtchen bei
verschiedenen anderen Müttern vergeblich einzunisten versucht.
Schließlich treibt er auf einem Kahn den Fluß hinunter, bis er ins
Land der schwarzen Leute gelangt, wo ihn eine pfeifenrauchende
schwarze Mama bei sich aufnimmt und ihm erlaubt, ihr »die Zeit zu
vertreiben«. Es folgt die Moral.

Nun zieht man die Moral daraus,
Die sich ja wohl der Mühe lohnt:
»Vor allem, bleibe nachts zu Haus,
Und reite niemals auf dem Mond.«
Und wenn die Menschen dich mißhandeln,
Kannst du nur zu den Mohren wandeln.

Der Traum, ein Leben. Der paradiesische Idealzustand, so will es das
Versepos, wäre das harmonische Leben mit der »schwarzen« Mama,
die den tintenkleksenden Sohn (und nur ihn) als ihren Gefährten
»erkennt« und ihn umsorgt bis zum Lebensende.

Franklin Wedekinds kindliche Phantasien sind nicht nur zur
Erheiterung der kleinen Schwester geschaffen. Sie enthalten auch
deutliche Hinweise auf die Beschaffenheit seiner starken und proble-
matischen Mutterbindung.

Von der Persönlichkeit der Mutter und dem Modellcharakter der
elterlichen Sage war schon ausführlich die Rede. Auch Kutscher und
die anderen Wedekind-Biographen haben darauf Bezug genommen,

wenn sie auch den dominierenden und lebenslangen Einfluß dieser dynamischen und temperamentvollen Frau, die der Sohn nur um zwei Jahre überlebt und die ihm zeitlebens wichtigste Beraterin und Briefpartnerin bleibt, weit unterschätzt haben. Zur Zeit von Franklin Wedekinds ersten Experimenten in »Realpsychologie« steht die Mutter im Zenit ihres Lebens, eine attraktive Vierzigerin, voller Energie und Lebenslust. Der Vater dagegen, alt geworden, mit Anzeichen von Senilität, mißtrauisch und vereinsamt, ist fast völlig aus dem Gesichtskreis der Familie verschwunden.

Sophie Martis Porträt der Emilie Wedekind-Kammerer stellt diese als selbstbewußte Schloßfrau dar, Gebieterin des Gesindes mit Schlüsselbund, weißer Schürze und herrischem Gehabe, ein Monument der Tatkraft und Tüchtigkeit:

»Der persönliche Kontakt mit dieser trotz eifrigen Selbststudiums unverbildeten [!], von Geist und resoluter Herzensgüte ganz durchleuchteten Frau bot denen, die sie liebte, einen unerschöpflichen Genuß. Allerdings haßte und liebte sie mit der gleichen Leidenschaft, und es brauchte ganze Menschen, um ihr in beidem gewachsen zu sein. Wo sie im Recht zu sein glaubte, ging sie mit einer Rücksichtslosigkeit und unbekümmerten Beharrlichkeit vor, nötigenfalls unter Zuhülfenahme der Justiz, daß mancher es vorzog, im voraus den Kürzern zu ziehn. So lange die Schloßfrau auf ihrer einsamen Höhe in vollkommener Freiheit schalten und walten konnte, war sie ganz an ihrem Platz, verehrt und bewundert von Kindern und Fremden. Später, da sie als Witwe in ihrem schönen Gut zum Steinbrüchli unten am Städtchen wohnte, machten ihr starker Selbständigkeitsdrang und ihre unbestechliche Geradheit sie oft zur unbequemen Nachbarin. Aber bis ins hohe Alter spürte sie mit untrüglicher Sicherheit überall das Echte heraus, geißelte mit scharfem Spott jeden falschen Schein und duldete Kleinlichkeit und niedrige Gesinnung in ihrer Nähe so wenig wie Unkraut in ihrem Garten. Jede ehrliche Arbeit fand ihre Anerkennung, und mit dem einfachsten Handwerker sprach sie ebensogern über seine Berufsangelegenheiten wie mit einem Gelehrten von den tiefsten Dingen. [. . .]

Der achte Mai wurde als der Geburtstag der geliebten Mutter jeweilen [!] festlich gestaltet und besonders von den Söhnen in allen Tonarten besungen. Der zwanzigjährige Franklin erscheint uns noch ganz kindlich in seiner Gratulation von 1884.«[3]

Etwa zur gleichen Zeit entsteht ein aufschlußreiches Gedicht, das Sophie Marti unmittelbar anschließend zitiert, ohne die zweideutigen Aspekte dieses frommen Kindergebets sehen zu wollen:

Der Mutterkuß

Der erste Kuß, den meine Lippe sog,
Das war ein Mutterkuß, wenn ich erwachte,
Wenn sie sich liebend zu mir niederbog,
Und abends spät, wenn sie zur Ruh mich brachte.

»Lieb Gott behüte Dich und segne Dich«,
Sprach sie, »er laß Dich gut und glücklich werden.«
Sie sprach es langsam und herzinniglich,
Ich hört's mit kindlich gläubigen Gebärden.

Ein Vaterunser lallt' ich vor mich hin,
Und wußt' gewiß nicht viel dabei zu denken.
Sie war mein Gott, Geist und Erlöserin,
Und meine Tugend, nicht ihr Herz zu kränken.

Sie war mein guter Engel. Wiederum
Naht' sie sich segensprechend, wenn es tagte.
Ihr Wort galt mir als Evangelium,
An dem kein Zweifel je zu rütteln wagte.

Die heilgen Lippen! Innig fühlt' ich sie
Allabendlich auf meinem Munde brennen.
Und doch verließ den Kuß die Weihe nie,
Denn fehlt' er mir, ich hätt' nicht schlafen können.

Noch ahnt' ich nichts von Lust, von Leidenschaft
Und Wonnen, die von Purpurlippen fließen.
Nur auf der wärmsten Mutterliebe Kraft
Wußt ich aus einem solchen Kuß zu schließen.

Und wenn ein Sturmwind mir ins Herz geweht,
Wenn ich gegrollt, und meine Mutter weinte,
Dann wars ein stummes kindliches Gebet
Was mich mit meinem lieben Gott vereinte.

Das Gedicht gehört in einen Zyklus, dem der junge Poet einen bewußt »wissenschaftlichen« Titel gibt: »Der Kuß in seiner Entstehung und Fortentwicklung bis zur höchsten Vollkommenheit nach dem Leben dargestellt« (Abb. S. 186) – eine lyrische Abhandlung in »Realpsychologie«. Der »Mutterkuß« ist das erste »Experiment« in einer Versuchsreihe, der über den Kuß des Mädchens und des scheuen Knaben zum Freundeskuß, zum unerwiderten Kuß des jungen Mannes an die kühle Frau und endlich zum leidenschaftlich-sinnlichen Liebeskuß weiterführt. In dieser Entwicklungsreihe ist der »Mutterkuß« doppeldeutig eingesetzt, als erster Kuß im Stadium kindlicher Unschuld, aber auch unmißverständlich als erstes erotisches Erlebnis.

»Der Mutterkuß«, dieses innerweltliche »Mutterunsere« sollte dem »Neuen Vaterunser«, dem »Gebet« an den *pater absconditus* (vgl. S. 361) zur Seite gestellt werden. Der junge Dichter, der in der vorletzten Strophe seines kitschigen Gedichts den Kuß der Mutter unter Vorschützung kindlicher Naivität mit späteren erotischen Erlebnissen in Verbindung bringt, bewegt sich haarscharf an der Grenze des Inzesttabus, die zu überschreiten seiner dichterischen Phantasie nicht schwerfällt.

Entscheidend für das Verständnis der dichterischen Entwicklung Franklin Wedekinds ist die Leidenschaft der Mutter für die Bühnenkunst als heimliche phantastische Gegenwelt zu ihrem pragmatischen Hausfrauendasein und als wehmütige Erinnerung an die kurze Zeit der Unabhängigkeit in San Francisco. Im engsten Kreise, gewiß unter Mißbilligung des Gatten, lebt sie diese Phantasien aus, indem sie für ihre Kinder und deren Freunde jeweils am Donnerstag Dichterlesungen und Hauskonzerte, Diskussionen und Tanzvergnügen organisiert, wo sie energisch mitredet, mitsingt und auch mittanzt. Der aufmerksamste Zuschauer und Bewunderer der nun wieder gefeierten Schauspielerin, Sängerin und Tänzerin Emilie Wedekind-Kammerer ist diesmal nicht mehr der Vater Friedrich Wilhelm, sondern der Sohn Benjamin Franklin.

In den frühesten erhaltenen tagebuchartigen Aufzeichnungen Franklin Wedekinds aus dem Jahr 1888/89 (vgl. S. 375, Anm. 18) wird im Rahmen einer Abendunterhaltung auf Schloß Lenzburg ein solcher Auftritt der Mutter beschrieben:

»Im Saal kostümiert sich die ganze Gesellschaft türkisch. Meine Mutter trägt einen bis zur Erde reichenden Mantel aus Genueser Samt mit goldenen Borten. Darin tanzt sie mit unvergleichlicher Verve und Biegsamkeit eine Samaqueca auf dem Smyrnateppich. Wilhelmine [die Kusine Minna von Greyerz], Karl [Henckell], die beiden Kleinen und ich sitzen auf Sofakissen um sie herum und trinken Kaffee. Karl spielt die Handharmonika, und ich begleite ihn auf der Gitarre.«[4]

Vier Jahre später, Franklin Wedekind hält sich in Paris auf und arbeitet an der Urfassung der *Büchse der Pandora,* findet sich folgende Tagebucheintragung:

»Kadudja kommt mit einem bis auf die Füße reichenden, weitmaschigen schwarzen Spitzenhemd zurück. Ich ergreife eine Mandoline die an der Wand hängt, Weinhöppel ein Tamburin, und wir spielen den Bauchtanz. Kadudja tanzt eine volle halbe Stunde mit großer Verve, vollendeter Disziplin und einem entzückenden Mienenspiel. Weinhöppel hängt lediglich an den leidenschaftlichen Verdrehungen ihrer schwarzen Augen, ich an denjenigen ihres Leibes [. . .]«[5]

Die Ähnlichkeit in der Beschreibung der beiden »orientalischen« Tanzszenen ist augenfällig. Für den Betrachter scheint es wenig Unterschied zu machen, daß im ersten Beispiel die Mutter und im zweiten die arabische Prostituierte Kadudja (Wedekind wird diesen

Namen später seiner älteren Tochter beilegen und seine jüngere Tochter Kadidja nennen) »mit unvergleichlicher Verve und Biegsamkeit« oder »mit großer Verve« und »leidenschaftlichen Verdrehungen« ihren Leib bewegt.

Eine Vignette nur zum Thema Mutter-Sohn-Verhältnis, aber welch ein Schauspiel! Die Mutter als leidenschaftlich tanzende Odaliske in Franklin Wedekinds »Serail«! Der Sohn beobachtet, nicht ohne Selbstironie, die Wirkung, die die Tänzerin auf ihn hat. »Mit unvergleichlicher Verve und Biegsamkeit«: Das sind keine Vokabeln kindlicher Verehrung. Hier betrachtet ein Mann eine Frau, die seine Sinne anspricht. Der *froideur du cœur* der Emilie Kammerer, die dem Vater zu schaffen machte, widerspricht die äußere Sinnlichkeit dieses Tanzauftritts. Ist diese Sinnlichkeit bewußt oder unbewußt? Der Sohn glaubt, die Mutter, »realpsychologisch« erfaßt zu haben.[6]

Daß Wedekinds Verhältnis zu seinen Eltern auf geradezu lächerliche Weise mit dem klassischen Schema des »Ödipuskomplex« übereinstimmt, läßt sich anhand weiterer Beispiele belegen. Ein Tagebucheintrag während seiner ausschweifenden Pariser Zeit macht Franklin Wedekinds Einbruch in die Intimsphäre der Eltern noch deutlicher. Die vom Vater in seinen Tagebüchern behauptete Kaltherzigkeit der Emilie Kammerer beschäftigt ihn weiterhin:

»Mir träumt, ich habe meiner Mutter irgend ein Abenteuer erzählt. Als Antwort fragt sie mich, ob ich, wenn das Vergnügen seinen Höhepunkt erreicht, auch darüber in Thränen ausbreche. Sie sagt, unser Papa habe das gethan. Sie sagt es mit ruhiger Befremdung, mit absoluter Verständnislosigkeit. Ich denke mir – alles im Traum – es könne doch höchstens während der Zeit gewesen sein, da er sie noch geliebt habe – und wie geliebt. Er trat mir wieder um einen Schritt näher, sie um einen Schritt ferner. Ich fühlte – alles im Traum – ihre Force heraus, durch eine Überlegenheit zu stupifizieren, die keine ist [. . .]«[7]

Am 26. August 1889 notiert Franklin Wedekind sich in München die Begegnung mit einer schönen Kellnerin, in der er »die Nixe aus Goethes Fischer« wiederzuerkennen glaubt:

»Gesichtszüge wie eitler Wellenschlag, einen üppigen, schön

gegliederten Körper und ein helles Lachen, das einen gewissen Mangel an tieferer Empfindung, *une certaine froideur du cœur*, wie Papa schreibt, verrät.«[8]

Diese Tagebuchstelle liefert nicht nur den Beweis, daß Franklin bereits am Anfang seiner schriftstellerischen Laufbahn, spätestens ein Jahr nach dem Tod seines Vaters, dessen *journal intime* gekannt hat; die Assoziation mit Goethes Nixe und deren nur für Eingeweihte erkennbare Gleichsetzung mit der eigenen Mutter gibt einen aufregenden Hinweis auf die Genesis einer archetypischen Frauenfigur: der Lulu. Wedekind benutzt eigentlich ein Doppelzitat: In Goethes Gedicht ist es der Fischer, »der kühl bis ans Herz hinan« am Wasser sitzt, wo er der Nixe begegnet, die ihn schließlich verführt:

> Sie sprach zu ihm, sie sang zu ihm;
> Da wars um ihn geschehn:
> Halb zog sie ihn, halb sank er hin
> Und ward nicht mehr gesehn.[9]

Kein Wedekind-Forscher hat bisher den Verdacht geschöpft, daß Wedekinds naturhafte Verführerinnen in den intimsten Geheimnissen der Familie ein Vorbild haben könnten. Die Münchener Kellnerinnengeschichte enthält weitere Indizien dafür. Franklin Wedekind betrachtet die junge Frau mit erotischem Interesse:

»Ihr Name ist Fanny, ein echter Nixenname. Was ist Waltraute, Woglinde, etc. gegen den Namen Fanny. Fanny hat etwas durchaus Konkretes und doch Feines, etwas Naturalistisches, es bezeichnet ein schlankes, schnellfüßiges junges Reh in sonnenbestrahlter Waldlichtung und charakterisiert dasselbe zugleich als Delikatesse. Fanny ist ein Kind und wird ihr Lebtag eins bleiben, das dabei doch überall, wo es gilt, mit überraschender Wärme das Weib repräsentiert. Fanny ist stets forsch, entweder munter oder launenhaft. Sie ist nicht heißblütig, aber sinnlich. Wer sie in den Armen hält, fürchtet, unzüchtig zu werden. Es ist einem zumute, als befruchte man seinen eigenen Leib. Dabei schwebt man in fortwährender

Besorgnis, die schönen, üppigen Glieder wären Zauberspuk und möchten mit eins ins Nichts zerfließen.«

Hier entwirft Franklin Wedekind vor seinem inneren Auge das Bild seiner Mutter, wie sie der Vater bei seiner Werbung gesehen hat: verführerisch, sinnlich, anziehend; ein tief fragwürdiger Zauberspuk und eine Delikatesse; eine Nixe, eine Kindfrau, die zur Unzucht verleitet – ein Urmodell der Lulu.

Im Staatsarchiv Aarau liegt der Entwurf einer Erzählung mit dem Titel »Fanny«. Später wird Franklin Wedekind den »Nixennamen«, der ihn heimlich mit seiner Mutter und über Goethes »Fischer« auch mit seinem Vater verbindet, in den Schoß der Familie zurückführen, indem er ihn seiner jüngeren Tochter verleiht.

Die spärlichen privaten Äußerungen Wedekinds, die seiner rigorosen Selbstzensur entgangen sind, lassen darauf schließen, daß er sich unablässig mit dem Rätsel der elterlichen Ehe beschäftigt, das in der Inkommensurabilität der beiden Charaktere als alltägliche Katastrophe greifbar wird. Es ist bezeichnend, daß Wedekind, ungeachtet seiner starken, erotisch gefärbten Bindung an die Mutter, die Position des Vaters als tragisch empfindet und sich in seiner Verständnissuche bald der kühlen Mutter-Geliebten, bald dem verschmähten Vater-Liebhaber nähert. In den nachgelassenen Tagebüchern ist verschiedentlich von quälenden Schuldträumen die Rede, in denen der Vater gedemütigt und erniedrigt auftritt. So heißt es etwa unter dem Datum des 5. September 1889:

»Die letzte Nacht träumte mir wieder von Papa. Er war so bescheiden in seinen Ansprüchen. Der Dinge, die seit seinem Tode geschehen, tat er mit keiner Silbe Erwähnung. Er wünschte nur, daß man ihn die paar Jahre noch in Ruhe leben lasse. Etwas Gespensterhaftes hatte er freilich an sich, zumal in der ängstlich scheuen Art, mit der er seine Bitte flüsterte. Er schien zu fürchten, wenn andere dazukämen, daß sie ihn fortjagen möchten. Er stand mitten zwischen seinen Altertümern im Mittelzimmer der äußeren Flucht, dort, wo zu seinen Lebzeiten der große Tisch mit den Rüstungen, Geweihen und das Regal mit den türkischen Flinten aufgeschlagen war. Und jetzt erinnere ich auch deutlich, wie alles vor sich ging.

Ich stand dem Fenster gegenüber am Tisch und kramte zwischen den Gardinen herum. Da trat er in einem leichten schwarzen Rock, überhaupt in etwas legerer Toilette in seiner gewohnten elastischen Gangart hastig aus der Tür zur Rechten, tat nur wenige Schritte ins Zimmer und sah sich ängstlich nach beiden Türen um. Darauf warf er mir einen so flehentlichen Blick zu, daß es mir die Kehle zuschnürte. Und doch bin ich ihm nicht einmal entgegengegangen.«[10]

Auch jetzt, ein Jahr nach dem Tode des Vaters, fühlt der Sohn Furcht und Mitleid, aber kein Entgegenkommen für das traurige Gespenst. Die selbsterlebte Rivalität zwischen Vater und Sohn um die geliebte Frau wird sich in der Konstellation Dr. Schön und Alwa in den *Lulu*-Tragödien niederschlagen.

»Erica«

Es scharrte mein Pegasus an der Thür;
Da bin ich aufgestiegen,
Da flog ich, Liebchen, zu dir, zu dir,
In deinen Armen zu liegen.

Und plötzlich stand ich in deinem Reich
Mich faßt ein wonniges Grauen
Da sank ich an die Brust sogleich
Der schönsten von allen Frauen.

Und als ich mich sonnte in deinem Blick,
War all' mein Weh verschwunden.
An deiner Seite hab' ich das Glück
Zum ersten Male gefunden.

Dort fand ich stärkende Lebenslust
Trank Lethe von deinen Wangen;
Da zog in meine ermattete Brust
Ein glühendes Verlangen.

Das Eis brach auf, mein Herz ward weit
Und jubelte Liebeslieder.
So kam die alte Glückseligkeit
Das alte Vergnügen wieder.

Wedekind

D as Zielpublikum für die poetischen Präsentationen des Lenzburger Minnesängers setzt sich Mitte der achtziger Jahre nicht mehr wie bisher aus Schulmädchen und emphatisch verehrten Klassenkameraden zusammen, sondern aus erwachsenen, oftmals verheirateten Frauen der Lenzburger Gesellschaft. Natürlich wissen diese über einander recht genau Bescheid. In der Öffentlichkeit, im Alltag und im Spiel, gibt es außerhalb der persönlichen Intimsphäre kaum Geheimnisse. Auf der Bühne des Lenzburger Liebhabertheaters und im »Caecilienverein«, auf den häufigen gegenseitigen Einladungen, Banketten und Familienbällen lassen sie sich die galanten Komplimente der Lenzburger Herren reihenweise gefallen. Der Flirt gehört zur Unterhaltung einer behaglichen Bürgergesellschaft. Erlaubt ist, was gefällt und was sich, im Rahmen der allgemeinen Anstandsregeln, geziemt. In dieser Hinsicht gefallen auch Wedekinds poetische Komplimente an verheiratete Damen und werden keineswegs als ungehörig empfunden. Wie bei den schmachtenden Liebesszenen, die sich auf der Lenzburger Liebhaberbühne vor aller Augen und zu aller Vergnügen abspielen, sind die Grenzen zwischen Spiel und Wirklichkeit klar gezogen. Auch wenn es Wedekind mit seinem »Frauendienst« gar zu toll treibt, wird ihm das nicht eigentlich als Übergriff verübelt. Alles bleibt schließlich »in der Familie«, das heißt innerhalb eines bestimmten Kreises, der in Lenzburg als exklusiv verstanden werden möchte.

Andererseits ist nicht zu übersehen, daß der Dichter die verheirateten Empfängerinnen seiner Huldigungsgedichte nicht nur amüsieren und für sich einnehmen, sondern auch aushorchen will. Abwechselnd werden sie von ihm als *confidantes* zu vertraulichen Äußerungen über eine andere Partnerin verleitet. Zweifellos gehören diese weiblichen Kommentare über die anderen Frauen ebenfalls zu Franklin Wedekinds »realpsychologischem« Anschauungsmaterial. Das gilt auch für die Apothekersfrau Bertha Jahn, die anakreontische Briefempfängerin »Erica«. Sie wird zur Vertrauten und zur Kritikerin seiner Gedichte. Auch sie ist zunächst (bis zum Spätsommer 1884) nur eine von vielen gleichzeitig Umworbenen.

Ihr ist eines der anmutigsten, im Heine-Ton abgefaßten Jugendgedichte Wedekinds gewidmet, das sich vermutlich auf die erste »platonische« Phase der Liebesbeziehung bezieht.[1]

Die »Erica«-Episode, von Kutscher zum zentralen erotischen Erlebnis des jungen Mannes hochstilisiert, erscheint bei näherer Betrachtung keineswegs als isolierte Erfahrung. »Erica« ist zwar die wichtigste Begegnung in den Jahren 1883/84; »realpsychologisch« gesehen ist sie aber nur insofern ergiebiger als andere, als die Berührungsschranke der bisherigen Praxis erstmals durchbrochen und die »höhere Art von Fleischbeschauung« (Adolf Muschg) früherer Zeiten durch praktische Erfahrungen vertieft wird.

In diese Zeit fällt die sogenannte Venus-Tannhäuser-Episode, dokumentiert durch ein weiteres »Venus«-Gedicht[2] und ein Briefgespräch mit Olga Plümacher. Die »philosophische Tante« kommentiert am 5. Januar 1884 ein Geständnis Wedekinds, das er ihr in einem verschollenen Brief anvertraut hat, folgendermaßen:

»Was nun das junge Liebesblümchen betrifft, so schweigt es sich darüber besser als es sich spricht oder gar schreibt. Ich danke Dir für Dein Vertrauen und daß Du darüber zu einer alten Frau schreiben kannst, ist mir auch ein großer Trost, denn es zeigt mir, daß das Blümchen keine gar zu verzweigte Herz[...] hat sondern eine ziemlich oberflächenhafte Existenz ist. Und das ist gut, sehr gut, denn daß so ein Liebesblümlein unter den hier vorliegenden Verhältnissen zu einem recht garstigen, lebenszerstörenden Unkraut heranwachsen kann, das weißt Du selbst ganz gut. Du weißt, daß das Spiel Deines Herzens (mehr ist's ja noch nicht) ein gefährliches ist. Wenn Du Dich aber ›Tannhäuser‹ und das junge Frauchen ›Venus‹ nennst, so scheint mir das nicht ganz passend. Denn ich glaube nicht, daß Dir gerade in den Beziehungen des Tannhäusers und der Frau Venus Gefahren von einer Lenzburgerin drohen. Diese jungen Damen unserer Spießbürgerkreise sind zum Charakter der ›Frau Venus‹ zu klug; es gehört denn doch eine ganz gehörige Portion rein-menschlicher, heidnisch-olympischer Unklugheit dazu, um die Rolle der Frau Venus zu spielen. Also nicht das fürchte ich bei der Geschichte: wohl aber ein zu starkes und zu vorzeitiges Vergaffen von jugendlich-frischen Gefühlen und Seelenemotionen, die besser für eine spätere, gesundere Leidenschaft aufgespart bleiben. Eine große zielbewußte Leidenschaft hebt den Menschen, wenn sie zur richtigen Zeit kommt, wenn der Mensch reif ist und gerüstet zum Kampf und Sturm; kommt sie zu früh, so vernichtet sie. Romeo geht mit sammt der Julia unter, weil er 18 Jahre ist und sie 14 Jahre alt ist; wäre er ein Mann von 30, und sie eine Dame von 22 Jahren gewesen, so hätte ihre Leidenschaft auf breiterem Seelenfundament geruht, sie hätten Zeit gefunden, sie hätten warten und die Umstände allmählich modeln können und wären endlich in den ersehnten Hafen der Ehe eingelaufen. Leidenschaftliche, künstlich aufgepäppelte Gefühlchen, mit etwas Sinnlichkeit, etwas Poesie und etwas Langeweile großgezogen sind immer ein Seelenschaden, ob sie mit 18 oder mit 40 Jahren auftreten. Also hüte Dich, mein lieber Junge, vor dem Hätscheln Deiner jetzigen Empfindungen und gehe nicht der Liebe aber dem Liebeln aus dem Wege!«

Kutscher hat diese Warnung auf Bertha Jahn bezogen, obwohl sie damals eindeutig zu alt ist, um als »junges Liebesblümchen«, »junges Frauchen« und »junge Dame unserer Spießbürgerkreise« angesprochen werden zu können. Auch ist aus der Urfassung des Gedichts »Frau Venus« einwandfrei zu ersehen, daß es der jungen Lenzburgerin Blanche Gaudard zugedacht ist, die, mit dem Kolonialwarenhändler Zweifel verheiratet, dem Liebhabertheater und dem Caecilienverein angehört und, wie so manche andere Frau ihrer Generation, Gedichte verfaßt. Als begeisterte Wagnerianerin zeigt sich Olga Plümacher an der Konstellation Tannhäuser-Venus so interessiert, daß sie in drei aufeinander folgenden Briefen (wohl auch mit der heimlichen Absicht, den »Neffen« auf andere Gedanken zu bringen) auf das Tannhäuser-Venus-Motiv zurückkommt. Franklin hat ihr offenbar mitgeteilt, daß seine Inspiration zu diesem Stoff aus der Lektüre von Wagners Libretto stamme. Olga Plümacher, die in Wagner nur den Komponisten und nicht den Dichter schätzt, nutzt diesen Hinweis für eine ihrer typischen Lektionen an die Adresse des Briefpartners und empfiehlt ihm am 20. Januar 1884 den Tannhäuser-Mythos »für die ferne Zukunft« als Stoff, aus dem sich »unendlich viel mehr machen« lasse. Einem Brief an Franklins Mutter legt die Freundin am 6. Februar 1884 ein für den Sohn bestimmtes Tannhäuser-Venus-Bild des Malers Gabriel Max bei mit einem offensichtlich für Franklin bestimmten Kommentar.[3]

Die intellektuelle Verkuppelung scheint damit geglückt und die Venus-Tannhäuser-Episode im poetischen Sande verlaufen zu sein. Doch sollte Olga Plümachers Einwand, die jungen Damen der Lenzburger »Spießbürgerkreise« seien für die »heidnisch-olympische Unklugheit« einer Venus-Rolle zu klug (das heißt zu vorsichtig), nicht unbesehen vom Tisch gewischt werden. Es ist ein Einwand realpsychologischer Natur und mag im Empfänger den

Wunsch geweckt haben, eben eine solche Frau von »heidnisch-olympischer« Unbekümmertheit kennenzulernen. Die »Galathea«-Episode hat ihm die Illusion genommen, daß sich die strümpfestrikkenden Lenzburger Mädchen zu Schäferspielen eigneten. Auch die Venus-Tannhäuser-Geschichte und andere poetische Belagerungen verheirateter Lenzburger Damen sind »nur im Geiste« erfolgreich und bleiben, da sie der Imagination entspringen und dieser verhaftet sind, realpsychologisch unergiebig. Wedekind ist auf der Suche nach einem ihm bislang unbekannten Frauentypus, der erotischen Freibeuterin, die, ohne Außenseiterin zu sein, den Rahmen der lokalen Gesellschaftsordnung zu durchbrechen gewillt ist. Unter den jungen und jüngsten Vertreterinnen der Lenzburger Weiblichkeit ist eine solche nicht zu finden. Das kraftvolle Frauenideal, das Wedekind vorschwebt, ist am ehesten unter den selbstbewußten Vorsteherinnen der bürgerlichen Haushalte zu vermuten. Die innere Verwandtschaft dieses Typus mit Emilie Wedekind-Kammerer ist nicht zu übersehen. Doch sind alle in Frage kommenden Frauen »in festen Händen« und damit unzugänglich.

Ein verjährter Schicksalsschlag kommt dem unablässig Witternden und Suchenden schließlich zu Hilfe. Am 9. September 1882 ist der Apotheker Victor Jahn »an galoppierender Schwindsucht« gestorben.[4] Seither lebt die Witwe mit ihren vier Kindern allein.

Bertha Jahn, in den Gedichten »Laura« oder auch »Ella«, in späteren »Erica« oder »Madame de Warens« genannt, ist am 9. Februar 1839 geboren und stammt wie ihre jüngere Schwester Fanny Oschwald – Erika Wedekinds spätere Schwiegermutter – aus der ehemals wohlhabenden Hugenottenfamilie Ringier, der damals das stattliche Lenzburger Herrenhaus »Burghalde« gehört. Am 16. Juni 1864, im Geburtsjahr Franklin Wedekinds, hat sie den zwei Jahre älteren Deutschen Victor Wilhelm Jahn geheiratet, der 1870 die schweizerische Staatsangehörigkeit erwirbt und die Lenzburger »Löwenapotheke« betreibt. Aus dieser Ehe gehen vier Kinder hervor, von denen die beiden älteren, der Sohn Victor und seine Schwester Bertha Elise, genannt Lisa, mit Franklin Wedekind und seinen Geschwistern die Lenzburger Bezirksschule besuchen.

Ein Fotoporträt Bertha Jahns zeigt eine etwa vierzigjährige, gutaussehende Frau, das schwere dunkle Haar nach der Mode der Zeit in der Mitte gescheitelt und »à l'Imperatrice Eugénie« im Nacken eingerollt, die hellen Augen unter feingezeichneten Brauen skeptisch-spöttisch auf einen Punkt links neben dem Betrachter gerichtet (Abb. S. 188).[5] Allem Anschein nach hat Franklin Wedekind diese Frau seit Jahren gut gekannt, ihr, wie so vielen anderen, schwärmerische Gedichte gewidmet, sich aber bis zum Spätsommer 1884 nicht besonders um sie bemüht. Als Objekt seiner erotisch-psychologischen Neugierde erregt sie bezeichnenderweise erst sein Interesse, als er, zum erstenmal von der Familie getrennt, das Sommersemester 1884 in Lausanne verbringt. In einem Brief an die Mutter schreibt er im Juni 1884:

»Mit großem Vergnügen vernahm ich, daß Du Frau Jahn mein Bild gesandt hast. Bei meiner Abreise von Lenzburg sagtest Du ja auch, Du wollest sie einmal besuchen. Wenn du etwas neues über sie weißt, so bitte, schreib es mir; es würde mich sehr interessieren. Es leben gewiß nicht viele Menschen, die sie gekannt und daraufhin mehr oder weniger verehrt haben, ein so lauteres, tiefes und doch so lebhaftes Gemüth ist gewiß nicht leicht wo anders zu finden. Und eben diese Veranlagung ist es, die jeden fesseln muß, da sich jeder von ihr verstanden, tief und gründlich verstanden fühlt, ohne daß ihr Wesen dabei etwas Schwankendes, Unstetes hätte. Es ist vielmehr das Allumfassende ihres Geistes, das, im Dienste ihrer großen Güte und Menschenliebe, so vielen Menschenkindern so unendlich viel Schönes und Gutes zu erweisen vermag.«

Auch Bertha Jahn ist aktives Mitglied der allgemeinen Lenzburger »Dichterschule« und des Caecilienvereins. Franklin Wedekind schätzt an ihr besonders, daß sie sich für sein lyrisches Vorbild, den romantischen Spötter Heine, begeistern kann. Ihre eigene poetische Produktion hält sich, von wenigen Ausnahmen abgesehen, im Rahmen dessen, was im Kreis der lyrischen »Kreuzworträtsellöser«, die Sophie Marti erwähnt, gang und gäbe ist.[6]

Ihre harmlosen Gedichte lassen keine Schlüsse auf die »Lehrerin«-Rolle dieser Frau zu, die sich keineswegs nur im erotischen Bereich abgespielt hat. Dagegen wissen wir, daß auch sie, wie andere nahestehende Personen (u. a. die Mutter, Olga Plümacher, Minna von Greyerz, Oskar Schibler, Adolph Vögtlin) von Franklin Wedekind aufgefordert worden ist, sich kritisch über seine frühe literarische Produktion zu äußern. Bertha Jahns Randglossen in seiner Kneipenliedersammlung »Stimmen der Andacht« zeigen, wie sie die pubertären Zoten ihres jugendlichen Liebhabers keineswegs prüde-entrüstet, sondern vielmehr spöttisch verworfen hat.[7]

Im Juni 1884 erleidet Bertha Jahn überraschend einen Schlaganfall. Franklin Wedekind zeigt sich in einem Brief an den Vater nur mäßig betroffen. In höflichem, aber unbeteiligtem Ton erkundigt er sich nach ihrem Befinden:

»Die Nachricht von dem Unwohlsein von Tante Jahn hat mich sehr beunruhigt. Hoffentlich war es nur vorübergehend; wenn es nur keine schlimmeren Folgen zurückläßt.«

Der Vater teilt darauf dem Sohn seine fachmännischen Vermutungen über die Erkrankung mit.[8] Franklin Wedekind bekundet auf diese Mitteilung hin nur ein mildes Interesse am Schicksal Bertha Jahns. Als Antwort auf einen weiteren Brief des Vaters erwähnt er sie am 6. August 1884 mit einem einzigen Satz: »Was Du mir über die Besserung in Tante Jahns gefährlichem Zustand schreibst, hat mich sehr beruhigt.«

Der von Dr. Friedrich Wilhelm Wedekind als medizinisches Kuriosum erwähnte Umstand, daß Bertha Jahn ihre Muttersprache zugunsten der deutschen Hochsprache vorübergehend verloren habe, ist ein Rätsel. Möglicherweise ist er Anlaß dafür, daß sich Franklin Wedekind im Spätsommer 1884, nach seiner Rückkehr aus Lausanne und nach der Abreise zum Studium der Jurisprudenz in München, plötzlich intensiv um Bertha Jahn zu bemühen und in ihrem Hause zu verkehren beginnt. Diese scheint sich übrigens vom Schlaganfall völlig erholt zu haben.

Um diese Zeit entsteht der Bertha Jahn gewidmete Gedichtzyklus »Der Kuß« (vgl. S. 200). Das letzte der fünf Gedichte ist mit dem Datum vom 16. September 1884 versehen und verrät das Geschehnis an jenem denkwürdigen Tag.[9] Der Prozeß, der dieser Huldigung vorangegangen ist, läßt sich aus dem Zyklus notdürftig rekonstruieren. Wahrscheinlich ist es Bertha Jahn, die in der Episode IV als freundliche, aber kühle Freundin erscheint (»Hart war ihr Mund, ihr Auge blau und kalt«), dem ungestümen jugendlichen Liebhaber wohl einen Kuß erlaubt, ihm im übrigen jedoch (»Ich aber herzte sie nur immer mehr / Und küßt' ihr Stirn und Mund und Augenlider / Sie klagte ›Tout est perdu hors l'honneur!‹ / Und weinte, zürnte mir und lachte wieder«) keineswegs entgegenkommt. Sie weicht ihm aus, indem sie bei einem Rendezvous – das, wie alle Zusammenkünfte, im verwilderten und verschwiegenen Garten der Löwenapotheke, dem »Paradiesgarten« von Franklin Wedekinds Versen, stattgefunden haben muß[10] – den Gymnasiasten offenbar mit einem Hinweis auf die Würde ihres Witwentums vom Leibe zu halten versucht, ihm dann aber, wie das zitierte »Kuß«-Gedicht V vom 19. September 1884 belegt, Freiheiten gewährt zu haben scheint, die dessen Verführungsversuche aufs neue ermuntern.

Zwischen dem 20. und dem 25. September 1884 erfolgt die leidenschaftliche Werbung, die sich in den sogenannten »Kraterliedern« und den »Erica«-Gedichten niedergeschlagen hat. Wedekind scheint die zögernde Frau hart bedrängt zu haben, ihre Sprödigkeit aufzugeben und ihren inneren Wünschen zu folgen. In einem langen undatierten Gedicht erklärt er ihr seine Gefühle und verbindet pfiffig-demütig Sentiment mit Strategie. Der Titel »Bertha« ist wie viele tarnende Über- und Anschriften dieser Episode, in hebräischen Buchstaben geschrieben, ein Umstand, der auf die kurzen und wenig fruchtbaren Bemühungen des Gymnasiasten um diese Sprache hinweist.

In einem Bertha Jahn gewidmeten Liebesgedicht werden die Symbole der Annäherung deutlich:

> [...]
> Wie aber könnt' ich mit klarem Verstand
> Die Küsse, die lodernden Flammen,
> Wie meiner Liebe geheiligtes Land
> Wie deine Güte verdammen??

Verzeih, o Sonne, dem armen Thor
Und seinem kühnen Gedichte.
Zieh mich an deiner Seite empor
Zu deinem göttlichen Lichte!

Dort kann ich lieben im Paradies
Dort kann ich weinen und beten,
Dort find' ich Kraft und Stärke gewiß,
Den Schlangenkopf zu zertreten. –

Verzeih, o Sonne, du Himmelslicht,
Dem Sklaven in Ketten und Banden!
Am Ende hat er noch immer nicht
Dein großes Herze verstanden.

Du siehst in mir deinen Telemach
In mir meinen würdigen Mentor.
Ich aber schlage die Bibel nach:
Dann bist du die Hexe von Endor.

Fr. [11]

Die trauernde Witwe, als Penelope dargestellt, die ihres (nicht wiederkehrenden) Gatten harrt, möchte ihren jugendlichen Liebhaber gerne als Sohn in seine Schranken weisen, doch dieser findet die Analogie ihrer Situation eher bei der biblischen Geschichte der »Hexe von Endor« (1. Sam. 28,7–14), die für den Königssohn Saul den Geist des verstorbenen Samuel heraufbeschwört. Der Vergleich mit der Sonne (Wedekind braucht diese Metapher in weiteren Gedichten an sie) muß ihr geschmeichelt haben, denn sie geht in einem Gedicht, datiert »Abend vor Bettag, 20. Sept. 84« auf dieses Bild ein (»Verzeih mir, ich konnte dich nicht kennen. / Die Sonne, ach, die kennt sich selber nicht. / Sie ahnte nicht, wie ihre Strahlen brennen, / Und daß geblendet du von ihrem Licht.«) und verspricht, von nun an »nur milde Strahlen zu senden« und ihm »kein

Verderben« zu bringen. Am gleichen Tag erhält sie das Gedicht »Erica«, in dem Wedekind die Sonnenmetapher wieder aufgreift und über sich selber schreibt:

> Tollkühn jagt mich himmelan
> Meine Todeswunde.
> Wenn ich dir nicht folgen kann
> Geh ich gern zu Grunde.

Der Köder sitzt und wird geschluckt. Hier beginnt die geheime Liebesschule zwischen der älteren Frau und ihrem jungen Freund.

Die bereits erwähnten »Kraterlieder« liegen in Aarau in mehrfacher Fassung vor. Eine davon, von fremder (wahrscheinlich Bertha Jahns) Hand niedergeschrieben, umfaßt die drei Gedichte, die den Zyklus ausmachen. Daneben finden sich die gleichen Gedichte, datiert und mit den Initialen der Verfasser (»E.« und »F.«) versehen, darlegend, daß das erste (23. September 1884) und das dritte (25. September 1884) von Bertha Jahn, das zweite aber (24. September 1884) von Franklin Wedekind stammt. Sie nennt sich in den Gedichten »die Herrin« und den jungen Mann ihren »Pagen«, den sie davor warnt, am Abgrund des Kraters mit ihr zusammen Blumen zu pflücken. Franklin entgegnet sorglos begierig, indem er ihre Warnungen mit denjenigen seines Vaters in Verbindung bringt – eine Parallelaktion, die, bedenkt man das Alter Bertha Jahns, der Beziehung zu dieser mütterlichen Freundin unversehens eine ödipale Bedeutung verleiht.[12] Bertha Jahn greift – spielerisch? – die Analogie dieses wahrhaft mephistophelischen Vorschlags auf:

> Zurück von dem feurigen Krater,
> Zurück von der lodernden Gluth!
> Sprich reuvoll: peccavi mater!
> Und alles wird wieder gut.

> [. . .]

Nimm all' deine Kraft nun zusammen!
Die Liebe sei heilig und rein!
Zurück von den züngelnden Flammen!
Es kann ja, es darf ja nicht sein.

Das ist eine Beschwörung: »Weiche von mir, Satan!«, doch sie fruchtet nicht. Als letztes Argument führt Bertha Jahn ihren Witwenstatus an und verweist auf das Grab ihres Mannes auf dem Lenzburger Friedhof. Franklin Wedekind richtet die Witwe mit ebenso deutlichen wie unverblümten Dichterworten auf. Im Gedicht »An Laura«, datiert mit dem 14. Oktober 1884, auf dem die Zeichnung einer Grabstätte zu sehen ist, schlägt er der trauernden Witwe vor, das Andenken an den verblichenen Gatten weniger selbstquälerisch zu gestalten.

Laß den toten, kalten Stein!
Hier ist warmes Leben!!
Jener kann dem Herzen dein
Keine Gluth mehr geben.

Keine Schmerzen, keine Lust
Wirst du dort verspüren.
An der kalten Marmorbrust
Müßtest du erfrieren.

Nach der langen Winternacht,
Nach den schweren Leiden
Ist ein neuer Lenz erwacht
Mit verjüngten Freuden.

Und durch's ganze Erdenreich
Wird der Ruf vernommen:
»Menschenkinder, liebet euch!
Denn der Lenz ist kommen!«

Du auch werde wieder jung,
Folge dieser Mahnung!
Scheuch mit der Erinnerung
Jede trübe Ahnung! –

Möge nicht auf kalter Gruft
Deine Kraft erschlaffen!
Frische, freie Frühlingsluft
Ist für dich geschaffen.

Und der Schöpfer schuf für dich,
Als der Lenz erblühte,
Daß du liebest inniglich,
Auch ein treu Gemüthe. –

Trauernd stehn mit dir vereint
Grünende Verbenen
Und dein feuchtes Auge weint
Große Freudenthränen.[13]

Frühlings Erwachen als Vorschlag zur Güte, aber auch als Reklame
in eigener Sache! Denn wer anders soll das »treu Gemüthe« und
der Tröster sein, an dessen Brust die Tante verjüngte Freuden
genießen soll? Nur zwei Tage später folgt ein langes Gedicht mit
der Überschrift »Gedicht. Seiner lieben Tante Frau Bertha Jahn
(Erika) in kindlicher Ergebenheit der dankbare Neffe Franklin.
18. x. 1884.« Der Wolf im Schafspelz betreibt hier in der Verklei-
dung der Kindlichkeit seine Verführungskünste weiter, indem er
zunächst den unverfänglichen Kollegen Goethe für sich sprechen
läßt:

Und weil zuletzt bei jeder Dichtungsweise
Moralien uns ernstlich fördern sollen,
So will auch ich in so beliebtem Gleise
Euch gern bekennen was die Verse wollen.

Wir stolpern wohl auf unsrer Lebensreise
Und doch vermögen in der Welt, der tollen
Zwei Hebel viel auf irdische Getriebe,
Sehr viel die Pflicht, unendlich mehr die Liebe.

Es folgt in einer anakreontischen Allegorie die Beschreibung der
Geburt der Bertha Jahn (»Ein Lied, ein Lied, mein Herz will
überfließen«), an deren Wiege die Göttinnen der Schönheit, der
Liebe und der Poesie treten und unter deren Bett Amor meuchlings
die schärfsten seiner Pfeile praktiziert. Derart reich gesegnet steht
die Herrin der Löwenapotheke vor dem anbetenden Neffen, der ihr,
als »Daniel in der Löwengrube«, umgeben von »wilder Löwenbrut«
eine saloppe Huldigung im Kneipenversstil darbringt:

So wurdest du zur Priesterin geweiht
Der edlen Kunst, die alle Menschen loben;
So hast du immer schon und hast uns heut
Durch deinen Sang zu dir emporgehoben;
So hast du wilde Streiche ausgetheilt,
Wie einst dem Pfaffenthume Doctor Luther.
Hast manchen wunden Fleck in uns geheilt,
Großmüthig, doch gestreng als Löwenmutter. –

Ich aber stehe hier in dieser Stube
Ganz einsam unter wilder Löwenbrut. –
Wie einst dem Daniel in der Löwengrube
So sind auch mir die Löwen alle gut.
Der Löwenmutter bring’ ich meinen Gruß
Und lebe ganz nach ihrem Wunsch und Willen;
Denn wie man mit den Wölfen heulen muß,
Will ich auch gerne mit den Löwen brüllen.

Allein vor wem ich sonst noch grüßend steh’
Mit ehrfurchtsvollem, kindlichem Gebaren,
Das ist des Hauses wunderschöne Fee,

In weißem Kleid mit herrlich schwarzen Haaren.
So ruf ich donnernd Hoch mit frohem Sinn,
Ein dreifach Hoch der großen Dichterin!
Ein dreifach Hoch dem schönen Geist des Hauses!
Und heb' mein Glas und trinke bis es aus is. — [!]

Bei der »großen Dichterin«, »des Hauses wunderschöner Fee« handelt es sich mit großer Wahrscheinlichkeit um Bertha Jahns Schwester, die Historiendichterin Fanny Oschwald-Ringier, in deren Haus, der »Burghalde«, die Geburtstagsfeier für die Schwester Bertha stattfindet. Diese muß Wedekinds närrisches Annäherungsmanöver mit dem Hinweis auf den unziemlichen Altersunterschied nochmals streng zurückgewiesen haben: Mit einem Trostpoem eigener Machart schlägt sie dem Geknickten jüngere Liebespartnerinnen vor.[14]

Der Trost schreckt den jungen Werber nicht ab, sondern bewirkt das Gegenteil, wie das Gedicht »Wolfsgelüste« verrät:

Welche süß bewegten Glieder
Dieses starre Kleid versteckt.
Sänke doch der Schleier nieder,
Der das schöne Leben deckt!

Sänk' auch jener starre Schleier
Frostiger Gemessenheit
Von der Seele, daß sie freier
Sich den reichen Stunden weiht!

Lechzend an der Quelle hingesunken,
Fand der Wolf kein lautres Element,
Weil ein Lamm zuvor daraus getrunken,
Das sich bessere Gesellschaft nennt.[15]

Der Wolf frißt Kreide und preist die »Tante Jahn«, wie er sie nun in einer hebräischen (und damit schon vertraulich getarnten) Gedichtüberschrift nennt, als gestrenge Lehrerin und sich als ihren gelehrigen Schüler.[16]

Der philosophische Versuch der älteren Freundin Plümacher, Franklin Wedekind die Fixierung auf eine unmögliche Liebesbeziehung als ein natürliches pubertäres »süßes Sehnen ohne Object« (vgl. S. 379) auszureden, trägt keine Früchte, denn das Sehnen ist inzwischen handfest und körperlich geworden, das »Object« somit definiert. Die Beziehung geht weiter; wie weit sie gegangen ist, bleibt indessen trotz aller vorhandenen Dokumente unklar. Eindeutig ist, daß es nur während kurzer Zeit Gelegenheit für Intimitäten gegeben haben kann, nämlich zwischen August und November 1884, dem Ende des Lausanner und dem Anfang des Münchener Studienaufenthaltes. Einmal erwägt Franklin Wedekind in komischer Verzweiflung die gemeinsame Flucht nach Amerika, um dem Gerede der Lenzburger Philisterwelt zu entkommen. Das vierstrophige Gedicht, das dabei entsteht, ist insofern ein Kuriosum, als es seinen Schlußreim in den grammatisch falschen, falsch geschriebenen und falsch betonten hebräischen Worten »Yomim wƏ laila« ([bei] »Tag und Nacht«) findet.[17]

Außer den behördlichen Daten, den spärlichen Gedichten und den Briefen existieren kaum weitere Zeugnisse über Bertha Jahn. Ihre Persönlichkeit bleibt ein Rätsel. Es existiert nur eine einzige Beurteilung ihres Charakters. Sie stammt von niemand anderem als von Emilie Wedekind. In einem Brief vom Dezember 1885 sagt sie von ihr:

»Es fehlt ihr jene heilige Weihe, die dem Menschen durch erlebtes Unglück aufgedrückt wird. Sie war stets, sowohl von ihrem Vater, als auch von ihrem Manne verhätschelt worden, und sie kennt jene grenzenlose Erbitterung nicht, die durch die Ungerechtigkeit von Menschen hervorgerufen wird, die, je mehr wir sie lieben, desto schmerzlicher verletzen und verwunden. – Daher kommt es auch, daß sich x noch so viele Illusionen bewahrt hat, daher auch ihre in meinen Augen manchmal grenzenlose Unbedachtsamkeit. Sie kennt das Gebranntsein nicht, fürchtet daher auch kein Feuer und glaubt, daß es denjenigen, die auf dem Marterroste liegen, nicht weh tue. Das ist, objektiv betrachtet, ganz schön und gut, und man kann sich freuen, in unseren Zeiten der extremen Empfindung noch jemand zu finden, der vom Leben so sanft angefaßt worden ist. Ich erfreue mich auch an dieser Erscheinung wie an einer duftvollen, exotischen Blume, besonders da sich bei unserer lieben Freundin zu ihren Eigenschaften noch diejenige ungewöhnlicher Menschenliebe und Duldsamkeit gesellt. Allein, um mich ganz befriedigt zu fühlen, und um sie zu meiner Freundin zu machen, fehlt mir an ihr die tragische, tiefe Färbung, jenes Verständnis für Handlungen, welche durch die Macht der Verzweiflung hervorgerufen werden, und die über alles Konventionelle hinweg sich vor allem andern ihr Recht zu erringen trachten. Frau x opfert gewiß manches ihrem Schönheitsgefühl und läßt in Haus und Umgebung oftmals fünf gerade sein, um nicht die vornehme schöne Gemütsruhe zu stören. Sie ist kein Feuergeist, sondern ein anmutiges, lächelndes Idyll.«[18]

Das ist kein Porträt, sondern ein Vergleich zwischen Emilies eigener kleinbürgerlicher Herkunft mit ihren Entbehrungen und Abenteuern und der großbürgerlichen Behäbigkeit der verwöhnten Apothekersfrau. Sie selber schneidet besser ab als die andere, deren passiver Hedonismus betont wird: Ein wohlhabendes Elternhaus, ein Ehemann, der sie auf Händen getragen hat. Unfreiwillig gibt Emilie Wedekind die Katastrophe der eigenen Ehe preis, wenn sie neidvoll kommentiert: »Sie kennt jene grenzenlose Erbitterung nicht, die durch die Ungerechtigkeit von Menschen hervorgerufen wird, die, je mehr wir sie lieben, desto schmerzlicher verletzen und verwunden.« Kein Feuergeist, sondern ein Idyll, so lautet das strenge (und abschätzige) Verdikt der energischen Schloßherrin.

Auch als Idyll, aber durchaus als ein feuriges, erscheint Bertha Jahn dagegen in allen bisher bekannten nachgelassenen Gedichten und Briefen Franklin Wedekinds. Das Skandalon einer verbotenen Liebelei zwischen einem zwanzigjährigen Studenten und einer um fünfundzwanzig Jahre älteren Witwe in einer puritanischen schweizerischen Kleinstadt macht äußerste Diskretion zur Selbstverständlichkeit. Wieder tritt das oberste soziale Gebot der Rücksichtnahme auf den Ruf der Familie in sein Recht. Diese beginnt damit, daß man sich Decknamen gibt und im schriftlichen Verkehr, der auf das Minimum reduziert bleibt, lyrische Symbolismen verwendet.

In den Briefen, die sie in den Jahren 1884–1886 wechseln – Franklin Wedekind studiert zunächst in München – wählen die Briefpartner, betont formell, die »Sie«-Form der Anrede und schreiben sich nichtssagende Erlebnisberichte als Tarnung für vertrauliche Andeutungen und Anspielungen, die nur dem andern verständlich sind, wie die Randglossen Bertha Jahns in Wedekinds Briefen vermuten lassen.[19] Als einziges erhaltenes »Beweisstück« dafür kann das Brieffragment Bertha Jahns gelten, das, undatiert und teilweise kodifiziert, sich unter ihren Briefen erhalten hat:

»Vorerst muß ich bitten, daß Sie das Privatim nicht offen in den Brief legen, das hat ja keinen Zweck, zusammengefaltet, verklebt, mit der Aufschrift ›privatim‹. Tausend Dank für die lieben Zeilen! Wie habe ich mich gefreut, doch da nun die Zeit fehlt, bekommen Sie nur flüchtig Antwort, d. h. eigentlich heute keine, das Dessert kommt morgen. Inliegend nur die Hieroglyphen[?], bitte zu copieren u. den Zettel zu zerreißen, wohl verstanden? das ›Privatim‹ ging nach Wunsch in Flammen auf, nicht wahr, Sie thun das auch? Also auf morgen, ich habe Ihnen Vieles zu sagen. –

– oft und viel I. v. L. (›Yomim w∂ laila‹?] – Gute Nacht! O. D. E. OOO [?] (Schreiben Sie mir, ob Alles vernichtet ist!)«

Die familiäre Verschwiegenheit über die gefährliche Liaison macht es schwierig, die Stationen dieser Liebesgeschichte zu rekonstruieren. Wedekind hat selber viele Spuren verwischt, indem er sich bekanntlich bei der späteren Herausgabe seiner Gedichte, von denen verschiedene sich auf das dreijährige Verhältnis mit Bertha Jahn beziehen, nicht an eine chronologische Ordnung hält, vieles umgeschrieben und mit neuen Titeln versehen hat, die nicht den alten Dedikationen entsprechen. Außer den wenigen Briefen, der lyrischen Abhandlung »Der Kuß« und den »Kraterliedern« liegen die wichtigsten poetischen Zeugnisse in zwei Heften vor, die »Gedichte von Erica« und »Passionsblüten von Erica« betitelt sind. Es sind zusammen fünfundzwanzig Gedichte, einzelne zum Teil in beiden Sammlungen enthalten und nach Angaben Kutschers zwischen 1882 und 1884 entstanden. Schon Kutscher vermutet, daß zumindest die Gedichte des zweiten Heftes, von denen drei in die *Gesammelten Werke* aufgenommen worden sind, nicht von Franklin Wedekind, sondern von Bertha Jahn stammen, darunter das berühmte »Ich hab dich lieb!«, das auch nach Aussagen Kadidja Wedekinds nur von dieser Frau geschrieben werden konnte.[20]

Ich hab dich lieb, kannst du es denn ermessen,
Verstehn das Wort, das kleine Wort so süß? –
Es schließet in sich eine Welt von Wonne,
Es trägt um sich ein ganzes Paradies.

Ich hab dich lieb! So tönt es mir entgegen,
Wenn ich vom Schlaf zu neuem Sein erwacht;
Und wenn am Abend tausend Sterne funkeln –
Ich hab dich lieb! So ruft es durch die Nacht. –

Du bist mir fern; ich will darob nicht klagen,
Dich hegen in des Herzens heil'gem Schrein.
Kling fort, mein Lied! Jauchz' auf, beglückte Seele!
Ich hab dich lieb! und nie wird's anders sein. –

Mir hat geträumt, die Jugend kehre wieder;
Ich war ein glücklich jungfräuliches Kind.
Und jubelnd an der grünen Bergeshalde
Lief um die Wett' ich mit dem Abendwind.

Da kam mein Lieb, erfaßte mich im Spielen,
Und sprach von Liebe mir – ich hört' es kaum.
Da sah ich seiner Augen heißes Strahlen
Und haschte seinen Kuß – *Es war ein Traum.*

Ich bin erwacht; vom Lager aufgesprungen,
Sah ich mein Spiegelbild beim Tageslicht

Erblickte wie die Zeit mit ehrnem Griffel
Die Falten grub ins alternde Gesicht.

Erröthend dacht' ich an mein selig' Träumen
Und gab erglühend der Erinnrung Raum.
Barg weinend dann mein Haupt in beiden Händen:
»Vergib mir Herr und Gott – *Es war ein Traum!*«

Das Gedicht erscheint, nur leicht verändert, jedoch um vier Strophen gekürzt, unter dem Titel »Alte Liebe« in der Gesamtausgabe. In Wedekinds Version ist es das Abschiedslied einer verlassenen Frau, einer Entsagenden. Er schließt mit der dritten Strophe, wodurch die Traurigkeit der Einsamen gemildert erscheint. Die erhaltenen Dokumente geben über die Umstände dieses Abschieds keine Auskunft. Indessen findet sich unter den von Franklin Wedekind abgeschriebenen »Gedichten von Erika« der Hinweis, daß dieses berühmte »Wedekind«-Gedicht tatsächlich von Bertha Jahn geschrieben worden ist.[21]

Es scheint, daß der junge Mann, der nach seinen Studien in Lausanne im November 1884 nach München reist, der anhänglichen Geliebten schon bald überdrüssig geworden ist. Die Tatsache, daß die Gefühle der älteren Frau ernsthaft entflammt sind, während auf seiner Seite der Reiz des Neuen bald nachgelassen hat, bringt den »Realpsychologen« in unerwartete Verlegenheit, die sich nicht mit spielerischen Episteln und witzigen Versen aus der Welt schaffen läßt. Außerdem deuten gewisse Anspielungen in zahlreichen Briefen an Bertha Jahn darauf hin, daß er sich immer mehr für deren ältere Tochter Lisa zu interessieren beginnt (vgl. Abb. S. 187). Die Vorstellung, Mutter und Tochter gleichzeitig als Geliebte zu haben, scheinen Wedekinds realpsychologische Phantasie angefeuert zu haben. Sie findet ihren dichterischen Niederschlag in der Mutter-Tochter-Konstellation (Frau Bergmann / Wendla Bergmann) in *Frühlings Erwachen* und in verschiedenen Gedichten an Lisa Jahn, in denen diese »Francisca« und »Franziska de Warens« genannt wird.[22]

Es ist nicht bekannt, wie die Mutter die Beziehung ihrer Tochter zu Franklin Wedekind, die ihr nicht verborgen bleiben konnte, aufgenommen hat. Der Verdacht liegt nahe, daß dieser den Liebeshändel mit der Tochter anzettelt, um die Bindung an die Mutter zu zerbrechen.. Doch bedarf es nicht dieser letzten Demütigung, um Bertha Jahn von der Hoffnungslosigkeit ihrer Situation zu überzeugen. Ihre Briefe, aber auch bestimmte Bemerkungen in den Briefen Olga Plümachers an Franklin Wedekind zeigen, wie bitter und unwürdig der Part war, den sie zu spielen hatte. Am 15. November 1884 schreibt Olga Plümacher mit sanftem Tadel:

»Doch nun zu dir! Zu dir nicht Damen- und nicht Liebe-scheuer Dichter – Practikant der Unsterblichkeit! Das sind mir schöne Geschichten, was du mir da schreibst! Ein Übel wird kaum mit einem schlimmeren Übel geheilt. Du mußt die Frau sanft und mit möglichster Schonung aus ihrem unseligen und unsinnigen Dusel aufwecken. Lange kann das ja nicht gehen, und eine solche Komödie ist *deiner unwürdig* und thut ihr doch nur harm. Sie soll lernen sich an deiner Freundschaft genügen zu lassen; auf mehr hat sie keinen Anspruch. Die Unlust, welche dir aber die Lösung dieses *unnatürlichen* Verhältnisses verursacht (je größer diese Unlust ist, um so mehr macht es dir Ehre) die sollst du geduldig auf dich nehmen als eine noch immer *viel zu gelinde Strafe und Buße* deines Antheiles an dem Wahnsinn. [. . .] Daß sie dir den Rückzug in die Position der Freundschaft erschweren könnte, dachte ich nicht. Und nun doch! die Ärmste! Die Sache wäre lächerlich, wenn es nicht so traurig wäre, und traurig, recht herzlich traurig ist es, wenn so ein [. . .] und darum aufgespartes Liebesverlangen so entschieden verspätet auftreten muß, sich und anderen zur Last, wo es zur richtigen Zeit und an das richtige Objekt gewendet hätte so beglückend sein können – wo bleibt da die Weisheit des Unbewußten? Ohne Zweifel nur in der Unlust die dadurch geschaffen wird. Du wirst nun wohl auch nicht mehr so kühn mit dem Feuer unter der Asche spielen und sie –? Jedenfalls mußt du die Sache auf vernünftigen Grund zurückstellen. Dichte sie an, laß dich andichten – vorläufig! – Schwör ihr ewige Freundschaft, mache sie zur Vertrauten deines Herzens – aber gestehe ihr so bald als möglich, daß du für eine schöne 17jährige

Münchenerin in Flammen stehest. Es wird ihr weh tun, aber es ist vernünftig, und alles Gute ist dies letzten Endes nur deswegen, weil es vernünftig ist.«

Die »Weisheit des Unbewußten«, die Olga Plümacher abgeklärt und entsagungsvoll herbeizitiert, hat sich bei ihrer Altersgenossin nicht eingestellt. Daß das Unbewußte anderes als nur Weisheit produziert, ist der »philosophischen Tante« nicht verständlich, wohl aber ihrem »Neffen« Franklin, der eben gerade die Liebesglut einer alternden Frau zu hellen Flammen angefacht hat und sich nun außerstande sieht, dieses Feuer zu löschen. Das realpsychologische Experiment ist dem Zauberlehrling entglitten. So wird denn der Rat der Tante Plümacher hastig aufgenommen. Die in Fritz Strichs Sammlung enthaltenen Briefe an Bertha Jahn belegen, daß der schnöde Vorschlag sogleich in die Tat umgesetzt wird. Die Fiktion einer Münchener Liebschaft wird von Franklin Wedekind jedoch so dilettantisch in Szene gesetzt, daß ihn Bertha Jahn sofort durchschaut, wie ihre Randglossen zu seinen Briefen beweisen. Kutscher vermutet, wohl zu Recht, daß auch das Gedicht »Madame de Warens«, das in jener Zeit entsteht, von Bertha Jahn stamme.[23]

Der Rest ist Schweigen, wenigstens was Franklin Wedekind betrifft. Die weiteren erhaltenen Briefe Bertha Jahns sind die echolosen Monologe einer Einsamen.

Franklin Wedekind ist im Sommer 1887 aus München zurückgekehrt und bewegt sich, als ihn Bertha Jahns letzte Hilferufe erreichen, im Kreise der exildeutschen Bohème um Hauptmann, Henckell und Conrad in Zürich. Im Juni dieses Jahres scheint er der »Tante« Jahn in einem Brief das vertrauliche »Du« im öffentlichen sowie im schriftlichen Umgang vorgeschlagen und um ihr Bild gebeten zu haben. Auch ist die Rede von einem Armband, das er ihr entwendet und getragen habe, ohne − nach Angaben von Sophie Marti − aus dessen Herkunft ein Geheimnis zu machen. Aufgewühlt von den so widersprüchlichen Signalen der Annäherung und Ablehnung schreibt Bertha Jahn am 22. Juni 1887:

»Ich nehme den Franklin aber wie er ist, ich *schmeichle* ihm nicht, das werde ich nie thun, denn ich bin stolz, das wissen Sie, wer mich in den Winkel stellt, wohlan, aber ich bilde mir dann nicht mehr ein, an einen anderen Platz hinzugehören, bin keine Marionettenpuppe, die man haben kann, wie man will. *Deshalb* habe ich den Frank doch *noch lieb;* all sein Thun und Lassen, sein geistiges Wesen und Schaffen interessiert mich, ja, es ist als sei es ein Theil meiner selbst. [. . .] Sehen Sie, Sie haben sich gewöhnt, so manches zu sagen, was nur blenden und Effect machen soll, daß man Ihnen zuletzt nichts mehr glaubt, daran sind Sie selber schuld, Frank. Es hätte wohl bei reiflicher Überlegung ebenso gelautet, denn Frank, man kann ja nicht alle Hürden überspringen, man bleibt oft hängen. Sie baten mich, mir Du sagen zu dürfen, darf ich das gestatten? Der Altersunterschied ist zu groß, ›was würden die Leute sagen‹, so muß ich hier fragen. Freilich wäre es richtiger und auch wahrer, aber – man darf doch manches nicht vor den Leuten thun, was eigentlich nichts Böses, was aber gerade *unsittlich* wäre, *verwerflich,* wenn gewisse Dinge den Augen und Ohren der Menge preis gegeben würden. Denken Sie nur an die Ehe, sie kann aesthetisch moralisch sein und ist es auch und doch kann sie zur Unmoralität ausarten, wenn ein dritter dabei ist, das ist ein krasses, aber ein treffendes Bild. – So, Frank, ist es mit dem ›Du‹, wenn Sie mit kühnem Sprung über die Schranken hinweg fliegen, so könnte mancher mißbilligend den Kopf schütteln und ein Fetzen würde hängen bleiben. Deshalb ist es besser, man läßt es sein wie es ist vor der Menge, die Solches nicht versteht, nicht begreifen kann. Über das Bracelet haben Sie viel geschrieben, es war eine Marotte, es zu stehlen, eine Marotte, es zu tragen, weiter nichts. Lisas ›kraftvolle‹ Hände werden sich nicht an Ihre Person wagen. Sie weiß ja, daß sie es dann mit der Mutter zu thun hätte, die nicht leidet, daß man ihrem Frank zu nahe tritt, noch weniger ihn ›zerreißt‹. Sie wissen, Franklin, daß ich auf Klatsch nichts gebe und sonst nicht darauf achte, wohl aber scheint es mir beachtenswert, Sie zu studieren. Es muß mir ja auffallen, daß ich so gar nicht mehr für Sie existiere, auch hatten Sie mir ja gesagt, daß Sie wieder verliebt und zwar nicht in eine Lenzburgerin. [. . .] ›Wenn Sie wüßten, wie bitter ich Sie schon gehaßt habe‹, schreiben Sie weiter, wirklich gehaßt!? Wenn etwas Hassenswertes an mir ist, so thun Sie es und wenn Sie die ›Freundschaftsketten‹ drücken, so sagen Sie es rund heraus, ich gebe Ihnen ›Luft und Freiheit‹ wieder, so schwer es mich ankommt, Sie müssen nicht vergeblich ›schnappen‹, aber ich muß dann Freundin spielen, ich werde es versuchen Ihnen zu lieb, wenn Sie es wollen. Hand aufs Herz, möchten Sie denn wirklich sein, ohne diese ›Ketten‹? –

Sie haben Recht, mein Bild bin ich Ihnen schuldig, hier haben Sie meinen ›Helgen‹; verlieben werden Sie sich wohl nicht darin, ich sehe schlafmützig darauf aus.

[. . .] Wie schön ist es jetzt im Garten! Da blühen die duftenden Rosen, der Jasmin betäubt, ich sitze mitten in diesem Duft, und wie abends die Sterne scheinen, da habe ich Sie schon oft her gewünscht, es wäre ja nicht das erste Mal, daß wir zusammen nach den Sternen geschaut! [. . .]

Und nun leben Sie wohl, mein liebster Frank, Sie haben mich gekrönt, ich thue dasselbe, ich kröne Sie mit dem Lorbeerkranz, den Sie hoffentlich von mir annehmen. Er kommt von Herzen! [. . .]«

Eine Aussprache und Versöhnung, die angeblich im Sommer 1887 stattgefunden haben, gehören zu Kutschers Wedekind-Legende. Das wirkliche Finale dieser Liebschaft ist wesentlich dissonanter und für Franklin Wedekinds Charakterbild nicht eben schmeichelhaft. Er läßt das Verhältnis schließlich im Sande verlaufen, indem er sich in hartnäckiges Schweigen hüllt. Ein Abschiedsbrief Bertha Jahns vom 8. September 1887 macht das bittere Ende deutlich:

»Franklin!

Sie haben mir den Empfang meines Bildes damals nicht angezeigt; ich habe Sie in Zürich verfehlt, Ihnen meine Noth geklagt u. Sie gebeten, mir, der Einsamen, nach Obstalden zu schreiben. Ich habe Sie eingeladen, hierher zu kommen. (Sie waren 8 Tage bei Tante Plümacher, die Ihnen doch *nach Ihrer Versicherung* nicht näher steht, warum nicht zwei Tage bei mir?) – keine Antwort, keine Entschuldigung, keinen Dank, wenn auch nur *pro forma* – daß ein *Wedekind* so alle Rücksicht, so allen Anstand verletzen könnte, hätte ich nicht geglaubt, von Ihnen nie erwartet. –

Die größte Grobheit, die Wahrheit hätte ich lieber gehabt, als dieses hartnäckige Schweigen. – Ich werde wahrsch. Samstags durch Zürich reisen und gezwungen sein, einige Stunden mich dort aufzuhalten, aber ich zeige Ihnen die Stunde nicht an, ich habe genug des grausamen Spiels. –

Leben Sie wohl, wenn ich denke, wie Sie mich vor wenig Wochen noch bestimmen wollten, Ihnen Du zu sagen, so muß ich laut lachen. – Es thut mir leid, daß mit so schrillem Mißton die letzte Saite gesprungen ist. – Ich hatte ein Recht, Sie über das *Warum* zu fragen, ich thue es nicht.

Sei beglückt!

Bertha«

Dem Brief Bertha Jahns liegt auf einem losen Blatt ein Gedicht bei, das in Klammern den Titel (»Wedekindsche Moral – Schlußstrophen«) trägt. Es ist ein Zitat, ein sehr bitteres, das einen deutlichen Hinweis auf Franklin Wedekinds Jubelgedicht (»Jubilate«) aus glücklicheren Tagen enthält.[24]

Bertha Jahn ist, als Franklin Wedekind ihr Leben verläßt, möglicherweise schon erkrankt. Sieben Jahre später, am 10. Juli 1894, stirbt sie, sechsundfünfzig Jahre alt, an Krebs.

»Cousine Sturmwind«

Trockne Worte, hohle Schädel,
Leere Sätze, breitgetreten –
Fahrt dahin! Mein süßes Mädel
Hat mich zu Besuch gebeten.

Dort erwarten mich Genüsse,
Harren meiner dunkle Augen;
O, wie werd' ich heiße Küsse
Von den wilden Lippen saugen.

Wedekind

Minna von Greyerz (1861–1954) ist uns als »Cousine Sturmwind« und Mitglied des ersten Dichterbundes bekannt. Als die ehemalige Klavierlehrerin[1] und Gesangspädagogin am 27. Oktober 1951 ihren neunzigsten Geburtstag feiert, werden »die Familienoberhäupter und Einzelpersonen derer von Greyerz und anverwandter Familien« zum Jubiläumsfest von Fräulein Minna von Greyerz eingeladen. Der Name Frank Wedekind wird während der Geburtstagsfeier in keiner der Laudationen und Jugenderinnerungen der Beteiligten genannt.[2] Seine irritierende Präsenz in den jungen Jahren dieser Frau ist – wohl aus Pietät und aus Rücksicht auf die unverheiratet gebliebene »Tante Minna« – ausgelöscht aus dem kollektiven Gedächtnis dieser Familie. Dabei geht die zentrale Rolle, die dieser ein paar Jahre lang in Minna von Greyerz' Leben gespielt hat, aus Briefen, nachgelassenen Gedichten, Tagebuchblättern und vielen, nur dem Eingeweihten erkenntlichen Anspielungen in Wedekinds Dichtungen, sehr deutlich hervor.

Eine Fotografie zeigt eine dunkeläugige junge Schöne mit einem Hütchen, die auf den heutigen Betrachter etwas landpommeranzig wirken mag.[3] »Cousine Sturmwind« ist eine wirkliche Kusine Frank Wedekinds, wenn auch entfernten Grades.[4] Als Anverwandte hat sie freien Zugang zum Familienkreis auf dem Schloß und ist gleichzeitig mit ihren Eltern – ihr Vater, Walo von Greyerz, ist Lenzburgs Oberförster und Oberst der Artillerie – von den Wedekinds aus gesehen, eine Art Brückenkopf für deren Kontakte mit den Behörden und den führenden Familien Lenzburgs. Zusammen mit Sophie Marti, Oskar Schibler und Adolph Vögtlin ist sie eine wichtige Zeugin der frühen dichterischen Produktion Frank Wedekinds und an deren Entstehung als Freundin und Mitarbeiterin seiner »Dichterschulen« maßgeblich beteiligt. Von Kutscher wird sie nur beiläufig erwähnt, und in Strichs Briefsammlung fehlen Wedekinds Briefe an sie, wahrscheinlich, weil sich die Schreiberin zeit ihres Lebens geweigert hat, den sorgsam gehüteten Schatz ihrer vertraulichen Korrespondenz der Forschung zu eröffnen. Ein wesentlicher Grund für diese Verweigerung, so können wir vermuten, ist der Umstand, daß die Beziehungen zwischen Vetter und Kusine an einem bestimmten Punkt die familiären Normen der Vertraulichkeit überschritten haben. Minna von Greyerz' Briefe sind von Wedekind sorgsam aufbewahrt worden.[5]

In einem dieser Briefe kommt sie auf seine Vorliebe für reifere Frauen zu sprechen, zu denen auch sie sich zählt, obwohl sie nur drei Jahre älter ist als ihr zwanzigjähriger Vetter. Doch diese wenigen Jahre zählen mehrfach in ihrer Zeit. Im Sommer 1884 klagt sie ihm ihr Los:

»Wenn Du aber in dieser Hinsicht selbst so wechselh[aft] bist, darfst Du aber auch nicht über Dein Schicksal klagen: selbst wetterwendisch behandelt zu werden. Nun, vorderhand stehst Du noch im launenhaften April; der Wonnemonat wird später kommen und wird hoffentlich bei Dir wie bei den meisten Männern recht lange dauern, denn da heißt's gewöhnlich von einem 40jährigen Hagestolz: ein junger Mann; von einem dreißiger aber: ein ganz junger Mann. Jetzt bist Du eigentlich noch nicht einmal ein jüngerer Mann, sondern stehst noch im schönsten Jünglingsalter. Beim weiblichen Geschlecht verhält sich das gleich anders. Es wird meist nach der äußern Erscheinung beurteilt. Ist sie nicht mehr klein, graciös, mit naiven Einfällen gleich einem Vierjährigen, so heißt sie schon nicht mehr ›Kind‹ sondern ›Grasaff‹, gleichbedeutend mit

Eurem sogenannten Flegelalter. Ist sie 14–15, d. h. ihre Formen noch eckig, ihre Bewegungen hölzern oder ungelenk, ihr Wissen unbedeutend, so wird sie nunmehr mit einem höheren Grad als ›Schneegans‹ tituliert, welchem Namen sie auch im späteren Alter noch Ehre macht, sieh an mir Exempel; dann kommt die kurze hübsche Zeit der Übergangsstufe vom ›Backfisch‹ zum ›jungen Mädchen‹. Nur solang ihr die Rosenzeit blüht ist sie eine ›holde Jungfrau‹ um gleich danach als ›alte Jungfer‹, Blaustrumpf, alte Schachtel u. dergleichen mehr zu gelten [. . .]«

Wir müssen uns den kulturhistorischen Kontext vergegenwärtigen, in dem diese junge Frau aus großbürgerlichen Verhältnissen ihre Existenz und ihre Zukunft betrachtet. Ihre ahnungsvollen Worte über ihre Lebensaussichten sind nicht prophetisch gemeint, wenn sie auch von heute her so wirken. Sie sind vielmehr die Summe der Erfahrungen einer Tochter aus gutem Haus im Hinblick auf die ihr zu Gebot stehenden Chancen: Auf dem Heiratsmarkt wird sie als »gute Partie« nur für die »kurze Rosenzeit« an den Mann zu bringen sein. Angebot und Nachfrage halten sich, im Zeitalter des übermächtigen Patriarchats, keineswegs die Waage, auch nicht für eine gut aussehende junge Frau aus besten Kreisen, versehen mit der Edelmitgift der Bildung. Mit der letzteren ist es so bestellt, daß der Beruf der Lehrerin die höchste Ausbildungsstufe darstellt, die die Gesellschaft den Bürgertöchtern der Generation gewährt, zu der Minna von Greyerz gehört. Ohne es zu wissen, lebt sie in diesem Jahr 1884 am Ende einer Epoche. Zwar wird der Weg zur Befreiung und Gleichberechtigung ihres Geschlechts auch ein Jahrhundert später noch nicht zurückgelegt sein – schon gar nicht in dem Land, in dem Minna von Greyerz lebt; aber Zeichen für eine Veränderung werden sichtbar. Die wachen Geister – es sind nicht viele –, die für diese Signale empfänglich sind und den Zugang zu den Informationen haben (das sind vor allem die Männer), wissen um die berühmte Haustür, die Ibsens *Nora* 1879 hinter ihrer Familie weithallend ins Schloß geworfen hat. Zehn Jahre zuvor ist John Stuart Mills *The Subjection of Women* erschienen und hat eine Diskussion über die Stellung der Frau in der Gesellschaft entfacht, die noch anhält.

August Bebel definiert die »bürgerliche Ehe« als »staatlich sanktionierte Prostitution« und propagiert das Frauenstudium. Doch dazu fehlen vorläufig noch die Voraussetzungen. Erst 1887 erscheint Helene Langes tapferes, vielbespottetes Buch über *Die höhere Mädchenschule und ihre Bestimmung,* das, wenigstens für die sogenannten »höheren Töchter«, einen Bildungsweg bis zur Hochschulreife vorsieht. Und erst 1891 wird die medizinische Fakultät der Universität Heidelberg als erste deutsche Hochschule Frauen zum Medizinstudium zulassen.

Minna von Greyerz ist für diese Entwicklungen ein paar Jahre zu früh geboren.[6]

Auch diese Kusine wird im Winter 1888, nach ihrer Rückkehr aus Dresden, von Franklin Wedekind einem »realpsychologischen« Experiment unterzogen. Er ist begierig zu erfahren, wie sie auf die Belagerung ihres Herzens reagiert. Der Beobachter spielt die Rolle des emotional Engagierten, um die Wirkung desto kühler und »wissenschaftlicher« auswerten zu können. Die Auswertung erfolgt im Tagebuch, wo der »Versuch Minna von Greyerz« unter der Chiffre »Wilhelmine« erscheint.[7] Diese ist, das ist rasch zu ermitteln, keineswegs eine »Inspiration«, sondern das Versatzstück einer idealisierten »unsterblichen Geliebten« und eine Kunstrichterin (wir erinnern uns, daß den stürmisch geliebten Freunden Oskar Schibler, Adolph Vögtlin und der Freundin Bertha Jahn eine ähnliche Rolle zugekommen ist). Wie bei diesen, aber auch bei der Mutter und, wie wir sehen werden, auch bei »Tante« Plümacher scheint der junge Dichter mit Schmeicheleien deren Interesse für seine künstlerische Produktion geweckt zu haben, ohne daß er sich vom Kunstverstand seiner Freunde wirklich entscheidende Impulse versprochen hat. Minna von Greyerz' Auftritt in seinem Musenalmanach ist mehr oder weniger zufällig. Als Mitglied des weiteren Familienkreises ist sie einfach da, eine willkommene Abwechslung in einer trüben Stunde der Eintönigkeit.[8]

Der Teil der Wedekindschen *Tagebücher,* der dieser Episode gewidmet ist, beginnt bezeichnenderweise mit der Bemerkung: »Ich langweile mich so entsetzlich...« Gleich darauf tritt »Wilhelmine« in sein Blickfeld, die sich »ganz reizend geworden«, »in ihrer vollen Blüte« und mit »schwarzen Augen, hübsche[m] Köpfchen« und »hübschen vollen Armen, mit denen sie nach Herzenslust prahlt« als geeignetes Studienobjekt zur Überbrückung der alltäglichen Monotonie präsentiert.[9] Wie soll nun der Versuch an der Kusine erfolgversprechend gestaltet werden?

Wedekind orientiert sich in seinem »realpsychologischen« Experiment – darin erweist er sich gänzlich als ein Kind des fortschrittsgläubigen 19. Jahrhunderts – an den neuesten naturwissenschaftlichen Untersuchungsmethoden. Musil wird später seine eigenen klinischen Untersuchungen über die Beschaffenheit des menschlichen Bewußtseins mit der Tätigkeit eines *monsieur le vivisecteur* vergleichen. Wedekind verschafft sich das Verständnis für die Manipulierbarkeit und Manipuliertheit der menschlichen Natur und die erkenntnistheoretischen Voraussetzungen dazu aus der Beobachtung, daß die Menschen süchtig sind nach dem schönen Schein, lenkbar durch die Magie des Wortes. Im Prolog »Die Ehe« zum Drama *Franziska* (1912) bezeichnet er sich scherzhaft als den Entdecker der »psychologischen Vivisektion«.

> Wir danken diese unschätzbaren Funde
> Praktisch betriebener Menschenzüchterei,
> Experimenteller Seelenkunde
> Und psychologischer Vivisektion.
> Deshalb auch hoff ich mir zum Lohn,
> Wenn dem Entdecker eine Bitte frei,
> Daß mir dafür ein Lehrstuhl offensteht
> An Münchens Universität.[10]

Aus den Tagebüchern erfahren wir indessen, daß Frank Wedekind der Begriff der Vivisektion schon viel früher vertraut war. Es ist seine Kusine Minna, die sich am 9. März 1888 [1889] über seine amourösen Experimente bitter beklagt: »An ihr, sagt sie, hätte ich an einem festgeschnallten Kaninchen Vivisektion geübt.« Dieser Liebesversuch am lebendigen Objekt hat, folgt man den

Tagebucheintragungen, vom 9. Februar bis zum 25. März 1888 [1889] gedauert. Man muß annehmen, daß auch die übrigen Wedekindschen Tagebücher als intime Rapporte solcher »realpsychologischer« Vivisektionen an Geliebten, engen Freunden und Familienmitgliedern angelegt waren.

Später, 1892 in Paris, kommt er nochmals auf die Episode zurück:

»Ich fahre nach Hause und lese den Rest der Nacht in meinen Tagebüchern von 89 mein Techtelmechtel mit Minna durch. In Berlin hatte ich einmal große Lust, diese Episode zu verbrennen. Es freut mich nun doch, daß ich es nicht getan habe.«

»Wer weiß, wozu sie noch nützet?« – Unter die verschollenen Eintragungen gehören vermutlich intime Bemerkungen über Bertha Jahn, die Eltern, den Streit mit dem Vater, dessen Tod und die damit verbundenen Schuldgefühle, von denen später noch die Rede sein wird. Die »Tändelei« mit der Kusine dagegen ist der eigentliche Inhalt des überarbeiteten und separat veröffentlichten Lenzburger Tagebuchs.

Am Anfang seines »Techtelmechtels mit Minna« steht die Überlegung, »wie es am besten anzufangen wäre, sie für den Winter zum Austausch von Zärtlichkeiten zu bewegen«. Das ist die Fragestellung für das »realpsychologische« Experiment. Sein Ziel ist nicht die Verführung der Kusine, sondern der Nachweis der Verführbarkeit jedweden Weibes durch die Bestätigung seiner Unwiderstehlichkeit auf die Sinne des Mannes. In dieser Erkenntniskonstellation – heute würde man sie phallokratisch nennen – hofft Wedekind die Antwort auf die Frage nach dem rätselhaften sozialen Verhalten eines Menschen zu finden, der sich im magischen Banne der Liebe wähnt. Die Prämisse ist die »Utopie der glücklichen Körper«. Die Versuchsanordnung ist auf die Entdeckung einer Universalformel der Verführung durch den Geist angelegt. Zwei Generationen später wird Max Frisch in seiner Don-Juan-Figur die »Liebe zur Geometrie«, das heißt die Unwiderstehlichkeit des männlichen Intellekts, der weiblichen Verführungskunst gegenüberstellen.

Die »Festung Minna« fällt ohne größeren Widerstand. Zwar

wehrt die Kusine den ersten Angriff ab, indem sie behauptet, in einen andern verliebt zu sein:

»Wie ich eintrete in ihr Boudoir, drückt sie mir eine Photographie in Kabinettformat in die Hände; das sei er. Während ich ihn mir betrachte, pflanzt sie sich mit dem Album in der Hand vor mir auf und rezitiert mir mit haarsträubenden Gebärden einige Knittel, die sie an ihn gerichtet. Auf der Eisbahn, während wir Hand in Hand Schlittschuh laufen, zieht sie die Photographie wieder aus der Tasche, beliebäugelt sie und verliert alle zehn Schritt einen Schlittschuh. Das nämliche Spiel vollzieht sich während des Heimwegs. Auf meiner Stube bedeckt sie das Bild mit Küssen und läßt es von oben nach unten und von unten nach oben langsam aus der Enveloppe gleiten, um die verschiedenen Reize gradatim und detailliert genießen zu können. Nur vier Wochen möchte sie mit ihm zusammen reisen können; er ist nämlich ein berühmter Tenor. Für ein halbes Jahr mit ihm gäbe sie gerne ihr ganzes übriges Leben hin. Ich kann es ihr nicht verdenken; ihr Leben war bis jetzt ziemlich eintönig und freudlos und wird es voraussichtlich auch in Zukunft sein. Während wir vierhändig spielen, drückt sie bei jeder Viertelspause einen Kuß auf die angebeteten Züge. Nach Schluß der Etude verfällt sie in absolute Organie, sinkt in der Sofaecke zusammen und läßt sich ohne das geringste Widerstreben von mir liebkosen. Nur hin und wieder stammelt sie mit ersterbender Stimme: Ach, du bist so unappetitlich, so unappetitlich!

Gott segne dich, göttlicher Tenor. So freilich hatte ich mir die Entwicklung nicht vorgestellt. Ich scheine mich nicht mehr so fürchterlich langweilen zu sollen.«

Es folgt eine verliebte Szene auf dem »Fünfweiher«, Lenzburgs Eisfeld im nahegelegenen Wald.[11]

Am nächsten Tag geht die Liebelei weiter und wird in Wedekinds Logbuch folgendermaßen eingetragen:

»Ich alter Schafskopf exekutiere meine alten probaten Komödien. Sie besteht übrigens darauf, daß von Liebe zwischen uns nicht die Rede sein könne. Mir ist es furchtbar gleichgültig, wovon die Rede ist. Wenn ihr Mund nur zum Sprechen da wäre, würde ich ihn ihr zunähen. Der Wolkenbruch ihrer Gefühle läßt mich zu keinem Angriff gelangen. Ich liebe den Ernst und die Ruhe, wenn es sich um Vergnügungen handelt. Nach zehn Minuten erklärt sie sich, Gott sei Dank für gesättigt. Sie hat auch schon ein Gedicht an mich gemacht, das indessen trotzdem von Liebe handelt. Sie beherrscht offenbar die Sprache nicht genug, um das Wort zu vermeiden.«[12]

Das Melodrama als Muster des Verhaltens im Zustand seelischer Erregung, wie es in den Wedekindschen Stücken immer wieder eingesetzt wird, hat auch im »Wilhelmine-Tagebuch« seinen Ursprung. Die Kusine wünscht nicht nur, von ihrem Vetter angeschmachtet, sondern auch angedichtet zu werden und versucht ihrerseits, ihre Gemütslage in einer überquellenden lyrischen Produktion zu sublimieren, was beim jungen Dichter nur auf Sarkasmus stößt: »Sie beherrscht offenbar die Sprache nicht genug, um das Wort zu vermeiden.« Der Vetter Franklin dagegen versteht sich auf die Magie der Sprache, so berechnend nämlich, daß er das Wort »Liebe« nur noch als Reizwort, als Lockspeise für gläubige Gemüter wie das ihrige einsetzt. Als Befund, als Umschreibung eines Gemütszustandes hat das Wort für ihn keine Bedeutung. Als Spielmarke eines imaginären Wertes aber wirft er es hemmungslos in sein Pokerspiel mit der spröden Schönen. Es folgt eine Szene von grotesker Komik:

»Sie holt ihren Revolver, drückt mich ins Sofa, stemmt mir das Kinn gegen die Brust und liest mir, den gespannten Revolver gegen meine Stirn gerichtet, ihre Gedichte vor. Zitternd an allen Gliedern, bitte ich sie, aufzuhören. Plötzlich wirft sie mir ein weißseidenes Tuch über den Kopf, fällt mir um den Hals und küßt mich dadurch, gerät dann über sich selbst in Wut und wirft mir ihren Pantoffel ins Gesicht. Darauf beschwört sie mich, ich möchte auch einmal ein Gedicht an sie machen. Ich schreibe drei kurze Strophen zusammen, in denen ich aber Brodem auf Sodem reime, wodurch sie tief beleidigt ist.

Abends auf dem Söller in der Fensternische gesteht sie mir, sie habe nur einmal schmecken wollen, wie das Küssen tue, und sei an der Angel hängengeblieben. Übrigens wolle sie aufhören, bevor sie beiseite gelegt werde. Dann verlangt sie auch von mir volle Aufrichtigkeit. Ich frage sie, ob sie wisse, was das Entsetzlichste im Leben sei. Sie antwortet: Begierde ohne Befriedigung. Ich schüttle den Kopf; ich flüstere ihr ins Ohr: Langeweile! – Sie empfindet tiefes Mitleid mit mir.«[13]

Eine ganze Reihe von Minna von Greyerz' nachgelassenen Gedichten trägt das Datum des 17. Januar 1889. Unter den von Frank Wedekind aufbewahrten Texten der Kusine findet sich unter anderem das »Nachtstück«. Man geht nicht zu weit, wenn man darin ein Beispiel der – metaphorisch bewältigten – Sexualnot einer jungen Frau des prüden Zeitalters sieht: »Dichtung« als Psychoanalyse.

> Ich hab' in einen Abgrund geschaut:
> Chaotisch wälzte sich Gewürm
> Und andres schauerlich Getier
> Lechzend, begierig, nimmer gestillt
> In dieser ungesättigten Tiefe.
> Doch drüber gähnte das öde Nichts.
> Kein Wohllaut hört' ich! –
> Wohl glaubt ich ein Seufzen zu vernehmen,
> Doch war es das Beben der eigenen Seele,
> Die niemals noch schaute solch schrecklich Grauen.
> Und über dem Allem schwebte ein Stern.
> Mild leuchtend, verheißungsvoll
> Er sank und plötzlich erloschen
> War das schauerliche Nachtbild der Dämonen! –

Bei einem Schäferstündchen im Bahncoupé auf einer Zugfahrt von Aarau nach Lenzburg küßt Franklin Wedekind der Kusine »ununterbrochen die Hand« und versichert sie seiner aufrichtigen Liebe. Gleichzeitig erforscht er mit dem kühlen Interesse eines Dermatologen die winzigen Unvollkommenheiten ihrer Haut:

»Trotz der trüben flackernden Beleuchtung sehe ich den Flaum auf der Wange, dazwischen einige Leberflecke und neben dem Auge zwei Runzeln, alles wie unter einem Mikroskop in fünfhundertfacher Vergrößerung. Und ich frage mich, ob wohl der zarteste Teint in solcher Nähe standhält.«

Am nächsten Tag versichert Minna, Franklin sei »einerseits zu jung und andererseits zu alt« für sie. Er »müsse eigentlich zwei Frauen haben, eine von sechzehn und eine andere von sechsundvierzig Jahren«. Von soviel Einsicht gerührt, spielt der Vetter mit Heiratsgedanken. Die Försterstochter nimmt ihn auf einen winterlichen Spaziergang mit »in den Wald hinein, wo sie in den frischen Fußstapfen ihres Vaters zu wandeln glaubt, der um Mittag auf die Jagd gegangen ist. Die feierliche Stille, der Friede der toten Natur begeistern zu endlosen Liebesgesprächen. Wäre ich Maler, ich würde sie heute heiraten. Für den Schriftsteller wäre die Ehe ein Verderb. Wenn ich gar aus Liebe heiratete, mich mit der Welt aussöhnte, dann könnte ich mich nur gleich begraben lassen. Sie sehnt sich danach, noch einmal recht innig zu lieben, aber nicht jetzt, später, so spät wie möglich. Sie behauptet, wenn ich jetzt auch wollte, sie würde gar nicht einschlagen. Darauf beginne ich aus voller Brust zu renommieren. Eine halbe Stunde nur, nur der Weg von hier nach Hause, und sie wäre bis zum Wahnsinn in mich verliebt. Sie schluchzt abgewandt in ihr Taschentuch. Ich sage, ich brauchte nur dem Idealismus die Zügel schießen zu lassen; er würde um so unfehlbarer auf sie wirken, da sie mich nur als Müßiggänger kenne. Sie bittet mich, sie nach Hause zu bringen. Ich sage, es würde das durchaus kein Meisterstück meinerseits sein. Es ständen diese Mittel jedem zu Gebote, dem einen körperlich, dem anderen geistig. Sehr gestärkt kehre ich zurück. Zu Hause ist alles still. Ich lege mich früh zu Bett und sehne mich nach Paris.«

Franklin Wedekinds Interesse am Anschauungsobjekt Minna von Greyerz kann in diesem Moment als erloschen gelten. Kurz darauf fällt die hellsichtige Bemerkung der Kusine, sie sei ein festgeschnalltes Kaninchen, an dem eine Vivisektion geübt werde. Wedekind meint, sie sei für ihn, »ein Spielzeug, [. . .] vielleicht auch eine Fundgrube, eine Art Konversationslexikon«. Nun hat er von ihr genug. Auch ihre Poesie ist nicht gerade dazu angetan, sein Interesse an ihr wachzuhalten.

Die Briefe, die sie ihm weiterhin schreibt, als er erst in Berlin und dann im Spätsommer 1889 vorübergehend in München lebt, werden von ihm offenbar von Zeit zu Zeit beantwortet und sind zum Teil noch erhalten (vgl. S. 120). Neben allerlei familiären Nichtigkeiten teilt sie »Baby« – so nennen ihn alle Familienmitglieder – in milder Resignation am 28. Mai 1889 mit: »Wenn du mir nicht der Frühling warst, so warst du mir doch ein köstlicher Sommertag; den Herbst werde ich allein zubringen und vor dem kalten Winter wird mein heißes Herz davonfliegen; larifari, habt ihr mich gesehn – wenngleich du mir weder Revolver noch Cyankali gegeben.«

Die durch sichere Distanz entschärfte Situation scheint »Baby« zu weiteren wortreichen Attacken auf das einsame Herz der Base gereizt zu haben. Seine Briefe sind verschollen, doch hat er die ihren – aus Sentiment oder zu Studienzwecken, das bleibe dahingestellt – sorgfältig aufbewahrt. In einem Gedicht, dessen Entstehungszeit nicht präzise zu belegen ist, schildert er sich als wahren Teufelsbraten in »Minnas Kochschule«.

Daß in deinem Engelsköpfchen
So viel Teufelei rumort
Hätt ich nimmer ahnen können
Aber deine Küsse brennen
Wie kein Höllenfeuer schmort.

Deine siedendheiße Seele
Gießt sich jauchzend auf mich aus
Und mit tausend Apparaten
Werd ich gänzlich ausgebraten
Ein bejammernswerter Schmaus.

Schließlich öffnest du die Brust mir
Und tranchierst mein dampfend Herz
Weidest dich an seinem Pochen
Wie's zerrissen und zerstochen
Und in Stücke sprang vor Schmerz.[14]

Auf dieser buchstäblich hausbackenen Ebene der Metaphorik hat er wiederum ein leichtes Spiel mit ihr. Gewisse bürgerliche Rechnungen gehen ohne den Teufel nicht auf. »O Satan!« schreibt die Entflammte am 17. August 1889 in einem Brief, auf den sie ein blutrotes, brennendes Herz gemalt hat und den sie hoffnungsvoll beschwörend mit »Satanella Wedekind« unterzeichnet. Dem Bild wahrscheinlich beigelegt ist ein Gedicht der »Satanella« an ihren »Teufelsbraten«:

»Warum schreibst Du mir nicht? Mich brennen wilde Höllengluthen. Du konntest freilich nicht vermuten, daß diese durch Deinen letzten Brief entfacht wurden! – Hohnlächle, schilt mich – es ist mir gleich, denn Erbarmen oder gar ein anderes Empfinden wird Dich nicht für mich beseelen.

So – weiter habe ich eigentlich nichts zu sagen – nicht wahr, der Vulkanausbruch war kurz oder erschien Dir nicht einmal als Solcher und doch ist er in dieser Art vielleicht der Gewaltigste, der mich durchbrauste, als ich vorhin anscheinend ruhig und wohllüstig rauchend auf dem Divan lag; allein die Feder ist nicht beweglich genug, Dir Näheres, Eingehenderes zu schildern.[15] Solltest Du meinen allzugroßen, viel zu ausführlichen, deshalb für Dich langweiligen Brief nicht bekommen haben? Glaube nicht, daß ich dir in Zukunft, wenn du mich zu lange warten läßt, wieder solchen furiosen Wisch als Mahnung sende, denn jetzt hab ich mich mir gegenüber selber ausgetobt und bin nun gefaßt; entweder auf dein gänzliches Schweigen (oder eine Zurückweisung – nein, offengestanden auf die am allerwenigsten), Deine Gleichgültigkeit, Deine Nachsicht oder eine Satyre[!]. – Satan, Abscheulichster, ich gestehe dir, weil Du wohl kein Gewissen hast, daß ich seit einiger Zeit an einem tollen Baby-Fieber laboriere. Niemand ahnt meine Leiden und wünsche es auch nicht, daß außer Dir, du Höllengeselle, [jemand] etwas davon erfahre. Prrrr –

Soeben fiel eine Augenwimper hernieder. Drei Dinge darf man sich dann wünschen, und ich wünsche: 1. Du wärst bereits eine literarische Berühmtheit. 2. Du liebtest mich und 3. ich wäre Dein. Gelt ich bin kühn? Aber auch absurd, bizarr? Was bist denn Du, daß ich mir eine solche Sprache vor Dir erlaube? O Höllenpein, nicht das zu sein, was man wohl möchte! Alle Deine Gedichte, Briefe und sonstige Schriftstücke habe ich kürzlich wieder durchgelesen und dazu Deine Cigaretten vom letzten Winter geraucht und geträumt zurück in die teils so goldene Vergangenheit und vor in die noch graue Zukunft. Wenn Du aber denkst, ich schicke Dir zum Schluß einen Kuß, so irrst Du Dich. Es grüßt Dich Deine

Satanella Wedekind. «

Satanellas Bitte!

O Satan, Satan, laß mich los
Mich brennen Höllengluten,
Die Schuld und Sünde wird zu groß
Gar balde werde ich verbluten.

Du liebst mich teuflisch, nur zum Schein,
Und ich verschrieb dir meine Seele;
Mein Herze fühlt sich nimmer rein,
Nicht länger mich so furchtbar quäle.

O hab Erbarmen mit dem Kind
Laß dich erweichen durch sein Flehen,
Umsonst! Des Satans Freuden sind
Die Leiden Andrer anzusehen.

Franklin Wedekind antwortet nicht mehr. Er hat seine Kusine Minna fallenlassen wie die anderen »Versuchskaninchen« seiner Versuchsserie. Minna von Greyerz weiß, daß sie es nicht verstanden hat, sein kühles Herz für sich zu erwärmen. In einem letzten Brief an ihn, am 13. November 1889, drückt sie ihre Resignation aus:
»Sei es wie es wolle – mir ist es einerlei; denn im Grunde genommen steh ich Dir viel zu schwesterlich nah, als daß ich mich vor Dir zu genieren brauchte – oder sollte ich Dich und mich falsch taxieren? Ich ließ mich vor Dir gehen und schließlich doch nur weil

ich's mir zu erlauben dürfen glaubte – drum lege mir mein Empfinden und Gebrechen nicht anders aus, treibe keinen Spott damit oder lege es nicht Andern zur Unterhaltung vor – das würde mich verletzen. Teils haben meine Worte auch Bezug auf meinen verrückten Brief von neulich, und wenn Du mir ihn [!] [nicht] zurückschickst, was mir das Liebste wäre, so verbrenne ihn, wie es solchem Spuk geziemt. Was ich dir übrigens geschrieben habe, weiß ich nicht mehr, nur noch ungefähr wie – weil mir die momentane Stimmung noch ungefähr zugegeben ist.«

Auf einem losen Blatt steht, in bitterer Selbsterkenntnis geschrieben, ein trostloses Gedicht von ihrer Hand:

> Nicht will ich fluchen deinem Kuß,
> Allein, ich fluche dem Genuß,
> Ich fluche allen Liebelein.
> So bald stellt sich die Reue ein.
> Doch wer sich über'n Zweifel stellt,
> Beherrscht deshalb noch nicht die Welt:
> Denn ach, er selbst, o Schicksalstücke!
> Bricht leicht beim Schwindel das Genicke.

Olga Plümacher

Unter den Frauengestalten in Franklin Wedekinds Jugendzeit ist Olga Plümacher eine besonders faszinierende Persönlichkeit. In Arthur Drews' Abhandlung über *Eduard von Hartmanns philosophisches System im Grundriß* findet sich eine knappe Würdigung der heute vergessenen Philosophin:

»Eine entschiedene Anhängerin der Hartmannschen Philosophie [. . .] war Olga Plümacher, von der Schneidewin mit Recht bemerkt hat, daß sie den am meisten metaphysischen Kopf besaß, den jemals weibliche Schultern getragen haben. Als geborene Schweizerin und Frau eines Farmers im Cumberlandgebirge in Tennessee, späteren Konsuls der Vereinigten Staaten von Amerika zu Maracaibo, hat sie, ›in dieser Entrücktheit aus der Brandung der Geisteswogen und der Unbeeinflußtheit von den Interessen und dem Geräusche der Welt‹, bis zu ihrem Tode 1895 mit Wort und Schrift für Hartmann gewirkt und die gediegensten Arbeiten über dessen Philosophie veröffentlicht. In ihrer Schrift *Der Kampf ums Unbewußte* (1881, zweite Auflage 1890) hat sie die wichtigsten Einwände gegen das Hartmannsche Grundprinzip mit Sorgfalt geprüft und mit männlicher Tapferkeit zurückgewiesen und damit eine Apologetik des Unbewußten geliefert, die vielen Späteren ihre Kritik erspart haben würde, wenn sie sich die Mühe genommen hätten, das Plümachersche Werk zu lesen. Ihr ist ferner das chronologische Verzeichnis der gesamten höchst umfangreichen Hartmann-Literatur von 1868 bis 1890 zu verdanken, welches der Schrift über das Unbewußte angehängt ist und ein besseres Bild des Kampfes um die Hartmannsche Philosophie darbietet, als alle bloße Beschreibung es zu tun vermöchte. Ihre wertvollste Arbeit aber ist die Schrift *Der Pessimismus in Vergangenheit und Gegenwart* (1884), der erste Versuch einer Geschichte des Pessimismus, der zugleich in seinem zweiten Teile eine ebenso energische Massenabschlachtung der Gegner des Pessimismus enthält, wie die vorher genannte Schrift der Gegner des Unbewußten.«[1]

Dieses Urteil, von einem krähwinkeligen Zeitgenossen verfaßt, süffisant und gönnerhaft, ist ein Staatsbegräbnis dritter Klasse, wie es damals intellektuellen Frauen, mochten sie noch so verdienstvoll sein, zugestanden wurde: nicht etwa nur der männlichen, sondern der vorherrschenden allgemeinen Meinung gemäß. Auch Kutscher sieht Olga Plümacher keineswegs als selbständig denkende und schreibende Frau, sondern lediglich als Vermittlerin des Hartmannschen Gedankenguts. Die Andeutung, Olga Plümacher habe in der »Entrücktheit aus der Brandung der Geisteswogen und der Unbeeinflußtheit von den Interessen und dem Geräusche der Welt« ihre Philosophie betrieben, trifft nur teilweise zu; »in der Einsamkeit einer Farm im Cumberlandgebirge von Tennessee«[2], schrieb sie ihr erstes Buch: *Zwei Individualitäten der Schopenhauerschen Schule.* Ihre beiden Hauptwerke hingegen, *Der Kampf ums Unbewußte* und *Der Pessimismus in Vergangenheit und Gegenwart*[3], sind in der Schweiz entstanden, wo sie mit ihren beiden Kindern von 1876 bis 1886 lebt, zuerst in Lenzburg, dann, seit 1881, in Stein am Rhein. Ihre Verbindung mit der Familie Wedekind beruht auf drei Gemeinsamkeiten: Als eine geborene Hünerwadel stammt sie aus Lenzburg; sie ist eine ehemalige Schulkameradin Emilie Wedekind-Kammerers aus deren Riesbacher Tagen und – durch ihren Ehemann Eugen Hermann Plümacher – Wahlamerikanerin, wie Franklin Wedekinds Eltern. Aus dem »Bericht des schweizerischen Generalkonsuls in Washington (Herrn Generalkonsul John Hitz) an den hohen schweizerischen Bundesrath, betreffend Auswanderung nach Amerika mit besonderer Hinsicht auf die von Herrn Cavallerielieutenant E. H. Plümacher-Hünerwadel in Stein a. Rh. gegründete Schweizerkolonie in Tennessee« geht hervor, daß Olga Plümacher und ihr deutscher Ehemann die Gründer der Schweizerkolonie in Tennessee gewesen sind.[4]

Olga Plümacher (1839–1895) hatte keine Chance, zu Lebzeiten für ihre selbständigen geistigen Leistungen anerkannt zu werden, und das liegt keineswegs nur daran, daß sie abseits der damaligen großen Jahrmärkte der Eitelkeiten wirkte. Ihr Handicap ist dreifach und dreifach mit ihrem Geschlecht verbunden: Als Frau ihrer Generation ist es ihr versagt, ihrer Begabung gemäß eine Hochschulausbildung zu genießen; ihre Belesenheit und ihre Bildung, mit denen sie Franklin Wedekind so imponiert, hat sie weitgehend autodidaktisch und ohne höhere akademische Weihen erworben. Als Frau wird sie auf ihrem Interessensgebiet, der »urmännlichen« Disziplin der Philosophie, nicht für voll genommen und nur als Steigbügelhalterin, Wegbereiterin, Propagandistin und getreue Apologetin des Modephilosophen Eduard von Hartmann akzeptiert, für den sie mit »männlicher Tapferkeit« eine »energische Massenabschlachtung« unter den Gegnern seiner Theorien anrichtet. Als Frau und Gattin des schweizerisch-amerikanischen Farmers, Kaufmanns und Konsuls Plümacher endlich hat sie ihre eigene hoffnungsvolle Karriere dessen Wünschen unterzuordnen und ihm schließlich 1886 in das gottverlassene Nest Beersheba Springs zu folgen. Danach muß sie für den Rest ihres Lebens in der gelehrten Welt als verschollen gelten.

Daß sie dem Los des Vergessenwerdens nicht gänzlich anheimgefallen ist, verdankt sie fast ausschließlich Wedekinds späterer Berühmtheit und dem Umstand, daß sie in den kurzen Jahren der Begegnung einen ungewöhnlich starken Einfluß auf dessen intellektuelle Entwicklung genommen hat. Zu den wenigen Zeugnissen gehören die Briefe an ihren »Neffen« Franklin Wedekind, die sie zwischen 1881 und 1889 geschrieben hat.[5] Wie die anderen Frauen der Jugendzeit wird sie von Kutscher in die Wedekind-Legende eingebaut, ohne daß ihrer eigenen Biographie Erwähnung geschieht, als guter Geist, der im Hintergrund wirkt und nach seiner dienenden Funktion am Werden des Genius lautlos wieder verschwindet.

Olga Plümachers Denkschule bildet für Franklin Wedekind das Gegenstück zur Lernschule des Aarauer Gymnasiums. Diese Frau, die sich in unerschöpflicher intellektueller Neugier mit dem Neuesten in Philosophie, Wissenschaft, Kunst und Literatur beschäftigt, macht den »Neffen« auf ihre Entdeckungen aufmerksam und gibt seinem wachen Geist ständig neue Denkanstöße. In Franklin Wedekinds »Schule der Frauen« ist sie als einzige »Lehrerin« nicht erotisches Anschauungsobjekt, sondern intellektuelle Partnerin. Franklin Wedekind hat ihre geistigen Anregungen ernst genommen. Er ist der einzige Mann ihrer unmittelbaren Umgebung, der in ihr die Denkerin erkennt und sich ihrer Überlegenheit bedingungslos beugt.

Wir müssen uns fragen, wie und bis zu welchem Grade sie mitgeholfen hat, sein Weltbild zu formen. Der junge Dichter ist, zumindest zur Zeit seiner Begegnung mit Olga Plümacher, kein Liebhaber abstrakter und komplizierter Denksysteme und erst recht kein Nachbeter philosophischer Gurus. Seinem Streben nach »Erleuchtung« und nach den dichterischen Ausdrucksformen für diese widerspricht jede starre Schematik. Dazu kommt, daß ihm der Name Eduard von Hartmanns bereits seit Beginn seiner Gymnasialzeit geläufig ist: Hartmanns Apologet Arthur Drews nennt ihn »den Philosophen des Unbewußten« schlechthin, ein Stichwort, das den Gymnasiasten Wedekind fasziniert haben muß. Sie führte ihn nicht nur in das Denken Schopenhauers und Hartmanns, in die Prinzipien des Pessimismus und des Unbewußten ein, sondern machte ihn auch mit der Philosophie Nietzsches vertraut, zu einem Zeitpunkt, als erst wenige Eingeweihte diesen Namen kannten – mit unabsehbaren Folgen für die künftige Dichtung ihres Schützlings.

Bereits in ihrem ersten veröffentlichten Aufsatz *Die Philosophie des Unbewußten und ihre Gegner* (1879) in der Zeitschrift *Unsere Zeit* erwies sie sich als souveräne Kennerin der internationalen kritischen Literatur zu Eduard von Hartmanns *Philosophie des Unbewußten* und der *Phänomenologie des sittlichen Urteils*. In ihren Angriffen auf die Gegner ihres Idols schreckte sie aus der sicheren Warte ihrer ungeheuren Belesenheit auch vor Polemik nicht zurück und wählte dabei besonders »die Fachmänner«, die »Philosophieprofessoren der neuen Bewegung« als Ziel. Mit den »Philosophieprofessoren der neuen Bewegung« ist kein geringerer als Friedrich Nietzsche gemeint, in dessen zweiter *Unzeitgemäßer Betrachtung* mit dem Titel *Vom Nutzen und Nachteil der Historie für das Leben* (1873 entstanden) Eduard von Hartmanns Versuch, sich zwischen Hegel und Schopenhauer als *der* Philosoph der Zukunft zu profilieren, sarkastisch kommentiert und der Lächerlichkeit preisgegeben wird:

»Hegel hat uns einmal gelehrt, wenn der Geist einen Ruck macht, da sind wir Philosophen auch dabei; unsere Zeit machte einen Ruck, zur Selbstironie, und siehe! da war auch E. von Hartmann dabei und hatte seine berühmte Philosophie des Unbewußten – oder um deutlicher zu reden – seine Philosophie der unbewußten Ironie geschrieben. Selten haben wir eine lustigere Erfindung und eine mehr philosophische Schelmerei gelesen als die Hartmanns; wer durch ihn nicht über das *Werden* aufgeklärt, ja innerlich aufgeräumt wird, ist nicht reif zum Gewesensein. Anfang und Ziel des Weltprozesses, vom ersten Stutzen des Bewußtseins bis zum Zurückgeschleudertwerden ins Nichts, samt der genau bestimmten Aufgabe unserer Generation für den Weltprozeß, alles dargestellt aus dem so witzig erfundenen Inspirations-Born des Unbewußten und im apokalyptischen Licht leuchtend, alles so täuschend und zu so biederem Ernste nachgemacht, als ob es wirkliche Ernst-Philosophie und nicht nur Spaß-Philosophie wäre – ein solches Ganzes stellt seinen Schöpfer als einen der ersten philosophischen Parodisten aller Zeiten hin: opfern wir also auf seinem Altar, opfern wir ihm, dem Erfinder einer wahren Universal-Medizin, eine Locke – um einen Schleiermacherschen Bewunderungs-Ausdruck zu stehlen. Denn welche Medizin wäre heilsamer gegen das Übermaß historischer Bildung als Hartmanns Parodie aller Welthistorie?«

Dieser von ironischen Glanzlichtern funkelnden Attacke entgegnete die streitbare Olga Plümacher folgendermaßen:

»Auch Friedrich Nietzsche's *Unzeitgemäßer Betrachtungen* (*Zweites Stück: vom Nutzen und Nachteil der Historie für das Leben*, Leipzig 1874) sei hier gedacht. Nicht daß wir in den gerügten Fehler unberechtigten Classificirens verfallen wollen; willig gestehen wir ihm zu, worauf er mit Recht Gewicht legt: originelle, nur sich selbst gleiche Persönlichkeit zu sein, kein -ianer, auch nicht einmal ein kritisch geläuterter, nach historischer Abstammung. Wir nennen ihn hier am Schlusse der Reihe der von Schopenhauer beeinflußten oder aus seinem Gedankenkreise hervorgesproßten, wegen der verneinenden

Stellung, die er zur historischen Weltanschauung, zu Hegel und zum Begriff der objectiven Vernunft von dem des letztern wie Hartmann's Gesamtdenken durchdrungen sind, einnimmt. In seiner Opposition zum historischen Zeitgeist und in seiner Auffassung des ›Factums‹, das ›immer einem Kalbe ähnlicher ist als einem Gott‹, in der Geringschätzung der ›Masse‹ und der Überschätzung des Genius des Einzelnen, der selbstherrlichen, selbst zweckseienden Persönlichkeit, steht er Schopenhauer nahe; ihm gegenüber aber in der energischen Lebensbejahung. Von diesem Standpunkte der Bejahung und Verherrlichung alles Individuellen behandelt er die Philosophie des Unbewußten als Phänomen des zur Ironie erwachenden, an der Historie krankenden Zeitgeistes.

Nietzsche liest sich immer anregend; diese Schrift ist jedenfalls am interessantesten von dem von ihm perhorrescirten Gesichtspunkt einer Historisch-Hegel'schen – evolutionistischen – Weltanschauung aus, wo dann ebenfalls die Ironie herausschnellt wie das Teufelchen aus der Bonbonschachtel.«

Das ist zumindest gut pariert und im übrigen eine adäquate – wenn auch nur skizzenhafte – Charakterisierung der wesentlichen Punkte von Nietzsches früher Philosophie und Persönlichkeit, lange bevor der Name des jungen Gelehrten, von seinem Ruhm eingeholt, im Munde aller war. Andererseits zeigt sich schon in diesem frühen philosophischen Essay ein Grund für Olga Plümachers späteres Verschwinden und Vergessenwerden. Ihr historisches Unglück bestand darin, daß sie sich für ihre erträumte Zukunft als Philosophin des neuen Zeitalters den falschen Verbündeten und den falschen Gegner gewählt hatte. In wahrer Nibelungentreue verteidigte sie bis zu ihrem Tode das verehrte Vorbild Eduard von Hartmann, während dessen Stern bereits im Sinken war und die imposante Denkfigur von Nietzsches »Übermenschen« die Dichter- und Künstlergeneration der frühen Moderne nachhaltig zu beeinflussen begann. Da sie Hartmanns Sache zu ihrer Sache machte und selber nie über Hartmanns Position hinausgelangte, stand sie auf verlorenem Posten.

War ihre Hoffnung auf allseitige Anerkennung als ernstzunehmende Philosophin der Neuzeit deshalb unrealistisch? Die Geschichte ist nicht nur über sie und Eduard von Hartmann, sondern auch über Nietzsche hinweggegangen und hat den Werken dieser Spätdenker des 19. Jahrhunderts die Jugendfrische genommen und uns mit der Aufgabe der historischen Relativierung betraut. Da geht es nicht mehr um Lorbeer und Siegertreppchen, sondern um Einordnung und Auswertung der damaligen Denkleistungen für unser eigenes Bewußtsein der Dinge. Während Nietzsche nach langen Jahrzehnten der Verfemung heute durch die nachgereichten Entdeckungen französischer und amerikanischer Postmoderniker wundersam Urständ feiert, regt sich neuerdings im Umkreis der Tiefenpsychologie und der Psychoanalyse neues Interesse auch am Werk Eduard von Hartmanns.[6] Olga Plümachers historisches Mißgeschick bestand auch darin, daß sie das faszinierende Konzept des »Unbewußten«, das vor Hartmann schon Schopenhauer benutzt hatte, als abstrakten Begriff verwendete, ohne ihn zur Erklärung alltäglicher Erfahrungen einzusetzen, wie es Freud kurz darauf tat. Sie starb, bevor sie Freuds Arbeit hätte kennenlernen können.

Nur ein junger Mensch ihrer unmittelbaren Umgebung hat die Zusammenhänge ihres philosophischen Modells mit dem Denken der Zukunft, mit der Moderne, sehr rasch begriffen und sie in seinem Lebenswerk zur Anwendung gebracht: Franklin Wedekind. Noch ist längst nicht alles geklärt, doch werden die Hinweise immer deutlicher, daß seine Dichtung durch den philosophischen Dialog mit Olga Plümacher entscheidende Impulse empfangen hat. Nicht daß er, wie Kutscher behauptete, zu einem Hartmann-Anhänger geworden wäre. In der mündlichen und schriftlichen Diskussion mit der »philosophischen Tante«, die zu Beginn der achtziger Jahre ihren Höhepunkt hatte, interessierte er sich viel eher für die Position des Hartmann-Gegners Nietzsche und wurde damit, entgegen den Überzeugungen Olga Plümachers, zu einem der ersten, wenn auch ironisch distanzierten, »Nietzscheaner« unter den jungen Literaten seiner Generation, die diesen Philosophen wenig später zum Propheten des Naturalismus erhoben.

Aus dem Dezember 1881 stammen Franklin Wedekinds Notizen

»Disposition zu Dr. Ed. v. Hartmanns Krisis des Christenthums«, offenbar eine Schularbeit, auf deren Titelblatt »der Geist des Universums« als bärtiges Männerantlitz (v. Hartmann war berühmt für seine üppige Barttracht) gezeichnet ist. Sie ist unter dem Einfluß seines Gymnasialprofessors Karl Uphues, eines Hartmann-Anhängers, entstanden. Ein Jahr früher bereits hat Wedekind das Gedicht »Eduard von Hartmann« verfaßt, in dem der sechzehnjährige Schüler naiv-gläubig seine Begeisterung für den Philosophen darlegt (vgl. S. 158f.).

»Der Pessimismus« als systematische philosophische Richtung, wie ihn Eduard von Hartmann in der Nachfolge von Schopenhauer und in seiner Kritik an Hegel betreibt, wird in den Gesprächen Franklin Wedekinds mit seiner »philosophischen Tante« (so nennt sie sich selbst in ihren Briefen) gründlich und erschöpfend diskutiert. Da Olga Plümacher als Freundin der Familie oft in Lenzburg weilt, finden die Pessimismus-Diskussionen fast ausschließlich mündlich statt und sind daher nicht rekonstruierbar. Als Schlagwort für eine durch Schopenhauer geprägte Weltanschauung, die der in der Schule offiziell vertretenen idealistisch-religiösen mit Skepsis begegnet, ist der Pessimismus für Franklin Wedekind schon vor den philosophischen Gesprächen mit Olga Plümacher ein geläufiger Begriff, wie seine Briefe an Adolph Vögtlin und Oskar Schibler beweisen.

Als »Pessimist« zu gelten, heißt in jenen Tagen soviel wie »modern« zu sein. Der Ausdruck liegt seit Schopenhauer in der Luft und wird im allgemeinen Sprachgebrauch der rebellischen Jugend von damals so unspezifisch gehandhabt wie in späteren Epochen die Allerweltsbegriffe des »Nihilismus« oder des »Existentialismus«. »Der Pessimismus«, von Hartmann als Gegenbegriff zu dem blauäugigen Zukunftsoptimismus seiner Zeitgenossen verwendet, ist für Franklin Wedekind und seine Freunde eher eine Haltung, Ausdruck ihrer Skepsis gegenüber einem geschlossenen philosophischen System: dem des deutschen Idealismus. Wie Heine, sein Lieblingsdichter, eine Generation früher die idealen Marmorbilder der Goethe-Schiller-Zeit ironisiert und relativiert hat, erklärt sich Franklin

Wedekind nun zum Pessimisten, zum ironischen Kritiker des klassizistischen Goethe-Epigonentums. Der Pessimismus bleibt für ihn indessen nur so lange weltanschauliche Stütze und Trost, bis das »realpsychologische« Erlebnis mit Bertha Jahn und anderen Frauen seiner unmittelbaren Umgebung die Theorie grau erscheinen läßt. So schreibt er etwa am 6. Mai 1886 an seine Mutter (Olga Plümachers Sohn Hermann ist im Frühjahr 1886 tödlich erkrankt):

»[. . .] die schwere Zeit seit Neujahr muß sie doch furchtbar niedergedrückt haben. Ihr früher so objektiver Pessimismus beginnt sich ins Praktische zu übersetzen. Ein sanfter Trost in Leiden kann ja eine solche festgeschlossene Weltanschauung schwerlich sein, um so mehr aber eine Stütze, ein fundamentaler Halt, der die Seele nie aus einem gewissen Gleichgewicht kommen läßt.«

Eine solche erkenntnistheoretische Stütze besitzt er selbst nicht. Anstatt sich auf die von Schule und Elternhaus vorgeschriebenen Bahnen einer idealistischen Weltschau zu konzentrieren, achtet Wedekind auf Entdeckungen seiner eigenen Erfahrungswelt, mit denen er zur Wahrheit vorzustoßen hofft:

> Wir waren Philister und merkten es, wie
> Die Kräfte des Geistes erschlafften. –
> Da warfen wir uns auf die Philosophie
> Die Schönste der Wissenschaften.
>
> Da haben wir gründlich uns eingeprägt
> Die Worte der großen Gelehrten.
> Und was man im innersten Herzen trägt,
> Das weiß man auch zu verwerten.
>
> Verbanne die Sorgen, genieße die Zeit!
> Laß andere Menschen verzagen!
> Und Kummer und Leiden und Fröhlichkeit,
> Wir können es alles ertragen.

Wir lebten als Stoiker über Tag,
Kein Staubgeborner stand höher,
Doch wenn die Nacht auf den Bergen lag,
Dann wurden wir Epikuräer.

So fließet uns Leben und Lieben dahin:
Ringsum ein blühender Garten.
Und Blumen und hübsche Mädchen darin
Von allen erdenklichen Arten. –

Doch wenn dereinst uns die Kraft gebricht,
Zu frönen unsern Gelüsten, –
Wahrhaftig, wir verzweifeln nicht!
Dann werden wir Pessimisten.

Dann lachen wir über die ganze Welt
Und über der Menschheit Trachten;
Dann lernen wir, was uns nicht gefällt,
Aus tiefster Seele verachten.

Dann hebe die Schwinge, Phantasie,
Zu jenen himmlischen Höhen,
Zu jenen Gegenden, die noch nie
Ein sterbliches Auge gesehen!

Dort, wo ein rosiges Morgenroth
Den fernen Äther entzündet,
Dort hat sich Eva nach ihrem Tod
Ein neues Eden gegründet.

In sonnigen Lüften ein schattiges Grün
In stillem lauschigem Frieden,
Sie selber darin als Königin
Von Feen und Sylphiden, – [...]⁷

Wie bei den »realpsychologischen« Experimenten an der »Cousine Sturmwind« und an Bertha Jahn gilt es, erkenntnisfördernde Blüten dort aufzusammeln, wo sie zu erblicken sind: am Wegrand liegend, zufällig. Nichts zu suchen, dafür um so mehr zu finden, das ist Franklin Wedekinds Sinn. Deswegen, und nicht etwa darum, weil er das Bedürfnis hat, seinen Pessimismus in der Hartmannschen Schule theoretisch abzusichern, empfindet er die Begegnung mit der klugen »Tante« Olga Plümacher als wesentliche Bereicherung. In ihr tritt ihm – ein völlig neues Phänomen in seiner Epoche – eine Streiterin des Geistes entgegen, die ihn selbstbewußt in die Schranken fordert, ohne Koketterie und ohne die vertrauten Finten weiblicher Verführungskunst. Die Verbindung von geistiger Überlegenheit und Herzenswärme in weiblicher Gestalt ist für Franklin Wedekind eine neue Erfahrung. Der Vergleich mit der gleichaltrigen Mutter ist unvermeidlich und fällt in Zeiten innerer Nöte deutlich zugunsten Olga Plümachers aus. Ihr und nicht der Mutter vertraut der Student seine Herzensgeheimnisse an. Ihr teilt er als erster mit der Bitte um Verschwiegenheit mit, daß er sich gegen den Wunsch des Vaters den Künsten und nicht etwa dem Studium der Jurisprudenz gewidmet habe. Sie bittet er um Auskunft, wenn es um Informationen über Versmaße, Stoffe und philosophische Denksysteme geht. Sie ist auch seine unerbittlichste Kunstrichterin, deren Urteil er im Gegensatz zu demjenigen anderer Freunde ernst nimmt. Während die »realpsychologischen« Experimente mit der jungen und der älteren erotischen Freundin letztlich an der Langeweile scheitern und er ironischen Abstand zu diesen schafft, findet sich in Wedekinds nachgelassenen Papieren kein einziges kritisches oder gar spöttisches Wort über die »philosophische Tante«, dagegen vielfache Zeugnisse von Bewunderung und Einverständnis.

Der Weg zu ihr führt über die erneuerte Bekanntschaft Emilie Wedekind-Kammerers mit Olga Plümacher, aber auch über Olga Plümachers einzigen Sohn Hermann, der, gleich alt wie Franklin Wedekind, ihm auf der Schule begegnet ist und zu seinen bedingungslosen Anhängern gehört. Seine Korrespondenz mit dem abgöttisch verehrten Freund Franklin beginnt im April 1881, als Olga

Plümacher mit ihren Kindern ins Schaffhauser Städtchen Stein am Rhein umgezogen ist, und vermittelt das Bild eines labilen, offenbar nur mäßig begabten jungen Menschen, der, entgegen seinen Wünschen, vom Vater in eine kaufmännische Lehre gesteckt wird. 1886 erkrankt er schwer an Tuberkulose. Seine Mutter reist mit ihm und der Tochter Dagmar nach Beersheba Springs zurück, wo Hermann Plümacher am 8. Dezember desselben Jahres stirbt.[8]

Olga Plümacher, besorgt wegen der durch den Umzug nach Stein bedingten plötzlichen Isolation ihres Sohnes von den früheren Kameraden und Freunden, hat den Verkehr zwischen den beiden jungen Leuten zu fördern gesucht, indem sie, zunächst hin und wieder, dann immer häufiger und ausführlicher, sich erst an die Mutter, dann direkt an Franklin Wedekind gewendet und in ihm schließlich einen geschätzten Gesprächs- und Briefpartner für sich selber entdeckt hat, dem sie sich nun auch ihrerseits mit ihren Hoffnungen und Nöten anvertraut. Der Ausgangspunkt für die Diskussionen zwischen den ungleichen Partnern ist das gemeinsame Interesse an der Literatur, der Musik und den bildenden Künsten.

Olga Plümacher, das ist auch für einen heutigen Betrachter deutlich, fällt nur durch ihre geistigen Ambitionen und intellektuellen Leistungen aus dem Rahmen. In Geschmacksfragen ist sie durchaus konventionell und konservativ, in ihren moralischen Ansichten prüde. Zum Neuen, das sie interessiert, gehören neben den philosophischen Schulen, die eben auf Nietzsche zudrängen, ihn aber noch nicht voll rezipiert haben, vor allem die Opern Wagners und die Malerei Böcklins, Gabriel Max' und Feuerbachs. Ein Hang zur Psychologie ist nicht zu übersehen. Später wird sie sich parapsychologischen Betrachtungen zuwenden und damit möglicherweise Franklin Wedekinds Gedicht »Die Spiritistin« beeinflussen. Ihr ist es zuzuschreiben, daß Wedekind sich vor allem in München sämtliche verfügbaren Wagner-Opern ansieht, auch wenn er sich nicht zu Olga Plümachers rückhaltlosen Begeisterung für »Wagner den Einzigen«[9] emporschwingt. Dagegen teilt er ihre Vorliebe für die eigenwilligen heidnischen Bilder Arnold Böcklins, wie unter anderem sein Aufsatz »Boecklins Helvetia« beweist.[10]

Im Sommer 1883 findet in Zürich die Schweizerische Landesausstellung statt. Olga Plümacher fährt, wie sie Franklin Wedekind am 21. Oktober 1883 ankündigt, für vierzehn Tage nach Zürich, zwecks eines Bildungsaufenthalts, denn sie will »Denk-Anregung [. . .] gewinnen und neuen Stoff zu Gehirn-Gymnastik. Ich will dann auch in den Vorlesungen von Biedermann, Avenarius und Kym herumhorchen, denn das Hospitieren ist ja heutzutag auch den Weiblein erlaubt; außerdem kenne ich die zwei erstgenannten Herren persönlich«. Später schildert sie Wedekinds Mutter ihre Eindrücke von der »neuen Kunst«, die auf der Landesausstellung präsentiert wird.[11] Eine interessante Bilddeutung von zwei Freundinnen des 19. Jahrhunderts, beide Ehefrauen von Patriarchen und Mütter: Mutterschaft als Mythos der Ehe, den die bürgerliche Gesellschaft anbietet; die Mutter als »mythische Persönlichkeit«, der »mit dem Sein auch schon das Da-Sein gesetzt ist«. Und die Kunst des Bürgertums als Projektion dieses Mythos der innerweltlichen heiligen Familie an den Wänden des Salons, wo sie die früheren Helgen einer transzendentalen Frömmigkeit ersetzt.[12]

Aus dem Katalog der Kunstausstellung erfahren wir, daß sechs Gemälde von Arnold Böcklin in der Abteilung »Kunst der Gegenwart« aufgehängt waren. Böcklin gilt als der überragende Schweizer Meister seiner Epoche, wenn auch die Nacktheit seiner Quellnymphen viele Zeitgenossen als »unschweizerisch« befremdet. Allerdings überwiegen auf der Ausstellung schweizerische Bauern- und Historienmotive, wie etwa Albert Ankers »Kappeler Milchsuppe«, »Eine Frau aus der Pfahlbauzeit« und »Berner Bauern« oder Rudolf Kollers »Gotthardpost«, »Heuernte« und »Auf dem Felde«. Die beiden Beiträge des jungen und noch weitgehend unbekannten Ferdinand Hodler »Das Gebet im Kanton Bern« und »Der Rasende« werden vom Kunsthistoriker Paul Saldisberg aufgeregt kritisiert.[13]

Doch die »frivole Nacktheit« ist nicht völlig abwesend: Olga Plümacher berichtet:

»Das frivolste Bild der Ausstellung ist eines, wo außer den Gesichtern und Händen *nichts* Nacktes ist: das ›Portrait der Freundinnen‹, und dies Bild ist von einer *Dame*, der Tochter des seiner Zeit so beliebten Frauenarztes Breslau. ›Nihilistinnen‹ schiene mir eine bessere Unterschrift für die drei Gracien der Häßlichkeit und lüderlichen Verkommenheit. –«

In seinem Pariser Tagebuch wird Franklin Wedekind wenige Jahre später seine Begegnung mit der Malerin Louise Breslau schildern und sich an »ihrem unschönen, rohen Wesen« stoßen:

»Ich fühle mich tief unglücklich von all der Brutalität, die ich aufgenommen und von mir gegeben. Als ich mich verabschiedete, erschien ich mir wie ein Tierbändiger, der rückwärts den Löwenkäfig verläßt und, um nicht zerrissen zu werden, keine der Bestien aus den Augen lassen darf, bis die Tür sich geschlossen.«[14]

Gehen wir fehl, wenn wir vermuten, daß die lesbisch-erotischen Bilder Louise Breslaus – sie war in ihrer Zeit als Spezialistin für Damenbildnisse berühmt – Olga Plümacher wie Franklin Wedekind mit konträrer Wirkung gleichermaßen angesprungen hat, so daß der letztere seine berühmte Metapher findet, als er sich, wie ein Dompteur rückwärts schreitend, aus dem Raubtierkäfig der Malerin entfernt? Später wird er, erschöpft und völlig überwältigt von der Vitalität des Kunsterlebnisses im Café d'Harcourt sitzen und von der Kokotte Alice getröstet werden (sie ist eines der Versatzstücke seiner Lulu-Figur, das »Kind von fünfzehn Jahren«): »Qu'as tu donc? – Tu as l'air tellement malheureuse. – Ich seufze und sage ihr: Oh, tu ne sais pas d'ou je viens!«[15]

Die wenigen erhaltenen Korrespondenzen von Olga Plümachers Hand beginnen 1881. In einem Brief ohne Datum wendet sie sich an Franklin und beglückwünscht ihn dazu, daß er seine »Studien in Aarau mit Freude und Interesse aufgenommen habe«:

»Halte nun fest am Strange, laß dir keine Mühe zu viel sein; die Natur (oder Gott, oder das Unbewußte, oder wie immer wir das ›Große X‹, welches hinter allem steht und sich dabei immer selbst im Licht steht, nennen wollen) hat dir einen guten Kopf mit auf die Lebensreise mitgegeben, und wenn du nun das deine mit Fleiß und Ausdauer dazu thust, so zweifle ich nicht, daß du Etwas wirst, woran wir, die wir dich lieb haben, unsere Freude haben werden.

Du erinnerst dich vielleicht noch unseres Gespräches über die Kriterien des Sittlichen. Ich hatte im Laufe meiner Schrift, an der ich jetzt arbeite (nota bene, wenn ich nicht Strümpfe flicken, Kinder ›gaumen‹ und kochen muß) Veranlassung, dieses Thema zu behandeln. Ich dachte oft dabei an Dich und freue mich, Dir einmal die Schrift (so ihr ein gütig Geschick die Gnade des Gedrucktwerdens zu Theil werden läßt!) vorlegen zu können. Ich glaube, daß es mir gelingt, Dich zu meiner Ansicht zu bekehren.«

Leider ist Franklin Wedekinds Anteil am Briefwechsel mit Olga Plümacher, der sich bis in die neunziger Jahre hinzieht, nicht mehr aufzufinden. Seine Argumente gegen Hartmanns Theorien scheinen gewichtig und gehaltvoll gewesen zu sein, da sie die »philosophische Tante« zu immer neuen Episteln bewogen haben.

Ohne Reflexion über die Gründe für die Rechtsungleichheit zwischen den beiden Geschlechtern, die für sie selbst besonders gravierend ist, beklagt sie sich bitter über ihr Los, als freischaffende Philosophin ohne Universitätsabschluß und Anschluß an die Gelehrtenwelt sich ständig autodidaktisch über das Neueste in ihrem Fachgebiet auf dem laufenden halten zu müssen:

»Gegenwärtig lese ich ein schauderhaftes Buch. Der zweite Band von J. Bahnsens *Der Widerspruch im Wissen und Wesen der Welt.* Es ist erst nach dem unlängst erfolgten Tode des Verfassers erschienen und mit einer in Gift getauchten Feder geschrieben [...] Mein Name steht auch drin, doch kann ich natürlich auch nicht mehr Anspruch machen, als auf einen gelegentlichen Seitenhieb in Gemeinschaft mit Hartmann und Hellenbach. Doch das Buch muß gelesen werden, so unglücklich die Lectüre ist und so wenig fruchtbare Ausbeute zu erwarten steht. Meine phil. Schrift ist so weit fertig, aber weil ich fast zwei Jahre darüber geschrieben habe, so sind in der Zwischenzeit viele Bücher entstanden, die nun nachträglich berücksichtigt sein wollen; so lese ich denn jetzt allerlei Einschlägiges und mache kritische Einschaltungen – keine lustige Arbeit. Ein Dichter oder ein Roman-Schriftsteller der hat's gut; wenn er einmal überhaupt eine hinlängliche Allgemein-Bildung errungen hat, so braucht er nur in seine Seele hinein und [in] das Leben hinaus zu schauen und kann dann frisch drauf los schreiben. Aber so armes Kritiker-Volk, das nicht sowohl ›etwas‹ als ›über etwas‹ schreibt, das muß sich schier dumm lesen um sich ja ›auf die Höhe‹ zu stellen, und all die großen und kleinen Herren ›Ideen und Theoreme‹ am Schnürchen zu haben.«

So empfiehlt ihm die »Tante« beispielsweise am 21. Dezember 1884, dem Drängen der Eltern zu gehorchen und einen Brotberuf zu verfolgen:

»Dein Fachstudium kann Dir in jedem Falle nur nützen, auch wenn Du bestimmt sein solltest, in ganz anderem Gebiete dereinst zu schaffen und zu wirken. Gottfr. Keller, Conrad Fer. Meyer waren Juristen; so die Philosophen Basson und v. Kirchmann; nicht minder der geistvolle Journalist v. Holzendorf und der Dichter und Kulturhistoriker Felix Dahn – und so noch sehr viele bedeutende Schriftsteller und Dichter.«

Aus solchen Thesen zur Schriftstellerexistenz, denen Franklin Wedekind offenbar kräftig widersprochen hat, ergibt sich das schriftliche Gespräch über Literatur und Kunst. Den Kredit, den Wedekind Olga Plümacher auf dem Gebiet der Philosophie, aber auch in der Malerei und der Musik einräumt, läßt er offensichtlich nicht gelten, wenn es um die eigene heimlich angestrebte Dichterlaufbahn geht; denn hier werden seine ureigenen Interessen berührt. Auch ihr literarischer Geschmack entspricht nicht in allen Punkten seinem eigenen, auch wenn sie ihn für eine Weile für den obskuren »Pessimisten« Hieronymus Lorm zu interessieren versteht. [16]

Wenn Olga Plümacher in ihren Briefen von sich selber spricht, so kommt sie regelmäßig auf die kuriose Verschränkung ihrer hausfraulichen und intellektuellen Mühen. Letztere nimmt sie dann häufig zum Anlaß, den »Neffen« mit ihrem Lesestoff vertraut zu machen und ihm diesen oder jenen Titel oder Autor zu empfehlen. Sie plaudert über die Qualität des Kaffees, den sie Emilie Wedekind zukommen läßt, über ihre Kinder, über ihren Ehemann. Am 23. Dezember 1883 bittet sie Franklin, den ehemaligen Kadettenleutnant, ihr bei Gelegenheit, »sei es durch einen Buchhändler, oder sei es durch die Gefälligkeit eines der ›Häuptlinge‹ der das Cadettenwesen besorgenden Schulbehörde die nöthigen Drucksachen« zu besorgen, die es ihrem Mann ermöglichen würden, in Maracaibo »ein Cadetten-Corps, nach Art der schweizerischen Cadetten einzurichten«. Ihr Mann, der US-Konsul, habe eben die goldene Verdienstmedaille der Stadt Maracaibo erhalten: »Das muß man den Leuten von Venezuela, die jetzt am Staats-Ruder sind, zugestehen: sie haben einen großen Eifer sich zu civilisieren, und wenn jemand ihnen die Wege dazu zeigt und ihnen mit gutem Rath an die Hand geht, so sind sie dankbar und erkenntlich dafür. Geld und Gut haben sie nicht zu geben, denn der Staat ist in Folge der ewigen Bürgerkriege arm (ungeachtet seiner natürlichen Reichthumsquellen), aber mit Ehrenbezeugungen sparen sie nicht, und die ›Spitzen‹ schwelgen in gegenseitiger Beweihräucherung und wenn man sich nicht gerade auf den Straßen schießt, so ist immer irgend ein Fest zu irgend jemandes Ehren im Gang.« Es ist nicht überliefert, inwieweit sich Franklin Wedekind durch die Übermittlung der Lenzburger Kadettenreglemente an Konsul Plümacher um die »Civilisierung der Stadt Maracaibo« verdient gemacht hat. Auf jeden Fall bedankt sich die Tante am 5. Januar 1884 für die Besorgung. Dieser Brief – derselbe, in dem die mahnenden Bemerkungen über die »Tannhäuser-Venus«-Liebelei mit Blanche Gaudard fallen (vgl. S. 208) – ist der weitaus wichtigste für unser Verständnis der literarischen Beraterrolle, die Olga Plümacher für Franklin Wedekind spielt.

Am Anfang des Briefes ist von den Dramen Grabbes die Rede, über dessen *Faust und Don Juan* Wedekind offenbar ein dezidiertes Urteil abgegeben hat, das Olga Plümacher völlig unterschreibt:

»Du wirst Dich übrigens vielleicht erinnern, daß ich Dir den *Faust und Don Juan* nicht deswegen zum Lesen gab, weil ich ihn für etwas Schönes, für eine ästhetisch werthvolle Composition erachtete, sondern wesentlich nur als ein literarisches Curiosum. Und daß Grabbes ungeheuerliche Trauerspiele literarische Curiosa sind, wirst du willig zugeben, ebenso, daß sie sich prächtig dazu eignen, als Illustrationen einer Schilderung des Weltschmerzes, resp. des *Welt-*

schmerzlers zu dienen. Zu diesem Zwecke zog ich auch den *Faust und Don Juan* wieder aus der Rumpelkammer meines Gedächtnisses heraus, worin er 30 Jahre geruht hatte.«[17]

Das von Olga Plümacher geprägte Wort »Weltschmerzler«, das vom Empfänger unterstrichen worden ist, mag bei der Entstehung eines Gedichts aus jener Zeit mitgewirkt haben, in dem, angesichts der handfesten Liebeswonnen mit Bertha Jahn, die »Weltschmerzler« als griesgrämige Puritanerseelen verspottet werden:

> O ihr erbärmlichen Knechte der Zeit,
> Ihr wollt die Schöpfung verachten.
> Je unverschämter, je blinder ihr seid
> Desto höher glaubt ihr zu trachten.
>
> Der Glaube floh und der Weltschmerz blüht
> Der Pessimismus ward Mode
> Da singt ihr nun ewig das nämliche Lied
> Und jammert und quält euch zu Tode.
>
> Ist euch verleidet der Menschen Trug,
> Nun wohl, so lasset das Keifen.
> Ein jedes Flüßchen hat Wassers genug,
> Euch sämtliche zu ersäufen.
>
> Ihr spottet des Lebens und bildet euch ein,
> Ihr ständet erhaben darüber;
> Und schaut ihr ein schimmerndes Mädchenbein,
> So überfällt euch das Fieber.[18]

In jenem Brief ist auch von zwei Gedichten die Rede, von denen ihr der Inhalt des ersten »recht gut« gefällt; beim zweiten indessen bemängelt sie Wedekinds metrisches Können und belehrt ihn, wie Sonette gebaut sein müßten:[19]

»[. . .] das zweite ist minder. Daß das eine mit Ach!, das andere mit O! anhebt, will mir nicht recht behagen, es sind dies zu wohlfeile Silben und muthet daher einen leicht humoristisch an. Nun sollen aber die Gedichte Sonette sein; die Sonette haben aber immer 11 Silben in einer Zeile:

> ›Heut lehr ich dich die Regel der Sonette,
> Versuch gleich eins, gewiß es soll gelingen,
> Vier Zeilen je mit vieren zu verschlingen
> Und dann noch sechse, daß man vierzehn hätte. [...]‹

Du aber hast im ersten Gedicht 11, 10, 10, 10, 11; 10, 11, 11, 10; und in der zweiten Folge abwechselnd 11 und 10. Im zweiten Gedicht nun hast Du gar nur immer 8 Silben – das ist kein Sonett. Auch soll sich reimen 1 auf 4, 5 und 8; 2 auf 3, 6 u. 7; und 9 auf 11 und 13, sowie 10 auf 12 u. 14.

Ich denke, jede Poetik wird das hier Gesagte bestätigen – warum ich prosaische Tante aber in dem Punkt so kritisch bin? Ja, siehst Du, mein lieber Neffe, es war eine Zeit, wo ich auch Sonette beging, wo ich auch Silben zählte und zwar ängstlicher als Du, weil ich nicht viel zu sagen hatte. Die Form war bei mir alles, der Inhalt nichts; bei Dir hat Dein jung' Herz die Form gesprengt, oder – nun à la Sportsmen zu sprechen: Deine Gefühle haben das unbequeme Sonetten-Gebiß zwischen die Zähne genommen und sind durchgegangen. Deine sogenannten Sonette mißpräsentieren Pegasus als Fohlen! Das Sonett ist eine der schwersten Formen in der deutschen Sprache; in keiner anderen läuft man so Gefahr, daß man nicht dichtet, sondern daß die Reime einem den Inhalt aufdrängen [...]«

Auf die Kritik folgt sogleich die Abbitte:

»Und dann habe ich Dich auch so kritisch gezaust –– nun bist du vielleicht böse; und doch – nein, Du bist nicht böse, Du bist zu gescheit dazu! Du wirst fühlen, daß es nicht Mangel an Interesse ist an Deinen dichterischen Versuchen, sondern gerade meine Theilnahme und meine Überzeugung, daß das Dichten bei Dir mehr ist als eine Kinderkrankheit, welche mich veranlaßte, die mir übersandten Proben nicht nur auf ihren Inhalt hin neugierig zu lesen, sondern auf ihre künstlerische Berechtigung zu prüfen, so gut ich es versteh – wobei ich übrigens als feststehendes Ergebnis meiner Selbsterkenntnis sagen muß, daß ich nur eine geringe poetische Ader habe. –

[. . .] Zum Beweis, daß Du mir nicht zürnst, schickst Du mir wohl gelegentlich ein regelrechtes, ganz glatt gekämmtes 14-zeiliges Sonett, nicht wahr, lieber Franklin?«

Gemessen am Respekt, den Franklin Wedekind für die intellektuelle Leistung der Philosophin Plümacher zeigt, müssen ihm solche Worte der Ermunterung für seine dichterischen Versuche eine ungeheure Rückenstärkung bedeutet haben. Sie erreichen ihn zu einem Zeitpunkt, da er sich mit den pragmatischen Eltern in einer Dauerfehde befindet wegen seiner Unlust, dem Wunsche des Vaters gemäß, das Studium der Rechte zu ergreifen. Was wiegen im Vergleich mit dieser Bestätigung durch eine wirkliche, international anerkannte Respektsperson die vielen kleinen Dichtertriumphe auf Schülerfesten und mit Schulmädchen! Bisher hat Franklin Wedekind seine Dichterexistenz gespielt, hat sich selber als Dichter so übertrieben in Szene gesetzt, daß niemand ernsthaft auf die Idee gekommen ist, daß das Spiel für ihn heimlich bitterer Ernst ist und daß seine überreiche lyrische Produktion, die er überall herumreicht, nicht so sehr auf den Beifall der Menge hofft, als auf Widerstand, auf *kritische* Zustimmung der wenigen.

»Ich habe, weiß Gott, auch seit einem halben Jahr einzig mit meiner Tante Briefe gewechselt, die mich zuweilen durch recht voluminöse Episteln in Atem zu halten wußte«, schreibt Wedekind im Februar 1884 an die »Bundesschwester« Anny Barck. Allem Anschein nach gibt Franklin Wedekind sich bewußt als Wissensdurstiger, auch wenn er einzelne Autoren, Musiker und Künstler, die Olga Plümacher empfiehlt, bereits rezipiert hat (das trifft unter anderem für Hieronymus Lorm zu, der bereits in einem Brief vom November 1883 an Anny Barck erwähnt wird). Es ist ihm wichtiger, daß das Gespräch mit der »Tante« nicht abreißt, und so scheint er immer neue Fragen gestellt zu haben, weniger, um das Urteil der Tante über die betreffenden Gegenstände zu erfahren, das er oftmals nicht teilt, sondern um ihr weitere Reaktionen gegenüber seinen Dichtungen und Absichten zu entlocken.

Sie berichtet ihm von den Schwierigkeiten, einen Verleger für ihr Buchprojekt zu finden. Am 20. Februar 1884 dankt sie Franklin für die Übersendung seines gedruckten »Prologs« (vgl. S. 123).

»Ich gratuliere Dir herzlichst zu Deinem Erfolg und möge insbesondere das freundliche Entgegenkommen des Buchhändlers ein gutes Omen sein, daß Du auch in Zukunft nie die Unannehmlichkeit des Verleger-Suchens erfahren müßtest! Der Prolog ist ›famos‹, wie Ihr jungen Musensöhne es auszudrücken pflegt; Du hast Dich brillant aus der Sache gezogen, und kein namhafter Dichter hätte es besser machen können, denn eben darin liegt die Schwierigkeit solcher Festlichkeits-Prologe, daß sie ›gemacht‹ werden müssen und daß es wohl fast ebenso schwierig ist, ›par l'ordre du mufti‹ zu dichten als zu lieben.«

Wichtigstes Thema in den Briefen ist jedoch »das Unbewußte«. Ihre philosophische Beschäftigung mit dem Traum bringt sie auf eine kuriose Idee: Franklin Wedekind hatte lebhaft auf die Reproduktion von Gabriel Max' »Tannhäuser und Venus« reagiert, das ihm Olga Plümacher zur Ansicht geschickt hat – offenbar mit einer psychologischen Deutung. Sie antwortet darauf:

»[...] Es thut mir leid, daß ich Dir nicht sämmtliche Bilder von G. Max senden konnte; zu jedem einzelnen kann man eine ganze Geschichte voll psychologischer Probleme dichten. – Ich habe unlängst mal einen Traum niedergeschrieben; allerdings – wie das in der Regel geschieht – mehr mit Wach-Bewußtsein inspiriert. Ich meine, es gäbe ein hübsches Gedicht, sogenannte Gedankendichtung, aber natürlich – ich kann nicht dichten; so leicht mir der Rhythmus kommt, so unmöglich schien es mir, die Reime zu finden.

Soll ich es Dir in seiner Prosagestalt senden, damit Du beurtheilen kannst, ob es in poetische Form gebracht werden könnte? Aber nur, wenn Deine Zeit nicht gar zu sehr in Anspruch genommen ist. Mir liegt natürlich Deine Maturität (summa cum laude) aufs angelegentlichste am Herzen, und möchte ich ja nicht mit daran Schuld sein, daß Du eine dem Realen bestimmte Stunde auf dem Wildpfad der Reimerei versäumen solltest. Es handelt sich übrigens um das ›Gespenst der Consequenz: um das sophistische Ich‹.«

Die lyrische Umsetzung eines Traumes als »Gedankendichtung« aus fremder Feder! So groß der Abstand zu Freud hier erscheint, so verblüffend nah rückt sie ihm in der Schilderung des Schreibprozesses – wie in einem Brief vom 8. März 1884 an Wedekinds Mutter, den diese dem Sohn möglicherweise zu lesen gegeben hat:

»Was mich selbst anbetrifft, so bin ich schon so sehr an's Pflügen mit Tinte und Feder gewöhnt, daß ich mir aus dem längsten Brief nichts mache, wenn ich ihn nur flott von der Seele weg schreiben darf, und weder auf zierliche Phrasen noch auf nette Schrift acht geben muß; denn Phrasen kann ich nicht gut drehen und meine Handschrift wird immer häßlicher, woran die Schmerzen in den Handrücken (eine Folge von Muskelschwäche durch Blutarmuth) schuld sind. Ich habe die Feder gar nicht in der Gewalt des bewußten Willens; ich weiß nur, was ich schreiben will, und dann schreibt ›es‹, das Unbewußte in meiner Hand.«

Eine aufregende Briefstelle, wenn man sich der Situation bewußt ist: Freud *avant la lettre* bis in die Begriffsbildung hinein! Das Bewußtsein hat eine neue Dimension erhalten, die das Verhalten des Menschen für immer verändern wird. Dazu muß man sich einen so aufmerksamen Leser wie Franklin Wedekind vorstellen, der selber fieberhaft nach literarischen Möglichkeiten sucht, dieses »es«, das er bei sich und den »realpsychologisch« beobachteten Menschen verspürt, für alle sichtbar zu machen.

Die dichterische Bearbeitung des Traumes zögert sich indessen hinaus. Franklin Wedekind ist in Examensnöten und hat keine Zeit für lyrisches Allotria. Erst im Sommer 1884 kommt er offenbar wieder auf den Traum Olga Plümachers zu sprechen. Er will ihn erzählt haben. Zunächst (23. Juni 1884) weicht sie aus:

»[. . .] den Traum habe ich irgendwie verlegt, will ihn aber suchen und ihn Dir senden. Möcht Dir aber ja keine Gewalt anthun: wenn es Dich nicht wirklich lockt, ihn in metrische Form zu bringen, so thue es ja nicht, oder benutze ihn nur als Anregung oder mache etwas ganz anderes daraus. Mir liegt an dieser Sache weiter gar nichts daran, als daß es eben ein halbwegs gescheiter Traum war, was nicht gar zu oft vorkommt. Ich glaube Rückert sagt: Den Traum magst Du einen Spiegel nennen, drin kannst Du Dich selbst erkennen –; wenn das so schlechtweg wahr wäre (wie es Gottlob nicht ist), so wäre ich ein böses wüstes Weib; denn im Traum raufe ich zuweilen mit den Leuten und habe auch schon Leute umgebracht. Nur insofern ist der Traum allerdings ein Spiegel, als er, oft verzerrt registriert, was einem im Laufe des Tages durch den Kopf geht. So habe ich schon öfters im Traume ein ganz neues phil. System aufgestellt: wenn ich dann aufwache und ich möchte mich noch an Einzelnes erinnern, so war es nichts als Bruchstücke der Phil. des Unb. Nein, ich halte garnichts von den Träumen und bin froh, wenn ich des Nachts recht tief ins Nirvana versinke.«

Hier treibt Olga Plümacher, ohne es zu wissen, »Realpsychologie« an sich selbst, aber ohne die Konsequenzen zu ziehen, die Rückert in seiner dichterisch-spielerischen, Freud später in seiner analytisch-wissenschaftlichen These im Hinblick auf die Funktion des Traumes im Selbsterkenntnisprozeß des Menschen aufstellen. Der Traum in ihrem zwar von der Skepsis gezeichneten aber immer noch geschlossenen Weltbild ist für sie lediglich eine ungenaue Reproduktion der wachen Denkprozesse. Dem Unbewußten, dessen Existenz sie philosophisch erfaßt, mißt sie keine Schlüsselgewalt bei. Der Gedanke, daß das »böse, wüste Weib«, als das sie in ihren Träumen rauft und tötet, ernst zu nehmen sei, daß dieses »männlich-aggressive« Verhalten (das ihr ja bezeichnenderweise von Arthur Drews im Hinblick auf ihre Verteidigung der Lehren von Hartmann lobend attestiert wird) etwas zu tun haben könnte mit ihrer tiefen Sehnsucht, als unabhängiger Geist anerkannt zu werden, kommt ihr nicht.

Desto hartnäckiger aber scheint Franklin Wedekind darauf bestanden zu haben, den Traum der Tante kennenzulernen, eine Forderung, die er offenbar durch die Zusendung seines neuesten – nun bartlosen – fotografischen Porträts unterstrichen hat. Am 30. Juni 1884 erhält er endlich das Gewünschte.

»Hier erhältst Du nun den Traum. Also bitte: thue Dir ja keinen Zwang damit an; wenn er Dich nicht anspricht, so wirf ihn einfach fort; oder mache etwas ganz anderes daraus; willst Du ihn aber wirklich metrisch fassen, so presse den Inhalt so knapp zusammen als möglich: je conciser je besser und um so größer die Möglichkeit, daß ich ihn für Dich bei einem Journal anbringe.«[20]

Hier zeigt sich die Grenze der gemeinsamen Interessen von Olga Plümacher und Franklin Wedekind: Er hat nun, ach, auch ihre Philosophie kennengelernt, die ihn aber in seinem heißen Bemühn nicht weiter bringt. Doch »das Unbewußte«, dessen Existenz ihm die Tante mit philosophischen Methoden nachgewiesen hat, nimmt ihn als wichtigstes Ingredienz seiner »Realpsychologie« gefangen. Seiner Erforschung gilt fortan seine ganze Aufmerksamkeit.

Franklin Wedekind und Sigmund Freud
Zwischenbetrachtung

Die deutsche theosophische Zeitschrift *Sphinx,* in der Olga Plümacher von Amerika aus verschiedene Aufsätze veröffentlicht hat, bringt 1893 ihre philosophisch-pädagogische Interpretation von *Frühlings Erwachen*:

»*Frühlings Erwachen, eine Kinder-Tragödie,* ist der Titel eines kleinen Buches, welches bezüglich seines bemühenden schrecklichen Inhaltes ein würdiges Gegenstück zu Tolstoi's *Kreuzersonate* bildet. Der ästhetisch-litterarische Wert des einen wie des andern Buches kommt an dieser Stelle *nicht* in Betracht; die *Kreuzersonate* ist als Novelle nichts weniger als ein Meisterstück und beim *Frühlings Erwachen* möchte ein Litteratur-Kritiker vielleicht mit etwelchem Rechte die eigentümliche Mischung von Realistik und Phantastik, die Zusammenfügung von feinster Portraitzeichnung und grotesker Karrikatur innerhalb eines Rahmens rügen; während ein solcher aber gewiß nicht umhin könnte, die Konsequenz anzuerkennen, mit der sich die Handlung aufbaut und gipfelt. [. . .]

›Kultur‹ auf jeder Stufe ihres Auswirkung ist in erster Linie Bruch mit der Natur und Kampf mit ihr, der Unüberwindlichen; Ideal jeder Kulturperiode aber ist ebenso die Versöhnung von Natur und Geist durch Aufgaben der ersteren im Zweckstreben des letzteren. [. . .]

Zwei Gymnasiasten sitzen zusammen; müde, abgehetzt von einem Mischmasch häuslicher ›Schulaufgaben‹. Die Osterprüfungen stehen nahe bevor, und einer derselben, gewissenhaft aber minder begabt, zittert davor, denn es ist für ihn eine ›Lebensfrage‹, ob er versetzt wird, oder nicht, da sein Vater einer jener Hetz-Papa's ist, welche um jeden Preis ›studierte Söhne‹ haben wollen und die Unfähigkeit einer sich langsamer entwickelnden Intelligenz, Schritt zu halten, im Parforce-Marsch der Schule durch dies Kunterbunt der ›Fächer‹ hindurch, als eine persönliche Beleidigung betrachtet.

[. . .] Da erwacht das Thierchen im Jüngling, welches er in der Dunkelkammer seiner Phantasie umgestaltet hat zum Lustbringer, und in ihm gleichsam das Symbol der Mannesfreiheit und Herrlichkeit erblickt. Das Mädchen fällt ihm zum Opfer, ohne es zu ahnen, was das Resultat seiner Hingabe sein wird. [. . .]

Dort wird er vom ›vermummten Herrn‹ aufgenommen und für's Leben gerettet – in erster Linie durch ein warmes Abendessen. [. . .]

Als vor nunmehr fast 25 Jahren die *Phil. des Unbewußten* erschien, da schrien zahlreiche Vertreter der öffentlichen Meinung Zeter über das Kap. II B (*Das Unbewußte der geschlechtlichen Liebe*) und über dem Abschnitt *Hunger und Liebe* im Kap. XIII B (Pessimismus-Kapitel!) Jenes Getue ist ungeheuer bezeichnend für die Unklarheit, die innerhalb unserer gebildeten Stände herrscht über das Verhältnis der Naturtriebe des Menschen zu seinen Pflichten als Kulturträger und Geistesproducenten.

Was aber die ganze Verwirrung zu Grunde richtet und führt zu dem heuchlerischen Ignorierenwollen dessen, was doch jederzeit und allerorts ist und je und je die Ketten bricht und Unheil, Leid und Schuld verbreitet; es ist der feige, religiös-heuchlerische eudämonische Optimismus, der es nicht wagte, zu bekennen, daß ein doppelter Abgrund gähnt zwischen dem unmittelbaren Naturwollen und dem idealistischen Geiste einerseits und dem individuellen Luststreben andererseits. Der Optimismus thut, als ob die Natur im engeren Sinne und die höhere Geistnatur im Einklang, während sie eudämonisch im Gegensatzverhältnis stehen und nur evolutionistisch-teleologisch in Harmonie sind. [. . .]

Das ›Thierlein‹ im Menschen hätte ein lustvolleres Leben, wenn der Geist nicht die Kultur erfunden hätte und um der letzteren willen des Thierleins Wünsche einschränken und mit Sittengesetzen hindern müßte. [. . .]

Wir [sind] stolz darauf, die höchste Spitze der Geistesentwicklung zu repräsentieren. Da unsere Kultur aber die Beherrschung des ersten auflodernden Naturtriebes verlangt und verlangen muß, so ist es die Pflicht des Lehrers und Erziehers, daß er dem Jüngling zur

Seite stehe im Kampfe gegen den blindmächtigen Naturdrang. [...]

Denn wer hinter dem Natürlichen unendliche Lust vermutet und das Natürliche zuerst in der brutalsten Form beobachtet – man denke an die zwei Hunde des klugen Knaben – der ist in Gefahr, im Schmutz die Lust zu suchen und in der Lust den Schmutz und des Schmutzes Seelengift zu finden. [...]

Der eudämonologische Pessimismus dagegen bietet bittere aber heilsame Medizin dem fiebernden Jüngling. Entsagen sollst Du, sollst entsagen – Unlust ist Dein Menschenlos; drum lerne von Anbeginn freiwillig mutig geringere Unlust zu tragen, um größere, folgenschwere Lasten zu vermeiden und die Kräfte zu sparen für höhere Willensbildung.«[1]

Olga Plümacher argumentiert in der »alten« Sprache, der Epigonensprache des deutschen Idealismus. Doch finden sich in dieser Deutung der »Kindertragödie«, in der es der »philosophischen Tante« vor allem um die Bestätigung ihrer eigenen Positionen zu gehen scheint, neben nicht zu übersehenden Hinweisen auf Franklin Wedekinds Biographie (z. B. »der Hetz-Papa«) und moralistisch-prüden Allgemeinplätzen auch die wichtigsten Erkenntnisse von Freuds Sublimationslehre unter anderen Namen.[2]

Wedekinds Stück ist keineswegs im Sinne der Tante und der von ihr gemeinten »Erzieher« »zur höheren Willensbildung« angelegt. Aus den *Tagebüchern* wissen wir, daß er spätestens 1889 mit Krafft-Ebings Fallstudien zum sexuellen Verhalten des Menschen, der berühmten *Psychopathia sexualis* (1886) vertraut war.[3] In seinem Stück spielt er diese Fallstudien gewissermaßen durch, doch geht er über die reine Darstellung von »Abartigkeiten« hinaus.

So erzählt (1. Akt, 2. Szene) Melchior Gabor von den erotischen Phantasien eines Klassenkameraden, der von seiner Mutter träume. Gabors Mutter (Wedekinds eigener nachempfunden) widersetzt sich standhaft dem Ansinnen ihres Mannes, den Jungen in eine Erziehungsanstalt einweisen zu lassen. Erst als sie von seinem folgenreichen Verhältnis mit Wendla Bergman hört, schlägt ihre Schutzgebärde in offene Ablehnung um. Elizabeth Boa hat auf den plötz-

lichen Meinungswechsel der Frau Gabor (sie wird übrigens »Fanny«
genannt: Wir erinnern uns an den »Nixennamen«, mit dem Wedekind auf seine Mutter anspielt) hingewiesen: »Ihre wütende Reaktion, als sie von Wendlas Schwangerschaft erfährt, erinnert an den
rachsüchtigen Zorn einer betrogenen Liebhaberin, eine Eifersucht,
die fast schon eine sexuelle Empfindung ist.«[4] Kann man in *Frühlings
Erwachen* die Vorwegnahme von Einsichten Freuds erkennen, wie es
in jüngster Zeit neben E. Boa auch Jacques Lacan behauptet hat?[5]

Wedekind hat sich erst nach der Jahrhundertwende mit Freud
beschäftigt. Das Aufspüren der »freudianischen« Elemente in seinem
Leben wie in seinem Frühwerk und eine psychoanalytische Deutung
dieses Werks sind jedoch zweierlei. Uns interessiert, wie Wedekind
auf die Motive und Gedankengänge gestoßen ist, die den Forschungen und Erkenntnissen Freuds so verblüffend nahekommen. Was sich
in *Frühlings Erwachen* abspielt, wäre dem Wiener Psychiater ein
hochwillkommenes Material gewesen. Freud hat das Stück mit
Sicherheit gekannt, sich jedoch nie dazu geäußert.

In den Diskussionen mit der Hartmann-Apologetin Olga Plümacher spielt das »Unbewußte«, das »Es«, die Vorstellung von »Eros
und Thanatos« eine zentrale Rolle. Wedekind, der keine Neigung
verspürt, zum Anhänger eines theoretischen Systems zu werden,
nimmt sich die Erkenntnisse, die er für seine »realpsychologischen«
Experimente und damit für seine schriftstellerische Praxis brauchen
kann und »stellt sie auf seinen Kopf«. Liegt in der Vermittlung der
Hartmannschen *Philosophie des Unbewußten* durch Olga Plümacher
eine Voraussetzung für die Verwandtschaft von Wedekind und
Freud?

In der Tat wird Hartmanns – in der zweiten Hälfte des 19. Jahrhunderts ungemein populäres – Werk von der heutigen psychologischen Forschung als Vorstufe zur Psychologie des Unbewußten
ernstgenommen.[6] Für Freud, der zögernd zugab, wieviel er Schopenhauer verdankte, war dessen Popularisierer Hartmann ein Ärgernis –
wie übrigens auch für Nietzsche. Die Skepsis gegenüber Hartmann
wäre also ebensogut eine Gemeinsamkeit zwischen dem Nietzsche-
Leser Wedekind und dem lebenslangen Schopenhauer-Leser Freud.

So verlockend es ist, die Brücke zwischen Wedekind und Freud in dem von der »philosophischen Tante« propagierten Hartmann zu sehen, so vorsichtig sollte man sein, den dichtenden, nicht philosophierenden »Realpsychologen« Wedekind in eine Genealogie einzureihen. Sein Werk, entstanden in einer spezifischen geistigen Atmosphäre, die Freud geteilt haben mag, folgt eigenen Gesetzen.

Inzwischen ist die Einsicht, das menschliche Verhalten werde nicht nur diskursiv, sondern in hohem Maße auch durch Impulse des Unbewußten gesteuert, ein Gemeinplatz geworden. In einer auf die moralische Perfektionierung des Menschen ausgerichteten Epoche muß der Gedanke an eine unterschwellige dunkle Motivationsgewalt, die solch rationale Intentionen plötzlich durchkreuzen kann, im besten Fall als absurd, im schlimmsten als horrender Unfug gegolten haben. Daß dergleichen von Dichtern und Philosophen dennoch behauptet wird, scheint die Inferiorität ihres Metiers im Vergleich zu den erfolgreichen und praktisch verwendbaren Entdeckungen auf dem Gebiete der Naturwissenschaft und der Technik nur zu bestätigen. Es ist kein Zufall, daß der Begriff des »Unbewußten«, der Franklin Wedekind schon in den achtziger Jahren vertraut gewesen ist, sich nicht in der »Salon-Disziplin« Philosophie, sondern in der erst nach der Jahrhundertwende rezipierten Arbeit eines Naturwissenschaftlers, des Wiener Arztes an der Berggasse, durchgesetzt hat.

Die öffentliche Diskussion und Darstellung gesellschaftlicher Tabus kennzeichnet den Beginn einer revolutionären Bewußtseinsveränderung. Wo Freud sich um Metaphern und theoretische Strukturen bemüht, die seine analytischen Erkenntnisse vermitteln sollen, setzt Wedekind seine spröde Dialogkunst ein, das tragikomische Fehlverhalten von Menschen aufzeigend, deren Haltung und Sprache sich in einem unübersehbaren Konflikt zu ihren ebenso unübersehbaren Intentionen befinden. Es ist ein Konflikt, der nur im Leben selber gelöst werden kann. Wedekind versteht es, ihn in prägnante Bilder – einleuchtende Projektionen des Unbewußten – umzusetzen. Hierin hat die breite Publikumswirkung sowohl von

Freuds Psychoanalyse wie auch von Wedekinds Theater ihren Grund.

In den nachgelassenen unveröffentlichten Novellenentwürfen in Aarau findet sich ein unvergleichliches Fragment, in dem Freud und Wedekind sich als literarische Figuren direkt gegenüberstehen. Das vierseitige Bruchstück trägt keinen Titel und kein Datum. Seine Entstehungsgeschichte ist noch unbekannt, ebenso der Entstehungsort. Es handelt sich um eine parodistische Auseinandersetzung mit Freud – zugleich ein ironisches Selbstporträt Wedekinds: »Am 8. Mai vorigen Jahres kam zu einem weltberühmten Professor in Wien, einem Ober-Pontifex auf dem Gebiete der Seelenkunde, ein Mann von etwa fünfundvierzig Jahren in die Sprechstunde. Er war von untersetzter Statur, hatte grau meliertes Haar und kleine schlau in die Welt blickende Augen unter starken Brauen und kräftiger Stirn. An seiner gediegenen schwarzen Toilette waren die Beinkleider etwas zu kurz und die Ärmel etwas zu lang. In der Hand hielt er einen [. . .] Cylinderhut und unter dem Arm einen schwarz-wollenen Regenschirm. Wiewohl gleich nach Eröffnung der Sprechstunde gekommen, wartete er ab, bis außer ihm niemand mehr im Wartezimmer war, dergestalt, daß ihn der Professor, der ihn schon lange hatte sitzen sehen, als er sich endlich erhob und ins Sprechzimmer trat, beinahe wie einen alten Bekannten empfing. Der vermeintliche Patient schneuzte sich dreimal in ein großes, braun und weiß kariertes Taschentuch und sagte mit dem Ton ernster Überzeugung: ›Ich komme extra aus München. Meine Werkstatt liegt in München im Thal, No. 145. Ich habe ein Buch von Ihnen, Herr Professor, gelesen, das mir nicht schlecht gefallen hat. Besonders verstehen Sie es gut, sich auszudrücken, und es ist Ihnen ernst; das sieht man. Deshalb komme ich eben. Was in dem Buche steht und wovon es handelt, hat mir nicht gefallen wollen. Ich würde selber ein Buch über solche Dinge, über die Liebe und über Männer und Frauen schreiben, aber ich habe nicht die Gabe des Wortes. Deshalb muß ich Ihnen mitteilen, was in dem Buche enthalten sein sollte, damit Sie es dann aufschreiben und drucken lassen können.‹

Der Professor, in der Meinung, er habe einen ganz außerordentlichen Fall von Geistesstörung vor sich, bot dem Besucher mit der
freundlichsten Miene einen Platz auf dem Sopha an und fragte ihn,
was denn in dem Buche stehen sollte [. . .]«

Franklin Wedekind auf Sigmund Freuds weltberühmter Couch!
Die Lebensbeichte des »Goldarbeiters«, als welcher er in der Erzählung erscheint, beginnt vielversprechend:

»[. . .] Ich war damals sehr fromm. Das bin ich auch heute noch,
aber damals war ich es ganz außerordentlich, weil ich mich vor mir
selber und vor dem Teufel fürchtete. Das kam, weil ich, soweit ich
zurückdenke, immer nur Weiber und nichts als Weiber in meinem
Kopfe hatte. Damals hielt ich mich deshalb für einen grundschlech-
ten Menschen, aber jetzt weiß ich, daß ich nie ein Goldarbeiter, ein
so guter Goldarbeiter geworden wäre, wenn ich das nicht erlebt
hätte. [. . .] Als ich zu meinem ersten Meister in die Lehre kam,
nach München in die Weingasse, und wenn ich über die Straße ging,
ebensoviel Frauen wie Männer sah, da begann es in mir zu wüthen,
und ich hatte Tag und Nacht dieselbe Gestalt vor Augen, ein großes
Weib mit vollem Körper, mit schlanken Gliedern und mit schönen
Händen und Füßen. Wenn sie sich bewegte, war es nicht Plätschern
im Springbrunnen, auch nicht wie das Schäumen in der Isar, sondern es war wie das Wogen des Weltenmeeres.[7] Das ist die Stunde,
sagte ich, wenn ich es heimlich zeichnete, denn für den Meister
arbeitete ich nur Ringe und Broschen. Das mag gut sein für die
fleischlichen Begierden, aber nicht für ein glückliches Leben und die
Liebe im Herrn. Das hat innen nichts als Falschheit und Schlechtigkeit, deshalb ist es so schön. Es hat keine Seele. Es ist ein Werk der
Versuchung, die mich verderben will. Dabei fühlte ich, daß mir der
Leib . . .«

Hier bricht der Bericht ab.[8]

In seinen späten Entwürfen und Aufsätzen hat Wedekind verschiedentlich direkt auf Freud Bezug genommen, ihn namentlich
und anerkennend erwähnt.[9] Seine Kenntnis von Freuds Schriften
Der Witz und seine Beziehung zum Unbewußten und *Die Traumdeutung*
ist über jeden Zweifel erhaben. Doch konnten die beiden Realpsy-

chologen einander erst zur Kenntnis nehmen, als ihr Werk schon berühmt war: die Dichtung und die Theorie über das menschliche Verhalten, gesteuert durch das Unbewußte. Hier wie dort ist die Katharsis, der Durchbruch zur Erkenntnis festzustellen. Bei Freud soll sie den Heilungsprozeß einleiten, bei Wedekind das künstlerische Erlebnis.

Auf der Linie dieser Analogie von Freuds analytischem Verfahren und Wedekinds Dramaturgie liegt die Beschäftigung beider mit dem Phänomen des Witzes. Selbstverständlich läßt sich die Abhandlung *Der Witz und seine Sippe,* die 1887 in drei Folgen in der *Neuen Zürcher Zeitung* erschienen ist[10], nicht an Freuds berühmter Schrift von 1905 messen: hier die tastenden, etwas unbeholfenen und häufig widersprüchlichen Formulierungen des dreiundzwanzigjährigen angehenden Dichters, der sich in dieser frühen Veröffentlichung über seine dichterischen Ziele klarzuwerden versucht; dort der neunundvierzigjährige Gründer der ersten Schule der Psychoanalyse, deren Lehren und Theorien bereits berühmt sind.

Wedekinds Betrachtungen zum *Witz und seiner Sippe* werden von der *Neuen Zürcher Zeitung* wohl kaum als psychologische Spekulation, als die sie durchaus angelegt sind, abgedruckt worden sein, sondern als »kulturelle Plauderei« für das »gebildete Publikum«, wie sie damals »unter dem Strich« sehr beliebt waren. Wedekinds verschiedene Zirkusaufsätze (vgl. S. 341 ff.), die dort zur gleichen Zeit erscheinen, fallen für die Feuilletonredakteure ebenfalls unter diese Kategorie.[11]

Wie der Titel des Aufsatzes vermuten läßt, bemüht sich Wedekind um eine Genealogie des Witzes, den er einerseits vom Humor, andererseits vom Kalauer unterscheidet. Der Witz, dem von der Gesellschaft jede dichterische Qualität abgesprochen wird, soll in seine poetischen Rechte eingesetzt werden. Humor, so Wedekind, ist mit der Schicksalsgläubigkeit der klassischen Bildungstradition verbunden, der Witz dagegen hat seinen Platz in der pessimistischen Weltanschauung der Gegenwart:

»Das klassische Alterthum hielt das Schicksal für neidisch. Seitdem wir aber zu der Einsicht gekommen, wie wenig beneidenswer-

thes unser Erdenwallen mit sich bringt, schreiben wir sein unzeiti-
ges, zweckmäßiges Einschreiten einem gewissen Hange zur Ironie
zu. Es gibt wenige Menschen mehr, die an diese Ironie des Schicksals nicht mindestens so fest glauben, wie an Gott und den Teufel.«

Der moderne Mensch, so Wedekind, hat also das Prinzip des
Fatums durch dasjenige des Zufalls ersetzt. So überwindet des
Menschen Witz die Tücke des Schicksals dadurch, daß er die Unab-
dingbarkeit eines scheinbar schicksalhaften Ablaufs als Illusion
durchschaut.

Er gibt eine Definition:

»Ein Witz entsteht im allgemeinen dadurch, daß zwei Begriffe,
die durchaus unvereinbar erscheinen, plötzlich aufeinander platzen
und nun doch diese oder jene Beziehung zu einander zeigen. Beruht
diese Beziehung in ihrem Wesen, entsteht ein guter, beruht sie in
einer Zufälligkeit, ein billiger, d. h. ein dummer Witz.«[12]

Hier wird ein Ansatzpunkt zu Wedekinds späterer Dramaturgie
erkennbar. Der Zufall oder vielmehr die Zufälligkeit bloßer Wort-
spiele, für die Volksbühne und unzählige Witzblätter charakteristisch, soll durch kalkulierte Ironie ersetzt werden, die unverbind-
lichen Witzeleien durch den Witz, der verbindlich trifft, da er
geheime Widersprüche zwischen Schein und Sein aufdeckt. Das
leistet nach Wedekinds Anschauungen auch der Humor, doch eignet diesem ein universell belehrendes Pathos, eine Eigenschaft, die
dem Witz abgeht:

»Die Wirkung des Witzes erstreckt sich nie über den einzelnen
Fall hinaus; dem Humor dagegen ist der einzelne Fall nur Mittel
zum Zweck. Er greift ihn heraus, um an ihm Moral zu predigen,
freilich stets die nämliche Moral, die alte salomonische Weisheit:
Alles ist eitel.«

Als Paradebeispiel für einen guten Witz führt Wedekind die
antike Anekdote vom alten Mann an, der ständig den Tod herbeiruft
und ihn entsetzt zurückweist, als er wirklich kommt:

»Die drastisch dargestellte Thatsache ist, daß der Mensch, dank
des ihm eingeborenen Selbsterhaltungstriebes und der ihm inne-
wohnenden Feigheit, auch unter den bedrückendsten Verhältnissen,

aller besseren Einsicht zum Trotz, dem an ihn herantretenden Tode nicht Folge leisten wird.«

Freud wird diese »Feigheit« vor dem Tod in den Lebenstrieb umdeuten.

In der Gegenüberstellung von Humor und Witz macht Wedekind auch die für ihn lebensentscheidende Dichotomie des Vater/Mutter-Prinzips deutlich: Humor ist »eine Stütze im Leben«, Kinder und Frauen verfügen nicht darüber:

»Im allgemeinen ist ihre Veranlagung zu pathetisch; auch besitzen sie, wenigstens in ihrer Blüthezeit, nicht die nötige Abstraktionsfähigkeit.

Der Umstand, daß die Frauen weniger auf der Schulbank sitzen als wir Männer, daß sie nicht so eifrig Mathematik und Grammatik pauken, scheint es mit sich zu bringen, daß auch ihr Denken ein anderes wird. In der That gestaltet es sich mehr sprunghaft, mehr instinktiv tastend, über Zaun und Gräben vom Gefühl dahingetragen, selten selbständig, ziellos, aber nicht ungebunden – während das unsrige sich mählig fortspinnt in ununterbrochener Kette, in der je und je das logische Objekt des einen Gliedes zum Subjekt im folgenden wird. Diese Eigenart des Denkens befähigt nun das Weib, bei ganz außerordentlichen Fällen, während der Mann eifrig bemüht ist, die stets enger werdenden Kreise seiner Definitionen zu ziehen, vermittels *eines* kühnen Griffes sofort mit dem treffenden Ausdruck oder mit einem Bild von frappanter Ähnlichkeit aufzuwarten. Diese Gabe heißt Mutterwitz.«

Der Versuch, dem »männlichen« Logos ein »wildes« weibliches Denken gegenüberzustellen, ist in seinem patriarchalisch-patronisierenden Ansatz unbeholfen und unsystematisch, aber ein Ergebnis »realpsychologischer« Betrachtungen aus dem eigenen Leben. Der »Mutterwitz« ist letztlich dem analytischen väterlichen Denken überlegen: »Der Mutterwitz ist unter den Witzen, was der zündende Blitz unter den Blitzen: Er schlägt ausnahmslos ein.«

Dadurch gelingt ihm im gesellschaftlichen Umgang eine plötzliche Erleuchtung der wahren Verhältnisse:

»Geradezu rührend wird er, wenn er im vollsten Glanz seiner

naturalistischen Selbstherrlichkeit, plötzlich durch den oder jenen grell in die Augen springenden Lapsus den vollständigen Mangel an exaktem Denken oder die Lückenhaftigkeit weiblichen Wissens aufdeckt. Nur ein ganz roher Mann kann eine Frau in solcher Lage bespötteln; für jeden Gebildeten gewinnt sie gerade dadurch doppelt an bezauberndem Reiz.«

Noch sieht Wedekind diesen »Lapsus«, dem später als »Freudian slip« die Eigenschaft des Zufälligen abgesprochen wird, als »rührende« Eigenschaft des »schwachen Geschlechts«. Doch sind schon in diesem Aufsatz Andeutungen zu sehen, daß er die unheimlich enthüllende Macht dieser angeblichen weiblichen Wesensmerkmale psychologisch aufzuwerten versucht:

»Der Euphemismus, das Sich-genieren angesichts der Wahrheit, ist eine speziell männliche Schwäche. Rechnen wir uns jedoch diesen Fehler nicht zu schwer an; denn das Weib, so konservativ es im allgemeinen ist, besitzt nun einmal eine Passion für das ostentativ Radikale, für das imposant Krasse. Es liegt darin die naturgemäße Reaktion gegen seine Prüderie. Während eine Frau für gewöhnlich über Dinge, die der Engländer ›shocking‹ nennt, überaus nicht spricht, sucht sie, wenn sie diese Abneigung überwindet, gerade darin Genugthuung und Rechtfertigung, daß sie, soweit die Sprache nur immer Worte bietet, der Wahrheit die Ehre gibt.«

Dramaturgisch wird an dieser Stelle »das schöne wilde Tier«, dieses erotische Kompositum der männlichen Vorstellung erscheinen, das durch die plötzlichen Blitze seines »Mutterwitzes« die scheinbar so geordnete und überlegene Welt des männlichen Logos durchbrechen und vernichten wird. Wedekind setzt hier den Witz in seine poetischen Rechte ein, indem er ihn in polemischer Absicht dem naturalistischen Pathos gegenüberstellt:

»Es wird vielfach behauptet, daß der Witz im Gegensatz zum Humor nicht poetisch sei. Da fragt es sich nun in erster Linie, was heißt Poesie; und darüber ist man sich heutzutage maßgebenderseits weniger einig als vor hundert Jahren. Zola und die Realisten datiren den Beginn der Poesie von Zolas Auftreten her; andere Autoritäten behaupten, daß sie gerade dort aufhöre, Poesie zu sein. Der Witz aber ist der Realist par excellence, indem er meist in direkten, geradezu feindseligen Gegensatz zum Idealismus tritt.«

Als Beispiel für die neue Poesie des Witzes, das kalte Lachen der Ironie, führt Wedekind Heine als Kronzeugen an:

»[. . .] wenn Heine mit dem Tod in der Brust den sterbenden Fechter spielt, oder, wie er in seinen letzten Gedichten zu thun pflegt, sein krankes Rückenmark bewitzelt [. . .] so hat das zweifelsohne etwas Gemachtes, Erkünsteltes; der Effekt beruht auf Selbsttäuschung. Es fehlt das Positive, der tröstliche Halt, den der lautere Humor zu bieten im Stande ist. Es ist nichts als eine bewußte, krampfhafte Verneinung des wirklichen Sachverhalts. [. . .]

Der strikte Gegensatz zum homerischen Gelächter ist das Hohnlachen der Hölle, der glänzendste Triumph der Frivolität. Die Bewegungen des Zwerchfells sind langsamer und erfolgen stoßweise. Mund und Kehle sind weit geöffnet, die Lippen aufgeworfen, so daß die Zähne ihre volle Pracht entfalten. Die Augen blicken ruhig und kalt.«

Da ist sie wieder, diese Familienmitgift, der Mutterwitz, die *froideur du cœur*! Wie wird Wedekind, der Tierbändiger, in seinem berühmten *Erdgeist*-Prolog, die Naturalisten verhöhnen:

Hier kämpfen Tier und Mensch im engen Gitter,
Wo jener höhnend seine Peitsche schwingt
Und dieses, mit Gebrüll wie Ungewitter,
Dem Menschen mörderisch an die Kehle springt;
Bald Mensch, bald Tier, geduckt am Estrich liegt;
Das Tier bäumt sich, der Mensch auf allen Vieren!
Ein eisig kalter Herrscherblick –
Die Bestie beugt entartet das Genick.
Und läßt sich fromm die Ferse drauf postieren
[. . .]
Und sanft schmiegt das Getier sich mir zu Füßen,
Wenn *(er schießt ins Publikum)* donnernd mein Revolver knallt.
Rings bebt die Kreatur! ich bleibe kalt –
Der Mensch bleibt kalt! Sie ehrfurchtsvoll zu grüßen.

Durch die Poesie des Witzes kommt der wirkliche Sachverhalt, der im Unbewußten wurzelt, zum Vorschein. Wedekind zögert indessen, den von Olga Plümacher so oft gehörten Begriff in *diese* Diskussion zu werfen. Ihm kommt es auf die Praxis, auf die *Bühnen*-Praxis seiner realpsychologischen Beobachtungen an: »Noch strengeren Bedingungen unterliegt der Witz auf der Bühne.« So setzt er sich am Ende seines fulminanten Aufsatzes ausdrücklich von der Formulierung einer möglichen psychologischen Theorie mit den folgenden Überlegungen ab:

»Es ist nicht sowohl eine schwierige Aufgabe, als vielmehr ein Ding der Unmöglichkeit, die individuellen Erscheinungsformen des Lebens in ausschließende Definitionen, in unantastbare Antithesen zu bannen. Es liegt das im Wesen unserer Begriffe. Sie bestanden weder vor den Dingen und Verhältnissen, indem sie in diesen erst ihre Realisation gefunden hätten, noch hat sich ihre Entwicklung in einem der Entwicklungen der sinnlichen Welt parallelen Kausalzusammenhang vollzogen, etwa so wie die Notizen im Hauptbuch den Gang eines Geschäftes begleiten – sondern sie sind entstanden, indem die auffallendsten Momente im Leben, und das meist sehr willkürlich, mit Namen belegt wurden. Die Gültigkeit dieser Namen hat sich dann rasch auf die durch innere oder äußere Ähnlichkeit naheliegenden Momente ausgedehnt; und so kommt es, daß die äußersten Grenzen überall ineinander greifen oder sich gegenseitig verwischen, gleich wie die Wellenringe, wenn man eine Hand voll Steine ins Wasser wirft.«

Das Unbewußte auf der Suche nach seinem eigenen Begriff: Die Metapher von den konzentrischen Kreisen des Bewußtseins wird dreiundzwanzig Jahre später, als sowohl Wedekinds als auch Freuds Namen in aller Munde sind, wieder aufgegriffen. Den Zeitgenossen Wedekinds *und* Freuds ist inzwischen die geistige Verbindung zwischen den beiden so selbstverständlich geworden, daß der Kritiker Harry Kahn in seinen Betrachtungen über Wedekinds *Der Liebestrank* »den Fall Wedekind« zwangsläufig als eine Illustration der Freudschen Theorien einsetzt und dabei, ohne es zu ahnen, Wedekinds eigene Metapher anwendet:

»Der Fall Wedekind ist ein gefundenes Fressen für Professor Freud. Die ganze Theorie des Wiener Psychiaters erscheint hier auf ein kristallklares Paradigma gebracht: ein künstlerisch begabter Mensch ist in der Jugend – *Frühlings Erwachen* beweist es zur Evidenz – von einem sexuellen Erlebnis aufs tiefste erschüttert worden; und nun wird sein ganzes Werk weiter nichts als eine konzentrische Erweiterung dieses Erlebnisses; Wasserring an Wasserring rundet sich um diesen Steinwurf. Geschlechtsangst ist und bleibt die *faculté maîtresse* dieses Dichtermenschen. In allen seinen Stücken steht Wedekind selbst und ihm gegenüber das Weib. Wohlbedacht: das Weib; nicht ein Weib.«[13]

Wedekind und Freud: Der begonnene Bogen läßt sich nicht überzeugend schließen. Der Arzt Freud hat später seinen Kollegen und Landsmann Arthur Schnitzler darum beneidet, daß diesem in seinen dichterischen Dialogen Einsichten spielerisch gelangen, auf die er selber Jahre mühseligster analytischer Arbeit verwendete. Dasselbe hätte er von Wedekinds Dramen sagen können. Doch hat er es in diesem Falle nicht getan.

Die neue Richtung

Oben: Karl Henckell.
Zeichnung von Fidus.

Links: Brief
Franklin Wedekinds
an Julius Maggi.

Vorige Seite: Franklin
Wedekind in Zürich, 1888.

284

Rechts: Einer der beiden gereimten Werbetexte, die Wedekind für die Firma Maggi dichtete. Unten: Limmatquai in Zürich, 1883. Rechts der »Schwertkeller«.

Der Vater Friedrich Wilhelm Wedekind mit Emilie, Tilly Kammerer und Erika, um 1887.

Selbstporträt Franklin Wedekinds zum Gedicht »Vor dem Spiegel«. (Vgl. S. 325)

Zirkus »Knie« in Lenzburg, um die Jahrhundertwende.

288

Karl Henckell

Eine Nebenfigur in der *Büchse der Pandora*, ein verklemmter Gymnasiast, der bei Lulu seine ersten erotischen Erfahrungen sammeln möchte, trägt den Namen von Hitlers erstem Wirtschaftsminister, Alfred Hugenberg. Kein Wedekind-Forscher ist bisher dem Verdacht nachgegangen, daß die Namensgebung kein Zufall und – Ironie der Weltgeschichte! – tatsächlich die historische Person gemeint sein könnte. Das Unwahrscheinliche ist Tatsache: Der Hannoveraner Alfred Hugenberg (gleichaltrig wie Wedekind und Henckell) gehörte nicht nur zum Bekanntenkreis Wedekinds in München, sondern schon Jahre früher zu dem »modernen« Dichterzirkel des »Jüngsten Deutschland« um Karl Henckell[1]. Hugenbergs Name erscheint unter den *Modernen Dichtercharakteren,* in dem von Wilhelm Arent und Karl Henckell herausgegebenen Manifest der Moderne.

Das dichterische Werk von Franklin Wedekinds Jugendfreund und wichtigstem frühen Mentor, Karl Henckell (1864–1929), ist heute nicht viel mehr als ein Kuriosum der Literaturgeschichte. Sein Einfluß auf die Literatur seiner Zeit ist der eines Ahnenden, eines Verkünders. Als eine typische Gründerfigur hat er immer wieder die Initiative zu neuen Vorstößen im Literaturbetrieb ergriffen, Gruppen gebildet, in Zürich einen Verlag eröffnet, in Wien eine Zeitschrift gegründet. Auch in intellektuellen Kreisen, denen es um die Beseitigung sozialer Mißstände geht, ist er führend vertreten. Der Bismarck-Gegner gibt sich als Republikaner. Mit sozialkritischen Gedichten geißelt er, Jahre vor Gerhart Hauptmann, die katastrophalen Lebensverhältnisse der Unterschicht und gewinnt dadurch unter den lesenden Arbeitern eine treue Gefolgschaft.[2] In Zürich wird er um 1890 Gründungsmitglied des später berühmten Temperenzlervereins. Begeistert wirbt er für das Frauenstudium, das kurz vorher an der Universität und an der Eidgenössischen Technischen Hochschule eingeführt worden ist:

Studentinnen

Das mag die Ochsen kränken
Im Stall Germania,
Die sich das Weib nur denken
Als Milchkuh und Mama:
Die Mädchen auf den Bänken
Der Wissenschaft – Hurrah!
Hier laßt den Hut mich schwenken,
Die neue Zeit ist da.

In einem Stadtratsprotokoll in Lenzburg findet sich der Vermerk, daß von der schweizerischen Bundesanwaltschaft über Karl Henckell »wegen Veröffentlichung einer Gedichtsammlung revolutionären Inhalts Auskunft verlangt« werde. »Bis dahin über diesen hier nichts Ungünstiges bekannt.«[3] Zu seinem Ruf, ein Vorkämpfer der Unterdrückten und Benachteiligten zu sein, ist Karl Henckell gekommen wie die Jungfrau zum Kinde. Es ist ein Gerücht, das ihm trotz seiner offenkundig erzbürgerlichen Herkunft und seiner biederen naturschwärmerischen Poesie über Jahre anhängt. Durch Bismarcks Sozialistengesetze sieht er sich wie der zwei Jahre ältere Gerhart Hauptmann und andere »Rinnsteinkünstler« unversehens mit der Sozialdemokratie identifiziert, ohne etwas mit ihr zu tun zu haben. In »Schülers Klage« bekennt er mit einem Anflug von Selbstkritik:

Ich bin ein Bürgersöhnchen, gespickt
Mit alten lateinischen Brocken,
Ich ward auf die hohe Schule geschickt,
Noch hinter den Ohren nicht trocken.
Ich griff aus Verzweiflung zur Philologie,
Praeceptor Germaniae zu werden,
Praeceptor Germaniae werde ich nie
Und nie Philologe auf Erden.

Ich bin ein Bürgersöhnchen und muß
Mich in mein Schicksal ergeben;
An Halbheit leide ich Überfluß,
Das ist das Elend eben.
Wär ich kein Bürgersöhnchen und macht
Ich am Setzkasten die Lieder,
Die ganze verfaulte Gesellschaft kracht
Ich mit meinen Liedern nieder.

Martin Andersen-Nexø, ein echter proletarischer Dichter, nennt Henckell wohl einen bürgerlichen Revolutionär, fügt aber hinzu: »Bürgerliche Revolutionäre hat es unter den Intellektuellen immer genug gegeben, es gehörte von jeher zum guten Ton der Söhne Minervas, ein klein bißchen das Enfant terrible der Bourgeoisie zu spielen.«[4]

Der Bedeutung Karl Henckells für den entscheidenden Übergang des jungen Franklin Wedekind von der statischen Welt des Elternhauses in das dynamische Leben der Großstädte läßt sich nicht hoch genug veranschlagen. Er ist es, der Wedekind jene entscheidenden Kontakte verschafft, die ihm den Anschluß an die Zentren der neuen Literatur in Zürich, Berlin, Paris und München sichern.

Als Henckell im Sommer 1886 unvermutet in Lenzburg auftaucht und seine Bekanntschaft mit der Familie Wedekind erneuert, bringt er eine ganze Menge »Welt« mit: literarische Erfahrungen, wie sie in Lenzburg nur schwer zu ergattern sind. Schon 1882 hat er sich mit untrüglichem Gespür für die richtigen Verbindungen und mit »tausend Versen in der Tasche« brieflich der Maklerfirma des literarischen Naturalismus in Deutschland, den Brüdern Heinrich und Julius Hart genähert, deren Zeitschrift *Kritische Waffengänge* seinen eigenen martialischen Vorstellungen von einer poetischen Revolte entsprach. (Die Gebrüder Hart werden auch Franklin Wedekind den Zugang zu den literarischen Kontaktpersonen in Deutschland vermitteln.) Als Mensch liebenswürdig, gutmütig, harmlos und spießig, fühlt er sich als Dichter zum Revolutionär berufen, zum Umwälzer und Propheten, zum Titanen der Gesellschaftsveränderung, zum Erfüller von Heines Verheißung vom diesseitigen Paradies. Ein poetischer Reisender in Sachen Umsturz, gelingt ihm zwar nicht die große Veränderung, die er prophezeit, wohl aber zeitweise eine Sammlung derjenigen, die ähnliches ahnen und zu schaffen hoffen. Henckells verdienstvolle Rolle in der Zeitenwende der deutschen Literatur um 1890 ist die des Vermittlers. Ohne ein hervorragendes eigenes Talent, verfügt er über eine um so größere Begeisterungsfähigkeit und einen beachtlichen Spürsinn. Mit seiner Begabung, das Neue zu wittern, rafft, verweist, verkündet er, was er nicht selber zu schaffen imstande ist, was ihm aber »die neue Richtung« zu bestätigen und zu begründen scheint. Henckell ist ein hektischer, rastloser Sammler und Leser mit breitesten Kenntnissen: In seinen vierbändigen *Gesammelten Werken*[5] stellt er sich als Kenner und Übersetzer der Gedichte von Shakespeare, Rossetti, Poe, Whitman, Swinburne, de Musset, Gautier, de Banville, Baudelaire, Maupassant, Verlaine, Maeterlinck, Rodenbach, Giraud, Bruant, Verhaeren, Rostand, Praga, Rapisardi, Negri, d'Annunzio, Pascoli, Aganoor, Cena, Drachmann, Palagyi, Asnyk, Konopnicka, Puschkin und Minskij vor und richtet, wie Enzensberger hundert Jahre später, mit seinen Nachdichtungen *Aus der Weltlyrik* ein eigentliches *Museum der modernen Poesie* ein, auf dessen Prunkstücke er zweifellos seine Freunde und Mitdichter, zu denen ab 1886 auch Franklin Wedekind gehört, eifrig hingewiesen hat.[6]

Mit Wedekind verbinden ihn weniger die dichterischen Ambitionen als zunächst eine Reihe biographischer Zufälle und persönlicher Begegnungen. Flüchtige Bekannte sind die beiden schon seit der Kinderzeit in Hannover, als Friedrich Wilhelm Wedekind mit seiner Familie beim Kaufmann Henckell, Karl Henckells Vater, in Untermiete gewohnt hatte. Karls Bruder, Gustav Henckell, ist ein typischer deutscher Unternehmer der Gründerjahre. Im preußischen Hannover mag er nicht länger bleiben. Wie Friedrich Wilhelm Wedekind wandert er in die Schweiz aus und gründet 1885 in Lenzburg mit einem schweizerischen Kompagnon namens Roth eine Konservenfabrik. Die ersten beiden Anfangsbuchstaben der

Namen der Geschäftsfreunde werden zum Firmennamen zusammengelegt: HERO.

Schon kurz nach der Firmengründung folgt Karl Henckell seinem Bruder nach Lenzburg. Die Übersiedlung aus Hannover ist keineswegs aus Geschäftssinn und brüderlichem Kooperationsbedürfnis erfolgt, sondern aus politischen Gründen. Es ist bezeichnend für die Humorlosigkeit der wilhelminischen Zensur, daß sie in den bourgeoisen Trotzgebärden des vierundzwanzigjährigen Aufmüpfers eine verbannungswürdige Bedrohung sieht. Henckells unbestimmtes Rebellentum wird überraschend von höchster Stelle bestätigt. Nun nutzt er das imperiale Mißverständnis, um sich an die Spitze eines imaginären Aufruhrs zu stellen, der vor allem in den Köpfen gleichgesinnter bürgerlicher Poeten stattfindet und sich weniger gegen die sozialen und politischen Verhältnisse der deutschen Heimat richtet als das eigene Unbehagen am offiziellen Kulturbetrieb des wilhelminischen Zeitalters zum Ausdruck bringt. In seiner »revolutionären« Rhetorik macht sich der Überdruß einer jungen Dichtergeneration breit, der die »machtgeschützte Innerlichkeit«, wie Thomas Mann sie später nennen wird, muffig, verstaubt und vergreist vorkommt. Es findet ein klassischer Generationenwechsel statt mit wütenden Angriffen auf die Selbstgefälligkeit und Erneuerungsfeindlichkeit der arrivierten Inhaber der poetischen Lizenz wie Gustav Freytag, Paul Heyse, Anton Wildgans und andere.[7]

Als Karl Henckell bei seinem Bruder Gustav einzieht, hat er bereits seine ersten poetischen Lorbeeren geerntet: weniger durch seine eigenen Gedichte, als durch die Mitherausgabe einer Dichteranthologie, die unter dem Titel *Moderne Lyrik (Jung-Deutschland)* im Jahre 1884 ungeheures Aufsehen erregt.[8] Als Jahrbuch konzipiert und auch als *Moderne Dichtercharaktere* (nach einem Schlagwort in Henckells Einleitung) bekannt, wird die Anthologie völlig überraschend und – zumindest aus heutiger Sicht – unverdient zum Fanal der deutschen Lyrik der Moderne. Die kuriose Verbindung zwischen poetischer Innigkeit und alldeutschem Nationalismus, die sich in Henckells Proklamation als »modern« geriert, wirkt auf den heutigen Leser eher muffig-bedrückend als revolutionär. Für die Zeitgenossen Henckells dagegen muß dieses Manifest mit seinen nicht unmißverständlichen Anspielungen auf die »Originalgenie«-Pose des Sturm und Drang und auf das Junge Deutschland als Aufbruchsignal gewirkt haben. Dazu kommt das Bewußtsein, den literarischen Revolutionen, die derzeit in Rußland, in Skandinavien und in Frankreich stattfinden, hinterherzuhinken. Insbesondere »die neue Richtung« Ibsens und Zolas, aus der sich der Naturalismus entwickelt, wird in den Literatenkreisen leidenschaftlich diskutiert.

Den bedeutungsvollen Einzug Karl Henckells in Lenzburg verfolgt Franklin Wedekind aus der Distanz: Er studiert im Frühjahr 1886 in München. In einem Geburtstagsbrief an die Mutter vom 6. Mai 1886 zeigt er sich davon angetan, daß sich ». . . in diesem Winter wieder ein recht lebhaftes geistiges Leben in Lenzburg entfaltet hat. Wie könnte das auch anders sein in einer Stadt, wo zu den einheimischen, nicht zu unterschätzenden Talenten sich noch Dichter und Sänger der verschiedensten Nationen[9], ja der verschiedensten Richtungen und neueren Schulen gesellen. Ich kann mir des lebhaftesten vorstellen, welch ein Gesicht Tante Jahn zum Beispiel, diese begeisterte Vorkämpferin des Idealismus, zu den ultrarealistischen Naturlauten eines Herrn Henckell machen wird. Die leidige Natur ist ja, Gott sei's geklagt, bekanntlich nicht überall schön, nicht einmal genußbringend, und wenn man ihr nun zuerst jeden Funken von Geist austreibt und dem armen Geschöpf dann noch dazu jeden mitleidigen Kleiderfetzen vom Leib reißt, so muß ja notwendigerweise gar vieles zum Vorschein kommen, an dem sich das erholungsdurstige Menschenherz auch mit dem besten Willen nicht sonderlich erbauen kann. Paul Heyse schließt ein kurzes Knittelgedicht, womit er diese himmelstürmenden Schulknaben beehrt mit dem zarten Vers: ›Die Muse wandelt in stolzer Ruh vorbei und hält sich die Nase zu.‹ – Ich habe übrigens die Ehre, eine der Koryphäen dieser sterilen Lasterdichterschule persönlich zu kennen, nämlich den Herrn Dr. Conrad, einen ganz ergrimmten Zolaisten.«[10]

Da Franklin Wedekind sich in München und nicht auf der Lenzburg aufhält, als Henckell dort seine erste Aufwartung macht und sich mit einem Exemplar der *Modernen Dichtercharaktere* einführt, ist es – Ironie des Zufalls! – ausgerechnet der Vater Friedrich Wilhelm Wedekind, der seinem Sohn Franklin in einem Brief am 31. Mai 1886 vom Eintreffen des jungen Sozialrevolutionärs berichtet und seinen höchst zwiespältigen Eindruck schildert:

»[. . .] Als ich in meinem letzten Briefe von der Anthologie der neuen Dichterschule sprach, kannte ich diese noch nicht; gleich darauf hat Mama mir diese zum Lesen gegeben, und nachdem ich darin geblättert, fand ich nicht nur unreifes Zeug und confusen Schaf. . .[?], sondern auch Gedichte ›à la Macart‹ betitelt und andere, seine Lustnacht im Bordell beschreibend, von Conradi, die im höchsten Grade unfläthig sind. Ich habe darum Mama veranlaßt, sofort Hr. Henckell das Buch zurückzugeben, denn dasselbe paßt nicht auf einen anständigen Tisch. Wenn dieser Herr Conradi solche Erlebnisse, über die man doch kaum spricht, poetisch beschreibt, dann wird, um den Realismus noch weiter zu treiben, das nächste sein, daß er auch den Vorgang des Stuhlganges mit allen seinen Details in wohlgesetzte Verse zum besten gibt, wie wir es ja einmal gelesen haben in Prosa in einer Correspondenz über die Wonne des auf dem Abtrittsitzens, zwischen der Herzogin von Orléans, geb. Pfalzgräfin bei Rhein und ihrer Schwester, der genialen Kurfürstin Sophie von Hannover, der Freundin des Leibnitz. Sollten die Herren Conradi und Consorten solche Themata bearbeiten, dann könnten sie ihre Gedichte auch à la Hans Macart überschreiben ›Nach berühmten Mustern‹. In meinen Augen sind die oben erwähnten Produkte von Conradi und noch einige andere in der Anthologie enthaltenen die reinste oder vielmehr unreinste Dreckpoesie und ist es schade, daß Hr. Henckell sich in einer so unsauberen Gesellschaft befindet. Was er dazu geliefert hat, sind 4 oder 5 kleine harmlose Gedichte und ein größeres, ›Das Nachtleben von Berlin‹, in welcher Reichshauptstadt, wie es in seiner kurzen Biographie in der Anthologie heißt, er weniger mit der Betrachtung als Wissenschaftler als mit der Beobachtung des großstädtischen Lebens sich bei Tag als wie bei Nacht beschäftigt hat. Schön, und geradezu rührend ist ein kleines Gedicht von ihm an seine Mutter, als sie ihn, der geistig erkrankt und fast übergeschnappt war, in Heidelberg längere Zeit gepflegt hatte. So etwas paßt am allerwenigsten in die Sudelpoesie, die die Anthologie mehrfach enthält, und das sieht Hr. Henckell auch uns gegenüber ein, die wir ihm, so oft er kommt, und er kommt jede Woche, ganz rein einschenken, sowohl von unserem Eigengewächs als auch unseren Ansichten über die ›neue Poesie‹. In Bezug auf diese hatte Mama ihm sogar Dein derbes Urtheil aus Deinem letzten Briefe an sie vorgelesen und hat Hr. Henckell dasselbe ganz gutmüthig aufgenommen. Du siehst also, an einer gewissen Einwirkung, wie Du sie in Deinem letzten Briefe meinerseits vermißtest, hat es bisher noch nicht gemangelt und wird dieselbe auch hoffentlich Früchte tragen. Sobald Du hierher kommst, kannst Du Dich dieser Aufgabe unterziehen und wirst dabei vielleicht noch von dem Papa Henckell, der auch im Sommer zu kommen versprochen hat, nach Kräften unterstützt werden. An den Schwierigkeiten [?] des Bayernkönigs nimm Dir ein abschrekkendes Beispiel und suche stets mit Deinem Wechsel auszukommen . . . «[11]

Die höchstväterliche Schelte hat das Gegenteil dessen erreicht, was sie beabsichtigte, indem sie Franklin Wedekind buchstäblich mit der Nase auf die Spur der »neuen Richtung« der Naturalisten um Henckell gestoßen und ihn auf eine Begegnung mit dem jungen »Sudelpoeten« neugierig gemacht hat. Henckell hat indessen weder die Absicht noch eine Chance, Wedekind zum Naturalismus zu bekehren. Dessen Überzeugung, daß diese Kunstrichtung steril sei, kommt bereits im zitierten Brief vom 6. Mai 1886 zum Ausdruck und wird später durch die Begegnung mit Gerhart Hauptmann und dessen Indiskretionen nur noch vertieft. Sein erstes Urteil über »die neue Richtung« ist bereits völlig negativ. Die väterlichen Entrüstungsworte enthalten *in nuce* alles, was Franklin Wedekind am Naturalismus fasziniert und was ihn gleichzeitig endgültig von ihm trennt. Auch er will »den Realismus noch weiter treiben«, aber nicht dahin, daß er wie Conradi den Gestank der Kloake zum Parfum der neuen Gesellschaft erklärt. Ihn lockt vielmehr die poetische Umsetzung »solcher Erlebnisse, über die man doch kaum spricht«, aber nicht in »schonungslosen Enthüllungen« und Beschreibungen seiner eigenen »Lustnächte im Bordell«. Wedekinds Dichtung ist geprägt von der *pudeur des mots*. Seine Kunst, und hier ist die schroffe Absage an den Naturalismus zu finden, erschöpft sich nicht in der Beschreibung des Unziemlichen, sondern konzentriert sich auf die poetischen Erfahrungen des Unbeschreiblichen. Was ist die öffentliche Kloake gegen das trübe Meer der Seele!

Henckells Pegasus hat vorerst auf der Lenzburg einen ganz und gar traditionellen Stall gefunden. Der überschäumende Revolutionär der Feder verliebt sich Hals über Kopf und ganz konventionell in Franklin Wedekinds ältere Schwester, die angehende Kammersängerin Erika Wedekind, die der Werbung des Bürgerpoeten zunächst durchaus wohlwollend begegnet. Bald geht Henckell auf Schloß Lenzburg ein und aus. Sophie Marti beschreibt die erste Begegnung zwischen Franklin Wedekinds Mutter und Karl Henckell:

»Die strenge weiße Latzschürze vorgebunden, den Schlüsselbund am Gürtel stand sie groß und stolz auf dem Söller ihres Schlosses, den erwarteten Gästen entgegenschauend. Ein junger deutscher Sozialistenpoet war darunter, der in begeisterten Gedichten für die Arbeitersache und besonders für die Besserstellung armer Fabrikmädchen eingetreten und wegen Majestätsbeleidigung [. . .] aus Deutschland ausgewiesen worden war. Zugleich mit der Gesellschaft erklomm eine neu gedungene Magd den Schloßberg, mühsam ihren schweren Koffer vor sich herstoßend. ›Nun, Herr Weltbeglücker, fassen Sie schnell den Karren an und helfen Sie der Jungfer vorwärts‹, rief mit scharfem Ton die Gastgeberin herunter, ›nachher dürfen Sie ein schönes Gedicht darauf machen.‹ Und errötend, wenn auch etwas linkisch, übernahm der Angerufene unter unserer lachenden Zustimmung den ungewohnten Auftrag.«[12]

Karl Henckell macht tatsächlich bald darauf »ein schönes Gedicht«, durch das er in Lenzburg bekannt wird. In den Armen Erika Wedekinds wird der »Sozialistenpoet« seinem eigentlichen Wesen gemäß zum neuromantischen Schwärmer, der seine revolutionäre Berufung ganz rasch an den Nagel hängt, um sich den Gefühlen für die »Schloßnachtigall« widmen zu können. Sein Gedicht lautet:

Der Kaiser ist heiser, der Reichshund bellt,
Bald geht aus den Fugen die ganze Welt.

Wir sitzen auf freier Brüstung und schau'n
Auf lächelnde Täler, auf sonnige Au'n.

Ein Blick in die Ferne, ein Blick nach dir,
Der Himmel dort oben, der Himmel hier.

Was schiert uns der Franze, was schiert uns der Czar,
Was schiert uns auch Bismarcks armseliges Haar?[13]

Fortan verzichtet er auf revolutionäre Glaubwürdigkeit:

Vom Himmel grüßt mich Stern an Stern
Aus dunkelblauer Flut —
Ach Gott, wie ist so unmodern
Poetisch mir zu Muth!

Es bebt das Herz mir übervoll
Von Liebeslust und Pein,
Du frommer Schwärmer — und das soll
Naturalistisch sein?

Geh in dich: untersuche kühl
Die Stimmung und exakt
Analysiere das Gefühl,
Bis Nüchternheit dich packt!

Erkennst du erst den ganzen Dreck,
Pfeifst du auf Lieb' und Lenz
Und nennst Verdauung Ziel und Zweck
Der ganzen Existenz.

Juhu! ich pfeife immerdar
Auf euer nüchtern Loos
Und bin und bleib' ein ganz und gar
Romant'scher Erdenkloß.[14]

Die Beziehung zu Erika Wedekind endet ebenso rasch wie sie begonnen hat. Karl Henckell, durch seinen amourösen Mißerfolg aus dem Kreis der Schloßbewohner verbannt, zieht nach Zürich und nimmt dort das in Deutschland abgebrochene Universitätsstudium wieder auf. Einige Monate später gründet er mit anderen Studenten, unter ihnen ausgewiesene Deutsche, den »Ulrich-Hutten-Bund«. Am 1. Juni 1887 hängt am Schwarzen Brett der Universität Zürich ein Anschlag, in dem die Gründung bekanntgegeben wird:

»[. . .] Wir lassen die Fahne Huttens voranflattern, weil dieser Name einen goldklaren, volksthümlichen Klang gewonnen hat. Ulrich Hutten – das dröhnt und bricht wie Blitz und Donner frischfluthender Wahrheit mitten in den stickigen Dunst fauler, pestglutender [!] Verlogenheit hinein. Ulrich Hutten hat die Wahrheit geliebt in seinem und seiner Zeiten Sinn, wir möchten sie lieben und üben in unserem Sinne und demjenigen unserer Zeit. Vor vier Jahrhunderten rannten die Lichtbringer des Humanismus, im ersten Vordertreffen Hutten, die Dunkelmänner der Scholastik über den Haufen, und auch heute, nur weiter und gewaltiger, rast der Kampf zwischen *freiem, modernen Menschenthum* und knechtisch lichtscheuer Schulfuchserei. Eine ungeheure Wissensumwälzung rollt ihre Wogen aus der stillen Studierstube in das lärmende Leben, Fluten von Segen ausschleudernd – aber auch heute thürmt die schwarze Rotte Korah allüberall Deiche der Dummheit und Sandlager der Lüge empor. Nun wirke, wer kann und will, im Geiste der Erkenntnis und im Eifer der Gerechtigkeit!

Wir aber wollen den Versuch machen, wenigstens eine Art Sammelpunkt zu schaffen für alle im öffentlichen Leben thätigen oder auf eine solche Thätigkeit sich vorbereitenden Elemente, die einer im weitesten, dogmenlosesten Sinne freien Fortentwickelung unserer Lebensbedingungen kühn und unerschrocken zusteuern, und die es nicht ihrer steifen socialen Position oder ihrer reizbaren Mimosen-individualität zu Liebe vornehm ablehnen, sich von Andern und Andere von sich aus in einem Wahrheitsmuthe zu befestigen und befestigen zu lassen, der uns sammt und sonders bitterlich noth-thut. Denn unserer Aller Halbheit stinket umher wie purer Schwe-felwasserstoff [. . .]«

Franklin Wedekind hat diesen Aufruf säuberlich abgeheftet und aufbewahrt. Sicherlich erkennt er in der Proklamation nicht eine politische, sondern vielmehr eine poetische Grundsatzerklärung, und zu Recht. Denn wie bei den *Modernen Dichtercharakteren* geht es dem emsigen Henckell auch hier in erster Linie um die Verbreitung des eigenen Dichterrufs, eine Anweisung an die Presse macht das deutlich. Seine Behausung an der Schönbühlstraße in Zürich-Hottin-gen wird bald zum Treffpunkt der deutschen Literatenkolonie. Von der Existenz und der Ausstrahlung des »Ulrich-Hutten-Bundes« ist wenig bekannt. Es darf angenommen werden, daß er ebenso wie die *Modernen Dichtercharaktere* keine großen Wellen geworfen hat.[15]

Die allgemeine Aufbruchstimmung fällt nicht zufällig mit dem triumphalen Aufstieg des modernen Verlagswesens zusammen. Der Dichter und sein Verleger werden, erstmals in der Geschichte der Literatur, zu einer ökonomischen Schicksalsgemeinschaft. Karl Henckell verschafft Franklin Wedekind seinen ersten literarischen Verleger, den Inhaber des »Verlagsmagazin J. Schabelitz« in Zü-rich, einen verlegerischen Abenteurer, der es wagt, Henckells Ge-dichte (*Strophen, 1887; Amselrufe. Neue Strophen,* 1888; *Diorama,* 1890) und andere Werke noch völlig unbekannter junger Literaten (unter anderen Arno Holz) zu veröffentlichen. Bei Schabelitz er-scheint 1889 Franklin Wedekinds *Der Schnellmaler. Große tragikomi-sche Originalcharakterposse in drei Aufzügen,* sein erstes gedrucktes Drama. Auch sein zweites, *Frühlings Erwachen,* ist, wie häufig vergessen wird, ebenfalls in Zürich erschienen, und zwar gleich in zwei Auflagen (1891 bei Jean Groß und im gleichen Jahr bei dessen Rechtsnachfolger Caesar Schmidt). An Aufmunterungen aller Art fehlt es Franklin Wedekind in Zürich nicht, wohl aber am Massen-publikum, an dem er sich reiben und das ihn ernähren kann.

Das völlig neue merkantile Phänomen des literarischen Bestsellers verändert nicht nur das Konzept des literarischen Erfolgs, sondern auch die ästhetischen Kategorien der Literaturkritik für immer. Neu ist auch das mit dieser Veränderung verbundene Wesen der Reklame. Der moderne Dichter wirbt unaufhörlich für sein Produkt, ja er macht die Werbung durch die Komposition einer unverkennbaren »Hausmarke« zum eigentlichen Inhalt seiner Dichtung.[16]

Henckell ist ein Meister der Eigenwerbung. Das mag seinen zeitweiligen Erfolg erklären, aber auch seinen Einfluß auf Franklin Wedekind, den Novizen des Literaturbetriebs. Später wird dieser in einem Aphorismus ebenso treffsicher wie kaltschnäuzig die wirtschaftlichen Zusammenhänge darlegen: »Das Allermodernste ist immer die billigste Reklame.«[17]

»Vater und Sohn«:
Werbetexter bei Maggi

Was dem Einen fehlt, das findet
In dem Andern sich bereit;
Wo sich Mann und Weib verbindet
Keimen Glück und Seligkeit.

Alles Wohl beruht auf Paarung;
Wie dem Leben Poesie
Fehle Maggi's Suppen-Nahrung
Maggi's Speise-Würze nie!

Wedekind

Am 21. Februar 1886 wird Friedrich Wilhelm Wedekind
siebzig Jahre alt. Artur Kutscher berichtet:
»Als im Februar 86 der siebenzigste Geburtstag des
Vaters naht, schlägt Franklin seinem Bruder Armin vor,
der ›auch leider erst in letzter Zeit den Vater verstehen und daher
richtig schätzen gelernt hat‹, ihn durch das Geschenk eines Kunst-
werks zu überraschen. Man einigt sich auf eine Hermesbüste zu
zweiunddreißig Franken. Armin reist nach Lenzburg, stellt sie vor
dunklem Hintergrunde feierlich auf, läßt den Sockel künstlerisch
drapieren, mit Palmen umgeben und führt den Vater in den Saal.
Ursprüngling sollte ein Gedicht Franklins, das des Vaters Lebenslauf in freier Weise poetisch darstellte, bei der Übergabe verlesen
werden, aber es kam erst gegen Tagesende an. Armin, der Älteste,
schreibt darüber seinem Bruder Franklin: ›Nachdem schon die
Abräumung der Büste befohlen, aber noch ein Punsch bestellt war,
riefen wir Papa nach dem Tee zu der nach deiner Anordnung
geschmückten Büste. Was nun folgte, war zu schön, zu ergreifend,
als daß ich es dir in vielen Worten beschreiben könnte. Papa saß an
seinem gewöhnlichen Platz, ich ihm gegenüber, und die Übrigen
um den Tisch gruppiert. Trotzdem ich das Gedicht erst einmal

durchgelesen hatte, brauchte ich Mühe, die ersten schönsten Teile desselben ohne Anstoß zu lesen. Saß mir doch Papa tief ergriffen gegenüber, und hörte ich Mama neben mir in einer Rührung, die mir beinahe den Atem nahm. Als die Ode kam, nahm ich den Kranz herunter, und Mati überreichte ihn Papa mit all ihrer natürlichen Anmut. Kurz der ganze Abend wurde eine Feier, wie sie sowohl Papa als wir nicht schöner, erhabener, herzlicher uns hätten wünschen können.‹ Die Mutter schreibt: ›Du hast uns das erste gelungene Familienfest bereitet. Ich für meinen Teil sage Dir, es war der schönste Tag meines Lebens.‹«[1]

Diese Apotheose des Vaters im Familienkreis wirkt auf den heutigen Leser unerhört pathetisch und melodramatisch. Das rituelle Ableisten einer nachgetragenen Liebe muß allen Beteiligten schmerzlich bewußt gewesen sein, trotz angeblicher »Herzlichkeit« und atemraubender Rührung; am meisten wohl dem Gefeierten selbst, der sich nicht täuschen läßt und auf seine Weise die bedrohlich geschwundene Distanz zwischen sich und seinen Söhnen wiederherstellt: Er kauft sich los. Kutscher berichtet, daß Franklin für sein aus weit über tausend Versen bestehendes Versepos sein erstes wohlverdientes Honorar bekommen hat, und als die beiden Brüder sich die Auslagen für die Büste teilen wollen, drängt ihnen der Vater das Geld auf, das sie zögernd annehmen. Franklins Ode an den Vater ist in Aarau erhalten. Obwohl ein Schlüsselwerk zum Verständnis des Verhältnisses zwischen Vater und Sohn, ist sie in Kutschers Biographie nicht weiter beachtet worden.

Die Huldigung, vom abwesenden Regisseur Franklin inszeniert, wird mit Versen eingeleitet, die den Jubilar in der Pose eines von allen geliebten und gefeierten Herrschers auf seinem Schlosse zeigen, umringt von seinen Lieben, während unten im Städtchen Lenzburg die Glocken in den Jubel einstimmen (vgl. S. 27).

Der Zweiundzwanzigjährige, der diese Zeilen schreibt, ist unter seinen Freunden und früheren Schulkameraden längst berühmt für seine respektlosen Poeme gegen moralischen Starrsinn und bürgerliches Muckertum, verfaßt im frech-ironischen Heine-Ton. Deshalb muß der klassizistische, am frommen Idealismus von

Schillers *Lied von der Glocke* orientierte Tenor seiner Ode an den Vater, der die frivolen Lieder seines Sohnes nur zu gut kennt, nachdenklich stimmen. Ob das Pathos ernstgemeint ist, das Gedicht eine symbolische Unterwerfung unter die moralischen und ästhetischen Grundsätze des Vaters bedeutet, muß dahingestellt bleiben. Wie leicht sich eine solch byzantinische Huldigung durch vernehmbare Ironie in Polemik umwandeln läßt, zeigen die späteren »Majestätsbeleidigungs-Gedichte« gegen den Landesvater Wilhelm II. im *Simplicissimus.* Diese Ironie scheint hier gänzlich zu fehlen.

Es lohnt sich, Franklin Wedekinds schwülstige Verse genau zu lesen. Sie enthalten, in kodifizierter Form, nicht nur die Summe seiner ambivalenten Gefühle gegenüber dem mächtigen und launischen *pater familias,* sondern auch dessen allegorisiertes Lebensbild aus der Sicht des Dichtersohns: als Wille und Vorstellung, als der Familie aufgedrängtes Sinnbild einer nicht einholbaren Vollendung, vor der man entweder in die Knie gehen oder fliehen muß, um selber leben zu können. Franklins Huldigungsschrift mit der verschnörkelten Überschrift INNIG GELIEBTER VATER! ist zugleich die Unabhängigkeitserklärung des Sohnes von allem, was er in seiner Devotion als väterliche Lebenssubstanz erklärt. Von seinem Vater entfernt er sich, gleichsam rückwärts schreitend und mit fortwährenden Bücklingen, indem er dessen Leben zum Kunstwerk erklärt, vom Sohn geschaffen im Schiller-Ton, den der alte Idealist mit Rührung wahrnimmt: Hoch klingt das Lied vom braven Mann. Die Symbolik des Gottes Hermes, die Franklin Wedekind wählt, ist einleuchtend: Der Patron der Reisenden, der Geschäftsleute und Glücksucher paßt viel besser zu Friedrich Wilhelm Wedekind als der milde Heilgott Äskulap.

Franklin Wedekinds Epos zum siebzigsten Geburtstag seines Erzeugers ist ein Epos der väterlichen Lebenserfahrungen, eine Familienodyssee[2], die den Kindern in allen Details sattsam bekannt ist. Kadidja Wedekind berichtet, daß auf der Lenzburg grundsätzlich nie Märchen erzählt worden sind, dafür aber immer wieder die elterliche Saga.[3] Die Verse enthalten zahlreiche knappe Hinweise auf biographische Anekdoten, die bei den Eingeweihten sogleich die entsprechende Erinnerung an oft Gehörtes evozieren. Dieses Familienevangelium, Frohbotschaft des väterlichen Lebens, ist für alle zitierbar geworden. Kutscher faßt sie zusammen, und es gäbe nichts hinzuzufügen, wenn man willens wäre, diese Vita in ihrer Darstellungsweise für fromme Denkart und bare Münze zu nehmen.

Dabei sind die Sturmzeichen der sich verschlechternden Beziehung zwischen Vater und Sohn während der letzten Lebensjahre Friedrich Wilhelm Wedekinds immer deutlicher zu erkennen. Ursache dafür sind enttäuschte Erwartungen auf beiden Seiten. Nachdem Armin, der älteste Sohn, den Wünschen des Vaters folgend ein Medizinstudium in Göttingen begonnen hat, kommt die Studienzeit für den »Denker« heran. Der Entschluß des Vaters, die sprachliche Begabung des Zweitgeborenen für die Juristerei nützlich und einträglich einzusetzen, stößt bei diesem auf erbitterten Widerstand. Das Zwischensemester in Lausanne im Sommer 1884 zum Studium der Kunst und der französischen Sprache ist ein Kompromiß. Für das Herbstsemester 1884 insistiert der Vater auf einem Studium beider Rechte in München.[4] Vor der Abreise muß es noch einmal zu heftigen Auseinandersetzungen zwischen Vater und Sohn gekommen sein, wie Andeutungen in einem Brief Franklin Wedekinds an die Mutter vom 12. November 1884 vermuten lassen.

»[. . .] damals stand ich noch unter dem lebhaften Eindruck des Vorgefallenen, und jetzt will es mir scheinen, daß es eigentlich doch besser ist, daß der Eindruck lebhaft war, als wenn ich den herben Bissen so ohne Mundverziehen hätte herunterschlucken können. Es sind das Dinge, über die man nicht laut schimpfen oder fluchen kann, die man in sein Inneres verschließt, dort hegt und pflegt und mit denen man vergebens sich abzufinden sucht, wenn einem acht Tage lang solch süße Worte ohne Unterlaß in den Ohren klingen. Mein guter Engel hat mich davor bewahrt, daß ich einen anfänglichen Vorsatz nicht ausführte und nicht sofort nach unserer Ankunft von hier einen Brief an Papa schrieb, um mich bei ihm speziell für den kräftigen väterlichen Abschiedssegen zu bedanken.

Jetzt bin ich ruhiger, objektiver geworden. Schmerz und Erstaunen, Gift und Galle sind mühsam verkaut und verdaut, und wenn auch die Umstände damals bedeutend, die Ausdrücke selber zu gewählt und beseelt waren, als daß ich die drückende Erinnerung daran jemals in mir werde tilgen können, so will ich die Sache doch zu verstehen, zu begreifen suchen. Aber was mich dieses Verständnis, diese Begriffe kosten, wieviel Unersetzliches ich dadurch auf immer verlieren muß, das kann ich allein ermessen und fühlen.

Verzeih mir noch einmal, daß ich jetzt wieder auf diesen Vorfall zu sprechen kam, aber ich konnte unmöglich ein solches Viaticum so blank und bar auf den gefahrvollen Weg ins Leben mitnehmen. Es ist dies das erste Mal, daß ich mit einer Menschen Seele [!] darüber rede, und geschah doch gewiß in maßvoller Weise im Verhältnis zu dem, was man einen V.[äterlichen] Fl.[uch] nennt. Indem ich Dir mein Herz ausschüttete, glaubte ich dem entsetzlichen Omen die Spitze abbrechen zu können. Ist das Aberglauben? – Ich weiß nicht, ob Du mir nachempfinden kannst.«

Des Vaters Fluch, so gewohnt, so gefürchtet, daß man ihn unter Familienmitgliedern mit einem allerseits verstandenen Kürzel zu benennen pflegt! Der Fluch als Ausdruck dero Familienmajestät höchsten Mißfallens! Ein Nachklang von Mißbrauch schwingt mit, wie der Nachhall des Donners dem Blitz folgt: Dieser Zorn muß etwas Jähes, Unerwartetes, wohl auch Unbeherrschtes an sich gehabt haben, etwas, das die stattliche Würde des Patriarchen gellend widerruft. Der Sohn verharrt in starrer Ablehnung. Geduckt wartet er auf den nächsten Ausbruch väterlicher Rage. Dieser ist vorprogrammiert, denn der Sohn hat Fluchwürdiges begangen.

Nach der Meinung des Vaters ist die Dichterei keine Beschäftigung für einen ernstzunehmenden erwachsenen Menschen. Er erwartet von seinen Söhnen, daß sie ihre künstlerische Phase überwinden wie einen pubertären Hautausschlag. Friedrich Wilhelm Wedekind ist der Überzeugung, daß seine Kinder in ihrer Jugendzeit jene Freiheit im Überfluß genossen haben, die man *einmal* im Leben in unschuldiger Unbekümmertheit erleben darf: Kunst als Kinderspiel. Als *Grundlage* einer Existenz, als *Berufung* gar gilt sie ihm nur als Ausrede jener armen Verlorenen, die sich im bürgerlichen Leben nicht zurechtfinden. Hätte er überlebt, er hätte das Beispiel seines unglücklichen jüngsten Sohnes Donald als die Bestätigung seiner These betrachten müssen. Für den Zweitältesten indessen gelten Gesetze, die höher sind als alle väterliche Vernunft.

Hier liegt der Keim für die letzte Konfrontation zwischen Vater und Sohn. Friedrich Wilhelm Wedekind gebraucht dabei rücksichtslos die gleiche Waffe, mit der er einst in San Francisco Emilie Kammerer an seine Seite gebracht hat: seine ökonomische Überlegenheit. Franklin Wedekind kuscht und beginnt ein Doppelspiel, in das er nur die mütterliche Freundin Olga Plümacher einweiht. Auch die Mutter darf nichts davon wissen, daß er in München nicht den verschriebenen Studien nachgeht, sondern die Tage verschläft, die Nächte verschreibt und verbummelt.

Auf die Unterstützung der Mutter darf er nicht zählen. Diese hat längst ihre eigenen künstlerischen Blütenträume aufgegeben und ist – so nennt sie die Enkelin Kádidja[5] – »eine handfeste Erfolgsanbeterin« geworden. Ihren künstlerischen Ehrgeiz, verbunden mit dem rauschenden Erfolg vor dem »richtigen« Publikum, wird sie in der Karriere ihrer Lieblingstochter Erika, der Dresdener Kammersängerin, verwirklicht sehen: Musik, Oper, glänzende Bälle und Exzellenzen, keine »Dichter in ausgefransten Hosen«, unter denen sich der Sohn bewegt (wie er in einem Gedicht nach Jahren der Erfolglosigkeit in bitterem Selbsthohn schreibt).

Dennoch, die Mutter hat aus ihrem Stolz auf die dichterische Begabung des Sohnes nie ein Hehl gemacht. Sie ist zumindest eine potentielle Verbündete gegen den Vater, auch wenn ihre nüchternen Erfolgserwartungen sich im Endeffekt kaum von denen ihres Gatten unterscheiden. Einen dichtenden Juristen kann sie sich vorstellen. Daß das Dichten nichts einbringt, ist ihr klar. In dieser Hinsicht sieht sie sich mit ihrem Ehemann einig. Ihre Kunst ist immer nach Brot gegangen, schon damals in San Francisco, wo sie durch die Einkünfte ihrer Bühnenauftritte den kurzen, den einzigen Augenblick ihrer materiellen Unabhängigkeit erlebt hat. Nun weiß sie ohne Kunst zu wirtschaften und hat eingesehen, daß ihr die Schloß- verwaltung fast genausoviel Spaß macht – aus demselben Grund wie einst die Auftritte im Vaudeville und in der Kirche: Ihre Tüchtig- keit schlägt hier wie dort sichtbar und mit steigender Erfolgsten- denz zu Buche.

Der Inhaber und seine Managerin: Auch so muß man das Wede- kindsche Elternpaar sehen. Besonders auf dieser Ebene sind bei zwei solch starken Persönlichkeiten Meinungsverschiedenheiten und Reibungen zu erwarten. Die Argumente ihrer Auseinandersetzun- gen lassen sich auch in wirtschaftlichen Fragen leicht erraten. Der Vorwurf der mangelnden Kompetenz steht der Kritik an der Unbe- weglichkeit gegenüber. Solche Anschuldigungen werden, vom Groll unerfüllter Jahre verschärft, zur tödlich beleidigenden Kon- frontation.

Es gibt keine zuverlässige Überlieferung jener Szene, die den Bruch zwischen Vater und Sohn erzwungen hat. Die Familie schweigt sich darüber aus. Franklin Wedekinds wirkliches *crimen laesae maiestatis,* neben dem die späteren Spottreden auf den deut- schen Kaiser wie Kinderscherze wirken, findet in Anwesenheit der Mutter statt. Wer sonst noch Zeuge war, ist ungewiß. Festzustehen scheint, daß es um die Aufdeckung von Franklin Wedekinds heim- licher Dichtertätigkeit in München geht (er hat dort sein erstes Bühnenwerk mit dem bezeichnenden Titel *Der Schnellmaler oder Kunst und Mammon* vollendet) und schreibt darüber an Bertha Jahn im Mai 1886:

»[. . .] Ich hoffe nichts weiter davon, als daß es mir den Weg auf die Bühne bahnen soll, aber es geht so schrecklich lang bis ein guter Freund zwei Stunden findet, um das zu lesen, worauf ein anderer die Entscheidung seines Lebens setzt, und eine Empfehlung dazu zu schreiben.«

An diesem Punkt fallen die Würfel. Höchste Erregung auf beiden Seiten. Des Vaters Briefe an den Sohn in München sind eine seltsame Mischung von väterlicher Fürsorge und Geschäftssinn. Er berät ihn wegen seiner kariösen Zähne, wegen einer falschen Rose am Bein, die einen Krankenhausaufenthalt nötig macht, und rechnet gleichzeitig auf Heller und Pfennig die nachgeschickten Wechsel vor, gibt geschäftliche Hinweise mit Geldanweisungen, Abrechnungen und erläßt Instruktionen, wie die verschiedenen Wechsel einzulösen und welche Geschäftsfreunde des Vaters aufzusuchen seien. Nun fordert er Rechenschaft.

Kunst und Mammon: Die Mutter scheint sich in die Diskussion eingemischt, Friedrich Wilhelm sie deswegen in seinen »V. Fl.« einbezogen und höchst Beleidigendes über sie gesagt zu haben. Wahrscheinlich ist, daß er die Parallelen zwischen ihrer Biographie und derjenigen des Sohnes aufgezeigt hat: das leichtlebige Künstlerblut, das Mutter und Sohn blind gemacht für die Abgründe des Lebens; er selber dagegen der Ritter in funkelnder Rüstung, der Emilie Kammerer in letzter Minute vor der Schande bewahrt habe, in die sie in ihre Leichtfertigkeit getrieben. Die Enttäuschungen und Bitternisse einer langen, fürchterlichen Ehe explodieren über dem Kopf des verzweifelten Sohns. Niemand will ihn verstehen. Er hat die Entscheidung seines Lebens gefällt, und nun keifen beide Eltern über vergangene Tage.

Franklin Wedekind schlägt seinem Vater ins Gesicht. Aufgewühlt berichtet er wenig später in Zürich dem vermeintlichen Freund Gerhart Hauptmann den Vorfall. Dieser läßt sich alles genau erzählen und macht sich Notizen. In zwei Dramen finden sich Spuren des Vorgangs: in Gerhart Hauptmanns *Das Friedensfest* und in Wedekinds *Kinder und Narren*, das sowohl als rechtfertigende Antwort als auch als Abrechnung mit dem indiskreten Freund verstanden werden kann. Folgende Dialogstellen aus *Kinder und Narren,* in denen sich Wedekind als »Karl« selbst darstellt, weisen auf die Katastrophe hin:

KARL: Er hatte sich eine Gattin erwählt, die an Heroismus auch nicht um Haaresbreite hinter ihm zurückblieb.
ANNA: Und du wurdest der personifizierte Kompromiß!
KARL: Sagte »ja ja«. – Es kostete sie Überwindung, ihren Jammerprinzen für legitim zu halten.[6]

ANNA: Weil du den Mut nicht hattest, für die Wahrheit einzustehen!

KARL: An ihrer silbernen Hochzeit stand ich in Versen dafür ein. Sie versicherten einander unter Tränen, das sei der erste schöne Tag ihrer Ehe. – Drei Tage hielt mein Erfolg vor.

ANNA: Dann wäre es deine Pflicht gewesen, energisch einzugreifen.

KARL: Das sagte ich mir auch – mit der fixen Idee im Kopf, daß das Unglück unausbleiblich sei. Ich glaubte die untrüglichsten Anzeichen zu bemerken.

ANNA: Sagtest es dir!

KARL: Und griff ein.

ANNA: Du?

KARL: Ich war neunzehn Jahre alt. – Ich beschwor sie, sich zu trennen. Wenn Marguerite nicht wäre! dem Kind seien sie Rücksicht schuldig. Das Kind sah Szenen mit an . . .!

ANNA: Und das war alles.

KARL: Darauf griff ich ein. – Meine Mutter hat mir das nie verziehen.

ANNA: Und dein Vater?

KARL: Läßt Gnade walten.

ANNA: Und du freust dich der Gnade?

KARL: Nach zweijähriger Verbannung. Ich hätte es nie zu träumen gewagt.

ANNA: Du hättest dich eher auf nichts einlassen dürfen, als auf das Opfer.

KARL: Sie hatten mich ja mißverstanden. Ich sei eine Verbrechernatur, leide an moralischem Irrsinn. – Ich war einfach blamiert. [. . .] Sie hatten einander geliebt, jedes mit der Prätention, vom andern als Todfeind verfolgt zu werden. Ihre heimlichen Liebesbezeugungen verbargen sie wie Verbrecher voreinander. Jedes hatte das andere zeitlebens beschuldigt, ihm sei Zwietracht Existenzbedingung. Das war mir noch nicht verständlich. –«[7]

Franklin Wedekinds ikonoklastische Tat ist Ausdruck seiner Verzweiflung. Blindlings schlägt er auf das Idol ein, das er noch vor

einem halben Jahr in seiner Geburtstagshymne als das hehre Vorbild
gepriesen, zu dem er »mit frommen Gebärden« emporgeschaut hat.
Er trifft einen alten, gebrechlichen Mann. Der Vater verstößt den
Sohn. Nichts kann den Bruch mehr kitten. Es ist mehr zerbrochen
als die Beziehung zwischen dem Vater und *einem* Sohn. Nicht nur
Franklin Wedekind, sondern auch sein Vater scheint Lenzburg
verlassen zu haben, die ganze Familie von da an auseinandergefallen
zu sein. Es entstehen Unversöhnlichkeiten, die Jahrzehnte später
immer noch bestehen – über den Tod der Protagonisten hinaus. So
erinnert sich Elias Canetti, der einen Teil seiner Jugend in Zürich
verbrachte, an die Verbitterung, die Armin Wedekind gegenüber
seinem Bruder empfunden hat.[8]

Der Vater streicht dem Sohn die finanzielle Unterstützung.
Franklin Wedekind zieht nach Zürich. Karl Henckell verschafft
dem plötzlich mittellosen Freund eine Brotarbeit. Ein neugegrün-
detes Nahrungsmittel-Etablissement sucht einen Mitarbeiter für die
Werbeabteilung. Henckell, der von dem Angebot möglicherweise
durch die Einschaltung seines Unternehmerbruders erfährt, reicht
es an Franklin Wedekind weiter. Am 16. November 1886 trifft
folgendes Telegramm in Lenzburg ein: »Sie können sofort eintreten.
Heiße Sie als Mitarbeiter willkommen. Maggi.«[9]

Wedekind wird erster Werbechef in Julius Maggis neuer Suppen-
würzefabrik in Kemptthal bei Zürich. Vom 24. Januar bis zum
7. Februar 1887 besucht er im Auftrag seiner Firma die »1. Interna-
tionale Ausstellung für Kochkunst und Volksernährung« in Leipzig
und verfaßt für seinen Chef eine komisch-sachliche Berichterstat-
tung in Form eines kurzen Tagebuchs.[10] Die aufstrebende Firma, die
sehr bald Weltgeltung erlangen wird, beauftragt den jungen Dichter, zehnzeilige Werbetexte zum Lob von Maggis Suppen und
Würzen zu verfassen. Der Firmenchef scheint jeden einzelnen Werbetext persönlich begutachtet und die akzeptablen von denen geschieden zu haben, die »nicht convenirten«, und die letzteren »mit
gefälligsten Fingerzeigen retour« geschickt zu haben.[11] Wie aus
seinem Briefwechsel mit Julius Maggi hervorgeht[12], hat Wedekind
seine Texte in wöchentlichen Sendungen von zwölf bis achtzehn

Stück nach Kemptthal geschickt. Unter den 158 erhaltenen Werbe-
texten finden sich überraschenderweise nur zwei in Gedichtform.
Die Quelle, die in den unbeschwerten Jugendjahren in Lenzburg so
mühelos sprudelte, scheint unter dem Druck der von Maggi geforderten Akkordarbeit ins Stocken geraten zu sein.

Wie als Antwort auf die beredte Stille im Vaterhaus auf der
Lenzburg erscheint in der *Tribune de Genève* die folgende seltsame
Reklame, stilistisch zwischen Kleist und Kafka angesiedelt, in der
ein »Hungerkünstler« sich mit Hilfe von heimlich eingenommenen
Maggi-Suppen-Extrakten durchmogelt:

»Die Hungerseuche scheint sich in jüngster Zeit auch in dem
ernsten und gelehrten Deutschland eingeschlichen zu haben. Herr
Dr. Schlegel in München, ein begeisterter Jünger Merlatti's hatte
mit seinen Freunden eine Wette eingegangen, dergemäß er sich
verpflichtete, hunderteinundzwanzig Tage ohne Speise und Trank
ausharren zu wollen. Die Hälfte der Prüfungszeit war bereits verstrichen und der wohlbewachte Hungerkünstler sah noch immer so
blühend aus wie einer, der sich soeben vom Table d'hôte erhoben
hat, als am Morgen des 58. Tages der diensthabende Wächter auf ein
großes rothes Schnupftuch aufmerksam wurde, das Herr Schlegel
vorgeblich schneuzenshalber unter die Nase führte. Unverzüglich
schlug er Lärm und die darauf zusammengeeilte Commission con-
statierte nach eingehender Untersuchung, daß in dem Schnupftuch
eine Halbpfund-Flasche von Maggi's Suppen- und Speisewürze versteckt war, aus der sich der junge Mann die 58 Tage über so trefflich
genährt hatte. Dieselbe war erst zur Hälfte geleert und hätte somit
wohl für die ganze Prüfungszeit ausreichen können.« (Nr. 144)

Auch Heine, das große Vorbild, kommt zu Wort, wenn es gilt,
den bestehenden temporären Notstand unterschwellig anzudeuten:

»›Ich weiß nicht was soll es bedeuten, daß ich so traurig bin?‹ Hat
mich ein theurer Freund hintergangen, ohne daß mir noch Kenntnis
davon wird? Hängt ein drohendes Damokles-Schwert über meinem
Haupte, oder naht sich der Briefträger mit einem Uriasbrief? Mir
ist, als quälte mich ein Erinnern, als hätt ich einen bösen Traum
geträumt und seine Schrecken erfüllten noch meine Seele. – Sieh da,

das wars! An einem Schaufenster bin ich vorbeigegangen und habe Maggi's Bouillon-Extract und Maggi's Suppen-Nahrung ausgestellt gesehen. Leider hatt' ich oftmals rühmen hören; aber Zeit und Geld fehlten mir augenblicklich. – O, mir kann geholfen werden!« (Nr. 98)

Der Dichter »in ausgefransten Hosen«, der hier spricht, der melancholische Clown, versteht sein Handwerk sehr wohl, aber das bringt ihn nicht weiter. Seine Stückarbeit bewahrt ihn gerade eben vor dem Verhungern, und nun legt er, für den gestrengen Firmenboß wohl nicht erkennbar, ein tüchtiges Quentchen Sarkasmus in seine Suppenreklame. Der Reiz von Franklin Wedekinds Reklametexten für den heutigen Leser liegt unter anderem darin, daß der ironische Umgang mit dem zu verkaufenden Produkt heute durchaus in die moderne Werbetechnik passen würde. Vor hundert Jahren hingegen gilt es, wie die offenbar auf Wunsch Maggis geschriebenen »sachlichen« Texte zeigen, in erster Linie die Würde der Firma zu wahren. Immerhin ist der Freiraum beachtlich, in dem Maggi seinen ungewöhnlichen Texter hat wirken lassen, und dieser, von der Kandare gelassen, versäumt keine Gelegenheit, seiner Phantasie die Zügel schießen zu lassen. So erfindet er etwa, wohl um den weltumspannenden Ruhm seiner Suppenfabrik zu belegen, den reichen amerikanischen Sonderling aus Nashville, Tennessee (Nr. 62), der angeblich die letzten zwanzig Jahre seines Lebens nur von Suppe gelebt, oder die große Seeschlange, die sich an der Küste Patagoniens gezeigt habe, die aber vielleicht doch eher eine wilde Ente gewesen sei (Nr. 96), oder den »weißen Elephanten im zoologischen Garten zu Washington«, dessen Krankheit nur durch »Kübel von Maggi-Suppe« geheilt worden sei (Nr. 107), und fabuliert von den Hexenprozessen »in Boston [!], im freien Amerika«, wo heute »die Amerikanerin, die an der Treue ihres Gatten zweifelt, [. . .] ihm täglich eine Maggi-Suppe« vorsetze (Nr. 142).

Wedekind hat die gehobene bildungsbürgerliche Gesellschaftsschicht, aus der er selber stammt, als konservensuppenessendes Zielpublikum vor Augen. Deshalb wimmelt es unter den »Aufhängern« von Klassikerzitaten: Shakespeare, Goethe, Schiller und –

»Sie werden lachen« — immer wieder die Bibel werden ausführlich und mit gespieltem Ernst zitiert. Schon im nächsten Satz läßt Wedekind dann die Seifenblase platzen und bietet schmunzelnd (oder angewidert) seine Suppenprodukte an. Die Ironie wirkt auch andersherum, wenn er etwa Goethe mit der *Gartenlaube* verbindet und die kitschige Rosawolke in gesundem Suppendunst auflöst :

»›Meine Ruh ist hin, mein Herz ist schwer; ich finde sie nimmer und nimmermehr. ‹ – So seufzte die Frau Commerzienrath, und eine kristallene Thräne fiel auf die letzte Nummer des Tagblattes; ach Gott, es war nur der Inseratentheil. Suchte sie vielleicht eine Heirathsannonce? – Unwürdiger Verdacht! Der Herr Commerzienrath stand gleichfalls seufzend neben ihr. ›Da steht's!‹ sagte er und wies mit dem Finger hin. ›Maggi!‹ rief sie glücklich aus und athmete erleichtert. ›Maggi's Suppen-Nahrung und Bouillon-Extract! Herrlich, vortrefflich! Goldmännchen, morgen gibt's Maggi-Suppe!!‹« (Nr. 97)

Wedekinds Texte sind bisweilen so doppelbödig, daß der heutige Leser gespannt darauf wartet, wie der Dichter, von einer anfänglich völlig negativen Einstellung zu Suppen ausgehend, schließlich doch noch den Dreh hinkriegt, die Suppenspeise als begehrenswert darzustellen. Drei solche Anfänge seien zitiert. Dem Leser bleibt es überlassen, sich auszudenken, wie Wedekind sich am Schluß aus der Affäre gezogen hat:

»Kindliche Einfalt. Hänschen (bei Tisch): ›Mama, diese Suppe mag ich nicht. ‹ – ›Warum nicht? Dein Bruder Max hat sie immer so gern gegessen. ‹ – Hänschen (abschweifend): ›Wo lebt eigentlich jetzt mein Bruder Max?‹ – Mama: ›Im Himmel, bei den lieben Engelein. ‹ – [. . .]« (Nr. 57)

»›Fritz, wer lange Suppe ißt, wird alt!‹ sagte die Mutter zu ihrem unverbesserlichen Suppenkaspar. Und was antwortete der kleine Bengel? ›Werd ich denn nicht auch alt, wenn ich lange Kalbsbraten esse?‹ – [. . .]« (Nr. 63)

»Der kleine Paul: ›Mama, warum muß man eigentlich immer zuerst so eine langweilige Suppe essen?‹ – Mama Müller: ›Das ist gesund, mein Kind; wer lange Suppe ißt, wird alt.‹ – Paul: ›Dann will ich lieber nicht alt werden.‹ – [...]» (Nr. 64)

Wedekinds Werbetexte lassen sich in zwei Kategorien einteilen, in nüchtern-sachbezogene und in blumige, die mit einer Anekdote, einem Dichterwort, einem Stück Kulturgeschichte oder einem Hinweis auf Tagesprobleme (z. B. Frauenemanzipation, Morphiumsucht, General Boulanger, Bismarck und der Kaiser von Rußland) beginnen und dann in einer mehr oder weniger überraschenden Wendung auf das Produkt zu sprechen kommen und dessen Vorzüge zur Lösung allen Weltschmerzes empfehlen. Diese philosophisch-kulturellen Plaudereien enthalten oft erstaunlich direkte Anspielungen auf die eigenen Verhältnisse, ein Umstand, der natürlich dem nicht informierten Reklameleser verborgen geblieben ist. Im März 1887 erscheint im *Messager des Alpes* in Aigle der folgende Text:

»Die entsetzlichsten Schrecknisse des menschlichen Lebens sind die Folgen einer zerrütteten Familie. Die Familie ist die Wiege der erhabensten Tugenden; sie ist die Brutstätte der verrufensten Laster. Die schlechten wie die guten Seiten der Eltern kehren vergrößert wieder in Kindern und Kindes-Kindern, und die Zwietracht wuchert und gedeiht wie die Eintracht. Das Heiligthum der modernen Familie ist nicht mehr der Herd, sondern der Mittagstisch, und das Heiligthum auf dem Mittagstisch nicht der Braten sondern die Suppe. Wir ersuchen den Gast nur, die Suppe mit uns zu nehmen. Ist uns der Gast ein lieber Gast, so setzen wir ihm einen Teller Maggi's Suppe vor, bereitet aus Maggi's Suppen-Nahrung und gewürzt mit Maggi's Bouillon-Extract. Es ist das delicateste, nahrhafteste, was wir ihm bieten können. Er wird sich geehrt und geliebt fühlen und gerne zurückkehren an unseren trauten Familientisch.« (Nr. 143)

Eine Vision des verlorenen Sohnes in der Verbannung. »Er wird sich geehrt und geliebt fühlen und gerne zurückkehren an unseren trauten Familientisch.« Das klingt fast wie ein Vorschlag zur Güte;

doch erfolgt kein Ruf zu Heimkehr und Versöhnung und gemeinsamem Mittagstisch mit Maggisuppe oder gar Braten. Der Vater bleibt starr in seiner Ablehnung und denkt keineswegs daran, das fette Kalb zu schlachten:

Vater und Sohn

»Vater, mein Vater!
Ich werde nie Soldat.
Dieweilen man bei der Infanterie
Nicht Maggi-Suppe hat.«

»Söhnchen, mein Söhnchen!
Kommst du erst zu den Truppen,
So ißt man dort längst nur
Maggis Fleischkonservensuppen.«

Die Glanzlichter der geschmeidigen Jugendpoesie sind erloschen. Lustlos löffelt ein Söhnchen die Suppe aus, die er dem Vater und sich selbst eingebrockt hat. Immerhin, die »Kunst« auf der niedrigsten Stufe schlägt sich in bescheidenem Mammon nieder, gerade soviel, daß der Sohn überleben kann.

Zu Weihnachten 1887 scheint die Mutter die Familie zu einem Versöhnungsfest versammelt zu haben. Doch das »Friedensfest« wird zur Katastrophe. In Zürich erzählt Wedekind Gerhart Hauptmann die Begebenheiten des denkwürdigen Tages, wie er diesen bereits schon einmal zum Vertrauten in Familienangelegenheiten gemacht hat.

Voller Empörung über den Verrat Gerhart Hauptmanns, den er für einen verläßlichen Freund gehalten hat, sagt Franklin Wedekind später von der neuen naturalistischen Schule: »Wenn sich der Realismus überlebt hat, werden seine Vertreter ihr Brot in einem Detektivbureau finden.«[13] Das ist indirekt ein Eingeständnis, daß die Fakten, die Hauptmann in seinem Stück *Das Friedensfest* (1890) wiedergegeben hat, der Wirklichkeit entsprechen und genau »notiert« worden sind. Wie und zu welchem Zwecke der verräterische Freund die vertraulichen Mitteilungen mißbraucht hat, steht auf einem andern Blatt. Dem heutigen Betrachter der selten aufgeführten »Familienkatastrophe«, wie Hauptmann sein Dokumentarstück sinnigerweise nennt, werden aufgrund der Kenntnisse biographischer Einzelheiten aus Wedekinds Jugendzeit die Wucht, aber auch die Beschränktheit der naturalistischen Dramaturgie besonders plastisch vorgeführt.[14] Wedekind fühlt sich als ihr Opfer.

Das Elternpaar ist in Hauptmanns Stück achtundsechzig und sechsundvierzig Jahre alt. »Frau Scholz« wird beschrieben als eine »über ihre Jahre hinaus gealterte Person mit den beginnenden Gebrechen des Greisenalters. Ihre Körperformen zeigen eine ungesunde Fettansammlung. Ihre Hautfarbe ist weißlichgrau. Ihre Toilette ist weniger als schlicht. Ihr Haar ist grau und nicht zusammengerafft; sie trägt eine zumeist weinerliche oder winsliche [!] Sprechweise und erregt den Eindruck andauernder Aufgeregtheit.«

»Dr. Scholz« wird dargestellt als »ungewöhnlich groß, breitschultrig, stark aufgeschwemmt. Gesicht fett, Teint grau und unrein, die Augen zeitweilig wie erstorben, zeitweilen lackartig glänzend, vagierender Blick. Er hat einen grauen und struppigen Backenbart. Seine Bewegungen sind schwerfällig und zitterig. Er spricht unterbrochen von keuchenden Atemzügen, als ob er Mehl im Munde hätte, und stolpert über Silben. Er ist ohne Sorgfalt gekleidet: ehemals braune, verschossene Samtweste, Rock und Beinkleidung von indifferenter Färbung. Mütze mit großem Schild, steingrau, absonderlich in der Form. Rohseidenes Halstuch. Er führt bei seinem Eintritt ein spanisches Rohr mit Hirschhornkrücke in der Rechten, hat einen großen Militär-Reisehavelock umgehängt und trägt einen Pelzfußsack über dem linken Arm.«

Die steckbriefliche Beschreibung zweier verkommener Vaganten! Der Stoff bricht ein Tabu, das noch tiefer sitzt als das Tabu der sexuellen Verbote. Wenn die Familie als Hort der elementaren Geborgenheit prinzipiell verneint wird, bleibt nur der schutzlose und lieblose, der asoziale Mensch. So sieht es lächelnd und kalt Franklin Wedekind. Hauptmann hat es so nicht sehen wollen und gibt dem Stück eine klinische Deutung. Seine flink erworbenen, taufrischen psychologischen Erkenntnisse spalten die Sohnesfigur in zwei separate Individuen, die zwar voneinander wissen, aber voneinander nichts wissen *wollen*: Hauptmann schildert anhand der doppelten Sohnesfigur das Krankheitsbild der Schizophrenie haargenau so, wie es ihm von deren Theoretiker, dem Psychiater Eugen Bleuler, bei seinen Besuchen in der Zürcher Irrenanstalt »Burghölzli« dargestellt worden ist.[15]

In Wedekinds Komödie *Die junge Welt* erzählt die Figur Carl, die Franklin Wedekind vertritt, wie er dem Kollegen Hauptmann (der im Stück als der naturalistische »Dichter Meier« auftritt) die Ereignisse jener denkwürdigen Weihnachtsfeier vertrauensvoll mitgeteilt und wie sie dieser sogleich für sein Stoffmagazin notiert und später verbatim für sein nächstes Stück verwendet habe:

CARL: Du erinnerst dich der Erlebnisse, die mich seinerzeit mit meinen Eltern entzweit, die mich zwei Jahre lang als verlorener Sohn in der Fremde hatten leben lassen.

ANNA: Gewiß, du hast mir das ja erzählt.

CARL: Ich hätte Meier damals auf den Knien dafür danken können, in ihm wenigstens *einen* Menschen auf dieser Welt zu haben, dem ich mein übervolles gequältes Herz öffnen konnte.

ANNA: Nun? – Und?

CARL: Und dieser Mensch geht hin und setzt meine Seelenergüsse Wort für Wort, stenographiert gewissermaßen, seiner Koprophagenklique als realistische Delikatesse vor.

ANNA: Das ist stark.

CARL: Er mußte sich, während die Geschichte spielte, schon die genauesten Notizen gemacht haben. Die Tage werden mir unvergeßlich sein. Ich sitze von früh bis spät in meiner Mansarde über meinen Zeitungsartikeln, um mir Abends meinen Thee mit einer Wurst oder einem Stück Käse illustrieren zu können. Der Abend kommt, die Wurst kommt, dann kommt Meier von einem opulenten Diner, flegelt sich auf den Divan, gähnt, bewitzelt meine ärmliche Einrichtung und angesichts seiner Glückseligkeit geht mir das Herz auf. Und der Mensch lacht sich derweil ins Fäustchen und denkt: Der Tropf muß mir bluten!

ANNA: Was läßt sich da sagen. Wenn sich der Realismus überlebt hat, werden seine Vertreter ihr Brot in einem Detektivbureau finden.

CARL: Hätte sich der Realist wenigstens an die Realität gehalten. Aber die war ihm natürlich nicht realistisch genug. Da muß ein Vater her, den man nicht mit der Feuerzange anfassen möchte, eine Mutter, die man nicht mit der Feuerzange anfassen möchte [. . .] Und alle diese Schauergestalten, diese Mißgeburten einer unreifen unproduktiven Phantasie sehe ich mit *meinen* Worten, mit *meinem* Seelenschmerz mit *meinen* Erlebnissen und Empfindungen aufgeputzt (nach einer Pause): Und nun kommt das Schönste.

ANNA: Wieso? – Noch etwas Schöneres?

CARL: Ja. – Das Stück wird aufgeführt. Ich sehe mich vom ersten Heldendarsteller gespielt. Mir wurde übel dabei. Ein fürchterlicher Sensationserfolg, aber – – damit war es auch aus. Und nun, denke dir, nun kommt Meier zu mir und macht mich für seinen Mißerfolg verantwortlich. Er habe sich genau an meine Mitteilungen gehalten; entweder müsse ich ihm was vorgelogen haben, oder ich sei ein verschrobener Mensch, der sein Leben nicht realistisch genug zu leben verstände [. . .]

In der bei Kutscher zitierten Urfassung von *Kinder und Narren,* aus der *Die junge Welt* hervorgegangen ist, beklagt sich die Figur Karl, daß ihn der »Dichter Meier« in zwei Typen gespalten habe:

KARL: Daß sich der Realist genötigt sieht, mich in ein Brüderpaar zu zerlegen, dessen einer die Stummelpfeife raucht, damit der andere unbehindert kulissenreißen kann, schmerzt mich um des Realisten willen. Aber denke dir, mit welcher Art Empfindung ich all die kleinen Züge, die Meier dank meiner Offenheit über meine Eltern aufschnappt, auf einen Troddel von Vater, auf eine Schlappsare von Mutter verwendet sehe, die man nicht mit der Zange anfassen möchte. Dabei behauptet er, das seien Originalfiguren.

Daß meine Eltern anständige Leute waren, hätte sich nach den Fortschritten der letzten zehn Jahre poetisch nicht mehr verwerten lassen – übrigens leide er ganz unsagbar unter seinem grauenhaften Verrat. – Ich verlor die Fassung. Ich zog ihn übers Knie und habe ihn durchgehauen. Das war acht Tage vor seiner Hochzeit.

»Kein Wunder«, sagt Robert, die eine Hälfte des gespaltenen Sohns in Hauptmanns Stück, ». . . kein Wunder allerdings. Ein Mann von vierzig heiratet ein Mädchen von sechzehn und schleppt sie in diesen weltvergessenen Winkel. Ein Mann, der als Arzt in türkischen Diensten gestanden und Japan bereist hat. Ein gebildeter, unternehmender Geist. Ein Mann, der noch eben die weittragendsten Projekte schmiedete, tut sich mit einer Frau zusammen, die noch vor wenigen Jahren fest überzeugt war, man könne Amerika als Stern am Himmel sehen. Ja wirklich! Ich schneide nicht auf. Na und darnach ist es denn auch geworden: ein stehender, faulender, gährender Sumpf, dem wir zu entstammen das zweifelhafte Vergnügen haben. Haarsträubend! Liebe – keine Spur. Gegenseitiges Verständnis – Achtung – nicht Rühran – und dies ist das Beet, auf dem wir Kinder gewachsen sind.«

Gerhart Hauptmann hat Franklin Wedekinds Klage im Ohr. Die Familie, argumentiert die Sohnesfigur, ist ein Sumpf der Verderbnis, in dem jedes Gefühl, jede natürliche Anwandlung im Keim erstickt wird. Franklin Wedekind muß in der frischen Erregung nach seiner unerhörten Tat sich in überaus drastischen Übersteigerungen ergangen haben, die seinem dramatischen Temperament entsprachen, während sein »Lebensstoff« von seinem faktensüchtigen Gegenüber *sine ira et studio* als Fallstudie abgelegt wird – unter der Rubrik *Dementia praecox:* Persönlichkeitsspaltung, dargestellt am Beispiel eines paranoiden Erregungsschubs. Auch Hauptmann ist »Realpsychologe«. Doch hält er sich, im Gegensatz zu Wedekind, der seine psychologischen Hypothesen bekanntlich an lebendigen Objekten aus seiner unmittelbaren Umgebung erprobt, an Schulbeispiele aus der Psychopathologie, die ihm bei seinen häufigen Besuchen in der Irrenanstalt Burghölzli vorgeführt werden. Flink schließt er von den klinischen Fällen und Wedekinds Beichte über seine familiären Schwierigkeiten auf psychopathische Verhältnisse auf Lenzburg:

WILHELM: Ein Verbrechen! um so furchtbarer, weil es nicht als Verbrechen gilt. Man hat mir hier mein Leben gegeben, und hier hat man mir dasselbe Leben – zu dir gesagt – fast möchte ich sagen: systematisch verdorben – bis es mich anwiderte – bis ich daran trug, schleppte, darunter keuchte wie ein Lasttier – mich damit verkroch, vergrub, versteckte, was weiß ich – aber man leidet namenlos – Haß, Wut, Reue, Verzweiflung – kein Stillstand! – Tag und Nacht dieselben ätzenden, fressenden Schmerzen – (deutet auf die Stirn) da! . . . – (deutet aufs Herz) und – auch – da!
ROBERT: [. . .] Nun, zwischen Vater und Wilhelm ist dieser Haß ausgeartet. Das ist mir durchaus begreiflich. Wenn ich nicht wie Wilhelm verfahren bin, so ist das vielleicht Zufall. Also, ich habe nichts gegen ihn. – Notabene, wenn ich ihn nicht sehe. Seh ich ihn aber, dann alle meine Überlegung zum Teufel, dann bin ich etwas . . . etwas . . . na, wie soll ich sagen? dann . . . dann seh ich eben nur den Menschen, der meinem Vater – nicht seinem sondern meinem Vater – ins Gesicht geschlagen hat.

Die »Unnatur«, aus der diese Familie entstanden ist, wird in den unnatürlichen Voraussetzungen gesucht: die Lebenslüge als Grund für die Katastrophe, auf den sich alles zurückführen läßt. Sie erklärt das erbitterte, stumme, haßerfüllte Ringen zwischen den Ehegatten und die Verkommenheit dieser Spottgeburten von Kindern, die in sich gespalten, lasziv und verklemmt, frivol und verzweifelt an ihren unsichtbaren Fäden hängen und zappeln, wie Marionetten. »Soweit möglich, muß in den Masken eine Familienähnlichkeit zum Ausdruck kommen«, verlangt Hauptmann in seinen Regieanmerkungen. Das klingt wie Hohn.

ROBERT: . . . Wir sind alle von Grund auf verpfuscht. Verpfuscht in der Anlage, vollends verpfuscht in der Erziehung. Da ist nichts mehr zu machen.

»Jede Familiengeschichte ist ein Abgrund!« – so formuliert es Jürg Federspiel, auch er ein später literarischer Nachfahre Wedekinds, in einer seiner schauerlich-präzisen Erzählungen.[16] Maximilian Harden, der wie Alfred Kerr sowohl Hauptmann wie Wedekind verehrt und beiden zu nahe gestanden hat, um die Zusammenhänge zu erkennen, scheint Franklin Wedekinds Klage zusammenzufassen, wenn er über die Bühnenfamilie Scholz sagt: »Die Tragik ihres Schicksals wird durch jene mißtrauische Zanksucht bestimmt, die sie vom Vater ererbten und durch ihr Muttertheil keine wahre, warme Herzensgüte entgegenzusetzen hatten.« So wird denn »Noras schöner Christbaum vor unseren Augen geplündert und zerzaust, und, während die Ibsengemeinde in alle Winde zerstoben [ist], der neue Magus aus Norden [...] halb mit Erstaunen gelobt...«[17] Alfred Kerr, der die Entstehungsgeschichte des Stücks nicht kennt und den Schauplatz in Hauptmanns eigenem Hause vermutet, nennt das Drama »eine Zumutung« und attestiert dem Stoff antikische Wucht: »Die furchtbaren Auftritte zwischen bürgerlichen Familienmitgliedern üben hier Wirkungen, erschütternder, als wenn [...] ein ehebrecherisches Ehepaar mit Blut und Weheruf geschochten wird.«[18]

Hauptmann hat indessen nicht das Drama vom »Niedergang einer Familie« geschrieben, sondern – als lemurenhaftes Medium von Franklin Wedekinds Selbstdarstellung – die psychiatrische Fallstudie einer Abweichung von der gesellschaftlichen Norm. Hauptmann hat einen großen Stoff gefunden. Besinnungslos reicht er ihn ans Publikum weiter, so wie er ihm übermittelt worden ist. Es ist nicht Hauptmanns, sondern Franklin Wedekinds Handschrift, die im *Friedensfest* die Familie als einen phrasendreschenden Klüngel brutaler Egomanen darstellt, die sich in gnadenlosem Kampf bis aufs Messer gegenüberstehen. Kein Wunder, daß die verwirrten Zeitgenossen krampfhaft nach Analogien in den Titanenkämpfen der antiken Mythologie suchen.

Der Bruch mit dem Vater hat auch in der Dichtung Wedekinds Spuren hinterlassen. Das Gedicht »Parricida« in der *Fürstin Russalka* läßt an Deutlichkeit nichts zu wünschen übrig:

Der schwere Fluch, der auf dem Haupt mir lastet,
Drückt mich darnieder in den Straßenkot;
O Gott, o Welt, erbarmt euch meiner Not;
Ihr wißt, weswegen ich ihn angetastet.

Ihr wißt, ihr selber jagtet mich hinein,
Mit tausend Peitschenhieben ins Verderben;
Nehmt mich zur Sühne denn und laßt mich sterben,
Nur laßt mich nicht so schimpflich elend sein.

Ich war nicht schlecht; nun mag ich's freilich werden,
Gab ich mein Bestes doch zum Opfer hin.
Nehmt mich hinweg, solang ich Mensch noch bin!
Ein Tier, ein Teufel werd ich sonst auf Erden.

Das Gedicht trägt später den Titel »Am Scheideweg«. Schuld ist
metaphysische Pein, Sühne deren metaphysische Therapie. Für Franklin Wedekind, den »Krösus an Vernunft«, wie er sich im Gedicht
»Enttäuschung« (1885) nennt, fällt sie weg. Als Autor verarbeitet er
den Vater-Sohn-Konflikt in immer neuen Wiederholungen.

Die Vernunft als sittliche Kraft jenseits der religiösen Kategorien
von Gut und Böse verleitet ihn zu einem taktischen Manöver.
Franklin Wedekind sucht die Mutter für seinen schriftstellerischen
Lebensplan zu gewinnen, indem er ihren eigenen dichterischen
Ehrgeiz weckt. Hinter dem Rücken ihres Ehemannes soll sie, vom
Sohn angestiftet, ihre Lebensgeschichte unter dem Titel *Bewährte
Liebe* durch die Vermittlung Karl Henckells in der Familienzeitschrift *Vom Fels zum Meer* (die später in der *Gartenlaube* aufgeht)
veröffentlichen. Gleichzeitig legt Franklin Wedekind der Mutter
das Manuskript seiner ersten längeren Erzählung mit dem Titel
Marianne zur kritischen Beurteilung vor. Doch die Formel der
Verschwörung unter Kunstgesinnten auf dem Grundsatz der gegenseitigen Wertschätzung zieht nicht. Emilie Wedekind hat keine
hohe Meinung von Franklins Schriftstellerei.[19] Rechthaberisch und
ausführlich, ohne jede Ahnung vom poetischen Anliegen des Soh-

nes, legt sie dar, wie sie den Stoff behandeln würde, denn dieses Melodrama, die Geschichte einer unglücklichen Ehe und das Leiden einer Mutter an einem unnützen und lasterhaften Sohn ist ihr ja buchstäblich auf den Leib geschrieben. Wenn Franklin Wedekind von der Mutter Einsicht für seine dichterischen Intentionen erhofft hat, sieht er sich getäuscht. »Du bist in Angst wegen Deiner Novelle«, schreibt ihm die Mutter am 10. Mai 1887. »Ich auch. [. . .] Meiner Ansicht nach ist es die starke, tiefe Leidenschaft und ein großer Gedanke, der ihr abgeht. Siehst Du, wenn Deine Marianne zum Beispiel an ihrer Liebesbedürftigkeit zugrunde ginge, so wäre das schon eine Idee, die jedenfalls wenig Leser kalt ließe.«[20]

Den Vater in dieser Geschichte, der seinem Sohn durch eine liberale Erziehung zum Faulenzertum und einem schlechten Charakter verhilft, läßt Franklin Wedekind durch einen Pferdetritt umkommen. So ist die Schuld des Sohnes auch noch literarisch festgeschrieben. Unter Freunden wird er immer wieder behaupten, er habe seinen Vater erschlagen.

Die Wirklichkeit holt die Fiktion ein. Am 11. Oktober 1888 wird Friedrich Wilhelm Wedekind vom Schlag getroffen.

Zürich zum Beispiel

Vor dem Spiegel

(An mich selber mit einem Glas Egliswylersauser in der Hand)

Hier, dieses Glas, ich trink es auf dein Glück!
Mög es dir wohl ergehn zu allen Zeiten.
Du schaust mich an mit freudig heiterm Blick –
Wirst du fortan auch Freude mir bereiten?

Du meinst, es werde wohl so schlimm nicht gehn;
Glaub mir, schon manchem ist sein Stern gesunken. –
Wie werden wir, mein Freund, uns wiedersehn,
Nachdem du aus dem großen Kelch getrunken.

Zwar trau ich dir; du hintergehst mich nicht;
Von dir hab ich noch wenig Leid erfahren.
Allein, das wechselt mit dem Sonnenlicht:
Man kann ein andrer werden mit den Jahren.

Was drum auch komme, bleib dir selber treu,
Laß dir zur Not den eignen Wert genügen!
Folg der Vernunft; Verachte das Geschrei
Des lauten Pöbels und der Eintagsfliegen;

Auf daß, wenn wir dereinst in weißem Bart
Und weißem Haar uns wiederum begegnen,
Ich greifen darf die Gunst der Gegenwart
Und, dich umarmend, unsere Freundschaft segnen.

Wedekind

Zürich bedeutet in Franklin Wedekinds Biographie keine zufällige, sondern durchaus eine »tiefere« Stadt. Das Jahr 1887/88, das er dort verbringt, ist eines der traumatischsten seines Lebens. Es bringt den Bruch mit dem Vater, den Versuch einer Versöhnung, die durch den Tod Friedrich Wilhelm Wedekinds für immer unvollzogen bleibt, aber auch die ersten eigenen Schritte, Vorboten einer materiellen und künstlerischen Unabhängigkeit, der er sich als Lebensziel verschreiben wird.

Zwischen Lenzburg und Zürich pendelnd, wartet er auf die Auszahlung seines Erbteils, das ihm einige Jahre »freien« Schaffens ermöglichen wird. Das Jahr 1889 bringt die Erlösung: Das Erbe wird, bis auf die Anteile am Schloßbesitz, ausgezahlt. Franklin Wedekind wird das Geld, 20 000 Franken, die ihm nach und nach zufließen, in weniger als drei Jahren durchbringen bis auf den letzten Rappen. Das ist unter anderem ein symbolischer Akt: Das Geld ist *auch* väterliche Lebenssubstanz. Erst als diese restlos aufgebraucht ist, steht er auf eigenen Füßen. Jahrelang wird er sich nachher durchhungern bis zu seinem ersten großen Erfolg, der sich erst 1905 mit Max Reinhardts Berliner Inszenierung von *Frühlings Erwachen* einstellen wird.

1885 zählt Zürich 25 000 Einwohner und zwanzig Bordelle.[1] Die Stadt steht im Ruf, leichtlebig und liberal zu sein, ein Gerücht, das weniger auf die einheimische protestantisch-puritanische Bevölkerung als auf die große deutsche Kolonie zutrifft. Diese setzt sich überwiegend aus politischen, intellektuellen und künstlerischen Immigranten zusammen, deren Anschauungen und Lebensart in Deutschland durch das Bismarck-Regime enge Grenzen gezogen worden sind. Für einige Jahrzehnte, bis zum Ersten Weltkrieg, sind die deutschen Dissidenten in Zürich tonangebend. Alle Ordinariate der neugegründeten Universität sind zunächst von deutschen Staatsbürgern besetzt.

Zürich ist aber auch die Stadt, in der erstmals den Frauen Zugang zum Hochschulstudium gewährt wird.[2] Als erste Zürcher Historikerin promoviert 1891 Ricarda Huch mit einer Dissertation über *Die Neutralität der Eidgenossenschaft, besonders der Orte Zürich und Bern, während des Spanischen Erbfolgekrieges.*[3] Den Kreisen der neuen Dichtung um Henckell, Wedekind und Hauptmann, von denen sie wohl weiß, hält sich die Konservative fern, vor allem wegen des Geruchs der Sozialdemokratie, der den Naturalisten anhaftet: »Das bedeutete für die damalige Bourgeoisie ungefähr dasselbe wie Verbrecher zu sein«, schreibt Ricarda Huch.[4] Zürich, so sieht es auch der Augenzeuge Franz Blei, steht im Ruf, die »geheime Hauptstadt der Sozialdemokratie« zu sein.[5]

Zumindest die Literaten scheinen sich indessen wenig um die Politik und dafür um so mehr um die bürgerlichen Wonnen des Lebens gekümmert zu haben.

Unter den Kontakten, die Henckell seinem Freund Wedekind in Zürich vermittelt hat, scheinen die Begegnungen mit den beiden Altmeistern des Realismus, Gottfried Keller und Conrad Ferdinand Meyer, unergiebig geblieben zu sein. (In Wedekinds Nachlaß findet sich keine Andeutung über einen Austausch oder einen tieferen Eindruck.[6]) Wichtiger ist Wedekinds Annäherung an den deutsch schreibenden schottischen Dichter John Henry Mackay, dessen anarchistische Lyrik ihn beeindruckt, an Henckells Vetter Karl Bleibtreu, an Otto Erich Hartleben, die Brüder Hart, die ihn veranlassen werden, ihnen nach Berlin zu folgen, und vor allem an die Brüder Carl und Gerhart Hauptmann.

Gerhart Hauptmann hat sich in seinen 1937 erschienenen Jugenderinnerungen[7] ausdrücklich auf die *Modernen Dichtercharaktere* als entscheidenden Impuls für sein Schaffen berufen. Karl Henckell, den er in Zürich kennenlernt[8], stellt nicht nur die Verbindung zwischen ihm und Franklin Wedekind her, sondern vermittelt beiden Dichtern die Begegnung mit dem Psychiater Auguste Forel.[9] Ein Glücksfall, denn Hauptmann ist nur vorübergehend in Zürich, als Gast seines Bruders Carl, der bei dem Philosophen Avenarius studiert und sich an der Universität Zürich habilitieren möchte: »Das kleine Haus meines Bruders Carl und meiner Schwägerin Martha in der Freien Straße wurde damals etwas wie eine platonische Akademie, die allerdings mehr den Geist des ›Gartens‹, will heißen des epikurischen Kreises atmete.«[10]

Der unruhige Haufen der »werdenden Dichter«, die in Zürich ungeduldig an der Startlinie der Zukunft scharren und auf den Startschuß aus dem Reich warten, ist nie zu einer Schicksalsgemeinschaft, geschweige denn zu einer Bruderschaft zusammengewachsen. Man trifft sich wohl im geselligen Kreis, tauscht Informationen aus, aber man belauert sich auch gegenseitig: Wem wird zuerst der große Durchbruch gelingen, von dem alle reden, als wäre er schon Tatsache? Jeder glaubt inbrünstig an seine eigene Berufung. Nur zwei Dichter aus dem heterogenen Zürcher Kreis werden mit völlig konträren Werken zu wirklichen Erfolgsfiguren ihrer Epoche werden: Gerhart Hauptmann sehr bald und zwanzig Jahre später erst Franklin Wedekind. Als 1889 in Berlin die erste deutsche naturalistische Novelle, *Papa Hamlet* von Arno Holz und Johannes Schlaf erscheint, läßt Gerhart Hauptmann in Zürich alles stehen und liegen und reist nach Berlin, um dabei zu sein. Auch Wedekinds nächstes Ziel wird, nach Abklärung seiner Erbansprüche, Berlin.

Die historische Begegnung der beiden in Zürich bleibt, auch in Hauptmanns Erinnerungen, unbestimmt: »Karl Henckell und Frank Wedekind sind die Namen von jungen werdenden Dichtern, die damals von dem Hause in der Freien Straße angezogen wurden. Man traf sich natürlich auch in Lokalen außerhalb.« Hauptmann erweckt den Eindruck, er sei in den wenigen Monaten seines Zürcher Aufenthaltes das geistige Zentrum jener Stadt gewesen. Die Legendenbildung erfolgt vom Hochsitz des literarischen Ruhms, der ihn schon wenige Jahre nach dem Sommer in Zürich eingeholt hat. Dort jedoch sticht er kaum aus der Masse der Propheten heraus. Hauptmann hält sich als Lernender in Zürich auf und stößt dort auf Anregungen und Stoffe, die ihm in Deutschland unzugänglich sind. Hier mag die Vermittlerrolle Henckells wichtig gewesen sein, aber auch, wenn es um die neue Weltliteratur geht, diejenige von Franklin Wedekind:

»Ich hatte Zola, daneben als ersten Russen Turgenjew, später Dostojewski und schließlich Tolstoi wesentlich in mich aufgenommen, wobei das größte Erlebnis, das mich immerwährend durchwühlte, Dostojewski blieb. In diesem Sinne, wie angedeutet, blieben Keller und Meyer zwar göttliche, aber peripherische Eindrücke. [. . .] Ein Dichtwerk, das weiterhin auf uns den größten Eindruck machte, hatte den Amerikaner Walt Whitman zum Verfasser und trug den deutschen Titel *Grashalme*. Nicht zuletzt durch unsere Begeisterung hat er dann seinen Weg gemacht und ist in einer herrlichen Übertragung in den Bestand unserer Literatur übergegangen.«

Wie wir aus Sophie Haemmerli-Martis Überlieferungen wissen, hat sich Wedekind diese Autoren schon früher angeeignet (vgl. S. 104). Auch ist er, unter dem Einfluß von Olga Plümacher, einer der ersten seiner Generation, der Nietzsche gelesen hat (*Also sprach Zarathustra* war 1883 erschienen). Möglicherweise hat er Hauptmann und die anderen »Jungdeutschen« nicht nur auf jene Autoren, sondern auch auf Nietzsche aufmerksam gemacht.

Dagegen scheint Wedekind die entscheidende Begegnung mit der modernen Psychiatrie durch Hauptmann erfahren zu haben, der sie wiederum seinem Bruder Carl verdankt. Deren Hochburg befindet sich damals noch nicht in Wien, sondern in Zürich: Es ist die psychiatrische Klinik »Burghölzli«. Hier treffen sich die Interessen Hauptmanns und Wedekinds. Hauptmann berichtet von seinen häufigen Besuchen in der Klinik. Deren Direktor, der Psychiater und Entomologe Auguste Forel, ein Vorkämpfer der Abstinenzbewegung, führt ihm die verheerenden Folgen des Alkoholismus an Patientenbeispielen vor. Im Wintersemester 1887/88 findet Forels aufsehenerregendes Kolleg über den Hypnotismus statt. In Wedekinds Tagebüchern gibt es Hinweise, daß sich der Dichter, wohl unter dem Eindruck Forels, auf Hypnose-Experimente eingelassen hat.

Es läßt sich nicht übersehen, daß Forel die neuesten Erkenntnisse seiner psychiatrischen Schule nicht nur im Sinne einer allgemeinen hygienischen Aufklärung, sondern auch durch rigorose Eingriffe am »Volkskörper« durchzusetzen bestrebt ist, die die individuellen Rechte der Patienten auf das fragwürdigste ignorieren: Forel hat vor der Jahrhundertwende eine Rolle gespielt, die heute gern vergessen wird, die aber für die Ideologiebildungen des 20. Jahrhunderts von verhängnisvoller Bedeutung gewesen ist. Er war einer der ersten »Rassenhygieniker« der Neuzeit, der seine Theorien über »Rassenentartung und Rassenhebung« unter anderem auch im Zürcher Arbeiterbildungsverein »Eintracht« am Neumarkt vorgetragen hat.[11]

Die moderne Psychiatrie schafft mit der strengen Linie, die sie zwischen »normalem« und »psychopathischem« Verhalten zieht, die Hebel für die Machtentfaltung ihrer eigenen Disziplin. Für die junge Dichtergeneration in Zürich um 1890 ist der Begriff der Psychopathologie eines der zentralen Diskussionsthemen. Nächtelange Dispute finden nicht nur in den Wohnungen Henckells, Hauptmanns und Wedekinds statt, sondern auch in öffentlichen Lokalen. Besonders beliebt ist der »Schwertkeller« an der Gemüsebrücke. Das Fehlen einer Polizeistunde (sie wird erst 1916 durch Volksabstimmung eingeführt) fördert die künstlerisch-intellektuelle Atmosphäre und das Gefühl der Freiheit.

Wedekind verhält sich in diesem bunten Haufen von Weltverbesserern als Außenseiter. Während sich die Naturalisten, die Sozialisten, die Deutschnationalen in Zürich zusammenscharen, ihre Parolen formulieren, ihre Leitbilder wählen und sich gegenseitig befehden, schaut Wedekind dem Treiben zu und reagiert darauf, indem er, getreu seiner Kampferklärung an den »Götzen der Feierlichkeit«, jede Ideologiebildung mit seinem kaustischen Humor unterläuft. So ist von »Rassezüchtung« in seinem Werk mehrfach ironisch die Rede. Über den Stammtisch-Imperialismus der Deutschnationalen ergießt der Dichter mit doppelt fundierter republikanischer Familientradition wenig später den unerhört aufsässigen, schneidenden Spott seiner politischen *Simplicissimus*-Gedichte. Die deutsche Zensur wird es ihm heimzahlen und durch jahrzehntelange rigorose Eingriffe in sein Werk dessen Erfolg hinauszögern.

Neben seiner Ablehnung des Naturalismus ist Wedekinds Hauptthema, das er vor allem in hitzigen Diskussionen mit Gerhart Hauptmann erörtert, das Wesen des »Normalen« im Gegensatz zum »Krankhaften« oder, im Sinne der modernen Psychiatrie: das »Psychopathische«. Der »Realpsychologe« Wedekind, Atheist und Pessimist aus Überzeugung, kommt nicht umhin, sowohl das »normale« als auch das »pathologische« Verhalten des Menschen als komisch zu empfinden. Aus dieser Anschauung ergeben sich die Differenzen zwischen Wedekind und Hauptmann, der, dem Fortschrittsglauben verpflichtet, Wedekinds Thesen ablehnt und den starrköpfigen Kontrahenten heimlich als Psychopathen einschätzt.

Die Spur dieser Auseinandersetzung, die sich in dem tödlich

beleidigenden Skandalon des *Friedensfests* verdichten wird, findet sich auch in Wedekinds *Tagebüchern*. Unter dem Datum des 26. Mai 1889 kann man über einen Besuch nachlesen, den Franklin Wedekind Gerhart Hauptmann in seinem Wohnort Erkner abstattet, wo sich, kurz nach Hauptmanns hastiger Abreise aus Zürich, bereits der berühmte »Friedrichshagener Kreis« gebildet hat. In diesen Aufzeichnungen entsteht ein Hauptmann-Bild, das an sarkastischer Schärfe und Prägnanz seinesgleichen sucht. Es ist, nebenbei, auch ein Meisterstück Wedekindscher Erzählkunst, voll Ironie und scharfem Witz. Der Erzähler, den man sich in seiner nun schon berühmten dandyhaften Aufmachung mit Gehrock, Zwicker und Chapeau claque vorstellen muß, erlebt wie ein Besucher von einem fernen Planeten mit ungläubigem Staunen die Figuren des Hauptmannschen Naturalismus, die ihm bei seinem Besuch in der märkischen Vorstadt buchstäblich über den Weg laufen:

»Ich frage einen Polizisten, wo Erkner liege. – Das existiere gar nicht. Das kenne er selber nicht. Bei Tisch lasse ich mir einen Fahrplan reichen und fahre mit der Stadtbahn hinaus. Halbwegs steigt ein blindes, aber ganz anständig gekleidetes Mädchen ein, zieht eine Blechflöte aus der Tasche und hat eben zu spielen begonnen, nicht viel besser, als ich es tun würde, als sie vom Kondukteur barsch zurechtgewiesen wird. In Erkner weist mir ein Bahnwärter den Weg zur Villa Lassen. In einiger Entfernung sehe ich hohe Schlote ragen und denke an den bleichen Wärter und die Kalköfen aus Hauptmanns Gedichten. Der Weg ist grauendlos sandig, so daß ich alle Mühe habe, vorwärts zu kommen. Am Ende des Dorfes liegt die Villa, ein einfaches Haus mit hohem, herrschaftlichem Hochparterre und niedrigem zweiten Stock, in einem nicht sehr üppigen, aber doch behaglichen Garten. Beim Eingang kommt mir ein Eskimohund entgegen, der mich zu kennen scheint. Ich sehe aber doch sofort, daß es nicht Hela ist. Hinter dem Hause finde ich die Gesellschaft Croquet spielen. Gerhart Hauptmann empfängt mich mit offenen Armen, führt mich zu seiner Frau und seiner Schwägerin und stellt mich seinem Freund

Schmidt und dessen junger Frau vor. Die Partie Croquet wird fortgesetzt, wobei ich nicht über den zweiten Bogen hinauskomme.

Alle freuen sich offenbar sehr, mich wiederzusehen. Hauptmann lädt mich ein, nun recht oft herauszukommen, da er sich oft unglaublich langweile. *Papa Hamlet,* von Arno Holz und noch einem, sei ein epochemachendes Werk, wodurch dargetan werde, einzig und allein das Drama sei das der Wirklichkeit entsprechende Kunstgebilde. Daß es von Arno Holz ist, soll Geheimnis bleiben. Julius Hart hat es mir am Freitag mitgeteilt in der Voraussetzung, ich wisse es bereits. Hauptmann ist im Begriff, es mir zu verraten, schluckt es aber glücklich noch hinunter, da er sieht, daß ich bereits darum weiß. Er erkundigt sich nach Karl Henckell, nach Hammis Hochzeit[12], wobei ich sofort kleinlaut werde und mich selber auf dem Sprung fühle, wieder mal mein ganzes Herz auszuschütten. Er fragt, was man Freitagabend gesprochen. Ich erinnere mich keiner Einzelheiten. Tatsächlich bildete am Freitag zuerst Karl Henckell das Thema. Worauf Dr. Lange behauptete, die Berge verengen den Horizont, während er durch die Ebene und das Meer erweitert werde. Darauf ließ er sich in eine Apologie des Wortes ›Scheißen‹ aus, und schätzte sich glücklich, solch ein Wort zu besitzen. Dann schwärmte die ganze Gesellschaft von Kasperletheater als von den schönsten Jugenderinnerungen. Als ich zufällig das Wort ›psychopathisch‹ brauche, entgegnet Dr. Lange, das verständen sie hier nicht. Das Wort ›psychopathisch‹ kenne man nur in der Schweiz. Dann sank das Gesprächsniveau [. . .]

G. Hauptmann liest in seinem Arbeitszimmer den ersten Akt eines Dramas vor. Er hat nämlich auf *Papa Hamlet* hin seinen Roman ohne Besinnen beiseite geworfen und in sechs Wochen ein Drama geschrieben. Er liest das Stück mit allem Ausdruck, mit dem sich etwas lesen läßt. Das Arbeitszimmer ist sehr geschmackvoll mit Büsten, Bildern und Raritäten dekoriert, ohne überladen zu wirken. Der Schreibtisch steht zwischen den Köpfen von Sokrates und Herodot, die bei starkem Auftreten auf ihren Postamenten allerdings sehr bedenklich wackeln. Über dem Tisch schwebt mit ausgebreiteten Fittichen ein Adler, der einen aufgespannten chinesischen

Sonnenschirm in den Klauen hält. Nach beendigter Lektüre und einem kurzen Gang durch den Garten wird zum Abendbrot gebeten. Der Tisch ist mit dreierlei Fisch, zweierlei Fleisch, viererlei Kompott und einem schweren Reispudding besetzt. Frau Hauptmann hat Ahnungen. Sie hat geahnt, daß ich nicht allein aus der Schweiz hergereist bin, worüber sie dunkelrot wird, und daß es mit meinem amerikanischen Bürgerrecht einen Haken habe. Zur Verdauung begibt man sich in den Garten, wo für die Kinder ein Trapez aufgehängt ist, in dem sich's der Hausherr so bequem wie möglich macht. Die Damen sitzen auf Stühlen im Kreis herum, teilweise rauchend, um nämlich die Mücken zu vertreiben. Gerhart H. sieht übrigens auf ein Haar aus wie ein Tollhäusler, mit seinem grotesken, etwas blöden Profil, mit rattenkahl geschorenem Kopf, in schweren, nußfarbig dunklen Wollkleidern, die ihm um den Leib hängen, als hätte sie der erste beste Dorfschneider verfertigt. Die Frauen tragen sich sehr geschmackvoll. Frau Gerhart in schwarzer Seide, ihre Schwester in weißer Wolle. Während des Verdauens wird mit lebhafter Teilnahme die Frage ventriliert, welche Art von Selbstmord die bequemste sei. Ich tische die Äußerung von Frau Hilder auf, die sich besonders für den Sturz in einen Lichthof hinunter erwärmte. Nach Sonnenuntergang begleiten Gerhart und ich das Ehepaar Schmidt nach Hause. [. . .]

Gerhart H. meint, daß mir die Liebe vielleicht doch nicht so gänzlich fehle, er halte mich für aufopferungsfähig etc. Ich gebe ihm das gerne zu, doch bedeuten für mich diese Gefühle nicht Stärke, sondern Schwäche. Sie würden mich in meiner sittlichen Kraft nicht befestigen, sondern untergraben.

Nachdem ich von den Damen Abschied genommen und noch zwei Apfelsinen habe einstecken müssen, geleitet er mich zum Bahnhof. Ich nehme Abschied von ihm, indem ich mich durch den Anblick seines ungetrübten Glücks wohltuend berührt, ja fast gehoben fühle. Ich beneide ihn nur mit den reinsten Gefühlen und empfinde es schmerzlich, daß er bei alledem fürchtet, es könnte diese Nacht bei ihm eingebrochen werden. Welti aufzusuchen, hege ich kein Verlangen. Ich bleibe bis gegen zwei im Cafe Bauer.

Als ich Gerhart H. fragte, wie es mit der Gesundheit stände, entgegnete er mir, er habe den Winter über gefürchtet, an Rückenmarkstarre zu leiden. Ich entgegne, daß ich noch wenig junge Menschen unseres Alters in unseren Verhältnissen gefunden hätte, die nicht gefürchtet hätten, an Rückenmarkstarre zu leiden. Es ist ihm nicht gut möglich, sein Behagen darüber zu verbergen.«

Das ist nicht nur eine boshafte Satire über die Spießerhaftigkeit des Friedrichshagener Kreises, sondern auch das Zeugnis einer verratenen Freundschaft. Der große Vampir Hauptmann, der seinen Tischgästen das Lebenselexier abschmeichelt, aus Wedekind die Familiengeschichte gesaugt hat und das intime Geständnis über das mütterliche Erbteil, die *froideur du cœur,* entläßt den Leergebluteten aus seinem Kreis.

Das Wort »psychopathisch« steht zwischen ihnen. Beide verstehen seit Zürich dessen Bedeutung; jeder wird dem epochalen Begriff, den jener arrogant-ignorante Dr. Lange so schnöde mit schweizerischem Provinzlertum gleichsetzt, eine poetische Chance abgewinnen. Hauptmann wird im *Friedensfest* die Familie Wedekind als abschreckende pathologische Fallstudie vorstellen: Die Anormalen, das sind immer die anderen. Wedekind wird die behauptete Norm bürgerlichen Wohlverhaltens selber der Prüfung unterziehen und ihren doppelten Boden nachweisen.[13]

Hauptmann hat es sich mit Wedekind leicht gemacht, indem er ihn literarisch unter die Schizophrenen geschickt und seine Familie ebenfalls für pathologisch erklärt hat. Man kann nur vermuten, was dem Instinktmenschen Hauptmann an seinem intellektuellen Antipoden fremd und unberührbar vorgekommen ist, nämlich dessen analytische Kühle:

»Henckell schien unkompliziert und war überaus gutmütig. Frank Wedekind, dessen Sarkasmus zuweilen beißend ward, mokierte sich über die Langeweile, die Henckell ausstrahlte.«[14]

»Uns kommt man nur noch mit der Komödie bei.« Das sagt Dürrenmatt, der Autor der *Physiker* drei Generationen später. Wedekind, sein Vorbild, erlebt schon 1889 die Welt als Irrenhaus und siedelt den »Tollhäusler« Hauptmann darin an.

Fortan werden sich die beiden meiden und befehden.

Gerhart Hauptmann hat in seinen Jugenderinnerungen dem Kontrahenten nachträglich die Meisterschaft im Bereich der radikalen »realpsychologischen« Menschendarstellung bescheinigt:

»Zwar ich schrieb an einem Roman, in dem ich wahrhaftig und bekenntnishaft, ähnlich wie Rousseau, auftreten wollte, auch auf sexuellem Gebiet. Die Krisen der Pubertät und der Jugend in diesem Betracht wollten mich gleichsam zum Ankläger, wenn nicht zum Retter aufrufen. Wir diskutierten zuweilen darüber. Ein Niederschlag jener Zeit und jenes Bereichs ist *Frühlings Erwachen* von Wedekind.

Er übertrifft mich an rücksichtsloser Wahrhaftigkeit.«

Vom Schloß zum Zirkuszelt
Schlußbetrachtung

»Mithin«, sagte ich ein wenig zerstreut, »müßten wir wieder von dem Baum der
Erkenntnis essen, um in den Stand der Unschuld zurückzufallen?«
»Allerdings«, antwortete er, »das ist das letzte Kapitel von der Geschichte der
Welt.«

Kleist

W eit nachhaltiger als die Begegnung mit Gerhart
Hauptmann wirkte die Auseinandersetzung mit
Nietzsches *Zarathustra* auf Franklin Wedekinds
dichterischen Werdegang.
Es gibt unter den frühen, meist noch unveröffentlichten Nachlaß-
Bruchstücken zahlreiche Hinweise darauf, daß Wedekind vor allem
die Nietzscheschen Metaphern schon früh spielerisch in seine Dichtung übernommen hat. Bis heute ist der Einfluß des um zwanzig
Jahre älteren Pastorensohns auf den jungen Dichter Wedekind nicht
bis in die letzten Einzelheiten geklärt. Kutscher hat diese Klippe
bekanntlich umschifft, indem er Nietzsches Einfluß auf Wedekind
herunterspielt. Aus den *Tagebüchern* wissen wir, daß Wedekind
spätestens in Paris intensive Nietzsche-Studien betrieben hat und
ihn auch in einem Gedicht erwähnt (»Kapitulation«) und in einem
anderen, unveröffentlichten mit dem Titel »Der Übermensch« (vgl.
S. 377) gar parodiert. Doch läßt sich nachweisen, daß Wedekind
Nietzsche schon früher gekannt hat, ja, daß er es möglicherweise
gewesen ist, der den großen Umstürzer, der für die neue Dichtergeneration von entscheidender Bedeutung werden wird, in den Züricher Dichterkreis eingeführt hat (vgl. S. 329). Olga Plümacher
hatte ihn längst mit den Grundlagen von Nietzsches Philosophie
vertraut gemacht. Dabei scheint sich Wedekind vom Schopenhauerschen Pessimismusprinzip immer mehr entfernt und sich Nietzsches
Nihilismuskonzept angenähert zu haben, was sich in verschiedenen

(meist unveröffentlichten) Gedichten dieser Zeit ausdrückt. In seinen Bemerkungen zu *Frühlings Erwachen* bringt Wedekind die Gestalt des Selbstmörders Moritz Stiefel mit der Philosophie Nietzsches (das heißt mit dem Prinzip des Nihilismus) in Zusammenhang. In der kürzlich veröffentlichten Urfassung der *Büchse der Pandora* (vgl. S. 343) wird die Gestalt der »Lulu« mit direkten Bezügen auf Nietzsches *Zarathustra* eingeführt.

Franklin Wedekinds Existenz befindet sich nach dem Tod seines Vaters in der Schwebe. Zwischen den Familienmitgliedern ergeben sich Rechtsstreitigkeiten um den väterlichen Nachlaß, die sich, wie aus den *Tagebüchern* hervorgeht, bis zum Verkauf des Schlosses im Jahre 1892 hinziehen: Die feste Burg ist gefallen. In dieser Wartezeit, die durch Reisen nach München, Paris, London und Berlin äußerlich den Anschein von hektischer Betriebsamkeit erweckt, entsteht eine Idee, die wie eine Initialzündung wirkt. Sie vereinigt zwei scheinbar inkommensurable Anschauungswelten miteinander: die des *Zarathustra* und die des Zirkus. Hier wird die Brücke geschlagen, die die Erfahrungen der Jugend mit den Visionen der Zukunft verbindet.

Die alljährlichen Gastspiele des (damals noch winzigen) Familienunternehmens »Knie« sind Wedekind seit seinen Kindheitstagen vertraut: Damals haben sie sich buchstäblich unter seiner Nase abgespielt, am Fuß des Lenzburger Schloßbergs, wo der Zirkusdirektor Knie das Zirkusseil über den Platz zwischen dem Hotel Krone und dem Hotel Löwen zu spannen pflegt. In Zürich, wo Wedekind zahlreiche Zirkusvorstellungen besucht, sammelt er neue Erfahrungen und Erkenntnisse, aus denen sich die für sein Werk zentrale Metapher des Zirkus herauszubilden beginnt.

Allerdings handelt es sich zunächst nicht, wie die Wedekind-Legende und Kutscher behaupten, um das Gastspiel des (deutschen) »Zirkus Herzog«, mit dem Wedekind angeblich ein halbes Jahr als Sekretär gereist sei, sondern um die vom »Schnellmaler« Willy Wolf Rudinoff bezeugten häufigen Besuche Wedekinds im Pfauentheather, wo er den dort gastierenden französischen Wanderzirkus »Cirque Délbosque« erlebt hat:

»Der ›Cirque Délbosque‹ bestand eigentlich nur noch aus der fünfköpfigen Familie des Direktors, einem Nudelbrettschimmel und einem Geschäftsführer [...] Madame war der Typus einer braven Zirkus-Mutter [...] Sie gab ihrem etwa sechzehnjährigen Töchterchen, Mademoiselle Thérèse, Unterricht auf dem Drahtseil [...] Es war interessant, zu beobachten, daß die Kinder dieses Zirkus-Ehepaares ohne Katechismus und Schullehrerdressur, ohne Töchterpensionate und Religionsunterricht aufgewachsen, den Eindruck von keuschen Menschenkindern machten, für die es keine Frühlings-Erwachen-Probleme gab.«[1]

Zirkus als Familienunternehmen: Der schillernde Doppelsinn dieser Konstellation für sein eigenes Leben und für seine Kunst muß Wedekind hier bewußt geworden sein. Es fällt auf, daß seine *Zirkusgedanken* und die damit zusammenhängenden Metaphern ihn in dem Zeitraum zu interessieren beginnen, da seine Familie, durch seinen Bruch mit dem Vater, deutliche Zeichen der Auflösung aufweist. 1889, kurz nach dessen Tod, ziehen die vier Söhne fluchtartig fort. Armin, der älteste, hat sich verheiratet und lebt nun als Arzt in Zürich. William Lincoln und Donald reisen nach Amerika. Am 17. August schreibt die jüngste Schwester Emilie (»Mati«) von einem Pensionat in Darmstadt aus an ihren Bruder Franklin über den Versuch der Mutter, das Schloß als Fremdenpension einzurichten:

»Am liebsten möchte ich es gar nicht mehr sehen. Was würde Papa sagen, wenn er es sähe und wenn er mich die Kellnerin machen sähe. Ich glaube, er würde es uns nie verzeihen, daß wir es zugelassen haben. – Wenn ich nach Hause komme, werde ich Mama im Hause beistehen und helfen, aber in die Wirtschaft bringen sie mich mit 20 Pferden nicht. Mieze [die Schwester Erika] läßt sich das alles gefallen, weil sie jetzt noch die erste Rolle in Lenzburg spielt. Aber wie bald wird sie sie nicht mehr spielen und dann, was ist sie dann?«[2]

In seinen *Tagebüchern* berichtet Franklin Wedekind im gleichen Sommer, am 27. Juli 1889, von einem Traum, in dem die eigene Familie, zerbrochen und aufgelöst, zum Sinnbild einer Gauklertruppe wird:

»Die letzte Nacht verfolgte mich ein wüster Traum, in dem sich mir unser Heim im unerquicklichsten Lichte zeigte. Es war eine Art Tingeltangel geworden, in dem meine Mutter und Donald die Hauptpersonen waren und Kunststücke machten. Ich saß unter den Zuschauern.«

In der Münchener Stadtbibliothek befindet sich das unveröffentlichte Manuskript *Ännchen Tartini. Die Kunstreiterin. Große Romanze in sieben und sechzig Strophen und einem Prolog, mit einem moralischen Hintergrund, gesetzt und gesungen durch einen fahrenden Sänger zu München im Jahre des Heils 1886.* Die Wörter »moralischen« und »fahrenden Sänger«, »zu München« und die Jahrzahl »1886« sind später durch »socialen«, »alten Leiermann«, »Zürich« und »1887« ersetzt worden. Unter dem Titel findet sich das Motto: »Wie lieblich sind alle seine Werke, wiewohl man kaum ein Fünklein davon erkennen kann!   Jesus Sirach: 43,23«[3]

Der »Leierkastenmann« (oder der »fahrende Sänger«) trägt die Moritat vom Zirkus-Familienunternehmen Tartini vor. Die sechzehnjährige Kunstreiterin als Hauptattraktion des Zirkus feuert allabendlich mit ihren zierlichen Reitkünsten im Manegenrund die erotischen Phantasien der sie im Kreise begaffenden Männerwelt an:

> Und die Herren schauen's lieber
> Mit der Brillen auf der Nas'
> Setzen noch den Zwicker drüber
> Und davor ein Opernglas.
>
> Und so forschen und so spähen
> Nach dem süßen Wunder sie,
> Ob es Wahrheit, was sie sehen.
> Ob es Spiel der Phantasie.

Ännchen Tartini, Symbol für das »Spiel der Phantasie«, ist, wie sich herausstellt, käuflich. Das Familienunternehmen Tartini ist in Wahrheit ein Bordell, in dem das Objekt der Begierde zunächst von Vater und Bruder inzestuös mißbraucht und schließlich von der

Kupplerin-Mutter dem Meistbietenden unter den Zuschauern gegen klingende Münze verschachert wird:

> Ja, die Stunden waren trübe,
> Bis ich schließlich mitgelacht.
> Vaterliebe, Bruderliebe
> Hatt' ich anders mir gedacht. –
>
> Aber nun ist Bühnenweihspiel,
> Wie zu Zeiten in Bayreuth;
> Nach dem weltberühmten Beispiel
> Wird der Tempel eingeweiht.
>
> Muttersegen, Muttergüte!
> Mutter, wie begriff ich schnell!
> Meines Leibes zarte Blüthe
> Sei dir ein Dukatenquell!
>
> Sollst auch nimmer jammern müssen
> Über kärglichen Gewinn!
> Herzen sollst du mich und küssen,
> Weil ein emsig Kind ich bin.
>
> [. . .]
>
> Drum [ihr] Herrn, ihr Männerscharen!
> Meine Kunst ist goldeswerth.
> Nehmt die Stunde bei den Haaren.
> Eh' sie euch den Rücken kehrt!

Kunst als zynischer Kommerz. Die spöttische Parodie zwischen Zirkusfreudenhaus und Wagners Bühnenweihspielen beleuchtet einen viel zu wenig beachteten Aspekt der Moderne, der Wedekind von Anfang an vertraut ist, auch wenn er sie erst spät in seinem Leben zu nutzen verstanden hat: die zunehmende Identität von

Produkt und Reklame im zynischen Zeitalter der Reproduzierbarkeit und der kapitalistischen Marktgesetze. Gut ist, was sich verkaufen läßt. »Wahrheit ist Mode. La seule veritée, c'est la Mode«,
notiert Wedekind in Paris auf einem Notizblatt, das zu einem
Entwurf zur *Büchse der Pandora* gehört.[4] Und, wie der »Marquis von
Keith« ergänzen wird: »Sünde ist eine mythologische Bezeichnung
für schlechte Geschäfte.«[5]

Auf der Titelseite seines Stücks *So ist das Leben* (1902) wird
Wedekind einen Verriß des inzwischen mit ihm verfeindeten Julius
Hart als werbewirksame Reklame verwenden: »In der deutschen
Literatur von heute gibt es nichts, was so gemein ist, wie die Kunst
Frank Wedekinds.«

Die Forschung hat die komplexe Bedeutung der Zirkusmetapher
für Wedekinds Gesamtwerk noch kaum untersucht. Der Zirkus ist
unter anderem der Berührungspunkt zwischen der »machtgeschütz-
ten Innerlichkeit« des traditionellen properen Bürgertums und der
künstlerischen Scheinwelt. Im Kontakthof der Manege trifft Angebot auf Nachfrage. Geschäftswelt und Halbwelt schließen den runden Deal. Die Kunstreiterin ist unermeßliche Verheißung für unermeßliche Begierde, Reklame und Ware zugleich. Und der Dukaten
rollt unter allgemeinem Beifall.

> Und so wirft die kleine Dame
> Ihren Körper her und hin,
> In den Beinen die Reklame
> Und das Aug' voll Kindersinn [. . .]

Von Ännchen Tartini bis zu Lulu ist nur noch ein Schritt. Wedekinds »Große Romanze«, die Gedichte »Fräulein Ella Belling« und
»Ella Belling. Sonne, Mond und Sterne« und vor allem die in Zürich
entstandenen Zirkusaufsätze tragen wesentlich zum Verständnis der
Genesis dieser berühmtesten aller Wedekindschen Bühnenfiguren
bei.

In der *Neuen Zürcher Zeitung* erscheinen zwischen Juli 1887 und
August 1888 drei Aufsätze über Zirkusthemen.[6] In einer fiktiven

kulturhistorischen Plauderei mit einem Herrn Pastor verborgen, entwickelt Wedekind nichts weniger als die Grundprinzipien seiner neuen Ästhetik:

»Was wir aber verfolgen, was dahinfällt von Mal zu Mal und von uns scheidet, unwiederbringlich für's ganze Leben, das ist die goldene, sonnige Jugendfröhlichkeit, der harmlose Genuß, lachendes Spiel und süßernstes Träumen, kurz, das Glück, das wir von nun an unablässig verfolgen in rasender Carrière über Gräben, Hecken und Mauerwälle dahin, über Meer und Land, bis es schließlich, nachdem es uns durch Jahr und Tag genarrt, sich mit kühnem Sprung überschwingt und dem muth- und kraftlos Zusammenbrechenden, just während seines Sterberöchelns, noch von dort herüber kaltlächelnd die letzte Nase dreht.«

Das Reiterbild – man beachte den Doppelsinn des Begriffs »Carrière« – ist als Jagd nach dem Glück ein Sinnbild für das Leben schlechthin. Die Unerreichbarkeit des Glücksideals wird in der Zirkusmanege anschaulich. Das Glück, das sich dort im Kreise dreht, im Scheinwerferlicht, unter den gierigen Blicken der Zuschauer, bleibt nur in der Vorstellung derselben Ziel und Erfüllung. Sobald es, käuflich erworben, zum Besitz wird, verwandelt es sich in eine Hure. Wedekinds *Zirkusgedanken* nehmen Franz Kafkas berühmte doppelbödige Zirkusstudie *Auf der Galerie* vorweg:[7]

»Wenn der volle Glanz von tausend flammenden Lichtern in die Arena fällt, wenn rings in den Logen des Amphitheaters sommerlich-tropisch-buntfarbige Toiletten sich neben ernsten, in Gold und Silber blitzenden Uniformen erwartungsvoll unruhig hin- und herbewegen, während die breiten Fächer sich rasch und rascher in den schmuckreichen Händen schaukeln, wenn dann die ersten mächtigen Klänge eines herzbestrickenden Walzers die Luft erschüttern und plötzlich, gleichsam wie aus einem einzigen, unsichtbaren Riesenmörser geschossen, sechs elegante, schnaubende Trakehner, in unbändigem Galopp sich überholend, hereindringen, je zu drei und drei die Bahn durchmessend, auf einen Wink, einen Blick ihres Herrn sich drehend, sich wendend, nach rechts, nach links, ein zwei, drei Mal hintereinander ohne Tempo und Richtung zu verlieren, wenn sie wieder vereinigt Flanke an Flanke, eine breite, festgeschlossene Front, den Führer umkreisen, der am äußersten Flügel den Boden stampfend, ohne vom Platz zu weichen, sich um die eigenen Achse dreht, und wenn sich nun auf einmal die ganze Schaar in imposanter Parade emporbäumt und unter schmetternden Fanfaren, die mähnigen Häupter stolz zurückwerfend, die Vorderfüße hoch in der Luft, *einer* gewaltigen Meereswoge gleich, auf den Zuschauer einmarschiert – wer wäre Philosoph, Schulmeister oder Theesieder, kurz, wer wäre Bärenhäuter genug, daß nicht auch ihm ein solcher Anblick die Pulse beschleunigte, das Blut in die Wangen jagte und Gefühle und Gedanken im allgemeinen Wirbel mitrisse.«

Nietzsche, der Philosoph mit dem Hammer, ist die Brücke, die von Wedekinds Zirkusaufsätzen zur Schöpfung der Lulu-Figur und deren peitschenknallenden Zirkusdirektor führt. Sie läßt sich wie folgt rekonstruieren:

»Was das lebendige Leben anlangt«, schreibt Wedekind in seinem Zirkusaufsatz *Das hängende Drahtseil,* ». . . so befinden wir uns [. . .] in der Epoche der bis unters Kinn hinauf krampfhaft zugeknöpften Taillen, der trostlosen Fracks und röhrenförmigen Beinkleider, alles ungemein geistreiche Erfindungen zur absoluten Nivellierung der höheren Gesellschaftsklassen, Errungenschaften, die an Humanität, an christlichem Wohlwollen gegenüber stiefmütterlich Bedachten nichts zu wünschen übrig lassen, die aber schwerlich geeignet sind, die Veredelung der Rasse im Sinne der modernen Entwicklungstheorien merklich zu fördern.

Um so erfreulicher muß es uns berühren, wenn eine Produktion, wie die überaus anmuthigen, in ihrer Art poesievollen Exerzitien einer jungen Tänzerin auf dem schlaffen Drahtseil von den Besuchern des Parketts und der Logen mit voller Anerkennung, ja mit sichtlicher offener Herzensfreude entgegengenommen werden. Auch die solchen Programmnummern gegenüber sonst so hochnothpeinlich urteilende Damenwelt klappt unwillkürlich die Fächer zusammen und versinkt in stumme lächelnde Bewunderung.«

Im ersten Akt der Urfassung der *Büchse der Pandora*[8] berühren sich in der Tanzmetapher der Seiltänzer Zarathustra mit der Drahtseilkünstlerin Ella Belling, der Kunstreiterin Ännchen Tartini und der Tänzerin Corticelli. Nietzsches »Übermensch« trägt in Wedekinds Übertragung weibliche Züge. In der Darstellung eines Menschen, der über den gesellschaftlichen Konventionen seinen Weg sucht und schließlich an deren Widerstand scheitern muß, ist aber auch Wedekinds Kritik an Nietzsche enthalten. Die Frau, die sich auf dem hängenden Drahtseil als Übermensch versucht, ist Lulu.

In einer kaum beachteten Variante des ersten Aktes der *Büchse der Pandora,* die unter dem Titel *Frühlingsstürme. Eine Exekution* 1902 in der *Neuen Deutschen Rundschau* erschienen ist, erklärt Gaston (alias Alwa), der Sohn des Zeitungsverlegers von Schütz (alias Schön) Yella (alias Lulu) seine Inszenierungspläne:

GASTON (zu Yella): Ach, mein Gott, wenn ich Sie doch für meine Hauptrolle engagieren könnte.

YELLA: Glauben Sie denn, Herr Gaston, daß ich für Ihre Pantomime auch gut genug tanzen würde?

GASTON: Wie könnte ich daran zweifeln. Sie haben doch in Herrn Sanitätsrat einen Tanzlehrer, wie man ihn an keiner Bühne Europas findet!

[. . .]

KRÜGER: Wie nennt sich denn eigentlich Ihr neuestes Ballet?

GASTON: Es heißt Zarathustra.

KRÜGER: Zarathustra? Ich glaubte, der wäre längst im Irrenhaus.

GASTON: Sie meinen Nietzsche, Herr Sanitätsrat! Der ist sogar schon tot.

KRÜGER: Sie haben recht, ich verwechsle die Beiden.

GASTON: Aber ich habe seiner Philosophie auf die Beine geholfen.

KRÜGER: Und auf was für Beine, lieber Freund! Auf die weltberühmten Beine der Corticelli! – Sehen Sie, das gefällt mir an Ihrem Symbolismus. An den Beinen erkennt man den Bühnendichter.

[. . .]

GASTON: [. . .] Im dritten Akt sehen Sie Zarathustra in seinem Kloster mit seinen Jüngern, alles die jüngsten Damen vom Ballet, keine über siebzehn Jahre. Das ganze Tanzpoem spielt in der Stadt, die genannt ist »zur bunten Kuh«. Sie sehen den Seiltänzer, die wilden Hunde, das Grunzeschwein; dann sehen Sie die krumme Obrigkeit, den bleichen Verbrecher, den roten Richter. Sie sehen den letzten Menschen, die berühmten Weisen, die Töchter der Wüste, den Wächter der Nacht. Und schließlich sehen Sie mit eigenen Augen, wie Zarathustra bei einbrechender Dunkelheit den Seiltänzer, der am Nachmittage vom hohen Turmseil gestürzt ist und den Hals gebrochen hat, mitten auf dem Marktplatze beerdigt.

KRÜGER: Und das Alles haben Sie aus Ihrem eigenen Hirnkasten herausgeholt?! – Sie sind ja ein geradezu vorsündflutliches Genie! [. . .]

GASTON: Vierter Akt: Zarathustras Heimkehr – Wandeldekoration; er zieht dem Hirten die Schlange aus dem Rachen – die Geburt des Übermenschen. Die Corticelli tanzt den eben geborenen Übermenschen mit einer Grazie, die mich jedesmal an Sphärenmusik erinnert; ich weiß nicht, ob Sie die schon gehört haben. Apropos Übermensch, Herr Sanitätsrat, wissen Sie, wie ich mir den Übermenschen eigentlich vorstelle? Nichts weiter, sehen Sie, als ein geflügelter Lockenkopf mit rosigen Wangen, blauen Augen, blühenden Lippen, und darunter, wo sonst der Hals anfängt, das Notwendigste, um sich, wie Nietzsche sagt, hinaufzuentwickeln. – [. . .]

Mit dieser »Yella«-Variante der Lulu-Tragödie hat es eine besondere Bewandtnis. Wie aus der Urfassung der *Büchse der Pandora* zu ersehen ist, findet sich auch dort der für das Verständnis der Lulu-Figur zentral wichtige und später gestrichene Dialog über das von Alwa/Gaston geplante Nietzsche-Ballett »Zarathustra«. (II. Auftritt, S. 23–30)

Doch damit nicht genug.

Im *Aargauer Tagblatt,* der Zeitung, die in ihrer Ausgabe vom I. Februar 1884 die »Musikal. declamat. Abend-Unterhaltung der Kantonsschüler« angekündigt hat, bei der Wedekind seinen berühmten »Prolog« vorträgt, (die Ankündigung weist außerdem darauf hin, daß Wedekind in einem Schwank die Rolle eines Schuhmachers und Gastwirts gespielt hat) findet sich zwei Jahre früher, beginnend mit der Nummer vom 26. Juli 1882 und sich bis zum Jahresende hinziehend, der Abdruck eines abenteuerlichen Kolportageromans mit dem Titel *Yella, die Zirkuskönigin*. Als Verfasser zeichnet ein gewisser Karl Hoffmann. Der schwülstige Stil, in dem das Melodrama sich entrollt, entspricht genau dem Geschmack des Gartenlaubenpublikums (wir erinnern uns an die Vermarktungsstrategie Wedekinds in seinem Briefwechsel mit Schibler im Jahre 1882) und stimmt sprachlich durchaus mit dem Stil der verschiedenen Erzählversuche Wedekinds aus jener Zeit überein, die sich im Aarauer Nachlaß erhalten haben. Der Inhalt der Erzählung läßt keinen Zweifel daran, daß das plötzliche Wiederauftauchen der »Zirkuskönigin« und Lulu-Variante Yella nach zwanzig Jahren nicht zufällig ist, sondern ein integraler Teil der Entstehungsgeschichte von Wedekinds *Monstretragödie* darstellt:

Von Yella, der Zirkuskönigin, heißt es, sie sei »aus Amerika herüber« gekommen, an der Seite eines älteren »Stallmeisters«. Ihre Herkunft ist dunkel: »Kurz und gut, wäre Yella auch nicht die Künstlerin gewesen, welche sie in der That war und als welche sie ihren Namen: ›Die Zirkuskönigin‹ mit Recht führte, die abenteuerlichen, einander in jeder Hinsicht widersprechenden Gerüchte über ihre Herkunft müßten schon die Neugierde des Publikums erregt haben, sie zu sehen.« (*Aargauer Tagblatt,* 10. August 1882.)

Die Künstlerin ist nicht nur Kunstreiterin, »die auf dem dahinstürmenden Pferde bald aufrecht wie eine Säule stand, bald sich schlangengleich nach allen Richtungen wand« (8. August 1882), sondern auch Dompteuse, eine Tierbändigerin, die furchtlos in den Käfig des Königstigers tritt: »Zahllose, von Leidenschaft entflammte Blicke galten dem schönen Weibe, das sich von ihrem wilden Verehrer liebkosen ließ [. . .] Alle die graziösen Neckereien, welche ein junges Mädchen zu erfinden im Stande ist, wenn es zärtlich mit seiner Lieblingskatze spielt, wurden zwischen der Zirkuskönigin und ihrem Tiger ausgetauscht [. . .] Es war ein grausam schönes Bild, das sonst so wilde, unbändige Thier unschädlich, demüthig und ergeben sich den Befehlen Yella's beugen zu sehen, daß man fast die Furcht vergessen konnte [. . .] Das Publikum klatschte und war doch tief erregt. Welch eine magische Kraft wohnte in dem Auge dieses Mädchens! Wie viele Bändiger hatte man vor ihr gesehen, aber welch' ein Unterschied war zwischen ihnen und ihr! Jene schienen noch wilder, unmenschlicher wie ihre Thiere; sie dagegen war so sanft, so milde! Vielleicht lag eben darin ihre Stärke« (11. August 1882).

Ein Verehrer Yellas tritt auf, der ihr Herz erobern will, indem er, furchtlos wie sie, in den Käfig tritt und die Bestie mit seinen Blicken bändigt: »Selbst Yella hatte sich niemals in einer so augenscheinlichen Gefahr befunden; das Publikum stellte den Vergleich an und die Waage neigte sich zu Gunsten des Mannes. Yella's Ruhm sollte überstrahlt werden. Azzelino war der eigentliche Held des Tages, der Sieger, – vielleicht, denn der Kampf war noch unentschieden« (2. September 1882).

Die Geschichte weitet sich überraschend aus. Yella fällt einem betrügerischen Marquis zum Opfer und wird von einer hochherzigen Gräfin gerettet, die sich offenbar in sie verliebt hat und ihr eigenes Vermögen opfert, um ihr aus der Patsche zu helfen.

Wir dürfen diese geballten Motivhinweise nicht einer mirakulösen Zufallskette zuschreiben, sondern müssen die Vermutung anstellen, daß Wedekind mit der obskuren Geschichte von Yella, der Zirkuskönigin, intim vertraut gewesen ist, wenn er nicht gar ihr Verfasser ist, wofür eigentlich alles spricht, auch die Überlegung, daß der achtzehnjährige Gymnasiast gute Gründe gehabt hätte, seinen ortsbekannten Namen hinter dem Allerweltspseudonym »Karl Hoffmann« zu verbergen.

Auch das hermaphroditische Motiv der schlangentänzerischen Kunstreiterin, Dompteuse und Zirkuskönigin, aus der schließlich der Zirkusdirektor wird, der unter nietzscheanischem Peitschenknallen den Raubtierkäfig betritt, um das »wilde schöne Tier« zu bändigen, erhält, wenn man die Yella-Erzählung als Ideenmagazin für das spätere Werk des Dichters erkennt, seine tiefere Bedeutung. Die spielerischen Varianten der Kunstreiterin und der Tänzerin auf dem hohen Zirkusseil wären dann unter dem Einfluß von Wedekinds *Zarathustra*-Lektüre (die ab 1883 möglich war) entstanden.

Die Tanzkunst und die Kunst des Seiltänzers sind zentrale Metaphern aus Nietzsches *Zarathustra*. Die »Stadt, die genannt ist ›zur bunten Kuh‹«, gehört ebenso zu den Nietzsche-Zitaten wie »der Seiltänzer, die wilden Hunde, das Grunzeschwein, die krumme Obrigkeit, der bleiche Verbrecher, der rote Richter, der letzte Mensch, der berühmte Weise, die Töchter der Wüste, der Wächter der Nacht«. Doch nicht nur aus den oben zitierten Passagen aus *Yella, die Zirkuskönigin* und aus Wedekinds *Frühlingsstürme*, sondern auch aus den Züricher Zirkusaufsätzen geht deutlich hervor, wie intensiv sich der junge Dichter mit dem Werk des ikonoklastischen Philosophen befaßt und wie er dessen Philosophie in seinem eigenen Werk – teils anerkennend, teils ablehnend – »auf die Beine geholfen« hat.

Das gilt besonders für die programmatischen Zirkusaufsätze *Im Zirkus* und *Das hängende Drahtseil*, in denen Wedekind folgende Passage aus *Zarathustras Vorrede* übernimmt und in seiner Weise interpretiert – »auf die Beine hilft«:

»Der Mensch ist ein Seil, geknüpft zwischen Tier und Übermensch, – ein Seil über einem Abgrunde.

Ein gefährliches Hinüber, ein gefährliches Auf-dem-Wege, ein gefährliches Zurückblicken, ein gefährliches Schaudern und Stehenbleiben.

Was groß ist am Menschen, das ist, daß er eine Brücke und kein Zweck ist: Was geliebt werden kann am Menschen, das ist, daß er ein Übergang und ein Untergang ist.«

Aus dieser Philosophenmetapher dreht sich Wedekind den Strick, den er über den Abgrund seiner eigenen Existenz spannt. Nietzsches (Hanf-)Seil scheint ihm für seine Zwecke zu altmodisch. Er orientiert sich an den neuesten Errungenschaften der Seiltanztechnik:

»Gegenüber dem bedauerlichen Niedergange der Tanzkunst auf der Bühne, konstatiren wir mit Freuden von den Künsten in freier Luft das Gegentheil. Hier, wo noch bis vor wenigen Jahrzehnten als wesentlichstes Mittel zur Unterhaltung das rein Staunenerregende, das Faszinierende, das Grauenhafte galt, hat sich eine Entwicklung vollzogen, die uns heute in den Stand setzt, derartige Leistungen, ohne ihnen oder der Theorie irgend Zwang anzuthun, von ästhetischen Gesichtspunkten aus zu würdigen. Das Verdienst dieser Entwicklung gebührt in erster Linie dem amerikanischen Geschmack. Über dem Niagarafall hatte die obdachlose europäische Seiltänzerei ihre haarsträubendsten Triumphe gefeiert. Dank der Sympathie, die ihr das dem idealabstrakten Kunstgenuß nicht eben zugängliche amerikanische Volk entgegenbrachte, gelang es ihr aber bald, ein komfortables Unterkommen zu finden. Das grobe Hanfseil mußte dem Draht und dem beinahe unsichtbaren Stahlband weichen. Den engeren Raumdimensionen gemäß traten die halsbrecherischen Effekte in den Hintergrund; sie wurden ersetzt durch ein gesteigertes Raffinement, eine feinere Detailausführung, mit einem Wort: die Kunst auf dem Seil wurde salonfähig. In dieser zivilisierteren Gestalt kehrte sie dann wieder in die Heimat zurück, wo sie sich nun in den Varietée-Theatern der europäischen Großstädte der größten Zuneigung von Seiten eines mehr unterhaltungs- als belehrungsdurstigen Publikums erfreut.

Die Steigerung der technischen Schwierigkeiten, die der Übergang vom straffgespannten zum schlaff herunterhängenden Drahtseil bedingt, nach den Gesetzen der Statik genau zu berechnen, überlassen wir dem Professor der Physik. Im wesentlichen beschränkt sie sich darauf, daß die Künstlerin durchaus keinen gegebenen festen Stützpunkt mehr besitzt, in der Folge dessen sie denselben in sich selber zu suchen hat. Ihr Balanziren ist gewissermaßen ein doppeltes geworden. Durch die Bewegung des Oberkörpers hält sie ihre eigene Schwere im Gleichgewicht, durch die kaum merklichen Bewegungen des Fußes beherrscht sie das dem geringsten Übergewicht nachgebende Seil. Somit repräsentiert ihr ganzer Körper gewissermaßen einen zweiarmigen Hebel, dessen fester Punkt von Sekunde zu Sekunde höher oder tiefer liegt, je nachdem das wechselnde Verhältniß der in beide Endpunkte gelegten Kräfte das entsprechende, umgekehrte Verhältniß in der Länge der Hebelarme bedingt. Archimedes sagte seiner Zeit: ›Da mihi, ubi stem etc.‹ Frl. Ella Belling hat jenes Problem bis zu einem gewissen Grade gelöst, und wenn es ihr dabei auch nicht gelingt die ganze große Welt aus ihren Angeln zu heben, so gelingt ihr das mit um so mehr kleineren Welten, sogenannten Mikrokosmen, die mit Kneifern und Operngläsern bewaffnet, einer jeden ihrer zierlichen Gleichgewichtsbemühungen mit der Aufmerksamkeit und Hingebung eines wissenschaftlichen Beobachters zu folgen bestrebt sind.«[9]

Im Aufsatz *Das hängende Drahtseil,* der in der Sonntagsausgabe der *Neuen Zürcher Zeitung* vom 5. August 1888 erscheint, erklärt Franklin Wedekind schließlich im Nietzsche-Ton seinen Bruch mit den Traditionen seiner Familie. Auch die schlimmstmögliche Wendung wird dabei in Kauf genommen:

»Sollte indeß das Entsetzliche einmal eintreten, *sollten die Stricke reißen* (Hervorhebung von mir; R. K.), in denen das Luftschiff hängt, sollte ihr Alles, ihr Glauben, ihre Zuversicht unter einem nicht mehr mißzuverstehenden Streich des Schicksals zusammenbrechen, dann hilft ihnen weder Doktor noch Seelenarzt. Jählings kopfüber stürzen sie aus der schwindelnden Aetherhöhe ihrer Himmelsleiter herunter und brechen das Genick. Dieser Vorgang kleidet sich nicht selten in das Gewand einer Selbstentleibung.«

Bezeichnend ist die Geschichte, die sich 1903 ereignet haben soll, als der Dichter, noch vor dem Durchbruch zum Ruhm, aber schon umgeben von der Aura skandalöser Notorität, sich mit folgendem Spruch im Gästebuch des »Pilsnerstübli« zu Lenzburg eingetragen hat:

> Ist er noch so dick,
> Einmal reißt der Strick. –
> Das soll freilich gar nicht heißen,
> Daß gleich alle Stricke reißen.
> Nein, im Gegentheil,
> Mancher Strick bleibt heil.

Ein erboster Lenzburger hat ein paar Seiten weiter unten entgegnet: »Die Stricke, die nicht reißen / tut man besonders heißen, / und das, Herr Wedekind / die Galgenstricke sind!«[10]

Das grundsätzliche Mißverständnis zwischen Lenzburg und Wedekind liegt in der Deutung dieser Metapher vom Strick und seiner Anwendung. Für den Dichter handelt es sich nicht um das senkrechte Seil des Aufstiegs, aus dem sich unversehens ein Henkersstrick drehen läßt, sondern um das horizontale Seil des Zirkusartisten, das »hängende Drahtseil«, das den schwankenden, ungesicherten Lebenspfad des Künstlers beschreibt, hoch über dem gaffenden Publikum.[11]

In seinen *Zirkusgedanken* schreibt Wedekind:

»Es ist doch eigentlich ein recht fatales Zeichen der Zeit, daß wir moderne Menschen uns immer zuerst rechtfertigen, ja entschuldigen zu müssen glauben, bevor wir es wagen, unserer Begeisterung die Zügel schießen zu lassen. Aber jetzt ist es auch gerade genug; sind die Dämme fertig, so zieht man die Schleusen auf. Jetzt werd' ich mich kopfüber hinunterstürzen in das wogende, funkelnde Meer, das heißt in diesem Fall besser gesagt in den Strom, in den schäumenden Strom, der Erinnerung nämlich . . .«

Und so wendet sich Franklin Wedekind vom großbürgerlichen Schloß seiner Jugend ab. Sein weiteres Leben wird bestimmt sein durch ein luftiges, farbenfrohes, pointiert unbürgerliches Gebilde ohne festen Standort: das Zirkuszelt, in dem er in roter Weste und mit knallender Peitsche als Direktor auftreten wird.

Anmerkungen

Voraussetzungen
Seite 7 – Seite 21

1 Bezeichnend ist eine Episode, an die sich der Lenzburger Komponist und Maler Peter Mieg erinnert: »Nicht bekannt wird Ihnen sein, daß ich anläßlich eines Nachtessens auf Schloß Brunegg bei den Salis gleichzeitig mit Thomas Mann die Treppe hinaufstieg und ihm durch eines der kleinen Fenster das Schloß Lenzburg zeigte, sagend, dies sei eben der Kindheitssitz von Wedekind. Ziemlich betroffen nahm er dies zur Kenntnis, er hatte ja keine Ahnung von dieser Kindheit und war um so erstaunter, die Lenzburg zu sehen, die er nicht einmal dem Namen nach kannte. Dabei hatte Mann mit Wedekind in München öfter verkehrt, aber Wedekind wird ihm nie von seiner Jugend erzählt haben.« (Brief vom 9. Juni 1990 an den Verfasser)

2 Interview mit dem Verfasser am 12. Juli 1984 in München

3 Außerdem muß man annehmen, daß die Familie wichtige Hinweise auf das Eheleben in Lenzburg, die in Tagebüchern und anderen Aufzeichnungen existierten, systematisch vernichtet oder unterdrückt hat.

4 Jost Hermand: *Liberalism and Secessionism at the Turn-of-the-Century*. Vortrag auf der Twelfth Annual Conference of the German Studies Association, Philadelphia, 7. Oktober 1988

5 Artur Kutscher: *Frank Wedekind. Sein Leben und seine Werke*. 3 Bände. München: Georg Müller 1922–31

6 Adolf Bartels: *Geschichte der deutschen Literatur*. (Kleine Ausgabe.) Braunschweig, Berlin, Hamburg 1934, S. 573. – Bartels' Vermutung über Wedekinds angeblich jüdische Abstammung ist wahrscheinlich bei Fritz Dehnow, *Frank Wedekind*, Leipzig 1922, abgeschrieben, wo folgendes über den Dichter zu lesen ist: Er »[war] ohne Bodenständigkeit und ein Heimatloser. Kein Heimatton zieht durch sein Werk. Ein Friedloser, der in so schwerem Zwiespalt wie nur je ein Genie mit sich und mit der Mitwelt lag. Im Auftreten und Erscheinung ein Kümmerlicher. [. . .] Sein Vater war von niedersächsischem Blut. Seine Mutter scheint Jüdin gewesen zu sein. Jede noch so tiefgehende Rassenfeindschaft sollte Halt machen vor einem Manne, dessen Werk so überragend ist.« (a. a. O., S. 7)

7 Vgl. dazu Hartmut Vinçon: *Frank Wedekind*. Stuttgart 1987 (Sammlung Metzler. Realien zur Literatur)

8 In den unveröffentlichten Notizen von Sophie Haemmerli-Marti, die u. d. T. *Feuilleton* in ihrem Nachlaß im Ortsmuseum Lenzburg liegen, gibt es Hinweise darauf, daß Joachim Friedenthal, der Mitherausgeber zweier Bände der von Kutscher veranstalteten Wedekind-Werkausgabe, zur Zeit von Wedekinds Tod mit Tilly Wedekind-Newes besonders eng verbunden, zunächst kurzerhand den ganzen Nachlaß an sich genommen habe und erst durch Walter Oschwald, Wedekinds Schwager, veranlaßt worden sei, die Papiere der Familie zu überlassen.

9 Eine kritische Ausgabe von Wedekinds Gesamtwerk wird von Hartmut Vinçon vorbereitet, dem Leiter der »Editions- und Forschungsstelle Frank Wedekind«, die 1987 in Darmstadt gegründet wurde.

10 Kurz nach Erscheinen des dritten Bandes von Kutschers Biographie wurde der Wedekind-Forschung in Deutschland bereits wieder ein Riegel vorgeschoben. Trotz Kutschers Beteuerung, er habe »einwandfrei nachgewiesen, [. . .] daß Wedekind kein Jude« sei und daß er von »rassereinen Eltern« abstamme (so schon 1931 in Bd. 3, S. 246), fand das Dritte Reich keinen Gefallen an diesem unbequemen Dichter. Zwar versuchte Kutscher, wie aus Dokumenten im Nachlaß hervorgeht, sich mit Goebbels persönlich zu arrangieren und brachte sogar einen »Ariernachweis« für seinen Lieblingsautor bei. Im Wedekind-Archiv in Aarau findet sich eine Postkarte, datiert vom 28. Mai 1934, auf der Kutscher dem Studienrat Jakob Schmidt in Datteln i. W. mitteilt: »In der Angelegenheit Wedekind kann ich Ihnen leider nicht sagen, ob tatsächlich der Verlag Müller beabsichtigt, die Werke künftig zu verläugnen (!). Das gegenwärtige Theater leistet sich allerdings diese Tat, es fragt sich nur, wie lange. Da ich eindeutig nachgewiesen habe, daß Wedekind arischer Abstammung ist und insbesondere das Märchen von dem Zigeunergroßvater mütterlicherseits durch Dokumente widerlegt habe, können wir in Ruhe die Entwicklung abwarten.« Kutschers Zuversicht war nicht gerechtfertigt. Zwar setzte die allmächtige Reichsschrifttumskammer den Dichter Wedekind nicht wie Brecht, Freud, Heinrich Mann und andere politisch oder rassisch Verfemte auf den Index ihrer verbotenen

Autoren. Doch wurde deutlich gemacht, daß die Stücke dieses Aufklärers nicht auf die Bühnen des Dritten Reiches paßten. Damit kamen aber auch die wissenschaftliche Analyse des dichterischen Werks und die Quellenforschung zum Erliegen, trotz der Bemühungen des Mitherausgebers der *Deutschen Rundschau*, Paul Fechter, eines der frühesten Wedekind-Biographen, seinen Autor auf die Erfordernisse des Nazistaats zurechtzubiegen. (Paul Fechter: *Der aktuelle Wedekind*. In: *Deutsche Rundschau*, 60. Jg., Dezember 1933, S. 178 bis 185)

Fechter, der schon im April 1933 rhetorisch gefragt hatte *Was fangen wir mit den Dichtern an?* (In: *Deutsche Rundschau*, 59. Jg., April 1933, S. 19–68), gab in der Oktobernummer seiner Zeitschrift die Richtlinien bekannt: *Von Wilhelm Meister zur SA*. (*Deutsche Rundschau*, 60. Jg., Oktober 1933, S. 1–7)

Kein Wunder, daß er über Wedekind orakelte: »Es ist nicht zuviel gesagt, wenn man behauptet, daß dieser viel Verkannte schon vor dem Ende des 19. Jahrhunderts die Kräfte des Heutigen so sehr gespürt hat, daß er erst heute wahrhaft aktuell wirkt. [...] er hat das ganze Körpergefühl des heutigen Menschen vorweggenommen, [...] die Bewegung auf rhythmische Gymnastik hin. [...] Frank Wedekind war der erste Dichter einer neuen Rasse, einer neuen Schönheit aus einem Lebens- und Körpergefühl heraus, und dann sinnvoll der erste, der begriff, daß der Anfang nicht bei den Erwachsenen, sondern bei den Kindern gemacht werden mußte. (*Der aktuelle Wedekind*, a. a. O., S. 179) Fechters zweifelhafte Fürsprache half nichts. Im Zweifelsfall schaltete der nationalsozialistische Zensurapparat immer auf Verbot.

Eine im Familienarchiv der Familie Wedekind zur Horst in Leichlingen (BRD) erhaltene »Kleine Mitteilung« des »Vorstandes des Landes-Verbandes Hamburg des Reichsverbandes für Sippen-Forschung und Wappen-Kunde« notiert 1935: »Prof. Adolf Bartels und Frau Tilly Wedekind teilen der D.A.Z. mit (erschienen 16. Aug. 1935), daß von dem Dichter Frank Wedekind (eigentlich Benjamin Franklin Wedekind) wiederholt behauptet wurde, seine Vorfahren mütterlicherseits seien nicht arischer Abstammung gewesen. Diese Vermutung ging natürlich auch in die literaturgeschichtlichen Arbeiten von Ad. Bartels über; sie stützte sich auf eine angebliche Äußerung Wedekinds, es sei möglich, daß seine Mutter einen Tropfen jüdischen Blutes gehabt habe. Ob dies eine ernstlich gemeinte Erklärung war oder eine seiner vielen geistreichen Witzeleien, läßt sich nicht mehr feststellen. Genaue bis in die sechste Generation zurückgehende Forschungen

haben ergeben, daß der väterlicherseits aus niedersächsischer Familie hervorgegangene Dichter zu mütterlichen Großeltern das Ehepaar Jakob Friedrich Kammerer und Friederike Karoline Keck hatte, die schwäbisch-alemannischen Ursprungs waren. Durch die evangelischen Kirchenbücher verschiedener schwäbischer Dörfer und Städte ist erwiesen, daß sämtliche Kammerer stammen, bis erwiesen, daß sämtliche mutterseitigen bis ins 17. Jahrhundert zurückverfolgten Vorfahren des Dichters ev.luth. und rein arisch waren.«

Kutscher trat später der NSDAP bei. Nach dem Entnazifizierungsverfahren«, das ihm ermöglichte, seine Stellung wieder zu bekleiden. Trotzdem konnte er es nicht lassen, Beweise für zeitweilige Kontakte zu den höchsten Stellen des Dritten Reiches der Nachwelt zu überliefern. In Kutschers Nachlaß im Deutschen Literaturarchiv in Marbach finden sich neben verschiedenen Entlastungsschreiben ein persönlicher Brief von Goebbels, in dem sich dieser am 6. April 1937 für »die freundliche Übersendung Ihrer Bücher *Stilkunde des Theaters* und *Die Elemente des Theaters* mit »Hitler Heil!« bedankt, sowie ein Telegramm vom 17. Juli 1938, mit dem der »Reichsminister für Volksaufklärung und Propaganda« Kutscher zu seinem 60. Geburtstag gratuliert.

11 Der 1967 verstorbene Leiter des Aargauischen Staatsarchivs in Aarau, Nold Halder, der mit der umsichtigen Katalogisierung der dort liegenden Sammlung und seinen bisher nur teilweise veröffentlichten Aufsätzen und Reden sich um die Wedekind-Forschung sehr verdient gemacht hat, berichtet folgendes über das weitere Schicksal des Wedekind-Nachlasses: »Als [...] nach Kriegsende das Interesse für die Werke Wedekinds wuchs und sich eine Wedekind-Renaissance abzuzeichnen begann, wurde der Koffer von Literaturprofessoren und Doktoranden – mit Erlaubnis, aber nicht ohne Bedenken der Erbengemeinschaft – immer häufiger durchstöbert, so daß der damalige Stadtschreiber von Lenzburg, Dr. Markus Roth, die Verantwortung für das Depositum nicht länger übernehmen konnte. Es fehlte an einer fachmännischen und administrativen Kontrolle, die von der Stadtkanzlei nicht ausgeübt werden konnte. Auf Veranlassung von Herrn Dr. Roth übergaben die Erben des Dichters das gesamte Nachlaßmaterial Frank Wedekinds im Jahre 1958 der Aargauischen Kantonsbibliothek. Ein deutscher Doktorand übernahm die Neuordnung der durcheinandergeratenen Papiere an Hand der sehr summarischen Verzeichnisse; später erstellte der Verfasser [Halder] ein neues Register. Es zeigte sich glücklicherweise, daß das Ma-

terial intakt war; vermeintliche Lücken beruhten auf irrtümlichen Stichwörtern, und die im ursprünglichen Verzeichnis als verloren vermerkten Manuskripte kamen unter nicht registrierten Papieren zum Vorschein.

Inzwischen regte sich das Interesse der Stadtbibliothek München am Nachlaß Wedekinds im Zusammenhang mit dem Wiederaufbau der deutschen wissenschaftlichen Institute. Wedekind hatte den größten Teil seines Lebens in München verbracht, hatte dort seine Hauptwerke geschrieben und den Durchbruch zur literarischen Weltgeltung erfahren. Es kristallisierte sich ein durchaus legitimes Bedürfnis heraus, die Zeugnisse des reifen und anerkannten Dichters in der Stadt seiner Kämpfe, Nöte und Triumphe für die Literaturforschung bereitzustellen. Im Jahre 1960 einigte sich die Erbengemeinschaft mit der Stadtbibliothek München und der Kantonsbibliothek Aarau auf eine Teilung des Nachlasses. Als zeitliche Grenze wurde auf meinen Vorschlag das Todesdatum des Vaters, Dr. Friedrich Wilhelm Wedekind-Kammerer, bestimmt, da dieses Jahr (1888) eine Zäsur in Wedekinds dichterischer Entwicklung bedeutete: Fortan konnte er sich ohne familiäre Rücksichten als freier Schriftsteller entfalten. Unmittelbar jenseits der Schwelle dieses Stichjahres liegen die noch in der Lenzburger Atmosphäre wurzelnden dramatischen Werke *Die neue Welt* [!] (1889) und *Frühlingserwachen* (1891). Durch die Teilung erhielt die Stadtbibliothek München die Originalmanuskripte der gereiften Werke des Dichters, soweit sie nicht schon von ihm oder seinen Erben in andere Hände gelangt sind. Dazu kamen die nach 1888 entstandenen Fragmente, Entwürfe, Neufassungen, Briefe, usw. Dieses Material umfaßt nach dem vom Leiter der Stadtbibliothek München (Richard Lemp) aufgenommenen Verzeichnis 1123 Nummern, d. h. 15 Manuscripte, 4 Tagebücher, 4 Dekorationspläne, 9 Regiebücher, 1 Übersetzung, 41 Liedertexte (Noten, Couplets, Fragmente), 101 Fotos, 37 Zeitungsausschnitte, 10 Werke über Frank W., 25 Visitenkarten, 214 diverse Autographen (Briefe, Postkarten, Verlagsverträge) und 662 Einheiten betreffend Frank und Tilly Wedekind (269 Briefe, 88 Briefkarten, 208 Postkarten, 97 Telegramme). – Diejenigen Handschriften und Dokumente, die sich auf die Jugendjahre des Dichters beziehen (Lenzburg, Aarau, Lausanne, Zürich), gingen in das persönliche Eigentum von Frau Pamela Regnier-Wedekind über und verblieben als Depositum in der Aargauischen Kantonsbibliothek. Es handelt sich um 137 Nummern mit 1313 Einheiten (Erzählungen, Gedichte, Fragmente, Notizen, Lieder mit Melodien, Schulaufsätze, Kolleghefte, Kuriosa).

Nachdem die Teilung des Nachlasses zu Beginn des Jahres 1962 vollzogen war, wurde die bis dahin auf privaten Abmachungen beruhende Aktion in ein offizielles Stadium überführt. Die Stadtbibliothek München (Dir. Dr. Schmeer) schloß am 19. Dezember 1962 einen durch den Stadtrat genehmigten Vertrag mit der Erbengemeinschaft Wedekind, die der Stadt München für das Depositum ein Vorkaufsrecht einräumte. (Inzwischen hat sie ›ihr‹ Wedekind-Archiv für 30 000 DM erworben.) Anschließend entwarf der Verfasser [Halder] ebenfalls einen Vertrag für die Kantonsbibliothek, der mit den Artikeln des Münchener Vertrags koordiniert wurde, jedoch einige spezielle Bestimmungen vorsah, die auf unsere besonderen aargauischen Verhältnisse zugeschnitten sind. Die Bibliothekskommission, die Erziehungskommission und die Erbengemeinschaft genehmigten den Text; der Vertrag wurde am 1. März 1963 von Herrn Erziehungsdirektor E. Schwarz und den Damen Tilly Wedekind-Newes, Pamela Regnier-Wedekind und Kadidja Wedekind Biel unterzeichnet. [. . .]

Es ist hier nicht möglich, auf die Einzelheiten dieses bedeutenden Depositums einzugehen – bedeutend für die Erkenntnis der Entwicklung und Reifung der Persönlichkeit und des Werks von Frank Wedekind. Die tastenden Versuche des angehenden Lyrikers, Dramatikers, Epikers und Essayisten sind fast lückenlos im Original vorhanden; das meiste ist unveröffentlicht, biographisch und literarhistorisch jedoch im ersten Band von Artur Kutschers Biographie über Wedekind (1922) nach Inhalt und Bedeutung beschrieben und gewertet. Die neuere Wedekind-Forschung kann sich jedoch nicht einfach mit der Darstellung Kutschers begnügen und greift auf die Originaldokumente zurück, die allein neue Gesichtspunkte zu statuieren vermögen.« (Unveröffentlichtes Vortragsmanuskript, Staatsarchiv Aarau)

Zu ergänzen wäre, daß verschiedene Teile des Nachlasses, zum Teil als Deposita der Familie Wedekind, zum Teil als Sammelstücke privater Sammler in verschiedenen öffentlichen und privaten Sammlungen aufgetaucht sind und gegenwärtig von der »Editions- und Forschungsstelle Frank Wedekind« in Darmstadt systematisch erfaßt und katalogisiert werden.

Wedekind hatte alle seine Schriftstücke, inklusive Schulhefte, Korrespondenz und Werkentwürfe, von Kindheit an sehr sorgfältig geordnet und aufbewahrt. Sowohl seine Witwe als auch Kutscher brachen diese Ordnung auf, indem sie auswählten, was ihnen für die Gesamtausgabe und die Biographie geeignet erschien, und den

Rest entweder sperrten, vernichteten oder als Teilnachlaß an Interessenten weitergaben. Ähnliches taten später die Freunde und Briefempfänger. So wurde beispielsweise die Wedekind-Korrespondenz des Jugendfreundes Oskar Schibler an die Kantonsbibliothek Aarau verkauft, die auch weiteres Wedekind-Material aus privaten Sammlungen erwarb. Im Ortsmuseum Lenzburg findet sich eine unveröffentlichte Gedichtsammlung Wedekinds sowie der unveröffentlichte Nachlaß der Jugendfreundin Sophie Haemmerli-Marti. Auf Schloß Lenzburg findet sich ein weiteres kleines Wedekind-Archiv mit einem unveröffentlichten Teilnachlaß von Wedekinds Kusine Minna von Greyerz. Weiteres Wedekind-Quellenmaterial konnte ich im Familienarchiv der Familie Wedekind zur Horst in Leichlingen, in der Stadtbibliothek Hannover, im Deutschen Literaturarchiv in Marbach sowie in mehreren privaten Familienarchiven in Lenzburg sammeln.

12 1988 ist der Nachlaß unter die Obhut der Aargauischen Kantonsbibliothek, die sich an demselben Ort befindet, gestellt worden. Im folgenden wird darauf mit »Wedekind-Archiv Aarau« verwiesen.

13 Der älteste Nachweis von Kutschers Bekanntschaft mit Frank Wedekind, ein Dankesbrief des letzteren für das Geschenk von Kutschers Schillerausgabe, ist mit dem 16. Oktober 1909 datiert und liegt im Kutscher-Nachlaß in Marbach. Darin schreibt Wedekind über »unsere neunjährige Freundschaft, der ich mehr als Ihre Schillerausgabe verdanke«.

14 Frank Wedekind: *Gesammelte Werke.* Hg. von Artur Kutscher. 9 Bände. München: Georg Müller 1912–1921 (Bd. 8 u. 9 zusammen mit Joachim Friedenthal)

15 Frank Wedekind: *Gesammelte Briefe.* Hg. von Fritz Strich. 2 Bände. München: Georg Müller 1924

16 Erika Oschwald-Wedekind, die ältere Schwester des Dichters, hatte schon in einem am 15. September 1922 in Dresden geschriebenen Brief an ihre Jugendfreundin Sophie Haemmerli-Marti ihre Zweifel an Kutschers Perspektive angemeldet: »Franks Jugend kannte er aber *gar nicht* und Friedenthal kannte sie auch nicht, der einzige, von dem er noch etwas hören konnte, war Karl Henckell, und dieser hat die Angabe stark unter der eigenen Eitelkeit gemacht. Das übrige hatte Kutscher aus Franks eigenen Erzählungen, die meistens in München in der Torkelstube von Frank einem dortigen Kreise dargeboten wurden. Dann hatte ja Frank die Gewohnheit, seine Erzählungen meist auf den Geschmack seiner Zuhörer zu würzen und möglichst grelle Lichter u. Über-

treibungen aufzusetzen. Seine wirklich idealeren Empfindungen, seinen Familiensinn und seine Poesie, die er doch in großem Maße besaß, versteckte er stets und schämte sich ihrer sogar meistens. So ist meiner Ansicht nach alle cynischperverse Beleuchtung unserer ganzen Jugendzeit von Kutscher verfaßt worden, die einem Näherstehenden recht weh tut. Frank ist gewiß selbst viel daran schuld, er brauchte auch gerade diese Beleuchtung oft zu seinen Stücken, aber ich meine, ein Biograph sollte da eher mildern und nicht alles Häßliche noch unterstreichen. Da wir alle, Frank nicht ausgenommen, in jener schönen Zeit noch unsere Ideale hatten und stark empfanden, so wird es mir eine große Wohltat sein, wenn jene Zeit von einem *Miterlebenden* und etwas weiser und nüchterner beleuchtet wird.« (Zit. nach *Feuilleton*)

17 Frank Wedekind: *Werke.* Ausgewählt und eingeleitet von Manfred Hahn. 3 Bände. Berlin (DDR): Aufbau 1969. (Enthält mehrere bis dahin unveröffentlichte Gedichte, Tagebuchaufzeichnungen und Briefe.)

18 Emrich stellte erschrocken fest, »daß es im Grunde überhaupt noch keine ernstzunehmende Wedekind-Forschung gibt, obgleich der Autor bereits 60 Jahre lang tot ist« und nannte dafür folgende Gründe:

»1. Die bis jetzt gedruckten Texte entsprechen nur zum Teil den wirklichen Intentionen Wedekinds. Sie wurden oft erzwungen durch Rücksichtnahme auf die Zensur und bieten in vielen Fällen nur in verschlüsselter Form den wahren, von Wedekind gemeinten Sinn. Man ist daher gezwungen, auf die Handschriften und auf Wedekinds Notizbücher zurückzugreifen. [. . .]
2. Selbst dort, wo Wedekind genau das schrieb und veröffentlichte, was er intendierte, ist die tatsächliche Bedeutung dieser seiner Intentionen außerordentlich schwierig zu dechiffrieren [. . .] Es wimmelt bei Wedekind von Paradoxien, grotesken Hyperbeln, doppel- und mehrdeutigen Metaphern, ironischen Persiflagen, so daß die Grenze zwischen Ernst und Spaß kaum zu ziehen ist, vielmehr im Spaß tödlicher Ernst und umgekehrt angelegt ist. [. . .] bei Wedekind erhöhen sich die Schwierigkeiten der Interpretation durch die bei ihm bewußt vollzogenen Umkehrungen aller bis jetzt geltenden Wertsetzungen moralischer, aber auch dramaturgischer und allgemein ästhetischer Provenienz.« (*Frank-Wedekind-Ausgabe.* In: *Sprache im technischen Zeitalter.* Heft 69, 1. April 1979, S. 105 f.)

19 Frank Wedekind: *Die Tagebücher. Ein erotisches Leben.* Hg. von Gerhard Hay. Frankfurt a. M. 1986

20 Dabei gibt es eine schlüssige Erklärung dafür, daß sie in solch verstümmeltem Zustand an die Öffentlichkeit gelangt sind. Die Originale, die zum größten Teil in München, bruchstückweise aber auch in Aarau liegen, weisen Spuren rigoroser Eingriffe mit Feder und Schere auf, die auf nachträgliche Zensurmaßnahmen des Dichters, möglicherweise aber auch der Ehefrau Tilly Wedekind-Newes oder anderer Interessenten schließen lassen. Die Münchener Tagebuchfragmente waren von Frank Wedekinds Erben, angeblich aus Pietätsgründen, für die Veröffentlichung gesperrt worden, bis Manfred Hahn, dem Herausgeber der Werkausgabe von 1969, endlich die Erlaubnis erteilt wurde, neben dem »Wilhelminen«-Journal von 1888/89 (vgl. S. 384 Anm. 8) auch Teile der sogenannten »Pariser« und »Londoner« Tagebücher zu veröffentlichen. Im Tagebuch-Nachlaß findet sich ein am 24. April 1972 datierter handschriftlicher Brief der älteren Tochter Pamela Regnier-Wedekind mit der Bemerkung, die von Hahn gewählte Fassung des »Pariser Tagebuchs« sei »das Äußerste, was sich aus diesen Aufzeichnungen mit Verantwortungsbewußtsein veröffentlichen läßt. Es verbietet sich auch, den Wünschen meines Vaters zuwider zu handeln, über die er seine Meinung dazu in den handschriftlichen Erklärungen (1–12 Blätter) niedergelegt hat«. Die erwähnte »Erklärung« Frank Wedekinds, datiert »München, 27. Dec. 1910« (vom Herausgeber der *Tagebücher* nicht erwähnt), liegt den Tagebuchfragmenten ebenfalls bei und enthüllt eine wahre Kriminalposse.

Frank Wedekind erklärt, er habe in den Jahren 1888–1892 ein Tagebuch geführt:
»Dieses Tagebuch besteht im Ganzen aus 8 numerierten Heften. Ich betrachtete dieses Tagebuch lediglich als stilistische Übung und suchte deshalb gerade für das Wort und Ausdruck zu finden, was man im gewöhnlichen Leben ungesagt sein läßt. Ich schrieb das Tagebuch somit für mich selbst und habe es bis heute tatsächlich noch nicht einem Menschen gezeigt oder zu lesen gegeben. Das Tagebuch beschäftigt sich mit meinen Eltern, meinen fünf Geschwistern und im übrigen ausschließlich mit Personen, die soweit sie noch am Leben sind, im Privatleben stehen und an denen die Öffentlichkeit nicht das leiseste Interesse hat.«

Der Dichter legt ferner die Vermutung nahe, daß 1898, als er sich wegen der Anklage auf Majestätsbeleidigung auf der Flucht nach Zürich befand, Frida Uhl, die zweite Frau August Strindbergs, mit der er während einer kurzen Affäre einen Sohn gezeugt hatte, in seine Wohnung eingedrungen sei und die Tagebuchhefte Nr. 5 und 6

sowie ein Heft mit den Aufzeichnungen zum geplanten Roman *Minehaha* entwendet habe. Im November 1909 seien die erwähnten Hefte von Franziska Gräfin zu Reventlow und einem Herrn von Hörschelmann an einen Münchener Antiquar verkauft worden, der sie Ernst Rowohlt weiterverkaufte. Der Verleger habe sich geweigert, die Notizen herauszugeben mit der Begründung, »daß die Persönlichkeit, die sich die Manuskripte im Jahr 1889 angeeignet habe, doch vielleicht Eigenthumsrecht an dieselben gehabt haben könnte«. Wedekind erwähnt ferner eine eidesstattliche Erklärung Frida Uhls vom 29. November 1910, daß ihr die erwähnten Bücher niemals geschenkt oder zur Aufbewahrung anvertraut worden seien. Auf die Vermittlung von Wedekinds Münchener Verleger Langen-Müller habe Rowohlt vorgeschlagen, die von ihm gekauften Tagebuchfragmente zehn Jahre nach dem Tod des Autors zu veröffentlichen. Aus Solidarität mit dem verzweifelten Tagebuchautor habe Erich Mühsam ein bei Rowohlt eingereichtes Manuskript zurückgezogen.

Bis heute ist nicht klar geworden, was mit den von Rowohlt erworbenen Tagebuchteilen geschehen ist. Wedekind verrät, daß diese sich »weitgehend und ausführlich mit dem Wesen und den Erlebnissen meines vor zwei Jahren in unglaublichster Weise ums Leben gekommenen jüngsten Bruders Donald« befaßten und daß »durch eine derartige Veröffentlichung [...] ich meiner Voraussicht nach und ich glaube auch dem Urtheil jedes anständig denkenden [...] Menschen in erster Linie den unversöhnlichen Haß und die vollkommen berechtigte Verachtung genau derjenigen Menschen auf mich lade, die mir in dieser Welt am nächsten stehen und die ich am meisten liebe«.

Auf diese bittere Erfahrung ist wohl der Umstand zurückzuführen, daß die nachgelassenen Tagebücher so radikal »redigiert« wurden, daß sie kaum noch intime Hinweise auf Familienmitglieder und Freunde enthalten.

Die allgemeine Ahnungslosigkeit hinsichtlich der Quellenlage gilt auch für eine ganze Reihe von durchaus wertvollen neueren kritischen Arbeiten über Wedekind, die das wiedererwachte Interesse der Literaturwissenschaft an diesem Autor zeigen. U. a. wären hier zu nennen:
Elizabeth Boa: *The Sexual Circus. Wedekind's Theatre of Subversion*. Oxford/New York 1987. – Alfons Höger: *Frank Wedekind. Der Konstruktivismus als schöpferische Methode*. Königstein/Ts. 1979. – Alfons Höger: *Hetärismus und bürgerliche Gesellschaft im Frühwerk Frank Wedekinds*. München 1981. – Hans-Jochen Irmer: *Der Theaterdichter*

Frank Wedekind. Werk und Wirkung. Berlin 1979.
– Anna Katharina Kuhn: *Der Dialog bei Frank Wedekind. Untersuchungen zum Szenengespräch der Dramen bis 1900.* Heidelberg 1981. – Thomas Medicus: *»Die Große Liebe«. Zur Ökonomie und Konstruktion der Körper in Frank Wedekinds dramatischem, erzählerischem und lyrischem Werk.* Hamburg 1982. – Jürgen Sang: *Ideologiekritik und dichterische Form bei Wedekind, Sternheim, Kaiser.* Tokio 1972. – Josephine Schröder-Zeballa: *Frank Wedekinds religiöser Sensualismus. »Die Vereinigung von Kirche und Freudenhaus?«.* Frankfurt a. M., Bern, New York 1985

21 Hartmut Vinçon, a. a. O., S. 1
22 a. a. O., S. 2
23 a. a. O., S. 1 f.

Ein feste Burg

Der Einzelgänger
Seite 26 – Seite 46

1 Kutschers Biographie, die das Wedekind-Bild von Generationen bestimmt hat, beginnt folgendermaßen: »›Wer den Dichter will verstehen, muß in Dichters Lande gehen‹, heißt ein alter Spruch, der sich bei Künstlern wie etwa Jean Paul, Keller, Storm, Fontane, Liliencron bewährt. Bei Wedekind gilt er nur in ganz geringem Grad. Klima und Landschaft, Volkstum und Verfassung tragen wenig zu seiner Deutung bei. Die Heimat ist wohl deswegen in unserem Falle so nebensächlich, weil Vater und Mutter früh schon ausgedehnte Reisen machten und sich lange Jahre in fremden Erdteilen ansiedelten, und weil auch die Kinder in ihrer Jugend schon vom Geburtsort verpflanzt wurden und das Wanderleben der Eltern, wenn auch in kleinerem Maßstabe, nachmachten. Bei Wedekind muß man die Frage an die Natur im engeren Sinne richten, an die Familie, und unmittelbar an die Erzeuger und ihre geistige und leibliche Beschaffenheit. Man kann auch bei Wedekind nicht gut aufzählen, was er vom Vater, was er von der Mutter hatte, sondern es ist vielmehr festzustellen, daß die Eigentümlichkeiten und Gegensätze der Eltern ein Selbständiges schufen, daß aus beider Rassen ein vielfach Ähnliches, vielfach Abweichendes, ein in derselben Art Gesteigertes und wieder ganz Besonderes entstand.« (a. a. O. I, S. 1)

Kutschers »Rassen«-Nachweis als Beweis für Franklin Wedekinds »deutsches« Dichtertum läßt aufhorchen. Für Kutscher besteht die unabdingbare Tatsache, daß Franklin Wedekinds Deutschtum sich ohne Rücksicht auf die Umstände seiner Herkunft und die Einflüsse seiner Jugend als Quelle seiner Dichtung deuten läßt. Doch kann er nicht umhin, auf »Wedekinds schwache volkhafte Gebundenheit, auf sein geringes Stammes- und Heimatgefühl, auf sein wenig entwickeltes Deutschbewußtsein« hinzuweisen. (a. a. O. III, S. 246) Da es ihm nicht möglich ist, aus Wedekinds Schriften völkische Heimatgefühle gegenüber Deutschland abzuleiten, kommt er zu folgendem bezeichnenden Zirkelschluß: »[...] ich kann und will damit nicht sagen, daß ihm diese Mächte fehlten, er achtete sie aber gering oder hielt sie wohl gar für schädlich, gewährte ihnen jedenfalls keinen Einfluß. Kurzsichtig, ja falsch wäre es, ihn deshalb undeutsch zu nennen, denn schließlich konnte doch nur das deutsche Volk ein solches Wesen hervorbringen.« (ebd.)

2 Im Stadtarchiv Hannover findet sich die militärbehördliche Erfassung des jüngsten Sohnes Donald bei dessen Geburt. Dieser wird am 4. November 1871 »in die Restantenliste unter Nr. 128« aufgenommen.

3 Vgl. dazu: Oskar Seidlin: *Frank Wedekind's German-American Parents.* In: *The American-German Review* 12, Nr. 6, August 1946, S. 24–26. – Sol Gittleman: *Frank Wedekind's Image of America.* In: *The German Quarterly* 39, Nr. 1, Januar 1966, S. 570–580

4 Kutscher meinte mit »der Heimat«, die in Wedekinds Fall bedauernswerterweise »so nebensächlich« war, schlicht des Dichters staatsbürgerliche Zugehörigkeit zum Deutschen Reich, die Wedekind indessen erst 1916, knapp zwei Jahre vor seinem Tode, erwarb. Behördlich galt er vor diesem Zeitpunkt bald als amerikanischer Staatsbürger, bald als Schweizer. Deutscher wurde er am Ende seines Lebens nur, weil seine Bemühungen, einen amerikanischen Paß zu erhalten, zu dem er sich als Sohn von zwei naturalisierten amerikanischen Staatsbürgern berechtigt fühlte, an den bürokratischen Bedenken eines Beamten des US-Generalkonsulats in München scheiterte. Das einzigartige Dokument ist erhalten und befindet sich im Wedekind-Archiv Aarau. Unter dem Datum des 23. August 1915 schreibt der »Amerikanische Vice Generalkonsul Frederick J.

Schussel Herrn Benjamin Franklin Wedekind: Das Amerikanische General Konsulat (!) sieht sich veranlaßt Ihnen hierdurch mitzuteilen, daß es Ihnen wegen Ihres langen Aufenthaltes im Auslande den Schutz der amerikanischen Regierung versagen muß.« Der sonst so detailversessene Biograph Kutscher hat diese wesentliche Episode in Wedekinds Leben schlicht unterschlagen.

Einen Tag später fertigte das amerikanische Generalkonsulat eine entsprechende Absage für Wedekinds Ehefrau Mathilde (Tilly) aus. Aus den *Tagebüchern* geht hervor, daß Franklin Wedekind während seiner Jahre in Paris mit dem dortigen schweizerischen Generalkonsulat behördlich verkehrte und dort als Schweizer galt.

Unter den in Aarau hinterlassenen Papieren Wedekinds befindet sich auch der unter Nummer »1836. V. 1416, No. 1970« registrierte Staatsangehörigkeitsausweis des Königreichs Preußen, datiert vom 5. Dezember 1916. Darin wird Franklin Wedekind aufgrund seines Geburtsortes (Hannover) vom »Königlich Preußischen Polizeipräsidenten, Berlin, die Staatsangehörigkeit im Königreich Preußen« bescheinigt.

Am 2. November 1917, vier Monate vor seinem Tod, fand sich Wedekind im Besitz des ersten und einzigen Reisepasses seines Lebens, ausgestellt vom Königreich Bayern und gültig »für Reisen im Inlande«, mit einem Visum für die Schweiz (ebenfalls im Wedekind-Archiv Aarau).

Im Protokoll des Lenzburger Stadtrats vom 18. Oktober 1872 findet sich folgende Eintragung:

»Paragraph 6.

Das Polizeiinspektorat übermittelt:

A. den amerikanischen Bürgerbrief für Fried. Wilhl. Wedekind.

B. einen unbeschränkten amerikanischen Reisepaß für denselben, Frau und Kinder, mit dem Ansuchen, die fehlenden Zeugnisse über Leumund und Rechtsfähigkeit durch eine hierseitige empfehlende Zuschrift ans titl. Bezirksamt behufs Erwirkung der Niederlassung zu ersetzen. Wird beschlossen.«

Die genannten Papiere sind heute verschollen. Ein entsprechender amerikanischer Bürgerbrief dagegen, ausgestellt auf Friedrich Wilhelm Wedekinds jüngeren Bruder Erich, der nach Angaben der Familie mit ihm ausgewandert war, findet sich im Familienarchiv in Leichlingen.

Der Umstand, daß Franklin Wedekind dank der liberalen Ausweisregelung der damaligen Zeit nicht glaubte, sich um Staatsangehörigkeitspapiere kümmern zu müssen, brachte ihn erstmals 1889, als er sich in Berlin niederlassen wollte, mit der preußischen Behörde in Konflikt. In seinem

Tagebuch aus jener Zeit lesen wir unter dem Datum des 25. Juni 1889: »Wie ich am Nachmittag mein Zimmer verlasse, sehe ich einen Polizisten in der Tür stehen und weiß sofort, was die Stunde geschlagen. Er bittet mich, auf die Polizei zu kommen, wo man einen Staatsangehörigkeitsausweis von mir fordert. Somit sind nun meine Tage in Berlin gezählt [...] Ich suche sofort den Kostenpunkt der Fahrt nach München im Kursbuch. Wenn man mich in München ebenfalls drangsaliert, dann geh ich nach Venedig.« (*Die Tagebücher,* S. 69) Am 4. Juli 1889 notiert er: »Es war der Jahrestag der Unabhängigkeit von Nordamerika, da ich um meines amerikanischen Bürgerrechtes willen von Berlin scheiden muß (a. a. O., S. 79). Die wachsame preußische Hermandad schrieb damit ungewollt ein Stück Literaturgeschichte.

In Aarau befindet sich u. a. eine Bescheinigung des »Gemeinderaths von Lenzburg« vom 22. April 1884, die bestätigt, daß »Herr Benjamin Franklin Wedekind, geboren den 24. Juli 1864, Sohn des Herrn Friedrich Wilhelm Wedekind, Schloßbesitzer in Lenzburg, Bürger der Vereinigten Staaten von Nordamerika ist. Sein Vater, Herr Dr. med. F. W. Wedekind ist in hiesiger Gemeinde domiziliert und hat auch in hier seine Heimathsausweisschriften deponiert.« Am 1. Juni 1889 stellte das Bezirksamt Lenzburg einen »Ausweis zum Aufenthalt in Berlin« aus mit dem folgenden Wortlaut: »für Franklin Wedekind, aus California, geb. 24. Juli 1864. Sohn des Dr. Wedekind auf Schloß Lenzburg, allda seit Jahren wohnhaft«.

Die Abgangszeugnisse der Bezirksschule Lenzburg (18. April 1879), des Gymnasiums der Kantonsschule Aarau (8. April 1884), der »Königlich Bayerischen Ludwig-Maximilians-Universität München« (24. Februar 1886) und der Universität Zürich (29. November 1888) lauten übereinstimmend auf »Herrn Franklin Wedekind aus San Francisco, Nord-Amerika«.

5 Kutscher, a. a. O. 1, S. 2 f.

6 a. a. O. 1, S. 4

7 a. a. O. 1, S. 5

8 Verschiedene irreführende Angaben über Friedrich Wilhelm Wedekinds amerikanischen Jahre, die sich u. a. in das *Niedersächsische Geschlechterbuch* (Bd. 17, Limburg a. d. Lahn 1982, S. 526) eingeschlichen haben, darunter die nachweisbar falsche Information, er habe freiwillig am Sezessionskrieg teilgenommen und von Präsident Lincoln dafür mit einer Farm und einer Leibrente beschenkt worden, stammen aus einem Schreiben von Woldemar Wedekind, einem Sohn Erich Christian Vollraths, das sich im Familien-

archiv in Leichlingen befindet. Aus einem amerikanischen Bürgerbrief und Reisepaß Erich Christian Vollraths (ebenfalls in Leichlingen) geht einwandfrei hervor, daß dieser spätestens am 23. Mai 1848 schon als Staatsbürger in den Vereinigten Staaten gelebt haben muß. Im gleichen Jahr reiste er, gemäß den Eintragungen im Reisepaß nach Esens und im Oktober 1849 wieder nach Amerika zurück. Es ist zu vermuten, daß er bei dieser Rückreise von seinem älteren Bruder Friedrich Wilhelm begleitet wurde.

9 Kutscher, a. a. O. I, S. 5

10 Familienarchiv Kurt Wedekind, Fällanden

11 Vgl. dazu Shirley H. Weber (Hg.): *Schliemann's First Visit to America (1850–1851)*. Cambridge/Mass. 1942

12 Robert M. Senkewicz, S. J.: *Vigilantes in Gold Rush San Francisco.* Stanford 1985, S. 13 f. (Übersetzung v. Verfasser)

13 Friedrich Gerstäcker: *Ausgewählte Werke.* Bd. 9. Jena o. J., S. 244

14 Vgl. Senkewicz, a. a. O., S. 14

15 Eine Abschrift dieses Nachrufs erschien am 4. November 1888 in der Sonntagsausgabe der deutschsprachigen *New-Yorker Staats-Zeitung.*

16 Familienarchiv Leichlingen

17 Abschrift im Wedekind-Archiv München

18 Zit. nach Senkewicz, a. a. O., S. 170. – Vgl. auch Mary Floyd Williams: *History of the San Francisco Committee of Vigilance of 1851. A Study of Social Control On the California Frontier In the Days of the Gold Rush.* Berkeley 1921

19 Wedekind-Archiv Aarau. – Es gab zwei »Vigilance Committees of San Francisco«. Wegen der nur bruchstückweise erhaltenen Mitgliederlisten läßt sich nicht einwandfrei feststellen, ob Friedrich Wilhelm Wedekind 1851 oder 1856 oder beide Male Mitglied war. Im Mai 1856 erfolgte die berühmte Hinrichtung von Charles Cora und James Patrick Casey, auf die Franklin Wedekinds Verse hinzuweisen scheinen. Doch es ist wenig wahrscheinlich, daß Friedrich Wilhelm Wedekind gerade an dieser Aktion teilgenommen hat. Wie ein Brief an seinen ältesten Sohn Armin andeutet (vom 21. November 1883; in Leichlingen) trat er nämlich kurz vor diesem Ereignis eine Reise nach Europa an. Nach seinen Angaben hat er seinen Bruder Erich und dessen erste Frau, Amélie Henriette Ruffieux aus Neuchâtel, »die dieser im März 1856 in Highland, im Staate Illinois, N[orth] A[merica] heiratete und welche im Jahr darauf im Wochenbett starb« auf seiner Durchreise »Ende April« nach New York eingeladen »und waren wir da etwa eine Woche lang im Hotel l'Europe zusammen, worauf sie wiederum heimkehrten, ich aber nach England weiterfuhr«.

Wenn diese Angaben stimmen, konnte er sich im Mai 1856 nicht in San Francisco aufgehalten haben.

20 »Kurzum, der Weg zum Reichtum ist, wenn du ihn gehen willst, so einfach wie der Weg zum Marktplatz. Er ist vor allem zwei Prinzipien verpflichtet: Fleiß und Sparsamkeit; das bedeutet, du sollst weder Zeit noch Geld vergeuden, sondern beides auf die bestmögliche Weise nutzen. Wer alles, was er bekommen kann, ehrlich erwirbt und (abgesehen von den notwendigen Auslagen) möglichst viel auf die hohe Kante legt, der wird mit Sicherheit reich, es sei denn, jenes Wesen, das über die Welt waltet und dessen Segen alle für ihr ehrliches Bestreben erflehen sollten, habe in Seiner weisen Vorsehung anders beschlossen.« Aus: Benjamin Franklin: *The Autobiography and Other Writings.* New York, Toronto 1961, S. 187 (Übersetzung v. Verfasser)

21 Am 23. März 1892 wurde das Schloß von August Edward Jessup aus Philadelphia erworben, später von James W. Ellsworth. Die Witwe von dessen Sohn Lincoln Ellsworth vermachte es 1956 dem Kanton Aargau. – »Etwa jeden zweiten Sommer weht das Sternenbanner neben der Schweizerfahne gegen das Rathaus hinunter als Zeichen, daß unser unruhiger Schloßherr wieder vom Eismeer zum Verschnaufen gekommen ist, bevor er einen neuen Anlauf nimmt«, erinnert sich Sophie Hammerli-Marti an die Zeit des letzten amerikanischen Schloßherrn, des Polarforschers und Amundsen-Gefährten Lincoln W. Ellsworth. (Sophie Haemmerli-Marti: *Mis Aargäu. Land und Lüt us miner Läbesgschicht.* Aarau 1939, S. 131 f.)

22 Zwei Kapitel in Sophie Haemmerli-Martis Lebenserinnerungen *Mis Aargäu* enthalten Schilderungen von Wedekinds Jugendjahren: *Bi Wedekinds ufem Schloß* und *De Franklin.* Aus ihnen wird im folgenden zitiert. Die Übersetzungen ins Hochdeutsche stammen vom Verfasser; auf Seitenangaben wird deshalb verzichtet.

23 Sophie Haemmerli-Martis Notizbücher sind, von der Lenzburger Stadthistorikerin Dr. Heidi Neuenschwander-Schindler gesammelt, seit 1985 im Besitz des Ortsmuseums Lenzburg.

24 Pamela Wedekind: *Erinnerung an die Großmutter Wedekind im Steinbrüchli.* In: *Lenzburger Neujahrsblätter* 1977, S. 33

25 Datiert »Schloß Lenzburg, II. 84«. Wedekind-Archiv Aarau, mit kommentierter Abschrift von Nold Halder. – Josephine Schröder-Zebralla hat in diesem »Neuen Vaterunser« den Ausgangspunkt für »Wedekinds erotisches Evangelium« gesehen. Der Autor, so Schröder-Zebralla, »setzt hier den biologischen Vater polemisch gegen den

Gottvater-Gedanken« und bekundet »schon in der ersten Zeile seines Gebetes [. . .] seinen Glauben an das Diesseits: [. . .] ›der Du bist auf Deinem Studierzimmer‹«. Da die Autorin sich nicht mit dem Verhältnis Franklin Wedekinds zu seinem leiblichen Vater beschäftigt, entgeht ihr natürlich die Pointe dieses »Diesseitsgebets«, das die bedingungslose Abhängigkeit des Sohnes vom väterlichen Über-Ich in einer verzweifelten Ergebenheitsgeste formuliert. (*Frank Wedekinds religiöser Sensualismus*, Frankfurt a. M., Bern, New York 1985,, S. 52 ff.) – Vgl. dazu Anny Barcks Antwort vom 14. April 1884 im Wedekind-Archiv München.
26 Kadidja Wedekind Biel in einem Brief an den Verfasser vom 7. August 1984
27 Ortsmuseum Lenzburg

»Une certaine froideur du cœur«
Seite 47 – Seite 64

1 Im Original französisch (Übersetzung hier und im folgenden v. Verfasser). – Das Tagebuch des Vaters ist in zwei Fassungen erhalten, einer französischen, offenbar der Originalversion, die sich im Wedekind-Archiv München befindet, und einer deutschen, bei der es sich um die Übersetzung des zweiten Teils handelt. Es ist ein von unbekannter Hand niedergeschriebenes Manuskript, das mit der Seitenzahl 83 einsetzt und mit Seite 146 endet. Diese 65 Seiten sind inhaltlich mit dem zweiten Teil der französischen Version identisch. Nold Halder, der Betreuer des Wedekind-Nachlasses in Aarau, hat sie unter der Archivnummer 181 ratlos als »Notizbuch (geschr. v. a. Hd.!)« unter den Papieren Wedekinds abgelegt.
Warum der Verfasser seine Aufzeichnungen auf französisch abgefaßt hat, ist nicht bekannt. Bedenkt man jedoch den intimen Charakter der Notizen, so mögen – inmitten einer deutschsprachigen Umgebung – Geheimhaltungsgründe die wichtigste Rolle gespielt haben.
Die zweifache Fassung in den beiden Wedekind-Archiven legt den Gedanken nah, daß sich der Sohn intensiv mit Brautzeit und Eheschließung seiner Eltern beschäftigt hat. Die französischen Tagebucheintragungen enthalten Randbemerkungen in der Handschrift Franklin Wedekinds – ein deutliches Indiz. Bis heute sind keine weiteren Tagebücher aufgetaucht, obwohl ihre Evidenz verbürgt ist. Wedekind scheint die väterlichen Tagebücher sogleich nach dessen Tod an sich genommen zu haben. Als er sich später in Paris aufhält, gebraucht er eines der frühen Journale des Vaters als Führer durch verschiedene Lokale (vgl. Kutscher, a. a. O. 1, S. 262). Möglicherweise hat er sie später bis auf den erhaltenen Rest vernichtet – »durchgebracht« wie das väterliche Erbe.
2 Franklin Wedekind scheint die Mutter dazu gedrängt zu haben, ihre Jugenderinnerungen für die Kinder aufzuzeichnen. Nach Kutschers Angaben hat 1886, also noch zu Lebzeiten des Vaters, ein 50 Seiten langes Manuskript der Mutter mit dem Titel *Bewährte Liebe* existiert, das Wedekinds Freund Karl Henckell zur Begutachtung und Veröffentlichung übergeben worden ist (Kutscher, a. a. O. 1, S. 11). Im Nachlaß Henckells in Hannover ist es nicht zu finden; es muß demnach als verschollen gelten. Die 1914, zwei Jahre vor ihrem Tod, vollendete Niederschrift der mütterlichen Lebensgeschichte liegt in zwei – verschieden paginierten, aber inhaltlich identischen – Exemplaren im Wedekind-Archiv München. Das 198 Seiten starke Typoskript trägt folgende Angaben in der Handschrift Franklin Wedekinds:
»Für meine Kinder. Jugenderinnerungen von Emilie Wedekind-Kammerer
Eigentümer dieses Manuskriptes:
Frank Wedekind, Prinzregentenstraße 50 München«
Meine Darstellung von Emilie Wedekind-Kammerers Leben folgt diesem Bericht, woraus sich zahlreiche Abweichungen von Kutschers Version ergeben.
Neben *Bewährt Liebe* erwähnt Kutscher an gleicher Stelle eine weitere verschollene Quelle, das »Wirtschaftsbuch« der Emilie Wedekind-Kammerer. Dagegen wurden die von Kutscher als Quelle aufgeführten »Worte am Sarge von Frau Dr. Wedekind«, »das 12 Seiten lange Heftchen, vom ältesten Sohn Armin verfaßt und [. . .] von dem reformierten Geistlichen gesprochen« durch den Sohn dieses Geistlichen, den ehemaligen Stadtschreiber von Lenzburg, Dr. Jörg Hänny, dem ich für sein Interesse und seine Hilfe sehr dankbar bin, im Nachlaß seines Vaters wieder aufgefunden.
3 Kutscher beruft sich auf die Schrift von Professor Dr. Otto Schanzenbach: *Jakob Friedrich Kammerer von Ludwigsburg und die Phosphorstreichhölzer. Ein Beitrag zur Geschichte des Ludwigsburger Gewerbes.* »Dem Gewerbe- und Handelsverein Ludwigsburg zu seinem fünfzigjährigen Jubiläum.« Ludwigsburg 1896. – Neuere Forschungsergebnisse u. a. bei Hermann Helberg: *Hundert Jahre Phosphorreibzündholz. Ein Gedenkblatt für Jakob Friedrich Kammerer.* Schriftenreihe der Fachgruppe für Geschichte der Technik beim Verein Deut-

scher Ingenieure, VDI-Verlag GmbH Berlin 1935. Außerdem: »mn«: *Denkmal für J. F. Kammerer. Vor 150 Jahren das Zündholz erfunden.* In: *Stuttgarter Zeitung* Nr. 184, 12. August 1983. – Klaus Kemper: *Das Ende der Geschichte von den Schwefelhölzern.* In: *Frankfurter Allgemeine Zeitung,* 3. Januar 1987

4 Alle folgenden Zitate Emilie Wedekind-Kammerers aus *Jugenderinnerungen.* Die wohl durch Emilie Kammerers schwarzhaarige Erscheinung bestimmten verschiedenen Zigeunerinnenrollen fallen auf. Sie mögen wohl Frank Wedekinds Phantasie im Hinblick auf seine angebliche »Zigeuner-Abkommenschaft« beflügelt haben. Emilie Wedekind-Kammerer teilt außerdem mit, daß sie oft auch einheimische Lieder, unter anderem den »Yankee Doodle« gesungen habe. Dieser Hinweis gewinnt an psychologischer Bedeutung, wenn man bedenkt, daß Franklin Wedekind in seiner obszönen Parodie *Das neue Vaterunser* (In: *Werke.* Hg. von Manfred Hahn. Bd. 2, S. 678) eine »Stimme von oben« den Yankee Doodle über einer Orgie kopulierender Paare singen läßt.

5 Kadidja Wedekind Biel im Interview mit dem Verfasser am 12. Juli 1984

6 Der amerikanische Historiker Roger W. Lotchin weist in seiner Studie über die Anfänge San Franciscos auf den akuten Frauenmangel in dieser Männerstadt hin. Er spricht davon, daß in den frühen Jahren auf zwanzig Männer eine Frau gekommen sei (*San Francisco 1846–1856. From Hamlet to City.* New York 1979, S. 308). Robert M. Senkewicz schreibt ergänzend: »Die Gesellschaft San Franciscos während des *gold rush* war außergewöhnlich einförmig. Die Stadtbevölkerung war überwiegend jung, erwachsen, weiß, männlich. Die Volkszählung von 1852 überliefert, daß Frauen nur 18% der Bevölkerung ausmachten. Selbst wenn diese Zahl ein wenig niedrig erschien, so verdeutlichte sie doch den allgemeinen Trend. Während der ganzen *gold rush*-Periode lebte der typische Einwohner von San Francisco nie im Familienverband.« (a. a. O., S. 12)

7 Lotchin erwähnt »Signora Elisa Biscacchianti« aus Boston, die das Jahr 1855 in Kalifornien verbracht habe und zu jenen professionellen Künstlerinnen zählte, die die beste Musik darboten (a. a. O., S. 289).

8 Tagebuch von F. W. Wedekind (dt. Fassung), S. 124

9 a. a. O., S. 83

10 In der Forschung wird oft auf Wedekinds Dialogtechnik des Haarscharf-aneinander-Vorbeiredens hingewiesen (vgl. z. B. Anna Katharina Kuhn: *Der Dialog bei Frank Wedekind.* Heidelberg

1981). Nicht nur Status, Charakter und Bildungsgrad von Wedekinds Bühnenfiguren werden durch deren Dialogsprache identifiziert. Der Dichter geht einen Schritt weiter – und hier setzt er sich deutlich von seinen Zeitgenossen, den Naturalisten, ab – indem er seine Figuren zu Gefangenen ihrer eigenen Dialogrhetorik macht. Sie wollen eine Rolle spielen, etwas darstellen, was ihnen in der sprachlichen Formulierung fast unmerklich mißlingt. Sprache und Rolle decken sich nicht, die Maske verrutscht, wenn der Vermummte dem Kommentar zu seiner Rolle spricht. Später wird Ödön von Horvath seinen Dramen diese Inkongruenz zwischen Rollenanspruch und Sprachvermögen zur Perfektion gestalten. Franklin Wedekind findet sein ganz persönliches Modell unter anderem in den Tagebüchern seiner Eltern, die in der Sprache ihrer wohlgesetzten Reden, Erzählungen, Tagebücher und Erinnerungen so überaus präzise das nicht ausdrücken, was so dick in der Luft steht, daß man es schneiden könnte.

11 Tagebuch von F. W. Wedekind (frz. Fassung)

12 In der deutschen Übersetzung des Tagebuchs ist fälschlicherweise das Datum des 16. angegeben.

13 Auch Kutscher (a. a. O. 1, S. 17) erkennt die Diskrepanzen zwischen den beiden Quellen und hält das mit Daten belegte Tagebuch des Mannes für glaubwürdiger.

14 Tagebuch von F. W. Wedekind (dt. Fassung), S. 138ff.

15 *Jugenderinnerungen,* S. 197

16 Tagebuch von F. W. Wedekind (frz. Fassung), S. 6f.

17 a. a. O., S. 11 (Hervorhebung v. Verfasser)

18 Kutscher, a. a. O. 1, S. 17

365 Stufen oder Ein Schloß in der Schweiz
Seite 65 – Seite 76

1 Entgegen den Angaben von Kutscher geschieht das auch bei der Geburt der Tochter Frieda Marianne Erica am 13. November 1868. (Taufbuch S. 70, Nr. 456; mit Hinweis auf die Geburtsdaten des vorhergehenden Bruders William Lincoln am 16. Mai 1866 auf S. 744, Nr. 205.)

2 Auf S. 129 unter Nr. 139. Die Jahreszahl 1885 ist entweder irrtümlich eingetragen oder deutet, wegen der außergewöhnlichen Informationen, auf einen späteren Nachtrag hin.

3 Kutscher, a. a. O. 1, S. 20f.

4 Friedrich Wilhelm Wedekind an Theodor We-

dekind, 4. Januar 1872. Familienarchiv Leichlingen

5 Familienarchiv Leichlingen

6 Vgl. z. B. Kutscher in seiner frühesten biographischen Skizze *Frank Wedekinds Leben.* In: *Phöbus* 1, 1914, S. 109 f.: »Bei Wedekind begegnen wir dem Schlosse Lenzburg immer wieder, in der Novelle *Der Brand von Egliswyl,* in den Dramen *Schloß Wetterstein* und *Franziska.*«

7 *Spiritus familiaris.* In: *Gesammelte Werke* Bd. 1, S. 122

8 Interview mit dem Verfasser am 12. Juli 1984

9 Mitgeteilt von Kadidja Wedekind Biel, a. a. O.

10 Friedrich Wilhelm Wedekind an Theodor Wedekind, 8. Januar 1872. Familienarchiv Leichlingen

11 Ebd.

12 Familienarchiv Kurt Wedekind, Fällanden

Lenzburg
als geistige Lebensform?
Zwischenbetrachtung
Seite 77 – Seite 86

1 Vgl. Heidi Neuenschwander: *Lenzburg im 19. Jahrhundert* (in Vorbereitung)

2 Olga Plümacher-Hünerwadel, Franklin Wedekinds »philosophische Tante«, mit den meisten von ihnen verwandt, mit ihrem Schicksal und der vorherrschenden öffentlichen Meinung vertraut, berichtet in einem Aufsatz über Spiritismus von ihrer mit dreißig Jahren verwitweten Lenzburger Großmutter, der bei der Versuchung, ihre Witwentracht abzulegen und einen jugendlichen Freier zu erhören, ihr verblichener Mann erschienen sei und sie an ihre Witwenpflicht gemahnt habe: »Am anderen Tag legte die Witwe wieder ihre Trauerkleider an und setzte die Witwenhaube wieder auf. [...] Dem Verwandten sagte sie, es sei nutzlos, ihr den Hof zu machen, sie werde sich nie wieder verheiraten, nur ihren Kindern und dem Andenken an ihren Gatten werde sie fortan leben.« (*Telepathie oder Hallucinations-Übertra-*

gung. In: *Sphinx. Monatsschrift für Seelen- und Geistesleben,* 7. Jg., Nr. 14, 1892, S. 154)

3 Adolf Muschg: *Gottfried Keller.* München 1877, S. 181

4 a. a. O., S. 299

5 Muschg hat gezeigt, wie innig Kellers literarische Städtchengründung mit einer persönlichen Entwicklung zusammenhängt, die sich von seinem politischen Werdegang nicht abtrennen läßt. Beide orientieren sich am persönlich-psychologischen und politisch-ökonomischen Begriffskomplex von »Schuld« und »Schulden«, von dem aus sich sowohl Gottfried Kellers Leben als auch sein Werk deuten lassen.

6 Hans Magnus Enzensberger: *Weltsprache der modernen Poesie.* In: *Einzelheiten II. Poesie und Politik.* Frankfurt a. M. 1970, S. 20

7 Aufschlußreich dagegen ist jene Anekdote, die Tilla Durieux überliefert: Wedekind und die Brüder Karl und Robert Walser treffen sich in einem Berliner Lokal. Robert Walser nimmt den Kollegen beim Wort, indem er ihm als Miteidgenossen in der Fremde freundschaftlich auf die Schulter klopft, einen eidgenössischen »Hosenlupf« und ein schweizerisch-kleinstädtisches Bacchanal vorschlägt, Wedekind soll die Sau loslassen. Dieser flieht entsetzt. Seine Reaktion ist nichts weniger als spröde oder hochnäsig. Die äußeren Zeichen lassen nur scheinbar keinen anderen Schluß zu. Doch hat Robert Walser, der große moderne Dichter der Schweiz, hier mit unfehlbarem Scharfsinn die Maske *dieses* vermummten Herrn gelüftet und gezeigt, daß sich dahinter ein vertrautes Gesicht verbirgt. (*Meine ersten neunzig Jahre.* Reinbek 1976, S. 76 f.)

8 Unveröffentlichtes Manuskript für einen Vortrag, Staatsarchiv Aarau

9 Nold Halder: *Frank Wedekind und der Aargau.* Typoskript, Staatsarchiv Aarau. Unter den nachgelassenen Papieren Wedekinds in Aarau befinden sich einige bisher nicht identifizierte und nicht erwähnte Fragmente im Aargauer Dialekt von seiner Hand.

10 Peter von Matt: *... fertig ist das Angesicht. Zur Literaturgeschichte des menschlichen Gesichts.* München 1983, S. 20

Die Geburt des Dramas
aus dem Geiste der Lyrik

Kinderspiele mit Sophie Marti
Seite 93 – Seite 108

1 *Mis Aargäu*

2 Artur Kutscher hat sich offenbar das Lenzburger Jugendfest nicht beschreiben lassen und deshalb auch die Bedeutung dieses frühesten dramatischen Eindrucks für Franklin Wedekind nicht erfaßt, wenn er schreibt: »Im Sommer gab es sogar Feste und Spiele für die Jugend zum Andenken an die Begründung der Eidgenossenschaft und die Vertreibung der ausländischen Tyrannen.« (a. a. O. 1, S. 29)

3 Als Kuriosität sei darauf verwiesen, daß wenige Jahre nach Franklin Wedekinds Kantonsschulzeit der Aarauer Kantonsschüler Albert Einstein beim dortigen Kadettenkorps als »Totenkopfhusar« aktiv war.

4 Aus dem unveröffentlichten Gedicht »Hauptmanns Leiden«. Nach Sophie Haemmerli-Martis Angaben, die das Gedicht in *Mis Aargäu* zitiert, dürfte es sich bei »B . . .« um Blanche Gaudard-Zweifel handeln. Das Gedicht findet sich in der Sammlung »Gedichte von Franklin Wedekind aus den Jahren 1877–« im Ortsmuseum Lenzburg.

5 Ortsmuseum Lenzburg

6 Vgl. Anna Kelterborn-Haemmerli: *Sophie Haemmerli-Marti*. Bern 1958, S. 10

7 In: *Feuilleton*. Unveröffentlichte Notizen, Ortsmuseum Lenzburg

8 *Frank Wedekind, ein Jugenderlebnis*. Unveröffentlichtes handschriftliches Manuskript (28 Seiten), Ortsmuseum Lenzburg

9 Die Schauspielerin Tilla Durieux weist in ihren Erinnerungen nachdrücklich auf Wedekinds »großartige Förmlichkeit« hin: »Dieser unverbesserliche Phantast und tragische Vagabund erstrebte heimlich, ein ›Spießer‹ zu sein und in den Kreis der ›Spießer‹ aufgenommen zu werden« (a. a. O., S. 75). – Erich Mühsam, einer der Vertrauten der späteren Münchener Jahre, schreibt 1926: »Aber das ist zweifelhaft, ob Frank Wedekind seine Persönlichkeit in seinem Benehmen unter Menschen überhaupt je unverschleiert gezeigt hat. Eine deutlich spürbare Scheu, zu enblößen, was am Boden der Seele vorgeht, beherrschte Wedekinds Wesen so vollkommen, daß er sich vor niemandem anders als

maskiert sehen ließ. Nur und ausschließlich in seinen Dichtungen warf er die Maske ab, entkleidete er sich der letzten Hülle [. . .] Der große Schamlose in der Kunst, er trug im Leben, eng gebunden, die Maske, die ihn verbarg, – trug sie aus Schamhaftigkeit.« (*Frank Wedekind als Persönlichkeit*. In: *Uhu* 3, 1926/27, H. 6, S. 124)

10 Ortsmuseum Lenzburg

11 *Feuilleton*

12 *Mis Aargäu*

13 Martha Ringier: *My erscht Schatz*. In: *Lenzburger Neujahrsblätter* 1933, S. 4–11

14 a. a. O., S. 20

15 Ohne Titel, unveröffentlicht; Ortsmuseum Lenzburg

16 *Feuilleton*

17 »Als ich von seinen letzten Leiden und Kämpfen, von seiner mutigen Schicksalsergebung und den Grüßen an die Kinderheimat hörte, da beschloß ich, unserer gemeinsamen Jugend ein Denkmal zu stiften. Nicht die mir angebotene Totenmaske des Hingeschiedenen wollte ich zum bleibenden Besitz erwerben. Zu viel Unschönes war im Laufe der Zeit über diese ursprünglich edlen Züge geglitten, zu viel Bitterkeit, Hohn und Lebensverachtung hatte sich darin eingegraben. Sein *Knabengesicht* wollte ich wieder lebendig machen, die ganze frohe geistvolle, überschäumende Jugend des Lenzburger Schloßjünglings wollte ich noch einmal auferstehen lassen aus Dankbarkeit dafür, daß er einst mit der Freude des Entdeckers nicht nur die neuerworbenen Geistesschätze mit mir geteilt, sondern auch mit seinen freigebig verschenkten Gedichten meine Jugend reich und schön gemacht hatte.« (*Feuilleton*)

18 Minna von Greyerz an Franklin Wedekind, Spätsommer 1889, o. D. Wedekind-Archiv München.

Dichterschulen und Laientheater
Seite 109 – Seite 126

1 Vgl. dazu Sophie Haemmerli-Marti: »Zahllose, oft auch gut illustrierte Liebes- und Spottgedichte dieser Art circulieren heute noch als Vermächtnis der ehemaligen Schüler im Schulhaus von Lenzburg oder werden in den Cassetten einstiger ›Wedekindflammen‹ pietätvoll aufbewahrt (Laué, Dürst, Walty, Hüssy, Luggi Hofer, Eich,

M. v. Greyerz, Blanche Zweifel-Gaudard, Lisa Jahn etc.)« *(Feuilleton)*. – Die wichtigsten Sammlungen von Jugendgedichten befinden sich im Wedekind-Archiv Aarau, im Ortsmuseum Lenzburg und in der Wedekind-Sammlung auf Schloß Lenzburg.

2 *Mis Aargäu*

3

Du bewahrst die Früchte meines ersten Strebens,
Du erinnerst an die Zeit des Jugendlebens;
Darum bist du lieb und teuer mir.
Alles, was mein Herz bis jetzt errungen,
Was die holde Muse mir gesungen,
Gab ich stets zum Aufbewahren dir.

Nur zu dir allein hab ich Vertrauen.
Darum darfst auch du nur in mich schauen,
Tief in meines Herzens innren Grund.
Dort sind des Gemüts verschiedne Falten,
Die gar viel Geheimnisse enthalten,
Die nur dir und mir allein sind kund.

Du entlocktest mir sogar die Liebe,
Wolltest gerne, daß ich Brieflein schriebe
An manch reizendschönes Mägdelein.
Doch der eitle Wahn ist jetzt entschwunden,
Und mein Herz hat Besseres gefunden,
Denn 'so konnt es nimmer glücklich sein.

Und mein Herz sich in die Zukunft wandte,
Und mein Herz auch dort noch viel erkannte
Von dem Himmel der Unsterblichkeit.
Leichter wurde mir das Erdenleben,
Und ein süßer Trost ist mir gegeben,
Denn es dauert nicht in Ewigkeit.

Ja in Ewigkeit! Das wäre lange!
Und es wird um dich und mir bange,
Denn besonders du hast schon gekracht.
Trag die Manuskripte noch geduldig,
Das bist du mir, deinem Herren schuldig,
Der dich groß und herrlich hat gemacht.

Zu prosaisch-materiellem Zwecke
Füllte man dich mit des Erdballs Drecke
Zum Zusammensetzen für die kleine Welt.
Doch jetzt bildest du allein ein Ganzes,
Strahlst im Lichte philosoph'schen Glanzes.
Sprich, mein Freund, was besser dir gefällt?

Zwar du hast schon riesenhafte Löcher,
Doch die deckt man mit dem seidnen Fächer
Und denkt: »Es ist mir doch alles gleich.«
Solches ist für Philosophen simpel,
Denn was tut man mit dem ird'schen Grümpel,
Wenn man einmal kommt ins Himmelreich?

Wedekind-Archiv Aarau. – Das Gedicht wurde in die Sammlung »Gedichte von Franklin Wedekind aus den Jahren 1877–« aufgenommen, die

sich im Ortsmuseum Lenzburg befindet. Dort auch die Datierung »April 1878«. Vgl. *Gesammelte Werke* Bd. 8, S. 3 ff.

4 »Bei Frank Wedekind hatte ich immer das bestimmte Gefühl, als seien seine Bücher – mit Ausnahme des ersten und des letzten (*Frühlingserwachen* und *Herakles*) und der Jugendgedichte – nicht der Ausdruck seines innersten Wesens oder nur ein Teil davon, nicht der beste. Als müsse er im entscheidenden Moment von der ihm ursprünglich bestimmten Bahn abgelenkt worden sein durch Einflüsse, die stärker waren als er selbst. So wäre denn letzten Endes auch dieses Lebensschicksal eine Sache mehr des Charakters als des Genies. An Geist fehlte es wahrlich nicht!« *(Frank Wedekind, ein Jugenderlebnis)*

5 Artur Kutscher hat die Optik verzerrt, indem er nicht auf das enorme Ausmaß der frühen (oft datierbaren) Lyrikproduktion hingewiesen, sich aber andererseits nach Belieben der Sammlungen bedient hat, sobald die Gedichte als Kommentare seinen Zwecken dienen konnten.

6

Du ketzerische Liederbrut,
Ihr Schelmen, ihr perfiden Schwätzer,
Aufwiegler ihr für Fleisch und Blut,
Ihr losen, liederlichen Ketzer,

Habt acht, euch droht ein Glaubensakt:
Schon steht der Holzstoß hoch geschichtet;
Erbarmungslos hinaufgepackt
Wird, was ich frechen Sinns gedichtet.

Empor zum klaren Ätherraum
Hebt sich das Flammenspiel des Brandes:
Ein Totenopfer wüstem Traum,
Die Siegesfackel des Verstandes!

(Gesammelte Werke Bd. 1, S. 94 f.)

7 Wedekind ist einer der ersten »Physiker« der modernen Literatur. In seinem *Leben des Galilei* wird Brecht das »Lachen der Physiker« erwähnen, der »unglücklichen Fresser vom Baum der Erkenntnis«, Strategen in einer Welt, die aus der Heilsgeschichte herausgefallen ist, die »den Glauben bewundern, weil sie ihn verloren«, wie der »Physiker« Dürrenmatt es formuliert. Wedekinds Lachen, das aus seinen frühen Gedichten erschallt und das von seinen Zeitgenossen als humorig mißverstanden wurde, ist das Lachen des Physikers bei der Erkenntnis der Weltzusammenhänge. Wedekind ist aber auch einer der ersten »mathematischen Menschen«, wie sie Musil in einem berühmten Aufsatz charakterisiert: »Es ist töricht zu behaupten, daß alles um das bloße Wissen gehe, denn das Ziel ist längst schon das Denken. Mit seinen Ansprüchen auf Tiefe, Kühnheit und Neuheit beschränkt es sich vorläufig

noch auf das ausschließlich Rationale und Wissenschaftliche. Aber dieser Verstand frißt um sich und sobald er das Gefühl erfaßt, wird er Geist. Diesen Schritt zu tun, ist Sache der Dichter. Sie haben für ihn nicht irgendeine Methode zu lernen – Psychologie, um Gotteswillen, oder so – sondern nur Ansprüche. Aber sie stehen ihrer Situation hilflos gegenüber und trösten sich mit Lästerungen.« *Der mathematische Mensch* (April – Juni 1913). In: *Gesammelte Werke* Bd. 8. Reinbeck 1976, S. 1007 f.

8 Franklin Wedekind an Anny Barck, November 1883. (*Gesammelte Briefe* Bd. 1, S. 37) Der Herausgeber Fritz Strich schreibt den Namen der Briefempfängerin »Barte«. Diese Schreibweise ist von verschiedenen Wedekind-Forschern übernommen worden. Im Wedekind-Archiv München findet sich indessen eine Visitenkarte der Briefempfängerin (die spätere Anny Peter-Barck), die die richtige Schreibweise nachweist.

9
Wie hab ich nun mein Leben verbracht?
Hab viel gesungen, hab viel gelacht,
Unzähligen Menschen Freude beschert,
Doch den Fröhlichen stets lieber zugehört.
Denn mein Gedicht, wenn man's nicht
                                    übelnimmt,
War immer zuerst nur für mich bestimmt.
Und ward's mit den Jahren wesentlich stiller,
Mir selber pfeif ich noch oft einen Triller
Im Genusse der höchsten Lebensgabe,
Daß ich nie einen Menschen verachtet habe.
Nur mit einem lag ich in ewigem Streit,
Mit dem hohlen Götzen der Feierlichkeit.
Denn ein vornehmer Mensch ist
                                    selbstverständlich,
Macht nicht seine Vornehmheit extra kenntlich
Und wird sich mit größtem Gewinn bequemen,
Den eigenen Wert nicht ernst zu nehmen,
Weil ihm die, so er sich zu Gast gebeten,
Dann reicher und freier entgegentreten. –
Und wenn nun das Trugbild mählich entschwebt,
Dann sag ich: Ich habe genug gelebt
Und spüre wahrlich kein großes Verlangen,
Die Übung noch einmal von vorn anzufangen,
Denn für den einzelnen Ertrag
Ist plus minus null für jeglichen Tag.
Was aber irgend übrigbleibt,
Wird der Kraft der Lebendigen einverleibt.

Wedekind-Archiv Aarau
10 *Mis Aargäu*
11 Peter Mieg zufolge war Bertha Jahn, die »erotische Tante« (vgl. S. 206ff.), Autorin der vielgespielten Farce. (Mitteilung an den Verfasser, 21. Juli 1990)
12 Vgl. Friedrich Wilhelm Wedekind an Theo-

dor Wedekind, 3. Januar 1884. Familienarchiv Kurt Wedekind, Fällanden
13 Wedekind-Archiv Aarau
14 Als Beispiel für die Lenzburger Theaterherrlichkeit jener Jahre sei hier das Programm des »Caecilien-Fests 1889« angeführt, bei dem Fanny Oschwald-Ringiers Historienstück *Wahrheit und Dichtung* aufgeführt worden ist. Ein Exemplar des gedruckten Programms, auf dem die Namen der Darsteller handschriftlich neben ihren Rollen eingetragen sind, liegt im Stadtarchiv Lenzburg. Zwar lebt Wedekind zu dieser Zeit bereits in Berlin, doch ist zu vermuten (und in den Fällen von Minna von Greyerz, Blanche Zweifel und Lisa Jahn auch nachweisbar), daß die Namen der Laienschauspieler, darunter der seiner älteren Schwester Frida (genannt Erika oder »Mieze«) weitgehend denjenigen der jungen Leute entsprechen, mit denen er seine »Dichterschule« unterhalten hat:

CAECILIEN-FEST 1889. WAHRHEIT UND DICHTUNG. Ort der Handlung: Waldgegend bei Lenzburg.

Personen: Die Geschichte: Frau Blanche Zweifel / Musik: Frl. Clara Walty / Minne (allegorische Figuren): Frl. Fanny Hünerwadel.
Erstes Bild. (Pfahlbauzeit) Waidgeselle: Hr. Georg Schwarz / Freier: Hr. Walther Oschwald / Sein Mädchen: Frl. Frida Wedekind.
Zweites Bild. (Anfang des 1. Jahrhunderts) Ein römischer Feldherr: Hr. Rudolf Ringier / Helvetierin: Frl. Lisa Jahn / Deren Dienerin: Frl. Minna Wyss.
Drittes Bild. (XII. Jahrhundert) Ein Minnesänger: Hr. Otto Bertschinger / Eine Maid: Frl. Minna v. Greyerz.
Viertes Bild. (XVIII. Jahrhundert) Eine Dame: Frl. Johanna Jahn / Ihr Galan: Hr. Georg Schwarz / Erste Freundin: Frau Else Ringier / Zweite Freundin: Frau Elisab. Hünerwadel / Dritte Freundin: Frl. Minna Wyss.
Fünftes Bild. (Scene aus der Loreley) Loreley: Frl. Joh. Jahn / Nixen siehe unten
Ein Lenzburger: Hr. W. Dürst / Drei Klatschbasen: Frl. Joh. Jahn / Frl. Else Ringier / Frl. Elisabeth Hünerwadel
Ein Engländer: Hr. E. Saxer / Eine Engländerin: Frl. Lisa Jahn / Ein Führer: Hr. Walther Oschwald
Nixen zur Loreley-Scene: Frl. Gert. Amsler, Elisab. Schwarz, Bertha Schwarz, Joh. Bertschi, Emilie Rohr, Rosa Villiger, Marie Hünerwadel, Hedwig Hünerwadel.
Von den angeführten Damen waren mindestens fünf mit Sicherheit Empfängerinnen von Wedekinds Minnegedichten: Blanche Zweifel, Fanny

Hünerwadel, Clara Walty, Minna von Greyerz und Lisa Jahn.

15 Vgl. Emil Braun: *Geschichte des Orchesters des Musikvereins Lenzburg. Festschrift zur Feier des hundertjährigen Bestehens 1832–1932.* Lenzburg 1932, S. 74 ff. – Dem frühen Wedekind-Forscher Fritz Dehnow erschien der Name »Klara Hühnerwadel« derart grotesk und weithergeholt, daß er an dessen Existenzberechtigung in einem ernsthaften Drama Zweifel anmeldete: »Das Personenverzeichnis des ernsten Dramas *Musik* zeigt eine Hauptfigur mit dem Namen ›Klara Hühnerwadel‹ an. Das alles aber hat ernsthafte charakteristische Bedeutung.« (Fritz Dehnow: *Frank Wedekind.* Leipzig 1922, S. 12) Doch Hünerwadel ist der Name einer reputablen Lenzburger Familie, die bis zu Franklin Wedekinds innerstem Kreis heranreicht: Auch Olga Plümacher, die »philosophische Tante«, ist eine geborene Hünerwadel.

16 Vgl. Martha Ringier: *Fanny Oschwald-Ringier.* In: *Lenzburger Neujahrsblätter* 1942, S. 4–24

17 *Aargauisches Dichterbuch. Festschrift zur Aargauischen Centenarfeier* 1903. Hg. von der Literarischen Gesellschaft Aarau. Aarau 1903, S. 121. – In diesem Band, der von Ernst Zschokke und Hans Kaeslin, zwei Jugendfreunden Wedekinds im Auftrag der Literarischen Gesellschaft Aarau herausgegeben wurde, findet sich Frank Wedekind unter den Poeten seiner Jugend – sie bilden natürlich die erdrückende Mehrheit – als »Gleichberechtigter« aufgenommen, wenn auch mit folgendem Vorbehalt: »Wedekind, seiner Abstammung nach Deutscher, [. . .] verlebte einen großen Teil seiner Jugend in Lenzburg und Aarau, [. . .] widmete sich [man beachte die Vergangenheitsform!] dem Schriftstellerberufe und lebt zur Zeit in München.« (a. a. O., S. 141 ff.) Frank Wedekind ist mit den Gedichten »Abschied«, »An Madame de Warens« und »Sehnsucht« als »aargauischer Dichter« vertreten. Es handelt sich um Frühwerke, die schon im Lenzburger Kreis bekannt sind, bevor sie viel später in der Gedichtsammlung *Die vier Jahreszeiten* erscheinen. Im Kontext der anderen Produkte des *Aargauischen Dichterbuchs* fällt zunächst auf, wie überraschend gut sie sich in den Rahmen fügen. Es wäre völlig verfehlt zu behaupten, daß sie sich auf den ersten Blick durch höhere dichterische Qualitäten von den anderen Beiträgen unterschieden. Sie repräsentieren poetische Durchschnittsware, genauso wie der Rest der Sammlung. Das hängt weniger mit den Intentionen der Herausgeber zusammen: Die Aargauer Dichterschulen haben vielmehr unter der Leitung Franklin Wedekinds einer bestimmten Generation Schreibbeflissener eine gewisse Fertigkeit des Ausdrucks und

der Formgestaltung vermittelt, die, von deren Trägern in den meisten Fällen als Musenkuß mißdeutet, sich in diesem Niederschlag eines angeblich goldenen Zeitalters aargauischer Dichtkunst äußert.

18 Vgl. Friedrich Wilhelm Wedekind an Franklin Wedekind, 31. Dezember 1885 (Wedekind-Archiv München). In seinem Brief erteilt der Vater Ratschläge gegen Zahnschmerzen. Er fährt fort: »Es sollte mir nämlich unendlich leid thun, wenn du durch den allmählichen Verlust deiner Zähne auch allmählich deine nicht nur ganz tadellose, sondern sogar sehr schöne Aussprache [verlierst] [. . .], auf welche wir alle stolz sind und die von Vielen gerühmt wird, und welche vorzugsweise dazu dienen muß, dir demnächst im Leben mit fortzuhelfen . . .«

19 Olga Plümachers Briefe an Franklin Wedekind liegen unveröffentlicht im Wedekind-Archiv München.

20 Im noch unveröffentlichten *Notizbuch Nr. 1* (S. 10; 1. April 1894), Wedekind-Archiv München, findet sich eine Skizze aus der ersten Entstehungsphase der *Büchse der Pandora,* die den Kern der »Privattozänt Hilty«-Episode darstellt:

{Lulu] Tu as l'air d'un enfant et tu parles comme un maquereau. – Est-ce vrai, tu ne t'es jamais couché avec une femme?

DR. H. Wän iach ä s diar schwörä. Iach bien nämlich aus einär oltän Fomiliä. Iach bien ous einär Bodriziärfomiliä. Iach bien Arischdokhrat. Iach bekham als Studänt nuar zwoi Frankchen Taschengäld.

[. . .]

L. Ich glaubte du seist Philosoph . . .

DR. H. Äbän ja. Iach bien Maderaliescht. Ich bien Tarfinianer.

L. Dis moi donc, il n'y a pas des femmes là bas?

DR. H. Ihn Züriach?

L. Ja . . .

DR. H. Doch. Äs hat fünfundfünfzig Frööudänhöuser ihn Züriach. Aber äs gähän nur Verheuratete ihn dieselhen.

L. Pourquoi n'est tu jamais allé?

DR. H. Iach wohltä aouch wol dän Töüfel thun! – Ich khann mein Gäld bessär brouchen. Die Verheurateten khönnen äs äbän niacht lassän und ihrä Frauen sind iach so häßlich. – Jetzt ischt äs ätwas Anderäs bei miar. Iach habä miach verlobt miet einär Baslärin. Iach brouche äs jetzt. Iach muß äs kchönnän, wän iach miach verheurate. Deshalb kchomä iach jetzt miet dir.

L. Ich habe Glück in der Liebe. Das muß ich sagen!

DR. H. Hasch di. Zum Töüfel – was wilscht du mähr?

366

L. Eh bien, viens, mon philosophe. Nous verrons… (führt ihn in ihre Kammer […] und verriegelt von innen die Thür)
DIE GESCHWITZ (allein ächzend) Erhängen…

21 Wedekind-Archiv München. – Das Regenbogenmotiv ist vermutlich die Grundidee für seinen Fragment gebliebenen dramatischen Entwurf *Das Sonnenspektrum* (1894) und die darin enthaltene »Farbenlehre«, die sich auf erotische Kategorien bezieht. So tragen die Freudenmädchen regenbogenfarbige Kleider.

22 *Feuilleton*

23 In Deklamationsübungen hatte sich Franklin Wedekind bereits früh hervorgetan: »Wie jener Rattenfänger, der seinerzeit die Buben und die Mädchen einer ganzen Stadt hinter sich lockte mit seiner Pfeife, kam mir der Versemacher manchmal vor. Und es ging nicht lang, da tönte sie mir selber in die Ohren, jene Zaubermusik, als Franklin mit seiner Schwester und mir die Gedichte für das Schülerkonzert einübte. Na, das klang anders gegen die Wände, als wir ›Des Sängers Fluch‹ und ›Die Jungfrau von Stavoren‹ in den Saal hinaus wetterten und die Leute nur so staunten, woher solche Knirpse nur die Stimme nahmen. Daß man dabei auch Register ziehen könne wie bei einer Orgel, das wäre mir wohl nie selber eingegangen, und noch heute liegt mir Franklins Deklamieren in den Ohren, bald hoch und bald tief, daß es einem ordentlich das Herz zusammenzieht. Das war auch nicht zu verachten, jenes fein geschliffene Hochdeutsch, das die Wedekinds vom Hannoverschen her in die Schule brachten, das wir um so lieber nachgeahmt hätten. Aber es kam nur desto hölzerner heraus.« (*Mis Aargäu*)

24 Ebd.

25 Drei Originalbriefe Wedekinds an Minna von Greyerz liegen in der Wedekind-Sammlung auf Schloß Lenzburg.

26 Das Original befindet sich in der Wedekind-Sammlung auf Schloß Lenzburg. Die datierten, von Sophie Marti abgeschriebenen Gedichte aus den Beständen Minna von Greyerz' stammen aus den Jahren 1882–1883. Vgl. dazu Elke Austermühl: *Eine Lenzburger Jugendfreundschaft. Der Briefwechsel zwischen Frank Wedekind und Minna von Greyerz.* In: *Pharus I. »Kein Funke mehr, kein Stern aus früh'rer Welt.« Frank Wedekind. Texte, Interviews, Studien.* Hg. von Elke Austermühl, Alfred Kessler u. Hartmut Vinçon. Darmstadt 1989, S. 343–420. Da Elke Austermühl den Briefwechsel Franklin Wedekind – Minna von Greyerz in ihrem Aufsatz vollständig abgedruckt hat, erübrigt sich an dieser Stelle eine vollständige Wiedergabe der Briefe. Im folgenden wird mit *Pharus I* auf sie verwiesen.

27
Da trat sie ein. In ihren Blicken
Las ich die Freuden dieser Welt,
Auf ihren Lippen lag Entzücken,
Das Menschen fest zusammen hält.
Das Diadem in ihrem Haare,
Hell strahlt es – da erkannt ich sie,
Die Königin der Jugendjahre,
Die schöne Göttin Poesie.

Dieselbe Strophe, nur wenig abgeändert, findet sich im »Prolog zur Abendunterhaltung der Kantonsschüler« wieder, der von Franklin Wedekind im Februar 1884 vorgetragen wurde. Sie kann dort als versteckte Huldigung an die Kusine verstanden werden.

28
Ich aber, zur Erhöhung der Gemütlichkeit,
Hätt gern mir 'ne Zigarre angezündet.
Jedoch ein Blick von meiner Königin
Bracht unerwartet wieder mir zu Sinn,
Daß Rauchen sie höchst unpoetisch findet.

29
Schnell fuhr ich auf aus meinen Träumen –
Ich sah im Geiste mich in weiten Räumen,
Erhellt durch vieler Lampen lichte Glut.
Rasch ging der Takt, noch rascher ging mein Blut
Die Göttin rezitiert in schönen Stanzen
Ein Epos, doch ich hörte nur den Schall
Mir wars, als dürft ich auf dem Turnerball
Mit Fräulein Barck noch einen Walzer tanzen.

So träum ich denn in meinem Geist
Von Walzer, Schottisch, Polonaisen;
Sah, wie der ganze Saal im Wirbel kreist,
Und wie ich selbst der Glücklichste gewesen,
Und wie mir meine güt'ge Lehrerin,
Die kleinen Schritte explizierte
Und wie ich dort unsterblich mich blamierte,
Da ich durchaus kein leichter Tänzer bin. –

30
Jedes Ding hat einst ein Ende:
Daß ich statt in schweren Jamben
Weiter meine Bahn zu trampen,
In Trochäen nun mich wende,
Wird mir gnädigst wohl verzeihen
Denn für solche Poesien,
Wie sie mir im Kopfe liegen,
Muß die Feder schneller fliegen
Und mit ewig heiterm Sinn
Wie die schöne Tänzerin,
Die auf Schillers gottgeweihten
Brettern, die die Welt bedeuten,
Leichten Fußes sich bewegt,
So auf leichten Füßen springen
Daß ihr Tanzen, daß ihr Singen
Freudig unser Herz erregt. –

31

Denn aus des Gewandes Falten
Zog sie nun ein Buch hervor,
Das aufs Schönste eingebunden
War in rotem Saffian,
Und mit Goldschnitt angetan.
Auf der ersten Seite stunden
Wen'ge Wort in großen Lettern,
Daß in diesen Palmenblättern
Uns entdeckt ihr großes Herz
Fräulein Minna von Greyerz. –

Und gleich sah man, daß ein wilder
Genius in dem Buche weilt,
Denn ohn Ordnung drin verteilt
Waren viele Abziehbilder:
Männer, Frauen, kleine Kinder,
Tiere, Pflanzen und nicht minder
Postillone, Bürstenbinder –
Alles, was den Geist belebt,
Fand man hier in bunten Reihen
Einzeln, paarweis und zu dreien
Durcheinander aufgeklebt.

»Richte, was drin ist,
Nicht nach der Hülle! –
Lebt in der Stille.
Oft trägt, was Klarheit ist,
Närrisch Gewand.
Wo keine Narrheit ist,
Wohnt kein Verstand!«

Diese tiefgedachten Worte
Sprach zu mir mit vielem Pathos
Meine Göttin, als ich ratlos
Stets noch an des Buches Pforte
All die zarten, wundernetten,
Bunten Dattelvignetten
Stummen Munds betrachtete
Und sie halb verachtete. –

32

Nichts schleppt die Dichterin uns her
Von überird'schem Liebeswesen.
Man sieht, sie hat nicht viel gelesen,
Doch dafür denkt sie destomehr.

Auch Pessimismus find'st du nicht;
Obschon es Mode jetzt geworden,
Daß man von frechem Selbstermorden,
Von tiefer Selbstverachtung spricht.

(Ich schlug beschämt die Augen nieder
Als plötzlich ich dies Wort vernahm,
Das ihr aus tiefster Seele kam,
Und dacht' an meine Weltschmerzlieder.)

»Nein, wahre sittliche Moral«,
Fuhr ungestört die Göttin weiter,
Und froher Lebensmut spricht heiter
Aus ihren Worten überall.

Rein sieht man die Gedanken quillen,
Die Form zwar könnte besser sein
Die Dicht'rin soll den neuen Wein
Nicht in die alten Schläuche füllen.

Nein, neue Schläuche schaffe sie
Für ihren Wein in voller Gährung.
Dann wird wohl auch der Weltverehrung
Nicht fehlen ihre Poesie.

[. . .]

33

Die Tassen hatt ich unterdessen frisch gefüllt,
Und als die Göttin nun mit ihrer Rede fertig,
Und ihren Durst durch einen guten Schluck
                                                    gestillt,
War ich des Weiteren gegenwärtig.
Sie aber sah mich eine Weile forschend an;
Ironisch lächelnd sprach sie dann:
»Mein Bester, jetzt gestatt ich dir« –
Und gnädig senkte sie dabei die Wimpern –
»Auf deiner Dichterharfe *mir*
Auch einmal etwas vorzuklimpern.« –
»Ach meine Göttin«, sprach ich, »ich kann Ihnen
Ja nur mit Weltschmerzliedern dienen!« –
»Tut nichts!« sprach sie, und ich griff schnell
In die von ihr gestimmten Saiten,
Um mit Accorden voll und hell,
Die Klageworte zu begleiten:

»Halte das Leben für einen Traum!!
Was nützt dir alle Philosophie?!
Verschling den ganzen Erkenntnisbaum,
Du findest die ewige Wahrheit nie.«

»Und wenn ich Himmel und Hölle früge,
Sie sprächen: Die Wahrheit ist eine Lüge!«

»Wahrheit ein eitles Hirngespinst!
Und eitel sind Recht und Gerechtigkeit! –
Versuch, ob du sie bei den Göttern gewinnst!
Auf Erden herrscht die Schlechtigkeit.
Sie ruht in der Schöpfung geheimsten Gewalten
Sie wird die Welten auf ewig erhalten!
Frag, wie das Übel entstanden sei?!
Tot lag das All in friedlichem Grab,
Bis daß mit grausamer Barbarei
Ein Gott dem Staube das Leben gab. –
Es zeugte am sechsten der Schöpfungstage
Der erste Frevel unendliche Plage! –«

So sprach ich zu dem Schmerzgewimmer
Der weichen Laute mein Gedicht.
Ein leises Rauschen durch das Zimmer
Das störte meine Worte nicht.
Doch als der letzte Ton verklungen
Und ich mich umsah, ward mir klar,
Daß, während ich mein Lied gesungen,
Die Poesie verduftet war. –

Die im letzten Teil des Gedichts als Zitat gekenn-
zeichneten Stellen stammen möglicherweise von
Olga Plümacher oder beziehen sich auf Wede-
kinds Nietzsche-Lektüre.
34 Original in der Wedekind-Sammlung auf
Schloß Lenzburg
35 Vgl. *Pharus I*, S. 349
36 Oskar Schibler hatte literarische Entwürfe des
Freundes zum Teil in einer dem »Steinbaukasten«
vergleichbaren »Bundeslade« gesammelt, die lei-
der verschollen ist.
37
[. . .]
Verhehlen kann ich jedoch nicht,
Daß mir noch etwas sehr mißfiel:
Du ahmest Heine gründlich nach,
Den Heine, der oft gar zu flach . . .
Originale liebst du wohl,
Doch machst du selbst die Mode mit;
Pflegst Heinekultus viel zu toll,
Drum deine Muse drunter litt.
Erzürnt dich meine Offenheit,
Bin ich gewärtig einem Streit. –

Ihre Kritik bezieht sich auf das folgende Gedicht
Wedekinds:

Meinem Freund [Oscar Schibler]

Nein, du kritisierst zu strenge
Darfst dich nicht zu hoch erheben!
Du erwartest nichts als Perlen,
S' muß auch Hagelkörner geben.

O wie lächelst du verächtlich!
Jetzt versteh ich dich, auf Ehre!
»Wenn nur eine einzge Perle«,
Meinst du wohl, »darunter wäre!«

Minna von Greyerz kommentiert:

Was deine Poesie betrifft,
Stellst du sie gleich dem Hagelkorn.
Dies offne Urtheil sich wohl trifft,
Denn drunter fand ich manchen Dorn
Der mich natürlich hat verletzt,
Das dich natürlich jetzt ergötzt.
[. . .]
38 »[. . .] Jetzt will ich Dir noch schwarz auf
weiß sagen, welche von Deinen Gedichten mir am
besten gefielen: ›Die Liebe stieg vom Himmel
nieder‹, ›Ein Lebenslauf‹, ›Abschied‹, ›Ände-
rung‹, 2 Verse von ›Traum‹, ›Reue‹, und
›Fernsicht‹, letzteres aber nicht deshalb, weil Du
Deine poetischen Ergüsse zu verbrennen ge-
denkst, sondern die Poesie an und für sich; abgeschrieben hab' ich ferner ›Idyll‹ (reizend),
›Lehre‹, ›Meinem Freunde‹, ›An die Weltschmerzler‹, ›Verstanden‹, ›Die Sonne‹ (gefällt

mir auch recht gut), ›Winter‹, ›Jubel‹, ›Die
Maid‹.
Verzeih meine Schrift, Styl, kurz das ganze
Schreiben (sei mir nicht ganz zu ungehalten we-
gen meiner Aufdringlichkeit. In fliegender Eile
drücke ich Dir aus tiefgefühltem Dank stumm die
Hand und grüße Dich und Deine Lieben als Deine
Cousine Minna«

Die im Brief genannten Gedichte befinden sich,
zum Teil in Abschriften von Sophie Haemmerli-
Martis Hand, in deren unveröffentlichtem Nachlaß im Ortsmuseum Lenzburg.
39 Vgl. *Pharus I*, S. 358–360
40 In Bd. 3 der von Manfred Hahn herausgegebenen *Werke* mit »Schloß Lenzburg«, XI. 1883«
datiert. (Vgl. a. a. O., S. 392 ff.) Er wird im So-
nettbrief erwähnt.
41 Sophie Marti schildert den Auftritt Wedekinds in *Mis Aargäu*. Ein Exemplar des Sonder-
drucks befindet sich in der Kantonsbibliothek
Aarau, der Brief des Verlegers im Wedekind-
Archiv München. – Die Kusine, vom plötzlichen
Ruhm des Vetters beeindruckt, schickt diesem
am 3. Februar 1884 ein Sonett, aus dem außer
Bewunderung wohl auch ein wenig Eifersucht
herauszulesen ist:

Verrauscht sind nun des Festes heitre Klänge,
Verrauscht der Beifall, der die Brust dir
                                          schwellte,
Der deines Auges Strahl glanzvoll erhellte,
Als freudig dir entgegenjauchzt die Menge.

Erinnerung hält den Rauch nicht in die Länge,
Doch alles wird berührt von Todeskälte.
Und während du dich freutest, ach so fällte
Ein Andrer schon sein Urteil im Gedränge.

Kein schlimmes Urteil! Doch es wird gefallen,
Mein lieber Freund, dir nicht, doch kann es
                                          nützen
Drum sag ich's dir allein: Du mögest wallen

Als Dichter deine Bahn, doch freun, nie stützen
Auf bloßen Beifall nur, sonst wirst du fallen
In Eitelkeit und Schmeicheleien-Pfützen!

42 Über die Korrespondenz zwischen Minna von
Greyerz und Olga Plümacher wissen wir so gut
wie nichts. Es scheint, daß die Kusine sich zunächst mit ihrer übertriebenen Geste der Verehrung eingeführt und mit ihren Schmeicheleien
gegenüber der imposanten Philosophin so dick
aufgetragen hat, daß diese dem »Neffen« ihren
Unwillen darüber kundtut. Dieser weist die Kusine eilig in die Schranken. Von seinem Brief ist
nur der zweite Teil erhalten (vgl. *Pharus I*,
S. 380–384). Dort schreibt er u. a.:

»--- Ich komme nun auf einen Punkt Deines Briefes zu sprechen, auf den ich lieber nicht zu sprechen käme, den ich aber doch nicht unbesprochen übergehen kann. Ich meine Deine Erörterung über Frau Plümacher. Es scheint Dich verletzt zu haben, daß sie sich an dem Tone Deines Briefes gestoßen hat, und darin (mein Interesse bei beiden Teilen muß meine Offenheit entschuldigen) darin bist Du im Unrecht. Wenn Du mich in Deinem lieben Briefe mit Heine, Mozart und Goethe vergleichst, so mag das noch hingehen, denn erstens nehme ich das Leben einstweilen noch nicht so ernst, und zweitens ist ein solch unabsehbarer Abstand zwischen mir und diesen Männern, daß man eben den Scherz nur als Scherz verstehen kann. Wenn Du aber Frau Plümacher, die gerne groß und berühmt sein möchte und auch alle Anlagen dazu hat, es dereinst sein zu können, es einstweilen aber noch nicht ist, groß nennst, so kommt das dem wirklichen Tatbestand zu nahe, um Scherz sein zu können und liegt ihm zu ferne, um als wahrhaftiger Ernst gefaßt zu werden. Es hält so gerade die richtige Mitte und Distanz, um unter anderen Umständen für beißende Ironie gehalten zu werden, wovon hier natürlich nicht die Rede sein könnte. Und jetzt noch einmal, verzeih mir diese Offenherzigkeit. Ich glaubte nur in Deinem Interesse zu handeln, wenn ich unter vier Augen Dir hier die Lage der Dinge mathematisch scharf auseinanderlegte. Hege ich doch die feste Überzeugung, daß Du Dich mit Frau Plümacher nun desto eher wieder aufs Beste versöhnen und verständigen wirst. Ist sie doch wahrhaftig nicht so heikel im Umgang, wie es andere Philosophen zu sein pflegen, und hat doch gerade sie vor vielen anderen Menschen sich das kindlich naive Temperament zu bewahren gewußt und trotz allem Pessimismus noch genügende Freude an den Annehmlichkeiten des Lebens, um sich ein indirektes Compliment gerne gefallen zu lassen und ihre aufrichtige Freude an schönen Worten zu empfinden. –«

43 Dieses Zitat bezieht sich auf Wedekinds Gedicht »Ghasel«:

Dem Fröhlichen ist jeder Ort
Ein Paradies, und einerlei
Ist nun, wie trüb der Himmel sei,
Die schönen Stunden finden sich.

Stürm durch das Leben lustig fort
Genieß die Zeit und bleibe frei,
Vergnügungen in bunter Reih
Liebkosen und umwinden dich.

Doch sei behutsam mit dem Wort
Und schwöre keinem Menschen Treu!
Der süße Taumel wär vorbei,
Denn deine Schwüre binden dich.

Im Nachlaß von Sophie Haemmerli-Marti. Dazu die Bemerkung: »Handschriftlich bei Oskar Schibler mit F. Wedekind, dort (Gasel) auf Schulheftpapier (liniert!)«. Im Brief Olga Plümachers an Franklin Wedekind vom 21. Oktober 1883 wird ein Gasel erwähnt »eine Gasehle (oder schreibt man ›Gahsele‹ oder ›Gaselhe‹?), die auf die Endungen ›sage nicht‹ ging {und Deiner Mama so gut gelingt], daß sie sie als Stammbuch-Gabe für Frl. von Greierz [!] verwenden wollte«. – Wedekinds ausführliche »Antwort« darauf vgl. *Pharus I*, S. 371–374

44 In der Gedichtsammlung 1883–84, Wedekind-Archiv Aarau. Das Gedicht wird auch von Sophie Marti erwähnt und findet sich in leicht veränderter Form in ihrem Nachlaß. Das Original liegt auf Schloß Lenzburg.

45 Brief vom Februar 1884. Vgl. *Gesammelte Briefe* I, S. 42

46 Blanche Zweifel-Gaudard war wie Fanny Amsler 1884 Mitglied des Vorstandes des Lenzburger Caecilienvereins.

47 Für weitere Briefwechsel zwischen Franklin Wedekind und Minna von Greyerz im Jahr 1884 vgl. *Pharus I*, S. 343–420

48 Vgl. *Pharus I*, S. 389–391. Original in der Wedekind-Sammlung auf Schloß Lenzburg

49 Schloß Lenzburg sowie Nachlaß Sophie Haemmerli-Marti

Lehrerdämmerung
Seite 127 — Seite 144

1 Das Gedicht »De Scriptore« (Wedekind-Archiv Aarau) spielt wahrscheinlich auf ›Ich saz ûf eime steine‹ von Walther von der Vogelweide an:

Der Scriptor, der war hoch und hehr,
Ein Mann von großem Geiste.
Drum murrt man in der Schule sehr,
Weil er so wenig leiste.
Da gab's Epistel allerhand
Und bald ward überall bekannt
Die grenzenlose Faulheit

Doch das verdroß scriptorem sehr,
Er warf sich auf die Liebe
Und droht, du gehst mir nimmermehr,
Wenn auch nichts andres bliebe.
Er schaffte sich ein Ideal
Und ging auch morgens gleich zum Ball
Doch alles nur im Geiste.

In seinem Geist da wimmelten
In purpurroten Falten –
Sie sahn ihn an und himmelten –

Die herrlichsten Gestalten.
So daß er alle Welt vergaß
Und oft auf hartem Steine saß
Versunken tief in Liebe.

Doch einst als er im Bette schlief,
Da hört er, daß es brauset.
Da kam ein Blitz bald krumm und schief
Schnell durch die Luft gesauset.
Er fuhr geschwind durch seinen Kopf
Ertrank dann in dem Römertopf
Und mußte schmählich enden.

Des Morgens nach der Schreckensnacht
War alle Lieb verschwunden.
Doch vorne an dem Schädel hat'
Er ein halb' Dutzend Wunden.
Die eine ging direkt durchs Hirn
Und vorne auf der großen Stirn
Blieb lang noch eine Narbe.

Und als er endlich ganz erwacht,
Nahm er unter dem Kopfkissen
Hervor 3 Briefe mit Bedacht,
Bald waren sie zerrissen.
Er dachte drauf: in hoc signo
Vinces, und dann war er sehr froh,
Die Liebe mußte weichen.

In seiner Jugend ritt er gern
Auf jenen heil'gen Thieren,
Die schon vor Zeiten unsern Herrn
Trugen oftmals spazieren.
Da ritt er einst an einen Stein,
Wo Caesar trank 'nen Schoppen Wein
Und setzte drauf sich nieder.

Und als er so versunken saß
Hast' eine Kräh' am Kragen
'Nen Spatzen sie soeben fraß
Mit göttlichem Behagen.
Der Spatz der sprach, o schone mein
Und laß das Räuberhandwerk sein.

2 Das 14strophige Gedicht »Im Kerker« des
Fünfzehnjährigen liegt im Nachlaß von Sophie
Haemmerli-Marti.
3 Sie enthielt vermutlich einen Teil der orientalischen Mitbringsel aus dem Besitz des Vaters. Vgl.
Die Tagebücher, S. 24: »... Darauf holten wir vom
Estrich über den Verliesen den Koffer mit den
türkischen Kleidern [...] Im Saal kostümierte
sich die ganze Gesellschaft türkisch ...«
4 *Mis Aargäu*
5 Die Schulaufsätze Franklin Wedekinds, zum
Teil in Kutschers Biographie zitiert, liegen im
Wedekind-Archiv Aarau. Sie werden im folgenden ohne Quellenhinweis zitiert.
6 Nach Angaben von Sophie Marti soll sich be-

sonders Emilie Wedekind-Kammerer für den
Grünen Heinrich begeistert haben. Auch aus den
Briefen Olga Plümachers an Franklin Wedekind
ist dessen Keller-Lektüre nachweisbar.
7 Er erlebt jedoch den Schulausschluß und seine
Folgen in unmittelbarer Nähe. Die jüngeren Brüder, William Lincoln (Willy) und Donald müssen
die Lenzburger Bezirksschule verlassen; ersterer,
weil er vom Lenzburger Schloßberg aus mit seinem Flobertgewehr das Fenster des Aborts des
Hotels Krone zertrümmert hat, wo sich zufällig
eben einer seiner Lehrer aufhält. (Vgl. das Schreiben der Schulpflege Lenzburg an Friedrich Wilhelm Wedekind vom 19. April 1881: »... Der
§. 60, 1c der Auszüge aus dem Reglement der
Bezirksschule mit der Disciplinarordnung für
die Eltern besagt, daß ›im Falle die Schulpflege
von der verderblichen Einwirkung eines Schülers
auf die Sittlichkeit seiner Mitschüler sich überzeugt hat, auch ohne daß gröbere Vergehungen
vorliegen, sie den Vater des Schülers zu einer
baldigen Wegnahme seines Sohnes von der Schule
veranlassen könne, damit durch den zeitigen,
freiwilligen Abgang die Wegweisung vermieden
werde.‹ ‹...«) Donald verläßt die Schule vorzeitig
wegen mangelhafter Leistungen. Beide Brüder
werden nach dem abrupten Abbruch ihrer Schul-
ausbildung zu unsteten Herumtreibern. Der ältere wandert nach abenteuerlichen Jahren im
Orient und die Vereinigten Staaten schließlich
nach Südafrika aus. Donald verliert allen Halt.
Nachdem er auf den Spuren seiner Eltern nach San
Francisco gereist ist und dort vergeblich als Haus-
lehrer sich durchzusetzen versucht (im Münchener Nachlaß befindet sich eine Visitenkarte, die
ihn, an der »Montgomery Avenue Nummer 16«
in San Francisco wohnend, als »Teacher of German, French, Italian – Latin and Greek, Mathe-
matics, Physics, Geography and History« aus-
weist), schließlich zum Katholizismus konver-
tiert, sich erfolglos als Schriftsteller versucht,
Morphinist wird und 1906 im Selbstmord endet.
8 Vgl. dazu das Gedicht »Tugendhelden«
(S. 127). Im Nachlaß Sophie Haemmerli-Marti,
Ortsmuseum Lenzburg
9 Das am 8. April 1884 vom »Erziehungsrath
des Kantons Aargau« ausgestellte Maturitäts-
zeugnis für Franklin Wedekind weist nach, daß er
in deutscher Sprache und Literatur, in Latein,
Griechisch, Französisch, Mathematik, Geschichte, Naturgeschichte, Physik, Chemie und
Hebräisch geprüft worden war. In diesen Fächern
waren seine Leistungen in der deutschen Sprache
als »sehr gut«, in Mathematik, Chemie und Hebräisch als »ungenügend«, in den übrigen fünf
Disziplinen als »genügend« beurteilt worden. –

Vgl. dazu Franklin Wedekinds »Stoßgebet« aus dem Jahr 1884:

Ich möchte mich erschießen,
Erdolchen möcht ich mich auch.
Und meine Tränen fließen
Mir stromweis über den Bauch.

O wolltest mich erlösen,
Ruf ich in meinem Gebet,
Herrgott im Himmel vom Bösen
Und von der Maturität.

Sie stand gleich einem Gespenste
Schon oft vor mir im Traum.
Doch in der Ferne winkte
Der goldene Freiheitsbaum.

u. d. T. »Trost« in: *Gesammelte Werke* Bd. 8, S. 40 f.

10 *Mis Aargäu*
11 So findet sich im Stadtarchiv Lenzburg beispielsweise eine Beschwerde des Stadtrats an Friedrich Wilhelm Wedekind, weil die Söhne Franklin und Willy auf ihren Eseln durch den »Rosengarten«, den Friedhof also, geritten seien.
12 Als Beispiel sei die Szene erwähnt, die, wie Sophie Marti andeutet, offenbar zu jenem *Consilium abeundi* führt, da die hilflose Wut des Rektors Thut und seiner Zuträgerin keine anderen Mittel mehr findet, um gegen die stoische Heiterkeit des Schülers Wedekind anzukommen: »Um ihm Meister zu werden, brauchte es wahrlich andere Mittel als jenen Haselstock, den der rothaarige Rektor einmal in seiner Wut auf seinem Rücken zerschlug. Keinen Laut gab er von sich. Aber anderntags ging ein Gedicht in der Klasse herum mit Übernamen für den ›schönen Wilhelm und die böse Bertha‹, die dem allmächtigen Schulmeisterpaar zeit seines Lebens anhingen:

Ewig werde ich verfluchen
Böse Bertha und Spion,
Werde noch nach Jahren suchen
Heimzuzahlen ihren Lohn.
Eng verbunden Molch und Drache
Brüten am Zerstörungswahn,
Doch es kommt der Tag der Rache,
Und die Eumeniden nahn.

Wir hatten freilich keine Ahnung, was für Unflate die Eumeniden seien, aber desto unheimlicher kamen sie uns vor. Und daß man sich wehren müsse, wie man nur könne, wenn die ganze Welt auf einen herunterfallen wolle, das ging einem nach und nach auch auf.« *(Mis Aargäu)* Vgl. auch das Gedicht »Leb denn wohl, wir müssen scheiden...« (S. 97 f.), das auch in diesen Zusammenhang gehört. Sophie Haemmerli-Marti zitiert offenbar (unvollständig) aus dem Gedächtnis. Der vollständige Gedichtkomplex zu diesem Anlaß findet sich in der Sammlung früher »Gedichte von Franklin Wedekind aus den Jahren 1877–« im Ortsmuseum Lenzburg u. d. T. »Liebesklänge«.

13
An Herrn Professor Hunziker
in ehrerbietigster Hochachtung die Delinquenten

O Herr Professor, zürnen Sie uns nicht,
Wenn wir in kindlichem Vertrauen wagen,
Was unser Herz belastet, im Gedicht,
Im Schmuck der Verse Ihnen vorzutragen!
Denn wer in schlichtem Wort zu Ihnen spricht,
Und blickt Sie an, wie leicht könnt er verzagen,
Unglücklich der, so eine Rede schreibet,
Und will er sprechen, darin stecken bleibet.
So hilf uns denn, o Göttin Poesie
Daß wir mit Deiner Laute Silbertönen
Durch Deiner Worte süße Melodie
Den Herrn Professor wiederum versöhnen! –
Zwar weiß ich, daß Du stets verkehrt geschienen,
Wie heut zu Tage redet Groß und Klein. –
O, Herr Professor, könnten Sie verzeihn,
Wenn unsre Muse spricht per Du mit Ihnen? –
Nun höre denn, was unser Lied beseelt
Und blicke gnädig auf die Sünder nieder!
Wir wissen wohl, wir haben arg gefehlt,
Und Ähnliches geschieht gewiß nicht wieder
Denn jede Bitte in des Rechtes Grenzen
Ward immer gnädigst ja von Dir gewährt.
Das aber freilich war noch unerhört,
Ohn' Anlaß die Französischstund' zu schwänzen.
Am Tag vorher war zwar die Saalbaufeier
Getanzt, getrunken wurde lang und viel.
Des Katers grauenvolles Ungeheuer
Trieb noch in mancher Brust sein schrecklich
                                    Spiel.
Das Ohr vernahm noch immer mit Erstaunen
Als wie im wachen Traume Stück für Stück
Der lauten fußbeflügelnden Musik
Zum Klang der Cymbaln, Pauken und Posaunen.
O schöner Traum, Du bist dahin, bist nichts.
Wie traurig mußtest Du Dich umgestalten!
O wie beschämend ist es angesichts
Der ganzen Menschheit Cercer zu erhalten!
Uns schmerzt ja nicht die Kürze zweier Stunden
Wer hat für solches Leid uns Trost gefunden?
Man kauft sich Brot und eine Flasche Wein.
Die hat man unterm Mantel wohl verborgen
Und frechen Muts, das Herze ohne Sorgen,
Tritt in den öden Cercer man hinein,
Das Zimmer still, die Wände leer und kahl,
Doch kann das einen jungen Geist beengen?
Beim frohen Schmaus und unter Trinkgesängen
Entwickelt sich das schönste Bacchanal.

Genossen zaubert uns die Phantasie
Wohl in die gelben, schwarz beklexten Bänke,
Rings um mich her im Kreise sitzen sie
Und kreuzfidel lautjubelnd wie noch nie
Vertilgen wir das funkelnde Getränke. –
Und eh noch die Besinnung wiederkehrt,
Vernimmt man schon der Sünderglocke
                                    Schellen,
Die Schlüssel rasseln, und dem Herrn Pedellen
Zahlt man mit Freuden, was sein Herz begehrt.

So siehst Du, hochverehrter Herr Professor,
Wie golden selbst das Mißgeschick uns blüht.
Und dennoch dringt uns wie ein scharfes Messer
Dein wohlverdienter Tadel ins Gemüt:
Wir haben lange ungetrübt genossen
Das Glück, das uns Dein Unterricht verschafft,
Der erste Fall nun, den Du streng bestraft,
Tritt ein, da bald das letzte Jahr verflossen.
Das ist es, was uns in der Seele kränkt,
Daß Du Dir selber untreu werden mußt.
Der eignen Fehler sind wir wohl bewußt.
Drum schmerzt es uns, daß der auf Strafe denkt
Der uns bis jetzt durch Liebe hat gelenket.
Leichtsinnig ist die Jugend stets gewesen,
Bösartig aber zeigte sie sich nie:
Wer weiß, wie sie, so gut die Hand zu lesen,
Von der ihr sanfte Wohltat angediehn?
In keinem andern Boden schlägt die Liebe
So schnelle tiefe Wurzeln, wie in ihr.
Heut siehst du erst der Pflanze zarte Triebe;
Sie blüht empor zu warmer Gegenliebe
Und spät noch trägt sie Dankesfrüchte Dir. –
Und auch der Leichtsinn wird sich glücklich
                                    wenden.
Das Schicksal wirft den Menschen hin und her
Besucht er längst auch keine Schule mehr,
Die Welt muß die Erziehung noch vollenden.
Ein jeder wird einmal solid und fest,
Wenn ihn des Alters grause Schauer fassen,
Und wer die Sünde selber nicht verläßt,
Wird von der Sünde endlich doch verlassen.

So stehn wir nun vor Dir mit dem Gedicht,
Daß uns von Deiner Huld Verzeihung werde.
Vertrauend schaun wir Dir ins Angesicht,
Nicht irrt der zage Blick mehr auf der Erde.
Aus Deinen Mienen leuchtet Freundlichkeit;
O sprich aus, daß sich Dein Herz entlade,
Und daß auch wir von banger Pein befreit;
Und auf das Auge der Gerechtigkeit
Drück einmal noch den Finger Deiner Gnade!

In aller Ergebenheit
                        Deine Dich liebenden Schüler.

14 Ein früherer Aufsatz befaßt sich mit »Regen-
wetter«, ein anderer behandelt »Die Steigerung

des Effectes im ersten Acte der *Emilia Galotti*.
(Welche Mittel gebraucht Lessing, um die Leidenschaft des Prinzen bis zum Schluß des ersten
Actes fortwährend zu steigern?)«; »Lob des Sommers«; ein »Brief Edoardos Galotti aus dem Kerker an seine Frau«; »Tells Monolog«; die schon
erwähnten »Betrachtungen des Spießbürgers vor
der Neuen Kantonsschule in Aarau – a.d.
1908«; »Ferro nocentius aurum«; »Don Carlos«;
über den »Charakter der Iphigenie« mit einem
»Epilog zu Goethes *Iphigenie auf Tauris*« und
schließlich ein Aufsatz über Shakespeares »Behandelt jedermann nach Verdienst, und wer ist
vor Schlägen sicher? (*Hamlet*)«.
15 Vgl. S. 177. – Das Gedicht ist in der Sammlung von Gedichten und Aphorismen aus der
Aarauer Gymnasialzeit »Memorabilia 1882–83«
enthalten (Wedekind-Archiv Aarau).
16 Wedekind-Archiv Aarau. – Sophie Haemmerli-Marti gibt das Gedicht in ihrem Aufsatz
Franklin Wedekind auf der Kantonsschule (in: Aarauer Neujahrsblätter 1942, S. 32) unvollständig –
offenbar aus dem Gedächtnis – wieder.
17 Bemerkungen in Franklin Wedekinds Schul-
zeugnissen. Wedekind-Archiv Aarau

Freundschaft, Liebe, Tod
Seite 145 – Seite 176

1 Die Namen wurden von Sophie Haemmerli-
Marti festgehalten. Unveröffentlichte Notizen im
Nachlaß, Ortsmuseum Lenzburg
2 Wedekind-Archiv Aarau
3 *Mis Aargäu*. – Vgl. dazu den Brief Oskar Schiblers an seine Eltern vom 16. Oktober 1886 (Wedekind-Archiv Aarau): »Franklin Wedekind habe
ich noch nicht geschrieben, werde es aber näch-
stens thun. Denn daß er immer noch der exaltirte
Mensch ist wie früher glaube ich nicht. Münchner
Bier beruhigt! Ich erinnere mich nur noch an
jenen Abend als wir von einem Commers im
Kreuz zurückkamen und er hörte, daß es unter
den Bäumen am Zollrain ein Mensch erschossen,
sich von mir losriß und sein fürchterliches Taschentuch in dessen Blut tauchte. An jenem
Abend mußte ich stundenlang mit ihm gehen,
sonst hätte er vielleicht etwas unüberlegtes gethan. Auf den Knien bat er mich um meine Pistole. Doch weiter! Hoffen wir das Beste, er ist
tüchtig und hat viel gearbeitet in München, wie
er mir schrieb; und wenn er auch nicht die hohen
Ziele erreichen kann, die er sich gestellt, so bin
ich doch davon überzeugt, daß er ein ganz tüch-
tiger Literat wird.« – Aus einem Brief Hermann
Plümachers, des Sohns der »philosophischen

Tante« Olga Plümacher, an den Schulfreund Franklin Wedekind, datiert Schaffhausen, 15. Dezember 1881 (Wedekind-Archiv München), geht hervor, daß sich Wedekind von Plümacher einen Revolver geborgt hat. – Vgl. dazu auch Manfred Luchsinger: *Frank Wedekind und Hermann Plümacher. Unveröffentlichte Briefe.* In: *Pharus I*, S. 421–442

4 Beide im Wedekind-Archiv Aarau

5 Die Briefe von Moritz Dürr, die Todesanzeige und ein Brief von Dürrs Vater an Wedekind liegen im Wedekind-Archiv München. – Der Nachname Dürr taucht mit der Figur des »Buchhalters Dürr« in der Komödie *Till Eulenspiegel* (1916) wieder auf.

6 *Mis Aargäu*

7
Hast du den alten Glauben nun gemieden,
Weil seine Schattengötter dir zu klein,
Und ist die Seele dennoch nicht zufrieden,
So laß die Freundschaft unsre Göttin sein!

Denn wo zwei Menschen selbstlos liebend
denken,
Einander helfen auf der Lebensbahn,
Da wird das Glück uns auch Erkenntnis
schenken,
Und unsern Herzen ist genug getan.

8 Dabei findet sich folgende erklärende Einleitung:

»Früh morgens mit ihrem Blöken
Thun mich die Schafe erwecken
Im herrlichen Sonnenschein.
Und abends blöken die Schafe
Mich in den süßesten Schlafe –
O selig ein Schäfer zu sein!

Viel zur Erbauung wird geboten,
Die Welt hat daran Überfluß,
Von Lebenden sowohl wie Todten.
Ich biet euch dieses zum Genuß.

So nehmt denn hin, ihr lieben Brüder,
Von mir, der ich mich einmal wieder
In eurem Städtchen umgeguckt,
Nehmt hin mein neustes Kunstprodukt.

Schnöd' hat man mich herausgerissen*
Aus meiner Freunde trautem Kreis.
Aus meinem weichen, warmen Kissen,
Aus allem, was zu lieben weiß.

Heut aber sehen wir uns wieder
Und hell erklingen uns're Lieder
Und freudig trink ich alts Haus
Mein Glas auf euer Wohlsein aus [. . .]

* Der Verfasser wurde im Frühling 1881 aus der

Schule gejagt und verlebte den Sommer auf dem Schloß seiner Eltern, wo er von den sonnigen Bergabhängen die Schafe hütete und diese Bucolicen schrieb.«

9 Er widmete ihr verschiedene Gedichte (Wedekind-Archiv, Aarau; Wedekind-Sammlung Schloß Lenzburg). – In der von Fritz Strich herausgegebenen sehr unvollständigen Sammlung von Wedekind-Briefen, die nur die Briefe des Dichters, nicht die des Briefpartner enthält, wird in einem Brief an den Vater auf den Schulfreund Walther Laué, eines der Gründungsmitglieder des »Senatus Poeticus« verwiesen. Der Sohn Franklin entschuldigt sich am 5. Februar 1880 dafür, daß er ein übermütiges Gedicht (ursprünglich »An L. B[elard]; später als »Pennal« in die *Gesammelten Werke* eingegangen) sowie drei Briefe an die ihm unbekannte Freundin Laués verfaßt und öffentlich vorgetragen habe, was wieder einmal mehr zu Beschwerden führt.

10 Dem Brief liegt ein Gedicht Laués, »Gestörte Idylle«, bei, das folgendermaßen endet:

Wie glücklich denkt ihr, wenn ein solches Leben
Fortunas segensvolle Hand
In ihrer schwanken Laune hat gegeben!
O seht nur – ach, die Illusion verschwand –
Er steht auf, reckt die steifen Glieder
Ein Bierbaß-Lied mit schrillem Ton
Macht zittern Stein und Wald und Flieder
Und Pan und Nymphen fliehn davon.
Entsetzen greift den Menschen, der es höret,
Die schöne Illusion zerrinnt
Und er, der diesen schönen Traum gestöret
Ist Gott – – – der Franklin Wedekind

SIC TRANSIT GLORIA MUNDI

W. L.

11 Wenn nicht anders vermerkt, folgt der Textlaut der Briefe Wedekinds an Vögtlin im folgenden den *Gesammelten Briefen I*, S. 19 ff.

12 Adolph Vögtlin an Franklin Wedekind, 2. Juli 1881. Die übrigen Briefe Vögtlins an den Freund (alle im Wedekind-Archiv München) vom 8. Juli, 30. Juli, 23. September und 30. September 1881 werden im folgenden mit Datum zitiert.

13 Adolph Vögtlin wird später Germanist und Gymnasiallehrer. 1910, als Wedekind bereits berühmt ist, gibt er eine *Geschichte der deutschen Dichtung* als »Leitfaden für den Unterricht in den oberen Klassen der Mittelschule« heraus. Erstaunt stellt man fest, daß der Name des berühmten Schulfreundes in der Liste der bedeutenden Gegenwartsautoren fehlt. Dafür hat Vögtlin als zukunftsweisend die Namen »deutscher Heimatdichter« verzeichnet, unter die er u. a. Adolf Bartels, Otto Ernst, Thomas Mann, Isolde Kurz und

Ricarda Huch zählt. Diesen stellt er die Schweizer Heimatdichter zur Seite, u. a. Karl Albrecht Bernoulli, Jakob Bosshart, Emil Ermatinger, Jakob Christoph Heer, Paul Ilg, Isabella Keiser, Meinhard Lienert, Fritz Meri, Joseph Reinhart, Walter Siegfried, Rudolf von Tavel, Adolph Vögtlin [!], Lisa Wenger, Ernst Zahn und Alfred Huggenberger. Sein Kommentar: »Noch zählt keiner von den genannten schweizerischen Dichtern zu den Großen, allein es fehlt nicht an Talent, nicht an selbständigem Streben und nicht an ernster Hingabe an die Kunst. Hier wie in Deutschland ist bei der Masse das Interesse und der Sinn für die echte Kunst in den drei letzten Jahrzehnten mächtig gefördert worden, was für die Zukunft ein erfreuliches Gedeihen unserer Dichtung verheißt.« (a. a. O., S. 269)

14 Der ausführliche Briefwechsel zwischen Wedekind und Schibler liegt zum Teil in München, zum Teil in Aarau. Er wurde weder in die *Gesammelten Briefe* noch in Manfred Hahns Werkausgabe aufgenommen. Kutscher weist auf die Korrespondenz hin, ist aber nicht in der Lage, daraus zu zitieren, wahrscheinlich, weil (der Politiker) Schibler ihm wegen verschiedener erotischer Anspielungen keinen Einblick in die Briefe gewährt hat. Der Schibler-Nachlaß ist Eigentum der Aargauischen Kantonsbibliothek. Verschiedene Briefe Wedekinds an Schibler sind von Sophie Haemmerli-Marti kopiert worden und befinden sich in ihrem Nachlaß in Lenzburg. – Die Korrespondenz ist abgedruckt in meinem Aufsatz *Vorfrühling. Der Briefwechsel zwischen Frank Wedekind und Oskar Schibler.* In: *Pharus I*, S. 316–342

15 Im selben Brief schlägt Schibler eine gemeinsame »Sommerkunstreise« vor, die Wedekind jedoch im September wegen einer Rippenfellentzündung absagen muß.

16 Die Urfassung (in einem Schulheft im Wedekind-Archiv Aarau) unterscheidet sich in einigen Formulierungen von der Fassung der *Gesammelten Werke* (Bd. 8, S. 19). Die hier zitierte findet sich in der Sammlung »Gedichte von Franklin Wedekind aus den Jahren 1877–« im Ortsmuseum Lenzburg. – *Erholungsstunden,* eine Sammlung von Novellen, Erzählungen, Gedichten, Anekdoten, Miscellen, Räthsel etc., die Sonntagsbeilage zum *Thuner Blatt,* hg. von J. J. Christen, ist nur noch in zwei Jahrgängen (4/1861 u. 5/1862) in der Eidgenössischen Nationalbibliothek in Bern erhalten. Die Nummer, die Wedekinds erste Publikation enthielt, muß als verschollen gelten.

Im Nachlaß Haemmerli-Marti beginnt die zweite Strophe wie folgt:

Denn auf der Welt von Müh' und Gram . . .

Die letzte beginnt:
Und flößt uns Trost ein in der Noth . . .
Dazu, in Haemmerli-Martis Handschrift: »(deutsche, noch unfertige Schrift, vielleicht 1882?)«

17 In *Frühlings Erwachen* wird der Gymnasiast Melchior Gabor, der mit seinem Freund Moritz Stiefel »gemütlich über die Fortpflanzung plaudern« will und dabei die Ansicht äußert, »die ganze Welt drehe sich um P[enis] und V[agina]«, was Moritz zur Erkenntnis bringt: »Das Mädchen, Melchior, genießt wie die seligen Götter [. . .] Die Befriedigung, die der Mann dabei findet, denke ich mir schal und abgestanden.« Diese literarischen Freundesgespräche scheinen sich direkt auf den Briefwechsel Wedekind–Schibler zu beziehen.

18 Sie sind 1897 in überarbeiteter Form als Teil der Erzählung *Die Fürstin Russalka* in dem gleichnamigen Band erschienen (S. 104–119). Vgl. *Die Tagebücher,* S. 21 ff. sowie unten S. 384, Anm. 7

19 *Erinnerungen eines Festhummlers am Eidgenössischen Turnfest* sind als Manuskript im Wedekind-Archiv Aarau erhalten. Sie wurden vermutlich in einer Festzeitung gedruckt.

20 Der Populärphilosoph Johann Jakob Engel hatte als Zeitgenosse von Jeremias Gotthelf und Heinrich Zschokke in Bern gelehrt. Wedekind verweist auf *Der Philosoph für die Welt. Gesammelte Aufsätze* (2 Bände, Frankfurt a. M. 1857).

21 Die Ritterburg als familiärer Topos wird Wedekind zeitlebens, bis zum späten Schauerdrama *Schloß Wetterstein,* begleiten. In den »Memorabilia 1882–83«, als Stoffmagazin zu verstehen, das im Zusammenhang mit den literarischen Plänen Wedekinds und Schiblers angelegt worden ist, findet sich der Entwurf zu einem Melodrama *Der Schloßgeist,* versehen mit den Angaben »Ort. In Lenzburg. Zeit der Kreuzzüge.«

22 Vgl. *Pharus I*, S. 332 f.

23
Verlaß der Sterblichen nüchterne Spur! –
Weh dem, den Menschen gemeistert!
Sie wissen nichts von der edlen Natur,
Die unsre Seele begeistert.
Sie kleben am staubigen Boden der Welt
Und suchen am Irdischen Klarheit.
Doch was sie dort unten gefesselt hält,
Das führet uns aufwärts zum Sternenzelt
Das zeigt uns die ewige Wahrheit

Verachte, was der Philister liebt,
Ein stilles, beschauliches Leben!
Du weißt, daß es höhere Ziele gibt,
Dem Klaren Geist zu streben
Vor deinen Augen das Ideal,
Es soll dich schützen und lenken, –
Der *Menschen* Treiben ist matt und schaal.

Du aber bleibe ein Original
In Handeln, Reden und Denken!

Es wachsen die Erdensöhne so dicht
Allüberall, wo ich wandre.
Jedoch betracht' ich sie näher beim Licht,
Ist einer genau wie der andre.
Man malte sie hin, weder gut noch schlecht,
In gräulich wäßrigem Tone.
Dabei – versteh ich die Bibel recht –
War Gott im Himmel dem ganzen Geschlecht
Die allgemeine Schablone.

»Er eine Schablone!« – Das nennst du Spott? –
Nun wohl! Was ist dran gelegen? –
Sei du dir selber der höchste Gott
Und geh auf eignenen Wegen!
Die Welt ist dein auf geraume Zeit;
Entschließe dich, sie zu nützen:
Erwähle die Sonne zu deinem Geleit
Und donn're hinab in die Nichtigkeit
Mit hell aufleuchtenden Blitzen!

Dann sieh, wie ob deinem gewaltigen Ton
Die armen Würmer erstaunen.
Sie fahren zusammen, als hörten sie schon
Die Klänge der jüngsten Posaunen. –
Dann laß uns ewigen Freundschaftsbund
Hoch über den Sterblichen schließen. –
Sie werden geboren, sie wachsen und
Dann zeugen sie Kinder und gehen zu Grund
Wir aber wollen *genießen!*

März 1883   Dein Franklin
Odi profanum vulgus et arceo.   Horaz.«

Schibler-Nachlaß, Kantonsbibliothek Aarau.
Vgl. *Gesammelte Werke* Bd. 8, S. 28 f. – Aus der
letzten Zeile des Gedichts leitet sich möglicherweise der Begriff des *Genußmenschen,* erster Titel
des Dramas *Der Marquis von Keith,* ab.
24 Aus dem Briefwechsel geht hervor, daß Schibler ihm die (damals schwer zugänglichen) *Ge-*
sammelten Werke Heines verschafft hat.
25 In seinen Tagebüchern wird Wedekind von
den Prostituierten als den »Venuspriesterinnen«
sprechen.

Das greise Kind
Zwischenbetrachtung
Seite 177 – Seite 183

1 Zu erwähnen wären noch verschiedene unvoll-
endete Dramenentwürfe und der abgeschlossene,
aber nicht veröffentlichte Kostümklamauk *Eine*
Szene aus dem Orient, die sich wahrscheinlich an die

Erzählungen aus den »türkischen« Jahren des Vaters anlehnt.
2 Die Urfassung lautet:
Mahnung

Greife wacker nach der Sünde!
Nur die Sünde bringt Genuß. –
Ach, du gleichest einem Kinde,
Dem man alles zeigen muß.

Einem unschuldsvollen Kinde,
Das den Satan noch nicht kennt, –
Nein, wahrhaftig, nur die Sünde
Ist der Freuden Element.

Warum liebst du nicht die Schönen,
Die sich dir so reizend nahn?
Sieh doch, Bester, sie verhöhnen
Dich als einen Grobian.

Dich als einen argen Flegel
Der sich voller Hochmuth ziert;
Oder dann die erste Regel
Seines Lebens nicht capiert.

Meide nicht die ird'schen Schätze!
Wo sie liegen, nimm sie mit.
Hat der Mensch doch nur Gesetze,
Daß er sie mit Füßen tritt.!

Um die Lust zu raffinieren
Zu begründen unsern Tod,
Schrieb der Hergott an die Türen
Des Genusses ein Verbot. –

Nein, wir wollen gerne sterben,
Sterben für die Ewigkeit,
Wenn den Himmel wir erwerben
Schon zu unsrer Lebenszeit! –

O, mein Gott, gestatt' es füglich,
Daß der Mensch die Freude sucht;
Denn wie sparsam, wie begnüglich
Brechen wir die gold'ne Frucht!

Gestern dacht' ich eines Kusses,
Den mir einst die Liebste gab.
In Erinnerung des Genusses
Leckt ich mir die Lippen ab.

Und das war so zart, so saftig,
Daß, – wer weiß, wie es geschah! –
Plötzlich ich mein Lieb leibhaftig
Wieder bei mir sitzen sah;

Hörte wie sie sprach und lachte,
Manches liebe süße Wort.
Aber als ich drauf erwachte,

Da war alles wieder fort.
Manfred Hahn weist darauf hin, daß die Gedichte
»An Franziska de Warens« und »Erdgeist« (*Werke*

Bd. 2, S. 472 u. S. 526) identisch sind und beide von »Mahnung« abstammen (a. a. O., S. 770 A. 472). Eine Prüfung der Quelle »Memorabilia 1882–83« läßt erkennen, daß das ursprüngliche Gedicht von einem unbekannten Kritiker (sehr wahrscheinlich Bertha Jahn oder Oskar Schibler) nach der 7. Strophe mit einem Kommentar versehen und dadurch in zwei Teile zerlegt worden ist. Wedekinds Initialen nach der 11. Strophe deuten an, daß die drei letzten, die die Urfassung von »An Franziska de Warens« darstellen, tatsächlich zum ganzen Komplex »Mahnung« zu rechnen sind. – Nur die folgende berühmte Strophe stammt aus der Münchener Zeit:

Glücklich, wer geschickt und heiter
Über frische Gräber hopst
[. . .]

3 Wedekind-Sammlung Schloß Lenzburg

4
»Der Übermensch«

Und ob die Hölle ihm ins Antlitz faucht –
　　　Er schmaucht!
Ob ihn Freund Hain an der Krawatte zupft –
　　　Er schnupft!
Und ob die ganze Welt in Thränen läuft –
　　　Er säuft!
Ob ihm der Teufel in die Schüssel pißt –
　　　Er frißt!
Und ob der bloße Blitz die Wipfel trifft –
　　　Er schifft!
Ob Sturm und Wetterschlag den Wald zerreißt –
　　　Er scheißt!
Und sei ob ihm der Häscher Schwert gezückt
Er knöpft sich seine Hosen ab – und fickt!

Also sprach Zarathustra!

Wedekind-Archiv Aarau

Die Schule der Frauen
oder Realpsychologie

Die »Venus von Lenzburg«
Seite 191 – Seite 195

1
Die Venus

Ein Jünger von der edlen Kunst
Sitzt auf der Bude im Tabaksdunst,
Eine Venus soll er malen,
Ein Kunstmäcen hat sie bestellt
Und ihm versprochen viel blankes Geld
Das will er sofort bezahlen.

Und als die Venus fertig war,
Da streicht der Jüngling sein Lockenhaar,
Betrachtet sie mit Freuden
Das Bildnis war sein Ideal,
Das er geträumt viel tausend Mal,
Nun kann sein Aug' sich weiden.

Doch Tage und Wochen und Monde vergehn,
Es kommt und kommt kein Kunstmäcen;
Was soll denn das bedeuten? –
Der Jüngling malt so viel er kann,
Bald ist er ein berühmter Mann;
So ändern sich die Zeiten.

Heil dir, den ächter Lorbeer krönt!
Heil jedem, der die Welt verschönt

In edler Sinnesreinheit!
Wie tief blickt wohlverdienter Ruhm
Hinab auf besorgtes Philistertum,
Auf knickrige Gemeinheit! –

Sieh! Eines Tages im Abendschein,
Da tritt ein Mann zu ihm herein
Mit höflichen Grimassen:
»Zehntausend Taler liegen hier;
Die Venus dort gehört jetzt mir.
Ich werde sie holen lassen.« –

Der Künstler errötet, doch ruhig er spricht:
»Mein Freund, die Venus erhältst du nicht!
Du kommst zu spät, bei Leibe!
Ich liebe sie innig, sie ward mir Braut;
Der Himmel selber hat uns getraut.
Laß ab von meinem Weibe!

Nein, nein! – Frau Venus, mein Ideal,
Das mich begeistert so manches Mal,
Weh, wenn ich dich verliere!
Vom Schüler hat er dich nicht gewollt;
So ist der Meister ihm auch nicht hold«,
Und weist ihn vor die Türe.

2 Diesen hübschen Ausdruck hat der Zürcher Germanist Peter von Matt im Hinblick auf den jungen Robert Walser geprägt.
3 *Werke*. Hg. von Manfred Jahn. Bd. 3, S. 340 f.

4
O ihr Tage meiner Kindheit
Seid dahin auf immerdar,
Da die Seele noch in Blindheit,
Voller Licht das Auge war.

Frei ließ ich die Blicke schweifen
Schaute jedem ins Gesicht
Glauben galt mir für Begreifen
Und den Zweifel kannt ich nicht.

Doch da fing ich an zu sinnen
Und zu grübeln hin und her
Und in meinem Herzen drinnen
Wogt es wie ein wildes Meer.

Und die Augen senkt ich nieder
Schaute tief in mich hinein,
Und erhob sie nimmer wieder
Zu dem goldnen Sonnenschein.

Mußt ich doch die Welt verachten,
Die ich einst so heiß geliebt,
Wollt ich doch nach Wahrerm trachten
Als was uns der Glaube gibt.

Die Erkenntnis ist geschehen
O wie wohl war einst dem Kind!
Meine Seele hat gesehen,
Meine Augen wurden blind.

                              v. Z. [von Zephir]
5 *Die Tagebücher*, S. 13
6 Im *Simplicissimus* Jg. 2, Nr. 35, 1897, S. 3,
erscheint Wedekinds *Interview mit Don Giovanni*,
das dessen »kabbalistisches Schema« enthält,
welches mit dem »Schlüssel Salomonis« gedanklich übereinstimmt. »Don Giovanni« bemerkt,
in möglichem Bezug auf die Lenzburger Klavierlehrerin Minna von Greyerz, über die »Ibsensche
Nora«, sie sei »gesellschaftlich Bourgeoisie, im
Geist eine Klavierlehrerin«.

Die Mutter
Seite 196 – Seite 205

1 1961 erschien ein Nachdruck im Atlantis-
Verlag Zürich. Ein Exemplar davon mit der Widmung »Von Mati Wedekind liebenswürdig *Theodor Bertschinger Lenzburg zu Weihnachten 1961 zuge-
eignet*« findet sich im Archiv der Familie Bertschinger. Dort ist außerdem eine wahrscheinlich
von Emilie (Mati) Wedekind handschriftlich ko-
pierte Urfassung des *Hänseken* aufbewahrt.
2 Ich zitiere nach der Urfassung.
3 *Frank Wedekind, ein Jugenderlebnis*. Ortsmuseum Lenzburg. – Das Gratulationsgedicht lautet:

Meiner lieben Mutter

Nicht zu der Menschheit Götzen kann ich beten
Die mit der Mode jeden Tages ändern,
Heut hochverehrt in aller Herren Ländern
Und morgen elend in den Staub getreten.

Nicht will ich mich vor Hirngespinsten beugen,
Die mir die eigne Phantasie geboren.
Nicht wall ich mit dem Schwarm naiver Toren
Vor kaltem Marmorbild mein Haupt zu neigen.

Der Gott, der meine Seele längst durchglühte,
Der mich geliebt, bewacht und nie verlassen,
Er lebt und webt, mein Geist kann ihn erfassen,
An seiner Stärke nährt sich mein Gemüte.

Drum schreit' ich mutvoll vorwärts durch das
                                        Leben
Wenn auch mein Los mich in die Ferne triebe,
Der heilge Geist: dein Segen, deine Liebe,
Sie werden stets beschützend mich umschweben.

Vgl. *Gesammelte Werke* Bd. 8, S. 42
4 16. Februar 1888. *Die Tagebücher*, S. 24
5 21. Juni 1892. A. a. O., S. 195 f.
6 In der Urfassung der *Büchse der Pandora* (deren
Handlung nach Angaben des Dichters »etwa von
1880 bis 1890« spielt) findet sich im ersten Akt
(Lulu ist noch mit dem greisen Dr. Goll verheiratet und wird als »Frau Obermedizinalrat« angesprochen) folgender Dialog:

SCHWARZ: Wozu brauchen Sie dann die Toilet-
ten?
LULU: Zum Tanzen.
SCHWARZ: Sie tanzen wirklich?
LULU: Zu Hause.
SCHWARZ: Allein?
LULU: Vor ihm. Jeden Abend, nach dem Diner.
SCHWARZ: Im Ballkleid?
LULU: In Kostümen.
SCHWARZ (läßt den Pinsel sinken): Vor ihm?
LULU: Ich habe zwei Zimmer voll Kostüme. Je-
den Dienstag kommt der Fürst Polossow. Zwei-
mal war Doktor Schön da.
SCHWARZ: Wer gibt Ihnen denn Unterricht?
LULU: Er.
SCHWARZ: Wer?
LULU: Er.
SCHWARZ: Er?
LULU: Er spielt die Geige dazu . . .
SCHWARZ (seine Arbeit wieder aufnehmend): Ich
möchte ihn Ihnen was vortanzen sehen. Das muß
ja einfach zum Wälzen sein.
LULU: Er sagt mir nur wie ich tanzen soll. Er
kennt alle Tänze. Csardas – Samaqueca – Skirt-
dance.

7 14. August 1892. Gerhard Hay, der offensichtlich den Aarauer Wedekind-Nachlaß ignoriert hat, ist diese Eintragung neben verschiedenen anderen, die offenbar zu den herausgeschnittenen Seiten der »Pariser Tagebücher« gehören, entgangen.

8 *Die Tagebücher,* S. 123

9 Ohne die Zusammenhänge zu kennen, hat Horst Laube geahnt, daß in der Beschreibung der Münchener Kellnerin »schon so eine Ilse aus *Frühlings Erwachen* oder eine Simba aus *Der Marquis von Keith*« präsent sei. (*Eine gewisse Kühle des Herzens.* Rez. der *Tagebücher.* In: *Der Spiegel,* Nr. 49/1986)

10 *Die Tagebücher,* S. 140; vgl. auch S. 57 u. 99 f.

»Erica«
Seite 206 – Seite 229

1

Einst saß ich mit meiner Königin
Wohl unter dem Baum der Erkenntnis.
Da flog ihr über die Lippen hin
Ein freundliches Geständnis:

»O Menschenkind, wie lieb' ich dich
so feurig und verwegen!
Viel tausend Jahre verstrichen, seit ich
In Mannesarmen gelegen.

Damals war zwar der Menschen Thun
Noch nicht so schal und ledern.
Man wußte noch poetisch zu ruhn
Wohl unter schattigen Cedern.

Doch jetzt ist alles degeneriert.
Natur wird ausgetrieben.
Dich einzig hat man nicht verführt
Du bist mir treu geblieben.

Die großen Herren von jener Welt,
Die deine Verse verlachten,
Die dich begeifert und angebellt, –
Du darfst sie jetzt verachten!

Vom Baum der Erkenntnis genossen sie
Und konnten es nicht vertragen.
Du aber verstandest die Philosophie,
Du hast einen besseren Magen.

Du kommst dir wohl recht seltsam vor
Bei all' den Alltagsleuten. –
Drum ließ ich dich zu mir empor
Auf deinem Schimmel reiten.

An meiner Seite im kühlen Hain
Am Rand der blinkenden Quelle
Hier kannst du genießen und glücklich sein
Du nimmersatter Geselle! –«

So sprach die Königin und lag
Bei mir im Abendwinde.
Schön war sie wie ein Frühlingstag
Und reizend wie die Sünde.

Laut jauchzt ich auf aus voller Brust:
O laß mich bei dir bleiben!
In leichter lachender Liebeslust
Möcht ich mich ganz betäuben! –

Da kracht der Himmel, die Erde bebt,
Es donnert die Atmosphäre,
Und meine glückliche Seele verschwebt
In duftige, luftige Leere.

27. 1. 83   Franklin Wedekind

Wedekind-Sammlung Schloß Lenzburg; Abschrift von Sophie Haemmerli-Marti in ihrem Nachlaß.

2 Der Minnesänger Wedekind – man lebt schließlich im Zeitalter Richard Wagners – wendet sich als »Tannhäuser« an eine einheimische Liebesgöttin: Blanche Zweifel-Gaudard:

Frau Venus

O, wie lange soll ich harren
Bis ich wiederum dich seh? –
Wenn dein dunkler Blick voll Güte
Nicht mein Herze noch durchglühte
Ach, es hätte längst erstarren
Müssen in der Liebe Weh. –

Heiße Sehnsucht läßt mich wachen
Wenn die Welt in Träumen ruht.
Doch was soll mir auch der Schlummer?
Denn für allen Liebeskummer
Finde ich ja tausendfachen
Trost in deiner Augen Gluth!

Tannhäuser

Wedekind-Sammlung Schloß Lenzburg; ebenfalls im Nachlaß von Sophie Haemmerli-Marti.

3 »Ist das nicht ein süßes Weib, eine wahre Blume von Menschenleib? Es dünkt mich, man kann zweierlei aus diesem Bilde herauslesen. Der Gedanke, den ich zuerst drinnen las, war dieser: Tannhäuser ist sich in dem hier gegebenen Moment der körperlichen Gegenwart der Frau Venus noch gar nicht bewußt. Er hat in der Odyssee gelesen, und nun schaut er ganz traumverloren ins Weite; er fühlt nichts als unendliche Sehnsucht nach was, weiß er im Moment nicht. Das süße Weib, das sich an ihn drängt, empfindet er vorerst nur als ein süßes Sehnen, das noch kein Object hat. Käme in diesem Augenblick von jenem Schiffe, an dem sein Auge haftet, die Botschaft, ›Lieber Herr von Ofterdingen, ich muß nach dem Orient, dem Lande der Wunder, des Goldes und

der Abenteuer; gehen's mit, ich gebe ihnen freie
Station [. . .] so würde Tannhäuser sein Sehnen als
Thatendrang und Schauenslust gedeutet haben,
würde froh sein Bündel schnüren und Frau Venus
wäre für den Augenblick des Sieges baar geblieben. Es kommt aber keine solche Botschaft; das
Schiff gleitet vorüber, die Nebel senken sich über
das weite Land und Meer; Tannhäuser hat nichts
zu thun auf dem Schloß des reichen Gönners als zu
lesen und zu träumen. Jetzt spürt er seine Sehnsucht als Liebessehnen, und in dem Moment wird
er dann auch der holden Versucherin gewahr. Das
wäre die eine Geschichte; eine andere, auch mögliche Deutung des Bildes ist diese. Das Schloß,
auf dessen Balkon die beiden stehn, ist das Zau-
berschloß der Venus; das weite Land, die See und
die zu Kampf und Thaten ziehenden Schiffe sind
nur die Bilder der von der Lektüre der Odyssee
angeregten Phantasie Tannhäusers. Jetzt ist der
Moment, wo das ritterliche Element in T.[ann-
häuser} erwacht – er verlangt doch selbst auch
wieder etwas zu erleben, etwas zu thun. Es ist der
Moment, wo Tannhäuser bei Wagner sagt:
›Aus dem Leben sehn ich mich nach Schmerzen;
In Kampf und Leiden will ich stehn –
Sei's auch zu Tod und Untergehn‹
Franklin soll mir gelegentlich einmal sagen, was
deine und seine Ansicht ist, oder ob ihr eine dritte
Deutung für das Bild habt.«
Mit dieser Projektion von Franklins erotischen
Träumen in die Kunst mag Olga Plümacher unge-
wollt zu jener haarsträubenden Szene in *Frühlings
Erwachen* beigetragen haben, in der der Gymna-
siast Hänschen Rilow hinter verriegelter Tür und
unter Betrachtung eines Venus-Bildes sich Er-
leichterung verschafft.

4 Die zitierten Lebensdaten stammen aus dem
Stadtarchiv Lenzburg. Nachruf und Todesanzei-
gen von Victor Wilhelm Jahn im *Aargauischen
Wochenblatt* vom 16. September 1882

5 Das Foto verdanken wir den Bemühungen des
ehemaligen Lenzburger Lehrers Eduard Attenhofer, der in einem an Kutschers Informationen
orientierten Aufsatz über *Franklin Wedekind und
seine drei besonderen Tanten* auch auf Bertha Jahn zu
sprechen kommt. In: *Lenzburger Neujahrsblätter*
1972, S. 24–41

6 In den Akten des Musikvereins Lenzburg liegt
ein von ihr verfaßter und unterzeichneter Prolog
für die Abendunterhaltung vom 11. April 1886
mit dem Titel *Mundus vult »Schundus«. Ein Fastnachtsscherz*. Diese kleine Probe ihres dichterischen Tuns zeigt, daß sie fähig war, rhythmische
und reimsichere Verse zu verfassen, daß hingegen
über ihre mögliche Funktion als Wedekinds
»Muse« keine weiteren Worte zu verlieren sind:

(Schalk tritt auf im Narrenkostüm)

Ich heiße Schalk, zähl zu den Besten,
Bleib ewig jung, werd nimmer alt
Ich wohn in Hütten und Palästen
In bunter, wechselnder Gestalt.

Ich lebte schon im Altertume
In Nord und Süd, allüberall,
Es schmücket sich zu meinem Ruhme
Zur Fastnachtszeit Prinz Carneval.

Prinz Carneval in seinem Fieber
Hat sich nach Lenzburg nicht gewandt;
Nur Barnum kam – und zog vorüber,
Mit seinem Riesenelephant.

Doch, weil der Schalk mit Narrenpossen
So gern erfreut das Menschenherz,
Hab zu verbreiten ich beschlossen
Nachträglich einen Fastnachtsscherz.

In den Archiven lag veraltet
Ein lust'ger Schwank aus alter Zeit
Den habe frisch ich umgestaltet
Zu neuer Lebensfähigkeit.

Was einst die Alten froh gesungen
Vor zwanzig Jahren – lang ist's her –
Das zwitschern heute ihre Jungen;
Denn der Humor stirbt nimmermehr.

Drum, ob es geht zum frohen Tänzchen,
Erlaubet, – ob's gleich wenig sei, –
Den beiden jüngsten Mädchenkränzchen
Euch vorzuführen die Narretei.

Daß Keiner sich betroffen meinet;
Die Schalkheit blüht ja allerwärts!
S'ist nicht so bös gemeint, wie's scheint,
Ein harmlos lust'ger Fastnachtsscherz.

So lebt denn wohl! und fällt in Gnaden
Ein mildes Urteil bitte drum!
Und nun genug, und fort mit Schaden
Schalk salutiert dem Publikum!

(B. Jahn)

Bemerkenswert an Bertha Jahns Gedicht ist die
Erwähnung von »Barnums Riesenelephant«, ein
Hinweis darauf, daß Wedekinds wohlbekannte
Zirkusbegeisterung bereis in Lenzburg ihren An-
fang nehmen konnte. Sophie Marti erwähnt ein
Zirkusereignis, bei dem er legendäre Zirkusdi-
rektor Knie ein Hochseil über den Platz vor dem
Hotel Krone spannen läßt und darauf vor den
Augen der Zuschauer eine Omelette bäckt. *(Mis
Aargäu)*

7 Beispiele: »witzig«; »Im ganz intimen Kreise
lesbar. Schlüpfrig«; »Wie kann ein Idealist so
zynisch werden u. auf schlüpfrige Weise raffiniert

schildern. Für den 17-jährigen doppelt verworfen«; »Recht trivial und frivol – zu unverhüllt
sinnlich«; »Blasphemisch trivial«; »Mir unver-
ständlich«; »Häßlich. Franklin, pfui, schäme
dich!«
8 Im Brief vom 24. Juli 1884, den er seinem
Sohn zum 20. Geburtstag nach Lausanne
schreibt, heißt es: »Tante Jahn hatte vor einigen
Wochen fast die ganze Nacht geschrieben und
bekam morgens einen Gehirnschlag; auf ihr Stöh-
nen lief Herr Spilker hin, fand sie daliegend, holte
einen Eimer mit kaltem Wasser, tauchte ein
Handtuch hinein und legte es ihr um den Kopf.
Bald darauf wurden Eisumschläge gemacht, Blut-
egel angesetzt und befindet sie sich jetzt, von
Schwierigkeiten im Sprechen abgesehen, ganz
wohl. Merkwürdigerweise kann sie aber fast kein
Schwyzer Deutsch mehr, sondern spricht nur
Hochdeutsch; es müssen in Consequenz der san-
guinen Congestion die [. . .] Logikzellen [ange-
griffen worden sein].« Wedekind-Archiv Mün-
chen.
9
V.
Es naht der Herbst. Schon röthen sich die Blätter.
Der warme liebe Sommer geht vorbei.
Doch tief im Herzen drin ist Frühlingswetter,
Dort lacht und grünt ein blumenreicher Mai.

Dort schallen tausendstimm'ge süße Lieder
Ein Chor von seelentiefer Melodie.
Der Himmel stieg in meiner Brust hernieder
Und füllte sie mit laut'rer Poesie.

Und Poesie durchglühet all mein Wesen;
Sie strahlt zurück, wohin mein Auge schaut.
Im ganzen Weltenraum kann ich ihn lesen,
Der ersten Liebe zarten Wonnelaut.

Und schweift mein Blick in die Vergangenheit,
So steht er still bei jener heil'gen Stunde,
Da mich ein heißer Kuß von deinem Munde
Von allem Zweifel, aller Pein befreit.

Kennst du die hohe, dunkle Gartenpforte,
Die ernst verschwiegen an der Straße steht?
Wohl niemand ahnte, welche süße Worte
In ihrem Schutz der Abendwind verweht.

Dort trat ich ein; von freudigem Erwarten
Schwoll mir das Herz wie dem beschenkten Kind;
Ein leises Flüstern wehte durch den Garten
Von guten Geistern, die dort heimisch sind.

Auf einer schatt'gen Bank ließ ich mich nieder
Und blickte sinnend in die blaue Luft,
Dann las ich deine schönen Liebeslieder
Und athmete der Rose würz'gen Duft.

Und wie nur deine zarten Verse sangen
Von Sehnsuchtsschmerzen und von Liebeslust,
Da faßte mich ein selig süßes Bangen,
Laut schlug das Herz in meiner jungen Brust.

Und lauter schlug es, als du vor mich tratest,
Ein Götterbild aus fernen Griechenzeiten,
Als du darauf mich gnädig lächelnd batest,
Dich tiefer in den Garten zu begleiten. –

So hat sich mir ein Paradies erschlossen,
Vom letzten Abendsonnenstrahl erhellt,
Von dichtem Laubwerk ringsum eingeschlossen
Weit abgeschieden vom Geräusch der Welt.

Wo nur das tief geheimnisvolle Flüstern
Von Strauch zu Strauch, von Baum zu Baume
                                              spielt,
Wo nur der Abendwind vertraulich lüstern
Die heiße Gluth auf meiner Stirne kühlt;

Wo uns ein einz'ger Kuß emporgetragen
Ins sonn'ge Feenreich ins Geisterland,
Als ich zum ersten Mal dir durfte sagen,
Was tief im Herzen mir geschrieben stand.

Ich liebte dich und bin von dir geliebt! –
Kann meine Seele glücklicher noch werden?
Blüht noch ein zweites Glück auf dieser Erde
So wonnig süß, so rein und ungetrübt?

O Laura, Laura, tausend Seligkeiten
In einen einz'gen Atemzug gedrängt;
Die Freuden aus der Menschheit Jugendzeit,
Vom schönsten Zuge der Natur gelenkt;

Der Kindheit unschuldsvolle zarte Spiele
Verwandelt in unendlichen Genuß;
Oh, Laura, alle himmlischen Gefühle
In einem einz'gen Liebeskuß –

Welch schönes Wort, das Menschengeist ersann,
Welch hoher Dank mag solche Wonnen lohnen? –
»Laß mich in deinem Paradiese wohnen!«
Ist alles, was die Lippe stammeln kann.

Im neuerschlossenen Elysium
Nahm ich, als Lösung jeder Herzensqual
Von deinem Mund das heil'ge Abendmahl
Zum großen Liebesevangelium.

19. IX. 84

Wedekind-Archiv Aarau. Vgl. *Gesammelte Werke*
Bd. 8, S. 48 ff. – Das Gedicht erschien u. d. T.
»Debutant« verändert und gekürzt in Bd. 1,
S. 20 f. Kutscher spricht von einer Reduktion der
ursprünglich 17 Strophen auf 8. Hier sind es 9!
10 Ich verdanke die Beschreibung dieses ver-
schollenen Gartens, an dessen Stelle sich heute ein
Parkplatz befindet, sowie eine Zeichnung der von
Wedekind vielfach erwähnten »Gartenpforte«

dem Komponisten Peter Mieg, der die Lokalitä-
ten in seiner Kindheit gesehen und oft besucht
hat.
11 Wedekind-Archiv Aarau
12
Nun vernehmet die Moral
Aus betagtem Munde:
»Blumenpflücken ist fatal
An des Kraters Schlunde!«

Also warnend sprach zu mir
Mein ergrauter Vater. –
Dennoch spring ich gern mit dir
Nieder in den Krater.

Zwar zerschellen Arm' und Bein
Haut und Haar verkohlen,
Und die beiden Herzelein
Wird der Satan holen.

Aber die Erinnerung
Kann uns nicht entschwinden.
Und ein fromm Gebet im Sprung
Wird Erhörung finden. –

Drum, mein vielgeliebter Schatz,
Sei getrost und munter!
Wagen wir den kühnen Satz
In die Gluth hinunter!

Folge freudig meiner Spur,
Durch mein Wort geleitet. –
Hat wohl schöner die Natur
Je ein Grab bereitet?? –
13 Wedekind-Archiv Aarau.
14
Hebe den Becher zum Mund, mein Freund!
Leer ihn bis zum Grunde
Wo uns Liebe und Wein vereint,
Gibt's eine fröhliche Stunde.
Junge Mädchen und alter Wein
Glühn wie feurige Kohle. –
Morgen wieder lustig sein,
Ist auch meine Parole.

Wedekind-Archiv Aarau
15 Ebd.
16
Meine wilde Phantasie
Hast du streng gezügelt,
Edler mein Gesang gedieh
Durch dein Wort beflügelt.
Und doch kann ich kaum ergründen,
Wie du dies zu Stand gebracht, –
Welches Fühlen und Empfinden
So gelehrig mich gemacht. –
Zwar die Lösung findet sich
Ohne Kopfzerbrechen
Nie jedoch vermochte ich

Laut sie auszusprechen.
Denn sobald mir auf der Zungen
Lag das süße Wort bereit
Hab' ich es hinabgeschlungen
Voller Lust und Seligkeit.

Darunter das Datum 16. Oktober (?) 1884.
Wedekind-Archiv Aarau
17
O heißgeliebte Erika
Hier blühet uns kein Glück.
Wir fahren nach Amerika
Und kehren nie zurück.
Drum will ich dich umarmen und –
Das Paradies war da –
Das Siegel für den Liebesbund
Dir pressen auf den rothen Mund
»Yomim wə laila«

Im tiefen grünen Urwald raucht
Uns dann ein heimscher Herd
Mit allem was die Liebe braucht
Und was dein Herz begehrt.
Das Leben fließt uns sonder Harm
Geliebte Erika
Dann ruh ich aus in deinem Arm
An Deiner Brust, so weich und warm
»Yomim wə laila«

O Bertha, Bertha, meine Lust
O Bertha, schau mich an!
Schon längst bin ich dir unbewußt
Zur Liebe zugethan.
Du warst mein goldner Sonnenschein
Wann immer ich dich sah
Du strahltest mir ins Herz hinein
Und überall gedacht ich dein.
»Yomim wə laila«

Dann lacht uns ewiger Genuß
Und Freude weit und breit
In Liebeslust und Liebeskuß
Und Liebesseligkeit.
Die süße Lust, das Liebeswort
Der Kuß, et ct.
Das alles blüht uns fort und fort
In treuer Liebe sicherm Hort
»Yomim wə laila«.

Das Gedicht ist ein »Eigenplagiat« Wedekinds:
Es ist weitgehend identisch mit dem Poem »An
Bertha, derzeit Biernymphe in der Bierbrauerei
›Siebenmann‹ am Graben in Aarau«. Wedekind-
Archiv Aarau
18 Zit. bei Kutscher, a. a. O. 1, S. 106 f. Kut-
scher verrät nicht, an wen der Brief gerichtet ist.
Vermutlich ist die Briefempfängerin Olga Plüma-
cher.
19 Vgl *Gesammelte Briefe* 1, S. 348 ff. Diese Aus-

gabe erweckt den Eindruck, als sei der Briefwechsel im Mai 1886 abgebrochen worden. Aus den Briefen Bertha Jahns im Wedekind-Archiv München (fünf Briefe, ein Brieffragment, drei Briefkarten, ein Gedicht an Franklin Wedekind) geht jedoch hervor, daß die Annäherungsversuche von ihrer Seite erst im Spätherbst 1887 aufgehört haben. Außer Wedekinds Briefen in Strichs Ausgabe existiert in München ein undatierter Dankesbrief, der vermutlich nach Weihnachten 1886 entstanden ist.

20 Interview mit dem Verfasser am 12. Juli 1984. Die erste Strophe des Gedichts in Wedekinds Handschrift existiert auf einem losen Blatt im Wedekind-Archiv Aarau.

21 Unter die ersten drei Strophen ist ein Strich gezogen, unter dem in fremder Handschrift »S. 95 Alte Liebe« zu lesen ist. In der Abschrift der letzten Strophe ist das Zitat aus Heines *Deutschland, ein Wintermärchen* unterstrichen.

22 Vgl. *Werke.* Hg. von Manfred Hahn. Bd. 2. »Francisca« (S. 407), »An Franziska de Warens« (S. 472), »Franziskas Abendlied« (S. 476f.). – Bei Wedekind ist nie bis zur letzten Konsequenz klärbar, was Erlebnis und was Fiktion ist. Bertha Jahns Tochter Lisa, die im Gedicht »Franziskas Abendlied« eine Art von wissender Wendla vorstellt, während das »Mütterchen« mit den weißen Haaren angeblich keine Ahnung von der Dreierbeziehung hat, ist nur ein Frauenname neben vielen in den dichterischen und biographischen Anspielungen Franklin Wedekinds. Für seine »Realpsychologie« genügt die Konstellation, die im Gedicht »An Franziska de Warens« genannt wird. In den »Memorabilia 1882–83« findet sich die Urfassung des Gedichts:

Gestern dacht' ich eines Kusses,
Den mir einst die Liebste gab.
In Erinnerung des Genusses
Leckt ich mir die Lippen ab.

Und das war so zart, so saftig,
Daß, – wer weiß, wie es geschah! –
Plötzlich mein Lieb leibhaftig
Wieder bei mir sitzen sah;

Hörte wie sie sprach und lachte,
Manches liebe süße Wort.
Aber als ich drauf erwachte,
Da war alles wieder fort.

In der späteren Fassung »Nebenbild« (ungedruckt; Stadtbibliothek Hannover) ist die Situation noch eindeutiger formuliert:

Gestern dacht ich eines Kusses,
Wie ihn deine Mutter gab.

In Erinnerung des Genusses
Leckt ich mir die Lippen ab.
Ach, das war so heiß, so saftig,
Daß, ich weiß nicht, wie's geschah,
Plötzlich ich sie ganz leibhaftig
Wieder bei mir liegen sah.

Lauschte, wie sie sang und lachte
Manch verheißungsvolles Wort,
Aber, als ich dein gedachte,
War sie plötzlich wieder fort.

Im Wedekind-Archiv Aarau liegt das Gedicht »An Lisa«, mit vielen Korrekturen versehen:

Du stolzes Mädchen in der Jugend Pracht,
Du hast mein Herz zu Flammen angefacht;
Wie lodert das zum lichten Himmelszelt
Von keinem Blick behütet und bewacht!

Und sieh, die Flamme faßt die ganze Welt,
Dich selbst und den, der dich umfangen hält,
Und weithin durch den ros'gen Aetherraum
Der helle Jubel zweier Seelen gellt.

Vergangenheit wird uns ein böser Traum,
Am Horizont ein dunkler Wolkensaum;
Doch auch die Wonne, der mein Lied erschallt,
Das Glück der Gegenwart, noch fass' ichs kaum –

Bis daß mir deine herrliche Gestalt
Und deiner Küsse zaubrische Gewalt
Das bange Herz von jedem Wahn befreit
Durch einen Himmel voller Seligkeit.

Weniger das Gedicht als solches – eines der schwächsten aus dieser Zeit –, als dessen Aufmachung erregt das Interesse des Biographen. Wedekind hat es nämlich mit einer symbolischen Zeichnung versehen, die Licht in das Dunkel jener verbotenen Doppelbeziehung werfen könnte:

Auf der rechten Seite des losen Blattes erhebt sich riesig ein Paradiesbaum, der in einem einheimischen Garten Eden mit einer kleinen Pforte (der »hohen dunklen«, der »verschwiegenen« des Gedichts »Der Debütant«) steht. In seiner Rinde sind die Initialen »F[ranklin] L[isa]« eingeschnitten. Seine Krone wölbt sich über einer Ansicht des Schlosses Lenzburg, von dem ein Pfad hinunter zum Garten der »Burghalde«, des Hauses der Familie Ringier, führt. Links unten ist die Rückseite eines stattlichen Bürgerhauses zu erblicken, in dem man das Jahnsche Wohnhaus vermuten darf. Von oben fliegt eine Taube herab, im Schnabel einen Brief, auf dem die Initiale »L« zu lesen ist. Der Vogel stößt auf einen riesigen Apfel nieder, der zwischen Haus und Baum am Boden liegt: ein Paradiesapfel, der nicht weit vom Stamm gefallen ist. (Abb. S. 187.)

23
Ich soll ihn lassen
Und kann's nicht fassen;
Und du, mein Herz,
Du darfst es wagen
Noch fort zu schlagen
Bei solchem Schmerz?

Vgl. *Werke* Bd. 2, S. 398
24
Sieh hin, – so mag ich nicht leben,
Tot sein – es ist noch zu schnell,
Schicksal, o komm mir zu geben
Bald einen anderen Quell
Daran ich dürstend kann sinken,
Wonneberauscht, selig u. reich,
Lethe, Lethe mag trinken
Und neues Lieben zugleich!

Vivat sequens – Amen (??)

Vgl. S. 206, vierte Strophe.

»Cousine Sturmwind«
Seite 230 — Seite 243

1 Franklin Wedekind nennt Lenzburg »die Stadt
der Klavierlehrerinnen«. »Klavierlehrerin« im
abschätzigen Sinn ist eine Kategorie im »magischen Quadrat« (vgl. S. 195). Minna von Greyerz
war eine Zeitlang Gesangslehrerin von Erika Wedekind.
2 Ich danke Herrn Rudolf Bertschinger, Lenzburg, für den Einblick in die von Theodor Bertschinger verfaßte Dokumentation.
3 Das Foto wie die Lebensdaten verdanken wir
Eduard Attenhofer. Vgl. S. 380, Anm. 5
4 Der Oberförster Friedrich Carl Walo von Greyerz hatte 1844 eine entfernte Verwandte der Wedekind-Familie, Wilhelmine Margarethe von
Wedekind (1822–1887), Tochter des Georg
Friedrich, Freiherrn von Wedekind Großherzog-
lichen Geheimen Forstrats, geheiratet. Vgl. *Nie-
dersächsisches Geschlechterbuch* Bd. 17, 1982, S. 619
5 Sie liegen im Wedekind-Archiv München.
6 Zwar studierten seit 1864 auch Frauen an der
Zürcher Universität. Es gab aber verschiedene
Einschränkungen wie Altersgrenzen und *numerus
clausus* für viele Studiengebiete. Vor allem gab es
für Schweizerinnen noch kein Abitur, weshalb
überwiegend Ausländerinnen in Zürich studierten.
7 In Aarau sind zwölf Seiten eines Tagebuchfrag-
ments vorhanden, das mit dem Datum »Schloß
Lenzburg, den 9. Dec. 88« beginnt. Die letzte
Datierung ist »München, den 8. Sept. 89«. Da
die fragmentarischen Texte teilweise mit dem von

Wedekind überarbeiteten »Münchener Tagebuch« der Neuausgabe der *Tagebücher* übereinstimmen, ist anzunehmen, daß Wedekind bei der
Überarbeitung des »Lenzburger Tagebuchs«, das
mit den Worten beginnt: »Ich langeweile mich so
entsetzlich, daß ich wieder meine Zuflucht zu
meinem Tagebuch nehme, das ich seit zehn Monaten nicht mehr weitergeführt habe . . .« und
das ab 9. Februar datiert ist, sowohl die Daten als
auch die Namen geändert hat. Das würde bedeuten, daß das Tagebuch vom 9. Dezember 1888,
also kurz nach dem Tode von Friedrich Wilhelm
Wedekind, nach zehn Monaten Unterbrechung
begonnen und bis Ende des Münchener Aufent-
halts (letzte Eintragung: 4. Februar 1890) mit
Unterbrechungen weitergeführt worden ist. Zu
dieser These paßt die einleitende Bemerkung, daß
der Autor »Wilhelmine« (i. e. Minna von Greyerz), die in den Aarauer Fragmenten »Ella« genannt wird, »für den Winter zum Austausch von
Zärtlichkeiten [. . .] bewegen« will. Auch ist auffällig, daß in den Eintragungen über das Leben
auf Schloß Lenzburg der Vater nicht (mehr) präsent ist. Auch die teilweise datierten Gedichte
Minna von Greyerz', die sich auf jene Episode
beziehen, stammen aus dem Frühjahr 1889.
8 Gerhard Hay, der Herausgeber der *Tagebücher,*
hat die Verbindung der Chiffre »Wilhelmine«
mit Minna von Greyerz nicht erkannt. – In den
nachgelassenen Notizen *Feuilleton* nimmt Sophie
Marti auf diese Tagebuchepisode Bezug und identifiziert die Kusine. Auch das Alter, von Wedekind mit »siebenundzwanzig Jahren« (*Die Tagebücher,* S. 21) angegeben, stimmt 1888 mit den
biographischen Daten überein. Einzelne Tagebuchfragmente dieser Episode sowie das »Pariser
Tagebuch« liegen im Wedekind-Archiv Aarau.
Vgl. auch Elke Austermühl: *Eine Lenzburger Jugendfreundschaft. Der Briefwechsel zwischen Frank
Wedekind und Minna von Greyerz.* In: *Pharus I,*
S. 343–420
9 *Die Tagebücher,* S. 21. – Die folgenden Textzi-
tate folgen dieser Ausgabe. – Aufgrund der erhaltenen Fotografien und Wedekinds Beschreibung
läßt sich möglicherweise die Entstehung des Gedichts »Coralie« (*Gesammelte Werke* Bd. 1, S. 75)
mit Minna von Greyerz verbinden. In Aarau findet sich eine Zeichnung Wedekinds, die eine
junge Frau, wahrscheinlich die Kusine, in einem
prüden Badeanzug zeigt (vgl. Abb. S. 190). Daneben stehen die Reime:

Hüpfe nicht mit leichtem Fuße
In das Wellenbad hinein!
Stürz dich in das Meer der Buße,
Wasch dir deine Seele rein.

Bad'st du doch an diesen Küsten
Deine Glieder, weiß wie Schnee,
Nur um dich damit zu brüsten
Abends auf dem Canapee. –

10 *Werke.* Hg. von Manfred Hahn. Bd. 3,
S. 373.
11 Der Schlittschuhlauf mit seinen amourösen
Konsequenzen ist auch von Minna von Greyerz
schriftlich festgehalten worden. »Eislauf!« heißt
das Gedicht, das sie ihrem Vetter schreibt:

Lasse ich mich mit dir ein,
Scheint es mir gewagtes Spiel,
Ist mir als ob ich fiel,
Weil du glatt wie Eis kannst sein.

Hab' ich jedoch kecken Mut,
Scheint die Sache ganz famos
Und es ist doch etwas los
Schließlich läuft es sich recht gut.

Die Gewohnheit lehrt uns bald
Aneinander sich zu freuen
Gegenseitig zu zerstreuen
Liebe läßt uns immer kalt.

Wedekind-Sammlung Schloß Lenzburg.
12 Mit dem Gedicht ist wahrscheinlich das im
Wedekind-Archiv München erhaltene »A[n]
B[aby]« gemeint, eine beschwörende Warnung
vor den »Bestien« der Sexualität.
13 Auch das Gedicht »Eroberung« (*Gesammelte
Werke* Bd. 1, S. 59) bezieht sich offenbar auf diese
Episode. – Das beanstandete Reimpaar findet
sich in dem Gedicht »Wilhelmine II.« (a. a. O.,
S. 111)
[...]
Schwüler Paradieses-Brodem
Stieg mir schmeichelnd in die Nase,
Dennoch bangt ich wie ein Hase
Vor dem Pechgeruch von Sodom.

14 Illustrierte Fassung in der Wedekind-Sammlung Schloß Lenzburg. Das Gedicht wurde u. d.
T. »Mary's Kochschule« in *Die vier Jahreszeiten*
aufgenommen. In *Die Fürstin Russalka* heißt es
noch »Minnas Kochschule«, in einer Abschrift
der Urfassung in Sophie Haemmerli-Martis
Nachlaß »Der Kochkurs«.
15 Auf diese Briefstelle dürfte sich das folgende
Gedicht Wedekinds beziehen (Wedekind-Archiv
Aarau):
Die höhere Tochter   Leda

Die Wange blutleer, das Auge matt –
Sie liegt und blättert in Heine.
Und wenn sie genug geblättert hat,
Dann zittern ihr plötzlich die Beine.

Auf einmal scheint sie wie neu belebt
Begeistert von glücklichem Wahne,
Ihr Auge leuchtet, die Lippe bebt,
Dumpf ächzet die Ottomane.

Ein toller Ausbruch von Religiosität –
Nie war sie religiöser
In Worten und Blick und Bewegungen fleht
Sie brünstig um ihren Erlöser.

Sie ruht und harrt einen Augenblick
Erhebt sich darauf gekräftigt
Und kehrt zu den »Stunden der Andacht«
                                                    zurück,
Womit sie der Lehrer beschäftigt.

Olga Plümacher
Seite 244 – Seite 267

1 Artur Drews (a. o. Professor an der Technischen
Hochschule in Karlsruhe): *Eduard von Hartmanns
philosophisches System im Grundriß.* Heidelberg
1902, S. 59
2 Kutscher, a. a. O., S. 43. Kutscher hat seine
Angaben zweifellos aus dem Vorwort zu Plümachers erstem Buch (*Der Kampf ums Unbewußte.
Nebst einem chronologischen Verzeichnis der Hartmann-
Literatur, als Anhang.* Berlin 1881) abgeschrieben. In dieser (für Amerika vorgesehenen?) Ausgabe schreibt Olga Plümacher ihren Namen
»Plumacher«. – Dort ist zu lesen (S. V f.): »Seit
sieben Jahren habe ich mich eingehend mit E. v.
Hartmanns Philosophie nach allen Richtungen
hin beschäftigt [...] Dabei war für mehrere Jahre
meine Warte, von der aus ich als stiller Beobachter die philosophische Bewegung im Mutterlande
überschaute, ein einsames Farmhaus im Cumber-
land-Gebirge von Tennessee. In dieser Entrücktheit aus der Brandung der Geisteswogen und der
Unbeeinflußtheit von den Interessen und dem
Geräusche der Welt und ihren Ambitionen,
möchte dem Leser eine gewisse Garantie für die
Unbefangenheit der kritischen Würdigung der
zeitgenössischen Leistungen und der Selbständigkeit des Urtheiles geboten sein.
[...] Ich bin genug zufrieden, wenn meine kleine
Arbeit bei Denen, die noch hin- und herschwan-
ken, als ausschlaggebendes Gewicht in die positive Schale fällt, und zu erneuertem Selbstprüfen
der Hartmann'schen Werke animirt.
Schaffhausen (Schweiz), im August 1881
                                                    O. Plumacher«
Man beachte die aus Publikationsgründen vorge-
nommene Tarnung »als stiller Beobachter« und
die geschlechtsneutrale Unterschrift »O. Plumacher«!

3 *Zwei Individualitäten der Schopenhauerschen Schule.* Wien 1881. – *Der Kampf ums Unbewußte, nebst einem chronolog. Verzeichnis der Hartmann-Literatur v. 1868–1890.* 2. Aufl. Leipzig 1890 (1. Aufl. 1881). – *Der Pessimismus in Vergangenheit und Gegenwart. Geschichtliches und Kritisches.* Heidelberg 1884, 2. Aufl. 1888

4 Vgl. meine Monographie *Olga Plümacher-Hünerwadel. Eine gelehrte Frau des 19. Jahrhunderts.* Lenzburg 1990

5 Wedekinds Tagebüchern nach zu schließen, geht der Briefwechsel wahrscheinlich bis zum Tod Olga Plümachers weiter; mit Sicherheit aber bis zum 17. Juni 1892, als er in Paris von ihr ein Exemplar des *Milwaukee Freidenker,* einer deutschamerikanischen Zeitung mit einer Rezension von *Frühlings Erwachen* erhält. Olga Plümachers Briefe an Wedekind liegen, bisher nur auszugsweise in meiner Monographie veröffentlicht, im Wedekind-Archiv München. Wedekinds Briefe an sie sind verschollen.

6 Heute ist unbestritten, daß Eduard von Hartmann auf dem Gebiete der Traumforschung und der Theorie des Unbewußten als ein unmittelbarer Vorläufer Sigmund Freuds zu gelten hat. Die hervorragende Bedeutung des Philosophen Hartmann im Geistesleben der gebildeten deutschen Bürger in den achtziger Jahren des 19. Jahrhunderts ist heute kaum mehr abzuschätzen. In eigenartiger Mischung verbindet er, ganz im Geschmack seiner Zeit, fortschrittliches Denken mit reaktionärsten Klischees, besonders wenn er sich mit den neuesten Themen seiner Epoche, mit der Frauenfrage, dem Sozialismus und der Sexualität auseinandersetzt (vgl. S. 271 sowie Anm.)

7 Wedekind-Archiv Aarau. – Bei den Strophen auf S. 206 handelt es sich um den zweiten Teil des Gedichts.

8 Hermann Plümacher – auch er offenbar dem Wedekindschen »Dichterbund« nahestehend – ist wie so viele junge Leute in Franklin Wedekinds Umgebung von dessen Ausstrahlung und Genie völlig benommen und bemüht sich in seinen inbrünstigen Briefen, die offenbar regelmäßig und freundlich beantwortet werden, um dessen Gunst:

Ich kann einen schönen Jüngling
Im fernen Aareland,
An den bin ich gekettet
Durch treues Freundschaftsband
[...]
Das ist der große Franklin,
Ein Wittikinner Sproß.
Er spielet auf der Leyer
In seinem Ahnenschloß [...]

Wedekind-Archiv München.

9 Olga Plümacher an Franklin Wedekind, 21. Dezember 1884

10 Wedekind beobachtet Böcklins Abweichungen vom griechisch-klassizistischen Idealbild: »Denn daß das Mädchen eine Schweizerin ist, durch und durch Schweizerin, erkennt jeder, der je eine Schweizerin gesehen auf den ersten Blick und wenn er ihr am Nordpol begegnete. Aber nun die Schweizerin zugestanden, sollte es denn tatsächlich nicht möglich gewesen sein auch eine s.g. schöne Schweizerin zu finden? – Zu tausenden, meine Damen, zu tausenden. Aber entscheiden Sie bitte selbst, meine Damen, ob der frische lebensvolle Ausdruck geistiger Klarheit und Überlegenheit, das vielleicht etwas schroff zu Tage tretende Bewußtsein des eigenen Werthes, ob der flammende Widerschein einer glühenden Seele ohne den geringsten Anflug windiger Schwärmerei nicht jenen lebenswürdigsten aller weiblichsten Vorzüge bei einer Helvetia in vollstem Maße aufzuwiegen im Stande sind.« Vgl. *Gesammelte Werke* Bd. 9, S. 323 ff.

11 »Stückelbergers Mutter ist ganz ohne Zweifel das schönste Portrait der Ausstellung, und die weise und edel und gut blickende Frau aber auch ganz würdig dieser überaus sorgfältigen, feinen Ausführung. »Ego« ist die *Ehe,* daher dann auch der verwunderliche Standpunkt gerechtfertigt, da für die mythische Persönlichkeit mit dem Sein auch schon das Da-Sein gesetzt ist, ohne daß sie besonders »hinzukommen« braucht. Es ist ein anmuthiges Bild, meine ich.« Olga Plümachers Briefe an Emilie Wedekind-Kammerer liegen im Wedekind-Archiv München.

12 »– Eines hat mir aufgefallen in der Ausstellung: Die Abwesenheit des *frommen* Bildes und die Anwesenheit der *frivolen* Nacktheit. Soviel ich weiß, ist nur eine Madonna da, und mit Engeln u.d.g. bleibt man ganz verschont. (Die Luther und Zwingli Bilder kann man nicht eigentlich ›fromme‹ Bilder nennen; es sind mehr historische Bilder als ›Historien‹; auch sind sie beide älter.) Sowohl bei der ›Amphytrite‹ als auch bei der ›Erziehung des Bacchus‹ gibt es Nacktheit von hinten und von vorne, aber sie ist zeitgemäß und ortsgemäß und wirkt nicht unangenehm, so daß man den Bacchus, nicht sowohl wegen als trotz des Schleiers über die Sitzgelegenheit der einen dann, ohne Scheu in einen Salon hängen dürfte. Das Bild hat mir wohlgefallen in seiner *Farbenfrische*; die ›Amphytrite‹ dagegen ist ein Durcheinander von Armen und Beinen, so daß man lange studiren muß, welches Glied jeder Figur eignet [...] Ist es nun dieser Mangel an religiösen, idealistischen Motiven einerseits, und die Abwesenheit von frivoler Sinnlichkeit viel-

leicht ein charakteristisches Merkmal schweizerischer Nüchternheit? Mache Franklin doch darauf aufmerksam, und wenn Du nach Zürich gehst, so sehe Dir die Bilder doch auch darauf hin an, denn es scheint mir hier ein ganz auffallender Zug dieser *Schweizerkunst*-Ausstellung vorzuliegen.« – Der Anfang des Briefes fehlt und damit auch das Datum.

13 *Illustrierter Katalog der Kunstausstellung mit einer ästhetisch-kritischen Studie von Dr. Paul Saldisberg*. Zürich 1883

14 19. Januar 1894. *Die Tagebücher,* S. 304

15 Ebd.

16 Kutscher zufolge schenkte Olga Plümacher Franklin Wedekind Hieronymus Lorms *Der Naturgenuß. Eine Philosophie der Jahreszeiten* (Berlin 1876) zu Weihnachten 1884. Nachweislich hat Wedekind auch Lorms *Gedichte (Gesamt-Ausgabe.* Dresden 1880) gelesen. Darunter befinden sich bezeichnende Titel wie »Weiblicher Faust«, »Aesthetik«, »Galathea«, »Das Leben«, »Weltschmerz« und »La mort sans phrase«. Sophie Marti erwähnt in ihren Notizen das Gedicht »Das letzte Ziel« als einflußreich. Das Gedicht ist im Hinblick auf die Metapher der Kirchhofsmauer in *Frühlings Erwachen* interessant:

Ich glaub nicht an die Dauer
Jenseits der Kirchhofmauer,
Doch wünsch ich nur so viel
Mir als das letzte Ziel:

Wenn abgethan des Lebens Last
Zu *fühlen* meine tiefe Rast.

17 Kutscher, der nach seinen Zitaten zu schließen, diesen Brief sehr genau gekannt hat, beteuert: »Ich nahm immer an, daß Wedekind Grabbe kannte [...]; er war ihm ein typischer Weltschmerzler, ein literarisches Kuriosum.« (Kutscher, a.a.O. I, S. 56) Wedekind habe ihm immer versichert, daß er ihn nie gelesen habe, doch gehe u. a. aus den Briefen hervor, »daß nicht nur seine Freunde und Olga Plümacher, sondern auch er selbst Werke von Grabbe kannten«. Die Quellen beweisen, daß Olga Plümacher den Hinweis auf Grabbe geliefert hat und daß andererseits die »ungeheuerlichen Trauerspiele« dieses einzigen bedeutenden Dramatikers der deutschen Romantik für den Verfasser von *Monstre-Tragödien* mehr waren als »nur literarische Curiosa«, wie die Vermittlerin Olga Plümacher und Artur Kutscher behaupten.

18 Wedekind-Archiv Aarau. In Sophie Haemmerli-Martis Nachlaß heißt die vorletzte Zeile züchtig: »Und schaut ihr ein lächelndes Mägdelein«.

19 Aus diesen Angaben läßt sich nicht sicher bestimmen, welche »Sonette« Franklin Wedekind Olga Plümacher unterbreitet hat. Die Sammlung »Stunden der Andacht« im Wedekind-Archiv Aarau enthält jedoch ein pubertäres »Pseudosonett«, das auf diesen Briefwechsel hinzudeuten scheint:

Ein Pseudosonett

Madonna, Sie wünschen ein Sonett? –
Hier steh' ich, Ihres Winkes gewärtig.
Vier Tempi, dann ist alles fertig:
Fürs Erste: Liegen Sie [!] auf's Bett!

Fürs zweite Tempo folgt der Satz:
Nicht gut ist's, daß der Mensch allein sei!
Viel besser ist's, daß er ein Schwein sei! –
Madonna, find' ich vielleicht noch Platz?

Das dritte Tempo, das besteht
Nur in civilisierten Landen,
Wo Hos' und Unterrock vorhanden –

Das vierte Tempo kommt zu spät.
Ich merk's: Sie wissen, wie es geht;
Sie haben das Sonett verstanden! –

Winter 82/83

Da im gleichen Brief vom Tannhäuser-Venus-Stoff ausführlich und kritisch die Rede ist und Franklin Wedekinds »Venus«-Gedicht an Blanche Gaudard (vgl. S. 379), das allerdings nicht im entferntesten der Metrik des Sonetts folgt, mit dem von Olga Plümacher kritisierten Ausruf »O« beginnt (»O, wie lange soll ich harren ...«) und, wie von der Tante bemängelt, aus achtsilbigen Zeilen besteht, ist der Verdacht am Platz, daß das zweite »Sonett« mit dem »Venus«-Gedicht identisch ist. Aus dem Frühjahr 1884 stammen außerdem das der Kusine Minna von Greyerz gewidmete Sonett »Leben und Tod«, das sich auch in den nachgelassenen Schriften (*Gesammelte Werke* Bd. 8, S. 42) findet.

20 Olga Plümacher schildert ihren Traum wie folgt:

»Ein Traum

1. Ich hatt' am Tag brav studiert und lag zu Bett nun, müd, doch froh; froh des negativen Resultates des Nachdenkens der Gedanken älterer und neuster Denker. Still war's *um mich,* still auch *in* mir, als wäre ich allein in dieser Welt, als wäre ich reiner Geist. Das Nachtlicht brannte mit kleiner Flamme, mein Auge hing, des Sehens satt, an meiner grauen Tapete. Dort in der Ecke – das hatte ich früher nicht bemerkt – dort zeigte sich ein feiner Strich im Muster, der nicht hinzuzugehören schien; fest haftete mein Auge darauf – wie sonderbar, daß ich das früher nie gesehen. – Aber war das wirklich nur ein Fehler im Longettenmu-

ster? Himmel – nein! Das war ein *Riß im Schleier der Maja!*

2. Da erhob sich ein Klang, erst wie ganz ferner Orgelton, dann stärker und stärker anschwellend, ein Septima Accord – von tausend Posaunen gezogen – und der kam mitten aus meinem Herzen. Der Riß im Schleier der Maja wurde breiter, blendendes Licht entströmte ihm, und daraus hervor trat eine Luftgestalt; das war ja ich, das waren ja meine Züge, und doch war es wieder nicht die alternde Gestalt mit so und so viel Fuß und Zoll, (als wie im Reisepaß zu lesen), und nicht der schäbige schwarze Rock, den eine witzige Freundin einst ›die Base von Diogenes' Mantel‹ nannte; nein, das war eine Lichtgestalt über die ein Maas keine Gewalt mehr hatte, und in der Hand hielt einen Spiegel sie, der schimmerte wie tausendfach geschliffener Diamant.

3. Da raffte ich mich auf und frug: Wer bist du? Und die Gestalt erwiderte: *Ich bin das Gespenst der Konsequenz;* ich bin, was still gefürchtet wird, und laut verhöhnt; was immer du gesucht und nie zu finden gewünscht; was du herbei gezerrt und doch geflohen hast *–ich bin das sophistische Ich!* ›Doch warum trägst du meine Züge?‹ so stammelte ich, erstaunt, verwirrt von diesem unerwarteten Besuch. ›O dumme Frage‹ – lacht nun das Gespenst – ›ich trage das Gesicht von ›dir‹ und ›ihm‹ und ›ihr‹ und von ›ihnen‹ und von ›euch‹ – da im Spiegel blicke – bin ich noch du? Bist du noch ich?‹ Da streckt den Fliegenaugen gleichen Spiegel mir der Spuk entgegen; ein Sturm erhob sich in meinen Sinnen und ein Strom von Gesichtern ging an mir vorüber in tausend Formen, nur Eines blieb sich gleich: das Sehnen, das als brausender Septimen-Akkord dem Herzen zuzuströmen schien.

Da senkt den Spiegel das Gespenst und zu der Frage finde ich den Athem: › Wer sind die nachsehenden Gestalten?‹ – Und neckisch tönt es mir zurück: ›Es sind, was man so obenhin die ›lieben Nächsten‹ nennt – und was die sind – frag deine Weisheit doch! Du hast's am Schnürchen ja: Zeit und Raum sind nur die Formen unserer Anschauung und sind principia individuationis, und das Gesetz der Kausalität gilt nur im Kreis des Denkens, herrscht allein! – Was folgt daraus? Wahn sind die Vielen, Trug sind ›du‹ und ›er‹, nur Bilder sind's von deiner Liebe getragen, von deinem Haß gefesselt. Gefällt's dir nicht? Du schauderst, wie? Und hast dich heut doch noch stolz gewiegt – Kreuzspinnen gleich – in dem Gespinnst der Subjektivität!‹

Gewaltsam faßt' ich mich und rief: ›Wohlan, ich geb' sie hin – und doch, *wer bin ich,* so wie ich fasse mich in Lust und Leid, und jetzt vor dir –

und *wer bist du,* verfluchter Spuk?‹ Da – wie der Sturmwind eine Wolke faßt und wandelt ihre Form, daß sie dieselbe ist und ist nicht – so schwankt und flattert das Gespenst in seinen Linien: doch steht's noch Rede mir und spricht: ›Du bist nicht, was du scheinst, du scheinst nicht, wie du bist; du bist als Sein nur Schein; du scheinst durch mich allein, und durch dein Schein bin ich: ein Sein, das scheint.‹ ›Und hinter dir, und hinter mir, du falsches Du, du falsches Ich‹ – so rufe ich – ›was schafft den Schein des Seins?‹ ›Das ist der *Humbug als das Weltprinzip*!‹ so grinst der Spuk mich an und ich – *erwache!*«

In seinem Gedicht »Nachtgedanken« (u. d. T. »Der Gefangene« in *Gesammelte Werke* Bd. 1, S. 32) bezieht sich Franklin Wedekind möglicherweise auf diesen Philosophentraum. Dort heißt es:

Oftmals hab ich nachts im Bette
Schon gegrübelt hin und her,
Was es denn geschadet hätte,
Wenn mein Ich ein andrer wär.

Höhnisch raunten meine Zweifel
Mir die tolle Antwort zu:
Nichts geschadet, dummer Teufel,
Denn der andre wärest du!

Hilflos wälz ich mich im Bette
Und entrang mir dies Gedicht,
Rasselnd mit der Sklavenkette,
Die kein Denker je zerbricht.

Franklin Wedekind und Sigmund Freud Zwischenbetrachtung
Seite 268 – Seite 281

1 »*Frühlings Erwachen*«. *Für Väter und Erzieher.* In: *Sphinx.* 8. Jg., Nr. 16, 1893, S. 76–80. – Als Gegenstück vgl. Lou Andreas-Salomés Aufsatz über *Frühlings Erwachen,* der am 19. Januar 1907 in Maximilian Hardens *Die Zukunft* erschien. 15. Jg., Nr. 16, S. 97–100: »Liegt doch, wohin die suchenden Triebe auch abschweifen mögen, das Tragische gerade darin, daß die zu solcher Verwirrung Erwachenden bei alledem im Herzen noch Kind sind. Ja, ich muß bekennen: die Nacktheit, womit in diesem Drama das rein Physiologische eingestanden wird, sollte zarte Gemüther weniger verletzen als die Naturalismus markierende Eile, womit in manchen modernen Dichtungen die Erotik auf dasselbe Ziel drängt . . .« Lou Andreas-Salomé, die Wedekind in Paris kennengelernt hatte (und die auf den Namen »Lulu« mög-

licherweise Einfluß gehabt hat), hinterließ noch einen weiteren Hinweis auf ihre Begeisterung für Wedekinds Stück: Im Wedekind-Archiv Aarau liegt ein Blatt, auf dem, über den Initialen »L. A.-S.«, die folgenden Worte stehen: »Grüße aus dem russischen ›Frühlingserwachen‹.« Sie weisen möglicherweise auf die Rußlandreisen, die L. Andreas-Salomé 1899 u. 1900 mit Rilke unternommen hat.

2 Vgl. auch Alfred Kessler: *Eine Anmerkung zu Freud und »Frühlings Erwachen«*. In: *Pharus I*, S. 37–56

3 *Die Tagebücher*, S. 108

4 Elizabeth Boa: *The Sexual Circus. Wedekind's Theatre of Subversion*. Oxford/New York 1987, S. 39

5 Der Psychiater Lacan, einer der Väter des Dekonstruktivismus, hat den »vermummten Herrn« als die vom Vater imaginierte »Maske der Frau und damit zugleich die vom Patriarchen hinwegimaginierte wirkliche Frau, die Königin ohne Kopf« gedeutet. Zit. nach Hartmut Vinçon, a. a. O., S. 181. Vgl. Jacques Lacan: *L'Eveil du Printemps*. In: *A propos de l'Eveil du Printemps de Franklin Wedekind*. Paris 1974, S. 7–10

6 Der Psychologe Bernd Nitzschke weist darauf hin, daß »Hartmanns Philosophie, auch dort, wo sie selbständig ist, ungemein viele Berührungspunkte mit den Ausführungen Freuds besitzt. Dies trifft vor allem auf Hartmanns Versuch zu, die alte philosophische Tradition des Willens (des Unbewußten) durch Verweise auf die modernen Naturwissenschaften, besonders aber auf die Physiologie zu belegen. Schopenhauer selbst hatte das – wenngleich in geringerem Umfange – ebenfalls bereits versucht (*Über den Willen in der Natur*, 1836). Es ward dies nun auch Freuds lebenslanges Streben: eine Verbindung herzustellen zwischen der alten Tradition der Philosophie und den modernen Naturwissenschaften. Als Freud sich mit der Eros-Thanatos-Lehre Schopenhauers soweit angenähert hatte, daß beider Standpunkte kaum noch voneinander zu unterscheiden waren (wie Schopenhauer, so beruft sich auch Freud hinsichtlich Eros/Thanatos auf Empedokles als Kronzeugen), da betonte Freud gleichzeitig – und noch immer – es gelte, die Psychoanalyse zu einer Naturwissenschaft wie jede andere auszubauen. Kurz, ich meine, die Nennung Hartmanns hätte unmittelbar zum Zentrum des Freudschen Denkens geführt, vor allem auch zu Schopenhauer, der in der Philosophie Nietzsches nur für denjenigen zu entdecken ist, der Schopenhauers Lehre gut kennt.« (*Zur Herkunft des »Es«: Freud, Groddeck, Nietzsche, Schopenhauer und E. von Hartmann*. In: *Psyche*. 37. Jg., September 1983, S. 797) Vgl. die durch diesen Aufsatz ausgelöste Debatte in *Psyche* 1985 und Nitzschkes Entgegnung *Zur Herkunft des »Es«. II. Einsprüche gegen die Fortschreibung einer Legende*. In: *Psyche*. 39. Jg., 1985, S. 1102 ff. (Ich verdanke diese Hinweise der Zürcher Psychologin Frau Dr. Cordelia Schmidt-Hellerau.) – Vgl. auch Henry F. Ellenberger: *Die Entdeckung des Unbewußten. Geschichte und Entwicklung der dynamischen Psychiatrie von den Anfängen bis Janet, Freud, Adler und Jung*. Zürich 1985

7 Anspielung auf das Gedicht »Lulu«. *Gesammelte Werke* Bd. 1, S. 96

8 Im Originalmanuskript sind verschiedene Stellen durchgestrichen. Sie wurden in den hier zitierten Passagen unverändert belassen.

9 Vgl. *Der Wärwolf* [Entwurf zu einer modernen König-Lear-Tragödie]: »Er [der Vater, Lear] ist ausgemachter Hysteriker (S. Freud). Verdrängt Psyche. Reelle Bedeutung des Traumlebens, Neuropathiker. Er ist Gemütsathlet. Insofern: Er fürchtet 2 mal 2 = 4 und sonst nichts auf der Welt.« (*Gesammelte Werke* Bd. 9, S. 282) – Weihnachtsgedanken 1912: »Die Verlegenheit aber bestand damals und besteht heute noch darin, daß der Begriff ›Arbeit‹ ein Schlachtruf, ähnlich wie Liebe, Treue, Eifersucht, Dankbarkeit ist, eine Hieroglyphe, deren wirklicher Inhalt trotz einer Sintflut nationalökonomischer Werke noch kaum irgendwo ergründet wurde, wenn es nicht vielleicht in allerjüngster Zeit in den Veröffentlichungen der Sigmund Freudschen Schule geschah.« (a. a. O., S. 403). – Zu *Franziska* (4. Akt, 1. Szene) notiert Wedekind: »Freudsche Theorie der Auflösung der Folgen seelischer Verletzung durch den Koitus auf der Treppe . . . Franziska fühlt sich erleichtert, Veit Kunz fühlt sich ihrer dadurch sicher.«

10 4./5./6. Mai 1887 – Vgl. *Gesammelte Werke* Bd. 9, S. 306 ff.

11 Möglicherweise hat Heinrich Welti, der seit 1886 als ständiger Mitarbeiter »Literaturbriefe« und einen Aufsatz über Nietzsche im Feuilleton der Zeitung schrieb und den Wedekind in Zürich kennenlernte, ihm den Weg zur publizistischen Mitarbeit geebnet. Am 13./14. Oktober 1887 kann er erstmals eine Erzählung, die Prosaskizze *Gährung* dort veröffentlichen. (Ursprünglicher Titel: *Gährungen auf Schloß Lenzburg*)

12 Als Beispiel für einen dummen Witz führt Wedekind einen politischen Kalauer an: »Fragt man [. . .] ›Welcher Knecht ist der widerwärtigste?‹ – Antwort: ›Der Liebknecht‹ – so ist das ein weniger guter Witz, denn die Beziehung ist eine nur zufällige; der Mann könnte ebensogut Bismarck heißen.«

13 Harry Kahn: *Der junge und der alte Wedekind*. In: *Die Schaubühne* 6. Jg., Nr. 41, 13. Oktober 1910, S. 1042 f.

Die neue Richtung

Karl Henckell
Seite 289 — Seite 301

1 Vgl. *Quartett. Dichtungen.* Unter Mitwirkung von Arthur Gutheil, Erich Hartleben, Alfred Hugenberg. Hg. von Karl Henckell 1886. – Die *Neue Deutsche Biographie* führt neben dieser drei weitere Publikationen Hugenbergs an: *Die Besiedelung der norddeutschen Moore.* Diss. Straßburg/Hannover 1888. – *Innere Colonisation im Nordwesten Deutschlands.* Straßburg 1891. – *Die neue Stadt. Gesichtspunkte, Organisationsformen und Gesetzesvorschläge für die Umgestaltung deutscher Großstädte.* Berlin 1935

2 Als Franklin Wedekind in den neunziger Jahren unter dem Pseudonym »Cornelius Minehaha« in Zürich eine Lesetournee veranstaltet, kann er durch Henckells Vermittlung vor dem Arbeiterbildungsverein »Eintracht« am Neumarkt auftreten. Im Karl-Henckell-Nachlaß in der Stadtbibliothek Hannover finden sich Zeitungsausschnitte (o. D.), die diese Auftritte dokumentieren.

3 Stadtratsprotokoll III A 84 (1891), S. 75, 30. Januar 1891

4 In: Karl Friedrich Schmid (Hg.): *Karl Henckell im Spiegel seiner Umwelt. Aufsätze, Briefe, Gedichte als Gedenkschrift.* Leipzig 1931. – Die zitierten Gedichte aus: Karl Henckell, *Amselrufe. Neue Strophen.* Zürich 1888, S. 119 u. 109f.

5 Karl Henckell: *Gesammelte Werke.* 4 Bände. München 1921

6 Unter den Nachdichtungen finden sich beispielsweise ein Sonett Giovanni Cenas mit dem Titel »Frühlingserwachen« und die eng mit dem »Lulu«-Stoff verbundenen Zuhälterballaden Aristide Bruants.

7 Zum Image der bürgerlichen Aussteiger, die sich als Moderne fühlen, gehört auch eine Art Vorbegriff des »Verlorenen Generation«, wie er in einem Gedicht von Wilhelm Arent mit dem Titel »Des Jahrhunderts verlorene Kinder« erstmals auftaucht:

Ein freudlos erlösungsheischend Geschlecht,
Des Jahrhunderts verlorene Kinder,
So taumeln wir hin! wes Schmerzen sind echt?
Wes Lust ist kein Rausch? wer kein Sünder? . . .

8 *Moderne Lyrik (Jung-Deutschland).* Unter Mitwirkung von Hermann Conradi und Karl Henckell hg. von Wilhelm Arent. Friedenau (Berlin) u. Leipzig 1884. Daneben hat Henckell auch schon *Umsonst. Ein soziales Nachtstück.* Berlin 1884, und das *Poetische Skizzenbuch.* München 1885, veröffentlicht, für das Heinrich Hart die Einleitung schreibt und das Henckell »Den Brüdern Heinrich und Julius Hart, den muthigen Streitern für eine große und männliche Poesie, in Freundschaft, Liebe und dankbarer Verehrung« widmet. – Magda Janssens treffliche Situationsstudie (*Karl Henckell, ein Dichterbild.* München 1911) macht unter anderem den Beginn eines Meinungsstreits deutlich, der bis auf den heutigen Tag nicht ausgefochten ist und die Gemüter der Literaturhistoriker ständig neu erhitzt: die Frage nach dem Wesen der Moderne.

»Liest man die Vorreden von Conradi und Henckell, so tritt man allerdings mit Erwartungen an den Inhalt der Anthologie heran, die nur zum geringen Teil als erfüllt gelten können, selbst bei genügender Bescheidenheit im Fordern. Karl Henckell bestimmte die Dichtercharaktere, ›direkt in die Entwicklung der modernen Lyrik einzugreifen‹, wie nach, wie sich der Dilettantismus auf diesem Gebiet das unrühmliche Zepter erobert habe und gab als bestimmtes Vorhaben seines Häufleins an: ›Wir, das heißt die junge Generation des erneuten, geeinten und großen Vaterlandes, wollen, daß Poesie wiederum ein Heiligtum werde, zu dessen geweihter Stätte das Volk wallfahrtet [. . .] Wir wollen unsere nach bestem Können gebildete und veredelte Persönlichkeit rücksichtslos, wahr und uneingeschränkt zum Ausdruck bringen, wollen mit einem Worte dahin streben, Charaktere zu sein. Dann werden wir auch des Lohnes nicht ermangeln, den wir ersehnen, eine Poesie, also auch eine Lyrik zu gebären, die, durchtränkt von dem Lebensstrom der Zeit und der Nation, ein charakteristisch verkörpertes Abbild alles Leidens, Sehnens, Strebens und Kämpfens unserer Epoche darstellt.‹

Statt der angekündigten Wucht, Gewalt, Ursprünglichkeit und faustischen Auswirkung der menschlich-göttlichen Kräfte finden wir in den *Modernen Dichtercharakteren* am häufigsten ein Schwelgen und Untertauchen in Gefühlsseligkeit, ein unklares Stelzengehen, das uns in die Zeit der Klopstockianer zurückträgt. Nur daß damals jene Töne unmittelbar neu aus der unsichtbaren Werkstatt des Zeitgeistes herausgeboren waren, während hier, in Ermangelung eines ebenso dienstbeflissenen Geburtshelfers des modernen Ausdrucks, der bereits historisch gewordene Sturm- und Dranggeist wieder heraufbeschworen werden mußte. So suchen wir meist vergeblich nach dem einzigartigen pulsierenden Leben der Sprache; sie bleibt veraltet schwülstig, vielfach dunkel, bewußt übertrieben, trotz der versuchten größeren Innerlichkeit, trotz der in hellen Flammen lodernden Begeisterung zum Werk. [...] Die Modernen Dichtercharaktere waren das Signal, das die Überfülle latenter Kräfte entfesselte, welche auf jedem Gebiet literarischen und künstlerischen Lebens unmerklich zum Licht drängten. Was sie erstrebten, aber nicht erfüllen konnten, wurde unmittelbar durch sie geleistet, indem sie der noch traumbefangenen modernen Lyrik die Tore öffneten. Ihr Erscheinen war der Vorbote einer Menge Programm-, Zeit- und Streitschriften, aller jener ›Revolutionen‹, die mit Posaunenstößen verkündigten, auf welchem Wege die Generation der Neulinge die entschwundene Göttin der Dichtkunst am sichersten wieder zurückführen würde. Sie war der Anstoß zur Proklamation des naturalistischen Realismus, der dann wiederum die Freie Bühne und die Volksbühne zeugte, eine lange Kette von Entwicklungen, die nicht nur der neuen poetischen Gegenwart mit ihrem zeitrhythmischen, kulturverfeinerten Ausdrucksleben schließlich zum siegreichen Durchbruch verhalfen, sondern auch die breiteren Schichten der Gebildeten an längst vorhandene poetische Größen unserer Literatur erinnerten und die Blicke zurück in unsere jüngste Vergangenheit, zu ihren großen Realisten und Individualisten lenkten, die man über dem Tagesgekläff der Rezensenten, den romantischen Spielereien der Epigonen, den patriotischen Plattheiten der Deutschtümler und über der archäologischen Kostümdichtung vergessen hatte; sie alle blickten auf dieses erste gemeinsame Vorgehen der jüngstdeutschen Lyriker als auf ihre eigentliche Ahnin zurück. [...] Auch waren die Vertreter der *Modernen Dichtercharaktere* die ersten, welche späterhin zugaben, daß sie den Mund damals ziemlich voll genommen hatten, voran Karl Henckell selbst in dem Vortragszyklus ›Moderne Dichterabende‹.« (a. a. O., S. 25 f.)

9 Der Vater hat in einem Brief auch auf die Kuriosität hingewiesen, daß nunmehr zwei Dichter aus Schweden – Strindberg und Heidenstamm – in der Nähe Lenzburgs lebten.

10 Gemeint ist Michael Georg Conrad (1846–1927), der Herausgeber der einflußreichsten naturalistischen Zeitschrift *Die Gesellschaft,* dem Wedekind auf Bitten Olga Plümachers deren Aufsatz *Das Verhältnis von Tugend und Glück in seiner geschichtlichen Entwicklung* zuschickt, der dort auch erscheint. (2. Jg., Bd. 2, Heft 1, 1886)

11 Wedekind-Archiv München

13 Karl Henckell: *Strophen.* »Meinem lieben Bruder Gustav«. Zürich 1887, S. 108. – Auch Sophie Haemmerli-Marti zitiert dieses Gedicht.

14 Karl Henckell, a. a. O.

15 »Die neu entfachte regierungsfeindliche Kampflust war vermutlich ein Produkt von Karl Henckells weiterem Bildungsgang«, vermerkt Magda Janssen: »In Zürich fesselten ihn außer den Literaturkollegien Bächtolds und Salomon Vögelins der Marxist Konrad Schmidt, der wegen seiner soziologischen Anschauungen die Universität Leipzig hatte verlassen müssen, sowie historische Studien. Die Geschichte des Bauernkrieges zog ihn an, so daß er zeitweilig mit der Idee umging, über diesen Stoff ein Drama auf nationalpolitischer Grundlage zu verfassen. Im übrigen pflog er eifrigst Verkehr mit einer Gruppe von ›Kolonisten‹, Schriftstellern, Dichtern und Gelehrten, die sich alle dem modernen Fortschritt und den Freiheitsidealen in irgendeiner Form zugewandt hatten, als da waren: der Historiker Mathieu Schwann, der dichterische ›Anarchist‹, Freiheits- und Ideenkämpfer John Henry Mackay, mit dem Henckell rege Freundschaft verband, der Dichter des ›Frühlingserwachens‹ Frank Wedekind, Karl und Gerhart Hauptmann, Otto Erich Hartleben, der fast alljährlich in Zürich Aufenthalt nahm, Freiherr v. Khaynach, sowie anläßlich einer Europareise der Kraftmensch Robert Reitzel, der geistvolle Redakteur des ›Armen Teufels‹ in Detroit, Amerika, u. a. m. Der Verfall der einstigen idealen Nation Kants, Schillers und Fichtes, den er von dieser Oase wahrer Geistesfreiheit aus als unabwendbar vor Augen sah, mußte ihn um so mehr zu unerschrockenem rücksichtslosem Vorgehen, zu Hintansetzung ästhetischer so gut wie eigener Sicherheitsbedenken veranlassen, als er noch immer in der sozialistischen Kulturentwicklung das Erstrebenswerteste aller Ziele erblickte und es mit den Worten Leopold Jacobys, seines damals gewonnenen Mailänder Freundes, des ›schönheitsfreudigsten aller Sozialisten‹ [...] als dasjenige bezeichnete, ›wo gegenüber einer brutalen Grundsatzlosigkeit in der Gegenwart allein Ideen zu finden sind‹. Auf national-sozialem Gebiet war also die Idealität des Dichters trotz der Widerstände, die sie im vaterländischen Staatsleben erfuhren, keineswegs gebrochen, wenn sie auch eine neue Form bekommen hatte. Aus dem Schuttmeer ›geborstener Ideale‹, aus dem eigenen Vernichtungsgefühl heraus rettete ihn immer wieder die unerschütterliche Zuversicht der Zukunft ...« (a. a. O., S. 46 f.) Magda Janssens Bemerkung, die Idealität des Dichters Henckell »auf national-sozialem Gebiet« betreffend, ist

1911 geschrieben worden und läßt den heutigen Leser in ihrer visionären Ahnungslosigkeit erschauern. Die Beobachtung ist treffend: Henckell wird im Verlauf seines Dichterlebens tatsächlich immer mehr zum »nationalen« Sozialisten. Den gewaltsamen historischen Zusammenschluß der beiden feindlichen Begriffe zum braunen Totalitarismus hat er allerdings nicht mehr verkraften müssen. Sein Tod im Jahre 1929 enthebt ihn der Notwendigkeit, über den Zusammenhang zwischen seinem unreflektierten Erweckungsdrang aus sozial-romantischem Erneuerungsbedürfnis (»Unsre Fahne flattert uns voran« oder wie es im Aufruf zum Hutten-Bund heißt: »Wir lassen die Fahne Huttens voranflattern, weil dieser Name einen goldklaren, volksthümlichen Klang gewonnen hat«) und den tödlichen realpolitischen Konsequenzen solch trüber Gefühlsduselei nachzudenken. Henckells Dichterlaufbahn verplätschert schließlich in neo-romantischen Nichtigkeiten. Er wird 1890 Schweizer Bürger und heiratet 1897 die Bernerin Anny Haaf, die aus der Familie Albrecht von Hallers stammt. Fortan wird er ein beliebter Vortragsredner, der seine »Modernen Dichterabende« sowohl vor dem Arbeiterbildungsverein »Eintracht« wie auch dem »Kaufmännischen Verein« im »Seidenhof« in Zürich veranstaltet. Bezeichnend ist das Ex-Libris-Signet, das er sich von Fidus zeichnen läßt und das dem »romantischen Erdenkloß« Henckell mit der Devise »Fliege und siege!« einen heroischen Auftrieb verleiht.

16 Karl Henckell ist einer der ersten Literaten, die die Vermarktbarkeit der unbestimmten Größe »modern« erkannt haben. In seinem 1887 entstandenen Gedicht »Los von der Schule« formuliert er das Konzept des programmierbaren Bestsellers und setzt sich gleichzeitig von den Zolaisten ab, die langsam aus der Mode kommen:

Dem »jüngsten Deutschland« wünsch ich Gunst
und Glück,
Ich zieh auf Außenposten mich zurück.
Die Bande macht nichts. Hast du Herz und Mark,
Geh du nur vorwärts! Einsam, wirst du stark.
[. . .]
Modern, modern, modern, modern, modern!
Die Prosaepik ist des Pudels Kern.
Milchsuppenlyrik, und Erotik gar!
Zola il Zola, das Du sprichst ist wahr:

»Wahnsinn, Delirium, rhythmische
Verrücktheit
Und andres nichts ist lyrische Verzücktheit,
Der Romancier allein ist Dichter kraft
Der Wissenschaft.«

Ihr guten Leute, die ihr Ohr mir leiht,
Daß solch Gewäsch ich kundgetan, verzeiht!
[. . .]
Was frommt die Schule mir, der Regelkram?
Mein Dichterroß macht keine »Richtung«
zahm
[. . .]

17 Frank Wedekind: *Also sprach der Marquis von Keith* (Aphorismensammlung). In: *Jugend* 7 (1902), S. 826

»Vater und Sohn«: Werbetexter bei Maggi
Seite 302 – Seite 324

1 Kutscher, a. a. O. 1, S. 138 f.
2 Auf dem Grabmal Friedrich Wilhelm Wedekinds auf dem Friedhof von Lenzburg – ». . . eine schneeweiße Marmorurne auf schwarzem Syenitsockel« (so wird es in *Frühlings Erwachen* [2. Akt, 7. Szene] beschrieben!) – stehen, in griechischen Buchstaben, die Homer-Worte (*Odyssee*, 1. G, V. 3): »[der] Vieler Menschen Städte gesehn und Sitte erfahren.« Vgl. dazu Heidi Neuenschwander: *Das Wedekind-Grab auf dem Lenzburger Friedhof.* In: *Lenzburger Neujahrsblätter* 1988, S. 136–139 (mit Abb.)
3 Interview mit dem Verfasser am 12. Juli 1984
4 Im unveröffentlichten Dramenentwurf mit dem Titel »Sonnenspektrum?« (Wedekind-Archiv Aarau) stellt Wedekind die Situation sarkastisch auf den Kopf, indem er die Figur Dr. Einhorn erzählen läßt: »O, Sie hätten meinen Vater kennen sollen: ein Mann war's von Stahl und Eisen. Ein Hermitblock. Was er sich in den Kopf gesetzt hatte, das mußte sein und wenn das ganze Heer darüber zu Grunde ging. O, ich sehe ihn heute noch! – Da lag ich vor ihm auf den Knien, flehte ihn an und beschwor ihn, er möchte mich *Seifensieder* werden lassen. Nein, hieß es; du wirst *Dramaturg!* Unserem Hause gegenüber lag eine Seifensiederei. Da hatte ich seit meiner frühesten Kindheit an den Kesseln gestanden, mit zugesehen und Liebe für das Seifensieden gewonnen. – Du wirst Dramaturg, donnerte der Vater. Und damit war mein Höllendasein besiegelt.«
5 a. a. O.
6 Vgl. die berühmte Stelle in *Frühlings Erwachen,* wo der Vater von Moritz Stiefel nach dessen Selbstmord erklärt: »Der Junge ist nicht von mir.«
7 Kutscher, a. a. O. 1, S. 212 ff. Kutscher zitiert aus der ersten Fassung des Stücks.
8 »Bald nach meinem Einzug in die ›Yalta‹ hörte

ich von den Damen den Namen ›Wedekind‹; nur ging hier dem Namen ein ›Doktor‹ voraus, was mich ein wenig verwirrte. Man schien ihn gut zu kennen, er kam öfters ins Haus, nach allem, was ich sonst von ihm gehört hatte, von Wreschner, von der Mutter und auch sonst, der Name lag damals in der Luft, begriff ich nicht recht, was er hier zu suchen hätte. Er war vor kurzem gestorben, aber man sprach wie von einem Lebenden. Der Name war von Vertrauen getragen, er klang wie der eines Menschen, auf den man sich verließ, er habe, hieß es mit großem Respekt, beim letzten Besuch diesen und jenen Ausspruch getan, und wenn er nächstes Mal komme, müsse man ihn über etwas Wichtiges befragen. Ich war mit Blindheit geschlagen, vom Namen, der in meinen Augen nur *einem* zukam, ich wagte es nicht einmal, sonst nicht auf den Mund gefallen, Genaueres zu erfragen, und legte mir die Sache so zurecht, daß es sich um einen Fall von Doppelleben handeln müsse. Die Damen wußten offenbar nicht, was er geschrieben hatte, ich kannte es ja auch nur vom Hörensagen, er war also nicht wirklich gestorben und praktizierte, nur seinen Patienten bekannt, als Arzt in dem näher der Stadt zu gelegenen Teil der Seefeldstraße, an der auch wir wohnten.

Dann wurde eines der Mädchen krank und Dr. Wedekind wurde gerufen. Ich wartete neugierig auf ihn in der Halle. Er kam, sah streng und gewöhnlich aus, wie einer von den wenigen Lehrern, die ich nicht mochte. Er ging zur Patientin hinauf, kam bald zurück und äußerte sich entschieden zu Fräulein Rosy, die ihn unten erwartete, über die Krankheit des Mädchens. Er setzte sich in der Halle an den langen Tisch, schrieb ein Rezept nieder, erhob sich und verwickelte sich stehend in ein Gespräch mit Fräulein Rosy. Er sprach Schweizerisch wie ein Schweizer, die Täuschung der Doppelrolle war vollkommen, ich begann ihn, obschon er mir gar nicht sympathisch war, um dieser schauspielerischen Leistung willen ein wenig zu bewundern. Da hörte ich ihn sehr dezidiert sagen – ich weiß nicht mehr, wie er darauf zu sprechen kam –, der Bruder sei immer das schwarze Schaf der Familie gewesen, das könne man sich gar nicht vorstellen, wie der ihm in seinem Beruf geschadet habe. Manche Patienten seien aus Angst vor dem Bruder nie mehr in seine Ordination gekommen. Andere hätten ihn gefragt: das sei doch nicht möglich, daß so ein Mensch sein Bruder sei. Er habe darauf immer nur ein und dasselbe gesagt: ob sie denn noch nie davon gehört hätten, daß jemand in einer Familie mißraten sei. Es gebe Betrüger, Scheckfälscher, Hochstapler, Gauner und ähnliches Gesindel,

und solche Leute kämen oft, wie er aus seiner ärztlichen Erfahrung bestätigen könne, aus den anständigsten Familien. Dazu seien ja die Gefängnisse da und er sei dafür, daß man sie ohne Rücksicht auf ihre Herkunft auf das strengste bestrafe. Jetzt sei er tot, er könne einiges über diesen Bruder sagen, das sein Bild in den Augen anständiger Menschen nicht besser mache. Aber er schweige lieber und denke sich: gut, daß er weg ist. Besser wäre es, er hätte nie gelebt. Er stand da, sicher und fest, und sprach mit solchem Ingrimm, daß ich auf ihn zuging, zornvergessen mich vor ihm aufpflanzte und sagte: ›Aber er war doch ein Dichter!‹ ›Das ist es eben!‹ fuhr er mich an. ›Das gibt die falschen Vorbilder. Merk dir, Jüngling, es gibt gute und es gibt schlechte Dichter. Mein Bruder war einer von den schlechtesten. Es ist besser, man wird überhaupt kein Dichter und lernt etwas Nützliches! – Was ist mit unserem Jüngling hier los?‹ wandte er sich an Fräulein Rosy: ›Macht er auch schon solches Zeug?‹ Sie verteidigte mich, er wandte sich ab, er gab mir nicht die Hand, als er fortging. Es war ihm gelungen, mich lange, bevor ich Wedekind las, mit Zuneigung und Respekt für ihn zu erfüllen, und während der zwei Jahre in der ›Yalta‹ wurde ich kein einziges Mal krank, um nicht von diesem beschränkten Bruder behandelt zu werden.«
(Elias Canetti: *Die gerettete Zunge. Geschichte einer Jugend.* München, Wien 1977, S. 263 ff.)

9 Wedekind-Sammlung Schloß Lenzburg

10 Archiv der Firma Maggi in Kemptthal. Im Wedekind-Archiv Aarau befindet sich außerdem der Entwurf einer »kulturhistorischen Plauderei«, die Wedekind offenbar als Werbetext verfaßt hat.

11 Franklin Wedekind an Julius Maggi, Zürich, 20. April 1887. Archiv der Firma Maggi

12 Brief vom 13. April 1887, a. a. O. Im Archiv (Fach 22) der Firma Maggi liegen 158 Werbetexte von Wedekind. Sie werden im folgenden mit ihren Nummern zitiert.

13 In: *Die junge Welt. Komödie in drei Aufzügen.* Paris, Leipzig, München 1900. In der ersten Version u. d. T. *Kinder und Narren* (1891) steht statt »in einem Detektivbureau« »als Geheimpolizisten«.

14 Gerhart Hauptmann: *Das Friedensfest. Eine Familienkatastrophe in drei Akten* (1890) (ursprünglich »in drei Vorgängen«). In: *Das Dramatische Werk.* Gesamtausgabe 1932 zum 70. Geburtstag des Dichters. 8.–12. Auflage 1942, S. 109–181. Theodor Fontane gewidmet.

15 Der Psychiater Eugen Bleuler (1857–1939) verschaffte als Direktor der Heilanstalt Burghölzli der Psychoanalyse Sigmund Freuds Ein-

gang in die Schulpsychiatrie. Bleulers bedeutendster Schüler war Carl Gustav Jung.

16 Jürg Federspiel: *Die Ballade von der Typhoid Mary*. Frankfurt a. M. 1982, S. 125

17 Maximilian Harden: »*Das Friedensfest*«. In: *Die Zukunft*, 29. Jg., 1899, S. 179

18 In: Alfred Kerr: *Mit Schleuder und Harfe. Theaterkritiken aus drei Jahrzehnten*. Hg. von Hugo Fetting. Berlin 1981, S. 31

19 Die Erzählung erscheint erst 1920 als Heftchenroman in der illustrierten Wochenschrift *Der kleine Roman*. In der Einführung ist zu lesen:»In dieser, im Mai 1887 in Zürich geschriebenen, bisher unveröffentlichten Bauern-Novelle, die dem Nachlaß entnommen ist, zeigt sich der Großstadt-Dichter Wedekind zum ersten Mal als Kenner des Landlebens.« [!]

20 Wedekind-Archiv Aarau

Zürich zum Beispiel
Seite 325 – Seite 335

1 Walter Baumann: *Zürich. La Belle Epoque*. Zürich 1973, S. 15

2 Vgl. Klaus Urner: *Die Deutschen in der Schweiz*. Frauenfeld, Stuttgart 1978, sowie Käthe Schirmacher: *Zürcher Studentinnen*. Leipzig, Zürich 1896. – Urner schreibt:»Die Universität Zürich, die bereits 1864 mit Maria A. Kniaschnina erstmalig einer Frau die Immatrikulation gewährt hatte, galt in Europa schrittmachend für das Frauenstudium. Das Eidgenössische Polytechnikum öffnete sich 1871, Genf im Jahr darauf, Bern 1873 und Lausanne 1876 bzw. 1886 den Studentinnen, während Basel erst 1890 einer Frau den Zutritt gewährte. Bis zum Ersten Weltkrieg bestand die überwiegende Mehrheit der Studentinnen aus Ausländerinnen, vorab aus Russinnen. Von diesen hielten sich die auf ihren Ruf bedachten deutschen Studentinnen fern, die zumeist ohne politische Motivation nach akademischer Gleichberechtigung strebten. Da in Deutschland erst 1908 das Frauenstudium für alle Hochschulen eingeführt wurde, wandten sich dessen Studentinnen mit Vorliebe den schweizerischen Hochschulen zu.« (a. a. O., S. 267)

3 Es ist zu vermuten, daß sie als die Figur der Frauenrechtlerin »Ricarda Ruch« in *Kinder und Narren* verewigt worden ist.

4 Ricarda Huch: *Frühling in der Schweiz. Jugenderinnerungen. Zürich 1938, S. 2*

5 Franz Blei: *Erzählung eines Lebens*. Leipzig 1930, S. 184

6 Aus den Tagebüchern und der Korrespondenz wissen wir, daß Wedekind zumindest Kellers

Grünen Heinrich, Das Sinngedicht und die *Sieben Legenden* gekannt und sehr geschätzt hat.

7 Gerhart Hauptmann: *Das Abenteuer meiner Jugend*. Berlin 1937

8 Vgl. Urner, a. a. O., S. 266f.: »Obwohl für die Exponenten des ›Jüngsten Deutschlands‹ die Schweiz selbst kaum mehr als Durchgangsstation gewesen ist, hat mancher Künder der naturalistischen Weltschau hier als Gast entscheidende Eindrücke empfangen. Vielleicht noch mehr als das Land selbst trug hierzu die Begegnung mit Persönlichkeiten bei, die allen Konventionen zum Trotz unerschrocken auf dem Weg ihrer Überzeugung vorausgingen, sei es auf dem Gebiet der Wissenschaft, sei es in Fragen sozialer Art, wie in der Befürwortung der Frauenemanzipation oder in der Bekämpfung des Alkoholismus.«

Im April 1888, als sich die Gemüter eben über die Ausweisung des ›Sozialdemokrat‹ erhitzten, war Gerhart Hauptmann für ein halbes Jahr nach Zürich gekommen. Die geheime Hauptstadt der deutschen Sozialdemokratie war, wie der Causeur Franz Blei ironisch bemerkte, alsbald kaum mehr als ein marxistisches Provinzstädtchen. Doch über der vermeintlichen Stille in Vergessenheit geraten, wie sich bei einer jüngeren Generation und nicht der zum oppositionellen Establishment gehörenden sozialistischen Exilprominenz eine geistige und gesellschaftliche Revolution anbahnte, die in Zürich zunächst abseits in intellektuell-künstlerischen Zirkeln nach neuem Selbstverständnis rang. Wenn Erich Mühsam mit Blick auf Berlin schrieb, in den Tagen des jungen Naturalismus seien sich die revolutionär-literarischen und die revolutionär-politischen Tendenzen bis zum Verschmelzen nahegekommen, so war es doch gerade Zürich, das dieses Zusammentreffen noch vor dem Aufblühen der Friedrichshagener Künstlerkolonie begünstigt hat. Daß die Schweiz trotz polizeilicher Eingriffe liberaler war als das benachbarte Ausland, bot nicht allein den politischen Freigeist Anreiz zum hiesigen Studienaufenthalt.«

9 Auguste Forel erinnert sich an Henckell und (die späteren Nationalsozialisten) Lux und Ploetz, die am 22. Januar 1890 zusammen einen Abstinenzverein gründen. (*Rückblick auf mein Leben*, Zürich 1935, S. 146)

10 Hauptmann, a. a. O., S. 411. Im folgenden werden die Seiten 411 ff. ohne Nachweis zitiert.

11 Urner weist nach, daß im Dichterkreis in Carl Hauptmanns Wohnung, in dem Wedekind ab Herbst 1888 verkehrte, auch die späteren Rassenhygieniker des Dritten Reiches auftauchten: »Bei ihnen zog es verwandte Geister aus den Reihen der Naturwissenschafter, zumeist Me

diziner. Alfred Ploetz, der nach Nordamerika gegangen war, um eine Kolonie nordischer Elemente auf sozialistischer Lebensgrundlage zu errichten, konzentrierte nach dem Scheitern der Freilandgesellschaft ›Pazifik‹ seine Studien in Zürich auf die Eugenik. Der Schüler Forels hat dann als Herausgeber des *Archivs für Rassen- und Gesellschaftsbiologie* (1904) sowie als Initiator der ›Gesellschaft für Rassenhygiene‹ (1905) die Lehre von der ›Rassenhygiene‹ in Deutschland aufgebracht und war dort ein Wegbereiter der Rassenideologie. Auch der Mediziner Ferdinand Simon, der spätere Schwiegersohn von August Bebel, und Agnes Bluhm, die auf dem Gebiet der Vererbungslehre eine bekannte Wissenschaftlerin wurde, gehörten zum Freundeskreis der Gebrüder Hauptmann. Einige von ihnen kannten sich aus der Breslauer Studienzeit, das Ploetz, Simon, wie auch Heinz Lux ihrer sozialistischen Sympathien wegen hatten verlassen müssen. Für die Naturwissenschaftler bot insbesondere das Physiologische Institut an der Rämistraße unter dem Darmstädter Justus Gaule Anregung zur kritischen Lebensforschung, die in ihrem Interesse für die organisierte Materie auch aus dem Kreis um Avenarius Denkanstöße erhielt [...]« (a.a.O., S. 270)

12 Franklin Wedekinds ältester Bruder Armin (»Hammi«) hatte 1889 Emma Frey, die Tochter eines Arztes (nicht, wie Kutscher behauptet, des Redakteurs Frey von der *Neuen Zürcher Zeitung*) geheiratet. Franklin Wedekind, der seine Schwägerin nicht ausstehen konnte, führte mit seinem Bruder Armin einen polemischen Briefwechsel über diese »Mésalliance«, auf den sich die nachfolgende Anspielung bezieht.

13 Am 21. Juni 1889, kurz nachdem er nach Berlin umgezogen ist, überliest Franklin Wedekind seine Tagebuchnotizen, die Beziehung zu seiner Kusine Minna von Greyerz betreffend: »Zwischendurch lese ich mit Wohlgefallen im ersten Heft meines Tagebuchs. Der Gesamteindruck scheint mir *ein durchaus psychopathischer* zu sein. Hätte ich nicht die Überzeugung, daß mein Seelenleben im großen und ganzen ein sehr diszipliniertes ist, so würden mich jene Aufzeichnungen erschrecken. Unendlich kleinlich erscheint mir meine Tändelei mit Minna, eine klägliche Mißgeburt aus Eitelkeit und Rammelei, die wenigen Momente subjektiver Befangenheit abgerechnet, die aber unproduktiver sind als bei einem Gymnasiasten.« (*Die Tagebücher*, S. 61) Dichtung als Autoanalyse, als Therapie, bedeutet für Wedekind den intellektuellen Abstand von der eigenen Triebbefangenheit. Der Begriff der Psychopathie findet sich auch in einem Gedicht mit dem Titel

»Auf dem Faulbett«:

Auf mein Faulbett hingestreckt
Überdenk ich so meine Tage,
Forschen, was wohl dahinter steckt,
Daß ich nur immer klage.

Ich habe zu essen, ich habe Tabak,
Ich lebe in jeder Sphäre,
Ich liebe je nach meinem Geschmack
Blaustrumpf oder Hetäre.

Die sexuelle *Psychopathie,*
Ich habe sie längst überwunden –
Und dennoch, ich vergeß es nie,
Es waren doch schöne Stunden.

(*Gesammelte Werke* Bd. 1, S. 108)

14 Hauptmann, a.a.O., S. 408. – Franz Blei, ein weiterer prominenter Augenzeuge der Zürcher Zeit, berichtet 1929 vom »schüchternen Wedekind«: »Es ist wohl nicht zuviel gesagt, wenn man behauptet, daß dieser viel Verkannte schon vor dem Ende des 19. Jhdts. die Kräfte des Heutigen so sehr gespürt hat, daß er erst heute wahrhaft aktuell wirkt.« (*Der schüchterne Wedekind. Persönliche Erinnerungen.* In: *Der Querschnitt.* 9. Jg., H. 3, 1929, S. 169–176) – Eduard Graf Keyserling, so schreibt Blei, habe Wedekind als »halb Marquis des 18. halb Gymnasiast des 19. Jahrhunderts« beschrieben. Blei fügt hinzu: »Daß er zürichdeutsch und mit dem Volke sprechen konnte, das machte mir damals die befremdliche Dämonie Franks viel sympathischer. Sie erschien mir mehr als ein Spaß des Mannes, so sonor er auch vibrierte, daß er ›sich zugrunde richten‹ wolle in Paris, von wo er ein halbes Jahr später ganz gesund und nur um ein bedeutendes Stück seines Erbteiles erleichtert zurückkam!« (a.a.O., S. 173)

Vom Schloß zum Zirkuszelt
Schlußbetrachtung
Seite 336 – Seite 351

1 Willy Wolf Rudinoff: *Wedekind unter den Artisten.* In: *Der Querschnitt,* 10. Jg., Heft 12, 1930, S. 802

2 Wedekind-Archiv München

3 Die angegebene Bibelstelle heißt in Wirklichkeit: »Er erbebt die Wüste und verdorrt alles, was grün ist, wie Feuer.«

4 Wedekind-Archiv Aarau

5 Frank Wedekind: *Also sprach der Marquis von Keith*. In: *Jugend* 7 (1902), S. 826
6 Franklin Wedekind: *Zirkusgedanken I* und *II*. 29. Juli 1887; *Im Zirkus*. Beilage am 2. August 1888; *Im Zirkus. II. Das hängende Drahtseil*. Beilage am 5. August 1888 – Vgl. *Gesammelte Werke* Bd. 9, S. 293 ff.
7 Vgl. Naomi Ritter: *Kafka, Wedekind and the Circus*. In: *Germanic Notes* 6, 1975, S. 55–59
8 Erstveröffentlichung: Leseprobe aus der künftigen Gesamtausgabe, hg. von Kadidja Wedekind und Hartmut Vinçon, Frankfurt a. M. 1988
9 *Das hängende Drahtseil, a.a.O.* – Vgl. auch *Zirkusgedanken I* und *II*, in denen Wedekind den Bogen von Goethes »Faust« zu Nietzsches »Übermensch« schlägt: »Wen ich in die zweite Kategorie höherer Idealisten gerechnet haben möchte, ergibt sich nunmehr von selbst. Es sind jene praktisch brauchbaren Menschen, die sich aus den jeweils gegebenen Lebensverhältnissen ein Bild von gewisser Vollkommenheit herauskonstruieren, dem sie in treuem Eifer nachzustreben bemüht sind. Ihr Auge, zu kurzsichtig, um mit einem Mal alle Himmel zu durchschweifen, erfaßt um so gründlicher den ihnen zugewiesenen Wirkungskreis. Sie setzen die Welt nicht durch fabelhafte *salti mortali* in Erstaunen, weil sie ihrer ganzen Aufmerksamkeit bedürfen, um den schmalen Pfad, den sie sich vorgezeichnet ohne Fehltritt zurückzulegen. Alles Schwärmen, alles Hingeben der Persönlichkeit an abstrakte Probleme erklären sie für Unsinn. In jüngeren Jahren haben sie sich auch einmal damit befaßt, sind aber davon zurückgekommen, weil solches Treiben immer auf Abwege führt. So sind sie denn, ein Jeder auf seiner Bahn, gründliche Gelehrte, gewissenhafte Beamte, geschickte Handwerker, allsorgende Hausväter, liebende Mütter oder endlich harmonisch ausgebildete ›Menschen‹ geworden. Ja, so sonderbar es klingen mag, der Universalmensch Goethe gehört auch in diese Kategorie. Sein Wirkungskreis war allerdings ein umfassender und der Pfad, den er wandelte, führte ihn über Höhen und Tiefen der Menschlichkeit. Das aber ist das Große, das Gewaltige an ihm, daß er ununterbrochen auf realem Boden steht und stehen will. Die Krone seines Schaffens legt uns von dieser Thatsache das herrlichste Zeugnis ab:
Eine glühende, unbefriedigte Seele hat den Adepten Dr. Faust, man darf wohl sagen, auf Abwege geführt. Er wendet seine ganze Kraft daran, die letzten Gründe alles Seins zu erfassen; für ein Menschenkind, ein Geschöpf der Schöpfung gewiß ein unsinniges Trachten. Eben steht er nun im Begriff, einen thatsächlichen *salto mortale* aus-

zuführen, indem er nach jener verhängnisvollen Phiole greift – da wirft noch gerade zur rechten Zeit der Widersacher, sein lange geknebeltes anderes Ich, sein Mephisto, die Ketten von sich und zieht den schon fast Verlorenen mit Aufbietung alles teuflischen Raffinements, mit Orgelton und Glockenklang, vom Abgrund zurück. Und von nun an, in stetem Ringen mit dem widerwärtigen und doch amüsanten Gesellen, unter den mannigfaltigen Kämpfen, Entzweiungen und Wiederversöhnungen, unter ununterbrochenem vielgestaltigem *Balanciren* geht der verjüngte Faust auf schwindligen Wegen durch Freuden und Leiden der Welt seinem Ziel, der denkbar höchsten menschlichen Vollkommenheit entgegen. [...]
An seinem offenen Grabe, wo Mephisto, der ewige Tod, mit der ganzen Höllengarde lauert, um den ihm kontraktlich Verfallenen zu eskortieren, fangen seelige Engel Fausts Unsterbliches auf und singen den erlösenden Chor. [...] Kurz, Faust als Vollmensch fällt gleichfalls nicht *aus* der Rolle, sondern *in* der Rolle; er fällt nicht weil seine Kraft, sondern weil sein Weg zu Ende ist, und der scheinbare Tod gestaltet sich für ihn wie für die erwähnte Künstlerin, die wie er ihren Stützpunkt unter sich hatte, sich somit wie er in labilem Gleichgewicht befand, zur Verklärung, zur Apotheose, zum höchsten himmlischen Triumph [...]
Übrigens besitzen wir ja längst eine vergleichende Anatomie, eine vergleichende Sprachforschung und Rechtswissenschaft; sollt' es da nicht ganz an der Zeit sein, auch einmal eine vergleichende Aesthetik anzuregen?
Abstrakt-erhabener und real-praktischer Idealismus! Stabiles und labiles Gleichgewicht! – Welche der beiden Lebensführungen im Zeitalter des Dampfes und der Elektrizität den Vorzug verdient, wird kaum im Zweifel sein. Aber das ethisch-moralische Tribunal? – Nicht doch; dasselbe hat oben bereits sein erlösendes Urtheil gesprochen [...]«
10 Nord Halder: *Frank Wedekind und der Aargau*. In: *100. Semesterblatt des Altherrenverbandes Industria Aarau. Festnummer zur 150. Jahrfeier der aargauischen Kantonsschule*. Aarau 1952, S. 15
11 »Die Einen – und dahin gehören alle Wüstenprediger und Säulenheiligen, auch viele politische Schwärmer, neuerdings besonders sozial-politische, sodann weitaus die Mehrzahl der Poeten, hie und da auch ein Philosoph, kurz, Menschen, die sich für die nackte Idee begeistern – diese Einen, sag' ich, projizieren das in ihrem Innern geborene Ideal direkt an das Himmelsgewölbe, um es dort oben als urewig-göttliche Offenbarung, oder wie sie sich sonst ausdrücken

mögen, bewundern zu können. An dieser Projektion ohne jede tiefergehende Beziehung zur realen Welt ist nun ihre ganze Lebensführung *quasi* aufgehängt, in deren Bereich sie durch Geltendmachung der eigenen Individualität allerhand Sprünge, Verdrehungen, Verrenkungen und Kraftübungen ausführen, über die Jugend und besonders die Frauenwelt in Entzücken geräth, der ernste Philister aber höchst bedenklich sein weises Haupt schüttelt. Da ihre Füße niemals den Erdboden berühren, so werden sie in vielen Fällen ganz bezeichnend ›Wolkentreter‹ genannt. Das Kunststück wird ihnen eben nicht sonderlich schwer; sie haben ihren festen Stützpunkt über sich, und, so lange nur dieser nicht wackelt, mag ihnen die Welt begegnen, wie sie will, mag sie verspotten, zergeißeln, vergiften, Hungers sterben lassen, zum Holzstoß oder zur Guillotine führen – das alles kann sie in ihrem Gleichgewicht nicht beirren. Sie sind so vollständig von der Idee durchdrungen, gleichsam besessen, daß sie sich selbst im ärgsten Elend noch hoch über der Menschheit fühlen.« (*Zirkusgedanken*) – In Aarau findet sich der Nachweis, daß Wedekind »das hängende Drahtseil« ganz konkret in seine Familie hineingetragen hat, indem er ein »Kinderdrahtseil« erfand und es, allerdings erfolglos, durch eine deutsche Spielzeugfirma abzusetzen versuchte.

Personenregister

Das Register umfaßt nur die im Haupttext genannten Personen. Halbfette Ziffern verweisen auf die Abbildungen.

Danksagung

Eine Danksagung für die Unterstützung durch den Lebenspartner findet sich gewöhnlich am Ende. Ich möchte damit beginnen, um anzudeuten, wie entscheidend wichtig die Impulse waren, die ich seit den Anfängen dieser Arbeit im Jahr 1979 in zahllosen kritischen Diskussionen durch meine Frau erhalten habe.

Frau Kadidja Wedekind Biel und ihre verstorbene Schwester Frau Pamela Regnier-Wedekind haben mir freundlicherweise die Erlaubnis erteilt, die Bestände der Wedekind-Archive in Aarau und München ohne Einschränkung zu durchforschen und die dort lagernden Quellen zu zitieren. Ihnen sei an dieser Stelle herzlich gedankt, besonders Frau Kadidja Wedekind Biel, die mir bei verschiedenen Besuchen in München ihre Zeit und ihre unschätzbaren Kenntnisse über ihren Vater zur Verfügung stellte, mit mir korrespondierte und mir ein wichtiges Interview gewährte.

Herr Dr. Benno Wedekind, der Syndikus der Familie Wedekind zur Horst in Leichlingen (BRD), hat mich großzügig aufgenommen und mir das private Familienarchiv erschlossen. Seine Freundlichkeit, die Gastfreundschaft seiner Familie, die umsichtige und kompetente Unterstützung seines Sohnes Ralph Wedekind bei meiner Quellenforschung machten den Aufenthalt in seinem Hause zu einer der erfreulichsten Erfahrungen der vergangenen Jahre. Ich möchte Herrn Dr. Benno Wedekind, seiner Gattin und seinem Sohn meinen herzlichen Dank aussprechen.

Frau Anne Marie Reif, die in mühsamer Arbeit die teilweise fast unleserlichen Handschriften Franklin Wedekinds, seiner Familie und seiner Bekannten transkribiert hat, war über lange Jahre meine wichtigste Mitarbeiterin. Ich bin für ihre gründliche Arbeit sehr dankbar.

Unschätzbar, großzügig, kenntnisreich und stets freundlich war die Hilfe der kundigen Lenzburger Historikerin Frau Dr. Heidi Neuenschwander-Schindler, die meine Arbeit von Anfang an mit kritischem Interesse verfolgt und sie durch viele wichtige Hinweise bereichert hat. Ihr gebührt mein ganz besonderer Dank.

In meinen Dank einschließen möchte ich Herrn Dr. Jörg Hänny, den ehemaligen Stadtschreiber von Lenzburg, Herrn Dr. Hans Dürst, den Leiter des Historischen Museums auf Schloß Lenzburg, Herrn Rudolf Bertschinger, Lenzburg, Herrn Dr. Peter Mieg, Lenzburg, die Bibliothekare und Archivare des Aargauischen Staatsarchivs in Aarau und Frau Gabriele Weber von der Handschriftenabteilung der Stadtbibliothek München, die mir alle ihre freundliche und tatkräftige Unterstützung zukommen ließen.

Herrn Professor Dr. Hartmut Vinçon, dem Mitherausgeber der neuen kritischen Gesamtausgabe von Wedekinds Werken, bin ich für seine großzügige Hilfe, seine freundliche Anteilnahme, seine wichtigen Hinweise und seine Einladung zur Mitarbeit sehr verbunden.

Die materiellen Voraussetzungen für die zahlreichen Exkursionen über den Atlantik und in die verschiedenen Archive, Privatsammlungen und Bibliotheken in Aarau, Lenzburg, Zürich, Bern, Thun, München, Marbach, Hannover und Leichlingen wurden durch ein großzügiges zweijähriges Forschungsstipendium der Stiftung National Endowment for the Humanities und durch mehrere Reisestipendien meiner Universität geschaffen. Ich möchte mich bei den Geldgebern und bei allen Freunden, Kollegen und Mitarbeitern bedanken, die am Zustandekommen dieser unabdingbaren Arbeitsgrundlagen mitgeholfen haben.

New York, im Sommer 1990   Rolf Kieser

Bildnachweis